启蒙与重建

——晏阳初乡村文化建设事业研究(1926—1937)

孙诗锦 著

商务印书馆
创于1897 The Commercial Press
2012年·北京

教育部人文社会科学基金规划项目
研究成果(08JA770011)

华南师范大学思想政治理论课教学部资助项目

目　录

第三章 乡村建设的实践:定县模式

导　论

一、选题与研究价值

2004年12月9日，央视国际播出了一期名为《乡建十年》的专访，其开场就唱："穿的粗布衣，吃的家常饭，腰里掖着旱烟袋儿，头戴草帽圈，手拿农作具，日在田野间，受些劳苦风寒，功德高大如天，农事完毕积极纳粮捐，将粮儿缴纳完，自在且得安然，士工商兵轻视咱，没有农夫谁能活天地间……"七十多年前，这首农夫歌就在河北定州翟城村一带广为流传。据老人们说，这首歌是一个叫做晏阳初的博士教给他们唱的。河北定州翟城村的人记得晏阳初不仅仅是因为这首农夫歌，更因为早在20世纪20年代，晏阳初先生率领中华平民教育促进会在这里推行平民教育和乡村建设运动。2003年7月，一位叫做温铁军的博士来到翟城村，在当年平民教育促进会的农业实验场旧址上创办了晏阳初乡村建设学院。

从晏阳初到温铁军，整整经历了77年，然而两人所做的事业却一脉相承。这一事实本身，既彰显了清末民国以来中国知识分子对乡村社会的关注，也表明了在中国的现代化进程中，农村与农民是一个绕不开的问题。自鸦片战争始，中国人在西方列强一系列的打击面前，展开了顽强的救亡图存运动。然而，甲午战争的失败，打破了洋务派"技术救国"的梦想，百日维新的短命，则在某种意义上表明了知识分子独立从事的改革事业的脆弱性，再经义和团运动，使20世纪初期的知识分子开始将眼光聚焦于占中国绝大多数的普通民众身上，从而对“中国的问题和前途都在百分之八十以上的未经开化的人民身上”这一命题逐渐形成了认同，以为中国社会的改造，必须着力于民间社会、大众社会的启蒙和建设。清末启蒙大师严复将这一理念概括为“鼓民力、开民智、新民德”的著名主张；梁启超则以“新民说”倡一时之风气，所谓“苟有新民，何患无新制度，无新政府，无新国家”，可视为梁氏对国家和社会重建新路径的设计；其他如倡言以革命教育“改造国民”的邹容等人。从清末开始，此类言说引领一代言论，透露出20世纪中国知识分子社会改造理想的一个重要趋向，亦即“走向民间”、启蒙社会，通过对底层社会的改造来实现中国向现代社会和现代国家的转型。从清末以“开民智”为核心的下层社会启蒙运动，到“五四”时期的知识分子对底层社会的关照（如当时的“整理民俗运动”，同样也透露出知识分子进入底层的精神与理念），事实上都可看作是这一过程的延续。从这一角度看，20世纪二三十年代遍及各地的“乡村建设运动”，也同样是这一过程的延续。

本书的意图，就是将这一时期乡村建设运动的领袖人物之一——晏阳初的平民教育和乡村建设事业放在这一大背景下进行辨析，从而在一定意义上突破既有的研究框架和思路，形成新的学术认识，并由此对民国时期的乡村改造运动乃至20世纪中国社会的现代化问题提供新的理解。

中国的学术传统强调历史应该为现实提供借鉴。我把它理解为任何历史研究都应该有现实的关注作为立足。自20世纪70年代末始，中国的改革开放已进行了30多年了。这场深刻的致富革命与当年中国共产党领导的那场政治革命一样，都是从农村开始的。农业自古以来是中国的立国之本,即使到了21世纪的今天,中国仍然没摆脱农业国的落后局面,中国13亿人口就有9亿农民。农民不脱贫,中华民族的富强实为一句空话!正如被称为“中国最著名的乡党委书记”李昌平致信国务院领导时所指出的那样:“农民真苦,农村真穷,农业真危险。”[①]因此,“三农”——农民、农村、农业——问题一直是中国政治、经济乃至思想文化层面等诸多社会问题的“重中之重”,解决不好,就会成为我国全面实现现代化的“瓶颈”。研究晏阳初的乡村启蒙与改造事业,无疑能够为现实的农村变革提供某些借鉴。

其实,就晏阳初本身而言,其生平与一生志趣也有许多值得赞叹与细细把玩之处。他1890年出生于四川巴中一世代书香之家,4岁随父读书启蒙,接受传统儒家教育。在圣哲先贤们的熏陶和良好家教下,“民为邦本,本固邦宁”的古训深深铭刻在他幼小的心灵。1900年,少年的晏阳初走出闭塞的巴中县,来到保宁府(阆中)的教会学校求学,随后到成都华美高等学校继续学习英文、数学、地理等课程,并结识了对他一生影响重大的英国传教士史文轩(James Stewart)。高中毕业后,在史文轩引导下,经过刻苦努力,晏阳初以第一名成绩考入香港圣保罗书院。

1913年,晏阳初赴美国耶鲁大学学习政治学和经济学,并于1918年获耶鲁大学学士学位。此时,正值第一次世界大战末期,晏阳初从美国参军来到法国战场,任北美基督教青年会战地服务干事,担任翻译和联络员,为前线五千多名华工苦力服务,为他们

① 周原主编:《从著名专家到普通农民的专访:农民!农民!》,花城出版社2004年版,前言,第3—4页。

代写家信和汇款单，进而教他们识字读报。他根据华工们的实际需要编写了《千字文》作为教科书，还创办了《华工周报》作为日常读物，亲自担任主编，并撰写文章，积极在华工中推进简化字和白话文，从而奠定了他毕生事业——平民教育的基础。

1920年，晏阳初获普林斯顿大学硕士学位，同年8月回国，在上海从事平民教育事业。他做的第一件事就是根据他在法国劳工营中的经验，编制一本适合于国内平民百姓的教材。他从贫苦人民的实际需求和实际困难出发，根据口语交流的实际需要，在平常用语中用归纳法找出四千多个常用字，创编出一本简体的《千字文》。有了教材后，他采用"导生传习法"在湖南长沙、河北定县等地实验推广。

1929年，晏阳初举家迁往河北定县，建立了第一所平民教育示范学校。他带领几十位旧学堂教师、仕子乡绅、大学教授、艺术家、洋博士等一批志同道合的志愿者，放弃舒适的城市生活，到乡村僻野实现唤醒民众，改造农村，振兴中华的实验，开创了知识分子与民众相结合的先河。他们在农村教识字扫文盲，采取教育、生计、卫生、自治四步方案，推行根治"愚、贫、弱、私"的农村改革之路，短期内取得了显著的成效。

在定县，晏阳初创办了472所"平民学校"，实现了每一村都有一所学校的目标。在县城，他创办了两所实验学校和6所示范学校，以此作为扩展平民教育运动的推广基地，而这些学校的经费和师资都由渴望读书识字的农民们解决。他的平民教育运动从大众的实际需要出发，不仅仅为农民提供了珍贵的学习机会，也为知识分子走向民间与民众结合找寻到了一条切实可行的道路。

抗战爆发后，晏阳初来到湖南继续推行平民教育和乡村建设。

他利用平教的实践经验，把五千多名高级官员和三万多名村长集中起来进行专训，和时任湖南省主席的张治中将军一道，把湖南划分为三个区：紧急区、次紧急区、更次紧急区。他用六周时间把第一紧急区的县长、局长和村长紧急培训完毕，然后迅速让他们到达战斗岗位。经过战前的培训，统一了官员的认识，加强了政府的廉洁作风。抗战时期，晏阳初还在重庆创办了乡村建设学院，并任院长。在湖南和重庆，晏阳初的乡村建设都取得了很大成绩。

1950 年以后，晏阳初移居美国，往来于亚非拉等地区的许多国家，希望把定县经验推广到世界其他的贫穷落后地区。他先后在古巴、印度、菲律宾、危地马拉等第三世界国家从事平教运动，进行乡村改造和建设工作，同时协助菲律宾、泰国等国建立乡村改造促进会。60 年代在菲律宾创办国际乡村改造学院，向来自第三世界 50 多个国家的学员推广平民教育经验和理论，促进大规模的群众教育运动。1990 年，晏阳初走完了他的人生历程，在纽约逝世，享年 100 岁。

晏阳初终其一生的平民教育事业是基于"民为邦本，本固邦宁"的信念。为了让"民"成为具有"知识力、强健力、生产力和团结力"的"新民"，他提出了一整套平民教育理论，并付诸实践，形成了较为完整的体系。他认为，中国的平民存在着"愚、贫、弱、私"四大病症，并相应地提出以"四大教育"来克服之，即以文艺教育攻"愚"，培养平民的知识力；以生计教育攻"贫"，培养生产力；以卫生教育攻"弱"，培养强健力；以公民教育攻"私"，培养团结力。这四大教育是连环进行、相互促进的。晏阳初所推行的平民教育不是一般意义上的教育，而是一种"大教育"，实际上是一种从经济、政治、文化、人口素质等方面进行综合治理的社会改造事业。

正因为如此,晏阳初及其平民教育理念在中国和世界至今仍产生深远而广泛的影响。1943年,晏阳初在美国罗斯福总统倡导的"人类四大基本自由"(言论自由、信仰自由、免于匮乏的自由和免除恐惧的自由)的基础上,提出了第五个自由,即"免于愚昧无知的自由"(Freedom from ignorance),为此,晏阳初被"哥白尼逝世四百年全美纪念委员会"评选为"最具革命性贡献的十大伟人",与爱因斯坦、杜威等巨匠齐名。[①] 1945年,诺贝尔文学奖1938年获得者美国著名女作家赛珍珠,出版了介绍晏阳初的专著《告语人民》。联合国参照这本书制定了世界范围的基本教育计划。1983年,美国授予他艾森豪威尔奖金;美国大通银行总裁洛克菲勒邀请美国国家代表、政界要人、银行企业家、著名学者150余人,在联合国代表餐厅为他庆寿,还特别写道:"晏老对人类的贡献乃是最高层次的。"1987年,里根总统为他颁发了"终止饥饿总统奖",称:"六十余年来,为铲除第三世界饥饿和贫困根源,您始终不渝地推广和开拓着一个持续而综合的计划。"[②]他的传记作家吴相湘将其一生概括为"为全球乡村改造奋斗六十年",可谓精当。

晏阳初是中国近代史上为数不多的终一生只从事一项事业的人物,当然,这不仅表明晏阳初为着理想"义无反顾"和"勇往直前"的个人品格和个性魅力,另一方面,它也表明在那个特定的历史环境和近代中国启蒙背景下,晏阳初的出现又是历史的必然和时代的产物。从这个意义上讲,治史者也有必要给予足够的关注和考

① 吴相湘:《晏阳初传——为全球乡村改造奋斗六十年》,岳麓书社2001年版,第667页。

② 宋恩荣、夏辉映:《晏阳初年谱》,载晏阳初、(美)赛珍珠著,宋恩荣编:《告语人民》,广西师范大学出版社2003年版,第385—386页。

察:各个连锁的历史事件的巧合中,支配这个“偶然性”的那个历史必然究竟是什么?晏阳初的出生、成长和经历的偶然性偏偏赶上了那个必然的大历史背景,使得他成为了具有历史意义和现实价值的研究对象。晏阳初与其同时代的知识分子孕育于同样的土壤,其中许多人如雷沛鸿、陶行知、梁漱溟、黄炎培、俞庆棠等也作了类似的选择。而且,在不少方面,比如对于中国乡村的观察,晏阳初的认识远不如梁漱溟等人深刻。然而,只有他一人真正做到了知行合一,由中国而世界,终身实践。这种奉献精神足可以令人敬仰与崇敬,也值得我们后人去加以研究。

二、史料与研究动态

眼下对晏阳初及其乡村建设事业展开研究,既有必要,也有可能。一方面,有关晏阳初的基本资料陆续面世,可以为进一步研究提供基本的史料依据;另一方面,国内外学术界对此问题已做了不少研究,可以为我们的探讨提供借鉴与思路。

在资料方面,已经有一些原始文献出版。三卷本《晏阳初全集》,已由湖南教育出版社在1989—1992年间陆续出版,这是研究晏阳初及其平民教育事业最为重要的原始资料。当时乡村建设精英们主持并编写的一系列调查丛书如《定县农村工业调查》、《定县秧歌选》、《实地社会调查方法》等近30种资料也不难找到。时人对当时农村的调查研究也是难得的史料。如李景汉根据多年对定县地区的调查写成83万言的《定县社会概况调查》(中国人民大学出版社1986年版)和《回忆平教会定县实验区的社会调查工作》,均具有较高学术价值;国民政府首次以国家机关名义进行了农村经济普查和定期统计,每月出版一次《农情报告》,侧重经济与技术，并成立农村复兴委员会，侧重农村的社会问题；金陵大学的美国人卜凯组织了大规模的农村调查，先后写成《中国农村经济》和《中国的土地利用》；此外，还有陈序经的《乡村建设运动》（大东书局，1946 年）、章元善等编的《乡村建设实验》第一、二、三集（中华书局，1934 年、1935 年、1938 年）、张世文编的《定县农村工业调查》（河北省县政建设研究院，1936 年版）等。日本人的"满铁"调查，也是一份重要史料，调查人员在日本战败后，将资料带回了日本并出版了《中国农村惯行调查》。这数百部文献或资料，加上一些三四十年代的期刊如河北定县的《农友》，平教会主办的《农民》等百余种，以及当时如天津、湖南的《大公报》、《民国日报》等十几种报纸，为研究晏阳初及其事业提供了丰富的资料来源，只是它们还需进一步整理和挖掘，需要治史者的不懈努力和辛勤耕耘。

当然，关于史料本身，也不是毫无问题的。有关晏阳初及其平教事业的不少第一手资料尤其是其后期的资料在国内很难挖掘，大多藏于美国及中国台湾地区（尤其是美国）、菲律宾等国家和地区的相应馆院之中。由于空间、经济等原因，大多学者无从得到第一手资料，因此造成了研究的困难。如宋恩荣主编的《晏阳初全集》即是此例，说是"全集"，其实无法将晏氏的全部文录收集下来。这些都或多或少地限制了研究者的视野。

尽管如此，20 世纪 80 年代以来，国内有关晏阳初的研究仍取得了一定进展，出现了一批有水平的论著和论文。为总结与深化研究，这里作一回顾。

（一）时人对晏阳初的评价

自从晏阳初于 20 世纪 20 年代初开启平民教育以来，国内外各界对其活动即有反映，评价褒贬不一，见仁见智。但总的说来，赞扬者居多。

中间知识分子的评价颇高。1934年蒋廷黻在《平教会的实在贡献》一文中写道："平教会的教育是真正的活教育，平教会是在使用教育来造就国民"。"平教会的实在贡献在把科学和农村联合起来！"，"找到了改造中国农村的技艺和方案"。[①] 毛应章写的《定县平民教育考察记》（南京拔提书店1933年版）高度称赞"惟河北定县所办者，乃以县为施行之单位，有普遍全国之计划"，乃"救济当今中国农村之唯一的良策"。章元善在考察定县后，著有《从定县回来》，言"平教运动在这一年内，得到了它的生命基础；新近科教计划已渐渐的趋入于经济一途。他们的生计教育部，研究农业之外，兼办合作事业。这一演化是很值得注意的"。并认为平教会已得到了人民的信任，培养的学生具有较强的实践基础，学以致用，前景看好。[②] 北大教授周作人也参观了定县，其《保定定县之游》一文满怀崇敬之心高度赞扬平教会"动手做而不高谈阔论"的朴实精神。[③]

对晏阳初及其事业大为赞赏的还有美国各界人士。晏阳初生前好友、美国著名作家、诺贝尔文学奖获得者赛珍珠女士在30年代就对平教事业产生了浓厚兴趣，其《告语人民》一文介绍晏阳初与他的事业，在世界上产生了很大的影响。她与美国当时著名的大法官道格拉斯（William O. Douglas）联名签署"东西方协会主席

① 蒋廷黻：《平教会的实在贡献》，载天津《大公报》，1934年5月13日。

② 章元善：《从定县回来》，载《独立评论》第95号，北平，1934年4月8日。

③ 周作人：《保定定县之游》，载《国闻周报》，第12卷第11期，天津，1935年1月1日。

和董事会的奖辞”，称晏阳初为“出生于书香世家的中国人民的儿子和世界的公民……，无私地把毕生的精力奉献给自己祖国成千上万的地位低下的人民……，准备了一套不但能为中国，而且能为世界任何地方平民改善生活，并被证明为行之有效的办法。你在世界之黑暗处点燃了一盏明灯……衷心感谢你与平民教育促进会对人类所作的贡献”。[①] 美国著名记者斯诺在《纽约星期日先驱论坛报》(1933－12－17)发表《唤醒中国的民众》一文评价说：“与其说他是一位进步的教育家，还不如说他更像一位革命的战斗员。毫不夸张地说，他所领导的运动将来会成为比任何中国军队操纵前进和后退更具有巨大意义的革命”。[②] 哥伦比亚大学绍特维尔教授(Professor Shotwell)赞扬定县实验“注重培养人民自己负责的基本观念，自将形成全国人民生活的永久基础”。特别是1943年5月在纽约举行的哥白尼逝世100周年纪念会上，晏阳初与爱因斯坦等大家一起荣获“现代世界最具革命性贡献十大伟人”的称号；1945年11月美国旧金山参事会给晏阳初颁发了“荣誉公民尊敬状”，这两件事雄辩地证明了美国人民对晏阳初的敬意。

当然，也有许多人对他的做法不以为然，提出批评甚至是恶意的攻击。国民党中央委员张继在《北平世界日报》(1933－10－2)著文批评说：“定县事业，直不啻一骗人东西。”“考其成绩，实不过一隅之发展，何补于整个之农村。”故晏氏实验毫无必要，因为“乡村事业，欧美已行之有素，可资借镜，不必闭门造车，独出心裁”。[③]

① 宋恩荣编：《晏阳初文集》，教育科学出版社1989年版，第351页。

② 宋恩荣编：《晏阳初文集》，第378页。

③ 吴相湘：《晏阳初传——为全球乡村改造奋斗六十年》，岳麓书社2001年版，第331页。

1931年，蒋介石派中央军校考察团赴定县考察，该团虽然赞扬了定县实验的某些成绩，但又指责定县“不推行国民党的党化教育，而采取了教育中立主义”。北大教授燕树棠指责定县平教会“引起了教党与非教党的冲突”，并“时常训诫地主不得压迫租户，债主不得压迫借债人”，说“平教会在定县潜伏反动势力”，因此，“河北省军警当局把定县划作赤区”。[①]

当然，批评者中有的也采取了分析态度，给予了中肯的评价。中国农村经济研究会中的主要成员如孙冶方、吴觉农、冯和法、钱俊瑞、薛暮桥等针对晏阳初的平教会及定县实验、乡村改造发表了许多看法，较有影响的有：李紫翔的《中国农村运动之理论与实际》，费孝通的《评晏阳初〈开发民力建设乡村〉》，吴半农的《论“定县主义”》，千家驹的《中国农村建设之路何在》以及孙晓村的《中国乡村建设运动的估计》等，他们肯定了晏阳初的工作精神，并对其深表同情之余，又客观地指出了晏阳初改良主义的错误。

新中国成立之后，由于晏阳初在40年代争取美国援助时采取了中立态度，故一度受到不公正的批评，被指责为“美帝国主义利用来侵略中国的一个理想人物”，“美帝国主义的走狗”，“是直接受美帝国主义指使，向中国人民巧妙地实行文化、经济、军事、政治侵略的奴才”[②]，是“打起‘学者’招牌，披上‘改良主义’外衣的‘江湖客’”[③]；平教会也被定为“美帝国主义侵略中国的工具”而被解散。

① 燕树棠：《平教会与定县》，《独立评论》，第74号，1933年10月29日。

② 邹沧萍：《我所认识的晏阳初》，载《重庆新华日报》，1950年12月5日。

③ 甘泉：《撕破改良主义外衣看晏阳初的真面目》，载《重庆新华日报》，1950年12月28日。

这种偏执的观点一直持续到“文化大革命”结束。

以上诸论，无论赞颂抑或批判，皆仅流于表面，感性评论居多而理性分析少，尚谈不上系统研究。在这方面，国外与港台学者走到了前面。

（二）国外及港台研究

在中国台湾地区和美国，对晏阳初及其平民教育研究要早于大陆，且成果斐然。费正清先生认为，“闻名于世的吉米·晏在20世纪20年代深入中国北方农村，在那里开展识字、公共卫生以及农业科学的乡村运动，取得了巨大的成功。”[①] 美国历史学者海福德（Charles W. Hayford）的《中国的乡村建设：晏阳初与平民教育运动》（哈佛大学博士论文，1973；1990年冠以《走向民间：晏阳初和乡村中国》出版）把晏阳初描绘为一个自由主义者，认为自由主义对晏氏及其朋友来讲并不意味着个人主义、在社会上的不负责任行为、或大规模的资本主义，而是首先意味着合理地控制社会和民族力量的可能性；并以此来区分他与其他社会力量和个人如毛泽东等人在解决农村问题上的差别。[②]

英国学者林培乔通过对晏阳初的教育理论和实践在成人教育传统结构中的地位的考察，揭示了他的社会改革理论的独特性及其历史作用。[③] 加拿大学者伊拉兹马斯·D. 芒纽（Frasmus Monu）

① 费正清：《观察中国》（袁晓梅译），四川人民出版社1992年版，第28—37页。

② Charles W. Hayford: *To the People: James Yen and Village China*, New York: Columbia University Press, 1990.

③ 宋恩荣主编：《教育与社会发展——晏阳初思想国际学术研讨会论文集》，长沙：湖南教育出版社1991年版，第289—307页。

在非洲农村工作多年，后任国际乡村改造学院研究部主任，并在布兰登大学任教授。他通过对农业生产模式及革新研究和革新成果推广的分析，指出了在农民中普遍推广新知识、新技术的困难，这需要“研究人员和农民之间建立起一种相互信任相互尊重的直接的合作关系”，晏阳初先生的“深入民间的教导”的方法值得“发现、学习和实践”。① 日本学界的关注更早，大久保庄太郎、小林善文等人自20世纪40年代以来即对晏阳初表现出浓厚的兴趣，他们的研究表现出多元化的特点，如强调中国平民教育与乡村建设运动对抗战力量形成的影响，视角颇为独特。②

对晏阳初生平详加介绍的首推湘籍海外著名历史学家吴相湘，其《晏阳初传——为全球乡村改造奋斗六十年》（岳麓书社2001年版；台湾时报文化出版企业有限公司1981年版）以平实的手法与通俗的语言叙述了晏氏的一生及其所从事的事业，其所引用的资料大多是晏阳初自1943年以来存美的文件，以及国际平民教育委员会、国际乡村改造学院的档案，故具有较高的史料价值，虽然某些政治倾向和学术观点是我们不能认同的，但是作为一部史料丰富的人物传记，值得参考。

---

① 宋恩荣主编：《教育与社会发展——晏阳初思想国际学术研讨会论文集》，第344—359页。

② 参见：大久保庄太郎：《近代支那の平民教育运动——以定县华北实验区为中心》，载《东亚人文学报》2卷3号，1942年第12期；小林善文：《平民教育运动小史》，株式会社同朋舍出版，1985年；家家美光行：《中国乡村建设运动の本质——30年代国民党官僚资本下におけろ》，《亚细亚经济》11卷1号，1970年第1期；镰田文彦：《中国的农村教育者・晏阳初——との的事迹と资料》，《参考书志研究》第42号，1992年第11期；新保敦子：《中华平民教育促进会と乡村教育运动——定县实验にみろ抗战力量の形成》，《现代中国学会》，《现代中国》第59号，1985年第7期。

台湾学者韦政通则认为，晏阳初的魅力在于其具有思想和人格两方面的创造性，所谓思想上的“创造转化”和心理上的“自我实现”。韦先生尤其强调晏氏在重视创造的同时，还特别重视文化传统的认同。[①]另在《儒家与现代中国》（东大图书有限公司1984年版）一书中，他虽未把乡村建设作为主要的研究对象，却将晏阳初视为新儒学的代表人物并用三章的篇幅加以介绍，揭示了自新文化运动以来儒家与现代化的冲突，认为晏阳初及其事业“是为儒家优良传统的现代化提供的一个动人的例证”。

从民俗学的角度研究晏阳初的乡村启蒙运动也是西方和港台学者的趋向之一。1985年，美国哈佛大学历史学博士洪长泰先生（Chang-tai Hung，现为香港科技大学人文学院教授）出版了《到民间去：1918～1937年的中国知识分子与民间文学运动》（董晓萍译，上海文艺出版社1993版）一书，首次从思想史的角度探讨“‘五四’时期中国知识分子对于民间文学的发掘、讨论和推广”。它不单是一部民间文学史，更是一部有关民俗学和文化史的著作。1993年此书中译本出版，中国民俗学界为之一震。赵世瑜教授的新著《眼光向下的革命——中国现代民俗学思想史论（1918—1937）》（北京师范大学出版社1999年版）即深受洪书的影响。虽然作者言洪书“显然是讲民间文学史，而非民俗学史”，而他的书将其范围扩大到了民俗学，但无论是此书思想史的切入角度，抑或1918—1937年的时段划定，皆不出洪书的基本思路。这两部书并不直接以晏阳初为主题，但却为我们提供了丰富的背景知识与思

① 宋恩荣主编：《教育与社会发展——晏阳初思想国际学术研讨会论文集》，第250—265页。

考空间。

另外,台湾国立花莲师范学院民间文学研究所的研究生江明渊的硕士论文《民初陶行知、晏阳初教育理论与民间文学之关系研究》(指导教授:杨振良,2004 年 6 月)重点探讨了民间文学在民初平民教育运动中的作用。论文以历史分析法和文献探讨的方式,对两位平民教育家的教育理论与民间文学的关系做了分析和比较,客观评价了二人在二三十年代推行平民教育与乡村教育的历史贡献,认为他们除了重视平民受教育权,企图通过开化民智以“作育新民”,为实行共和国权利义务做准备外,其更深层含义则蕴含了“浓郁之人道关怀与爱民族、爱国家之情操,亦即知识分子教育救国的具体实践”。

(三) 大陆学者的探讨

大陆学者重拾晏阳初话题与改革开放的大背景密切相关,其研究的动力主要来自对现实的观照。当时,“三农”问题日益成为我国现代化进程中日益突出的问题,如何改造农民与农村问题是海内外学者研究中国问题的焦点。在此现实诉求下,学者们开始寻找先例,评判其得失,总结经验教训,以期为现实的农村改革提供有益的启示。20 世纪上半叶关注中国的农村和农民问题的那些知识分子及其理念,其重要性与意义因而凸现出来,晏阳初由此也成为学者们难以回避的论题,尤其是 80 年代晏氏两度回国,进一步激发了学者们的热情与兴趣。首先冲破禁区重新评价晏阳初的是教育界。《中国教育通史》中由宋恩荣主笔的第 22 章第 7 节“被认为是中国教育史著作中第一次以平和的心态客观地介绍晏阳初理论与实践的著作。也正是从这本书开始,中国教育史界才开始逐步对旧时代教育家丢弃了简单粗暴的'革命大批判'式的态度,转为实事求是的研究与评价。"①

随后十余年间,宋恩荣等人在资料整理与专门研究方面均取得较大进展,先后出版了《晏阳初全集》、《晏阳初文集》(詹一之编,四川教育出版社 1990 年版)、《晏阳初文集》(宋恩荣编,教育科学出版社 1989 年版)、《晏阳初与定县平民教育》(李济东主编,河北教育出版社 1990 年版)等原始资料,为研究奠定了文献基础。其中,《晏阳初全集》②是目前研究晏阳初最完整、最具权威性的资料,主要搜集了晏先生 70 多年来有关平民教育和乡村建设的论文、演讲等,共三卷。前两卷主要记录了晏氏在 1919—1988 年间的论文、演讲,第三卷主要搜集其 1916—1984 年间的信函。这些都是珍贵的原始文件,此后的研究都是在这些基本史料的基础上展开的。

与此同时,河北、湖南、四川等地相继成立了晏阳初研究会,举办了多次相关学术研讨会与纪念活动。1990 年在石家庄召开的"晏阳初平民教育与乡村改造思想国际学术研讨会",有来自美国、加拿大、印度、日本、菲律宾及中国大陆与台湾的近百名学者与会,会后分别用中英文出版了论文集,③共收录论文 50 余篇,这些论文从不同角度探讨了晏阳初的思想、个人品格及事业,并涉及菲律

① 朱小蔓主编:《教育研究者的足迹——中央教育科学研究所研究论文集萃》(一),北京:教育科学出版社 2003 年版,第 88 页。

② 笔者在同宋恩荣先生交谈中得知,即将再版的《晏阳初全集》将收录更多、更全面的内容。

③ 参见:宋恩荣主编:《教育与社会发展——晏阳初思想国际学术研讨会论文集》,长沙:湖南教育出版社 1991 年版;Martha McKee Keehn:*Y. C. James Yen's Thought On Mass Education And Rural Reconstruction*:*China And Beyond*, New York, IIRR, 1993.

宾、日本、印度、中国台湾地区的乡建理念与方法，以及当今中国乡村问题的个案分析与研究等，还收录了晏阳初生前同仁和好友的回忆录。这些论文大多超越了传统的史实描述和解读的模式，倡导客观评价晏阳初，大大推动了此问题的研究。此后，晏阳初研究逐渐溢出教育学界，向史学界、社会学界蔓延。目前，国内学者已出版专著 10 余种，发表论文百余篇，主要探讨了以下几个方面：

首先是晏阳初平民教育思想的内涵。宋恩荣等撰写的《晏阳初教育思想研究》（辽宁教育出版社 1994 年版）是国内此方面的第一部系统研究专著。作者详细介绍和阐述了晏阳初一生从事的平民教育与乡村建设事业（前六章），重点揭示了其平民教育思想的三个来源，即中国传统的民本思想、西方基督思想和民主思想，充分肯定了晏阳初作为平民教育家、乡村改造运动的倡导者与实践家的历史贡献。詹一之、李国音合著的《一项为和平与发展奠基工程——平民教育之父晏阳初评介》（四川教育出版社 1994 年版）重点描述了晏阳初的平民教育生涯，对其思想也作了系统、客观、科学的研究。此两书“为重新评价近代教育家开创了一个新局面”。宋恩荣还进一步指出，晏阳初教育思想不仅融汇了古今中外的精华，更主要的是他认为中国的现代教育需要走本土化的道路，而不能一味地照搬欧美模式。李文珊则认为民本政治观是晏阳初平民教育思想的“精神支柱和理论核心”，但晏氏忽视了“民力”的培养和发扬与社会制度的关系，没有把“愚、穷、弱、私”病根的原因剖析出来。[①] 姜荣耀对晏阳初的思想准确而简洁地归纳为：一大发现——脑矿；两大发明——“平民教育”和“乡村建设理论”；三大方

① 李文珊：《晏阳初民本政治观探析》，《四川教育学报》，1998 年第 4 期。

式——学校式、社会式、家庭式；四大教育——文艺、生计、卫生、公民教育；五个结合——教育与实际生活、理论与实际、科学与农村实际、物质文明与精神文明、个人与集体相结合。① 张良才、刘义江认为其平民教育思想经历了从以城市为重点向农村教育转变和由单纯的扫盲发展到系统化的乡村建设这样两大历史性的演变。② 周春燕简要论述了平教派的代表人物、运动的阶段及意义；③曾绍敏则指出晏氏在法国华工中进行的“千字课”教育实际上就是其平民教育的起点；④蒋伟国认为晏氏早在抗战时期就已经对民众力量有了认知，并呼吁各界培养民力。⑤

研究晏阳初，当然离不开对其思想的评价。大多数学者都探讨了其思想中潜伏的改良性质。张玉山认为，平教运动是企图用“教育救国”方式来探求救国真理的尝试，在一定程度上打破了上层社会对文化教育的垄断，但平教会企图在不流血的前提下进行改良，鼓吹教育改良拯救中国，这在客观上为反动统治者用它来对抗革命提供了条件。⑥ 徐秀丽则从平教会扫盲成效入手分析了晏氏乡村教育失败的原因。她认为，20 世纪二三十年代由平教会发

① 姜荣耀：《试论晏阳初平民教育思想的特点》，《四川师大学报·社会科学版》，1995 年第 1 期。

② 张良才、刘义江：《晏阳初平民教育思想述评》，《齐鲁学刊》1994 年第 3 期。

③ 周春燕：《民国时期平民教育派对中国出路的探索》，《四川大学学报·哲学社会科学版》1995 年第 4 期。

④ 曾绍敏：《平民教育的起点——晏阳初在法国华工中的教育活动》，《社会科学研究》1994 年第 4 期。

⑤ 参见：蒋伟国：《抗战时期平教会的农民抗战教育》，《民国档案》1996 年第 1 期；孙林：《晏阳初与民国时期的平民教育》，《民国档案》1998 年第 3 期；张国强、钟悄辰：《试论二三十年代的平民教育运动》，《内蒙古师大学报·教育科学版》2001 年第 6 期。

⑥ 张玉山：《评晏阳初“平教派”的理论与实践》，《河南师范大学学报·哲社版》1997 年第 1 期。

起的扫盲运动顺应了教育普及化、民主化的潮流，取得了令人瞩目的成绩，如民众识字率及文化水平的提高，教材教法的不断完善，教育经验的不断丰富。但其总体成效与预期设想相距甚远，其根本原因在于当时民众对文字并无太大需求。因为乡土社会是一个熟人社会，是面对面的社会，不必求助于文字，对农民而言，“文字仍是一种奢侈品，与实际生活并无多大关系”。这是一个很有深度的见解。[①] 部分学者还探讨了平民教育理念与方法对当前农村扶贫工作的借鉴意义。[②]

晏阳初乡村建设[③]思想与实践也是学者们探讨的热点。李文珊特别强调晏阳初乡村改造理论的特色，即以社会系统方法论为指导的科学的实践观及“科学简单化”思想。[④] 周逸先则从方法论的角度分析了晏阳初平民教育与乡村改造理论的思想内涵，即深入民间，调查研究；崇尚科学、注重实验；扫除文盲，作育新民；联系生活，启发自觉，“四大教育”、“整体实施”、“三大方式”连锁进行；教育与社会改造相结合。并认为它具有实践性、创造性、科学性和系统性的特点。[⑤] 与此相关的是晏氏的科普思想，在乡村改造实践中，为了医治“愚、贫、弱、私”四大病症，晏阳初提出了“博士下

---

① 徐秀丽：《中华平民教育促进会扫盲运动的历史考察》，《近代史研究》2002 年第 6 期。

② 参见朱启臻：《晏阳初平民教育实践对现代农民教育的启示》，《中国农业大学学报·社会科学版》2001 年第 3 期；陈发云、余龙生：《晏阳初教育思想及其对当前农村扶贫工作的启示》《江西社会科学·教育研究》2003 年第 12 期。

③ 所谓乡村建设，就是在农村实验、推广某些改措施，以期振兴农村，复兴民族。见魏宏运主编：《中国现代史》，高等教育出版社 2002 年版，第 204 页。

④ 李文珊：《试析晏阳初乡村改造运动的理论特色》，《学术论坛》2001 年第 4 期。

⑤ 周逸先：《晏阳初平民教育与乡村改造方法论初探》，《高等师范教育研究》2002 年第 3 期。

乡”的口号和“农民科学化、科学简单化”的原则方法，形成了其独特的科学普及思想。金保华、周孟璞等学者对此进行了探讨，认为该思想渗透着强烈的爱国主义精神和忧患意识，具有科学性、民主性、民族性、创造性等鲜明特征。[①] 华西实验区（1946—1949 年）作为晏阳初平民教育和乡村建设实验的两大基地之一，一直未引起学者们的足够重视，其详情与材料也鲜为人知。谭重威填补了这一空白，他对华西实验区乡建工作的目标和原则，组织机构，及其在农村教育、经济建设、组织合作社、卫生建设等方面的活动作了探讨，并与我国 1993 年成立的 11 个社会发展综合实验区相对照，认为华西实验区的经验可以为新实验区提供借鉴。[②] 此外，张建琼对抗战时期晏阳初在四川的活动及思想也进行了探讨。[③]

当然，这些研究也存在一些问题，主要是两点。首先，在研究内容上，目前学界的重点仍然是晏阳初在新中国成立前所进行的平民教育及其实验和乡村改造上，对于晏氏教育思想本源，尤其是对于他早期接受的东西方文化思想与他后来所从事的平民教育及乡村改造事业之间的关系问题，探讨力度不够；对其后期在菲律宾、加纳、印度、危地马拉等国从事的国际性平民教育活动，鲜有论及，无论是资料收集或专门研究，均尚未起步。此外，深化研究空间也还很大，如晏阳初乡建事业并非他一个人的事业，而是以他为首的一

---

① 参见金保华：《论晏阳初科学普及思想》，《贵州文史丛刊》2001 年第 3 期；周孟璞：《晏阳初的科普思想和“定县实验”》，《四川师范大学学报・社会科学版》1995 年第 1 期。

② 谭重威：《中华平民教育促进会华西实验区的乡村建设实验》，《四川师范大学学报・社会科学版》1994 年第 1 期。

③ 张建琼：《晏阳初抗战时期在四川的教育实践及其教育思想》，《教育史研究》2004 年第 1 期。

个群体的事业，如何复活这个群体的整体活动；又如，20 世纪初，除晏阳初外，梁漱溟、陶行知等也在做同样的事，如何在分别研究的基础上来形成整体研究，以揭示当时知识分子阶层对下层社会的整体关注等等。同时，民国政府主导的“乡村复兴运动”及县政建设运动与晏阳初等人的乡建事业是同步发生的现象，可谓殊途同归。近年来，学术界对此研究也开始起步，以社会史或乡村史的理论方法与视野为分析框架，出现了一批有质量的专著与论文，[①] 为晏阳初研究提供了可资对比的学术资源。如何将这两个运动及这两方面的探讨结合起来，加以贯通研究，以揭示政府行为与社会力量在解决乡村社会问题上的互动，也是值得我们关注并大力探索的问题。

其次，在研究理论与方法上，国内绝大多数学者均采用阶级分析的方法并停留在对史料的解读层面上来研究晏阳初，在意识形态的笼罩下，他们大都不约而同得出了这样一个结论：即晏氏企图以改良主义的方法改造中国，改造中国农村，这种温和的不流血的改造不自觉地又成为统治阶级利用的工具，最终是不能成功的。显然，在目前强调复原史实与学术为现实服务的境遇下，这种概念

---

① 如侯建新：《二十世纪二三十年代中国农村经济调查与研究评述》，《史学月刊》，2000 年第 4 期；郑大华：《民国乡村建设运动》，社会科学文献出版社 2000 年版；李德芳：《民国乡村自治研究》，人民出版社 2001 年版；徐秀丽主编：《中国农村治理的历史与现状：以定县、邹平和江宁为例》，社会科学文献出版社 2004 年版；王先明、李伟中：《20 世纪 30 年代的县政建设运动与乡村社会变迁——以五个县政建设实验县为基本分析样本》，《史学月刊》2003 年第 4 期；张彬、李更生：《中国农村教育改革的先声——对 20 世纪 20 年代至 30 年代乡村教育运动的再认识》，《浙江大学学报》2002 年第 5 期；郑杭生、李迎声：《中国早期社会学中的乡村建设学派》，《社会科学战线》2000 年第 3 期；苗春德：《论 20 世纪上半叶“乡村教育”运动的基本特点》，《河南大学学报·社科版》2003 年第 1 期；刘海燕：《30 年代国民政府推行县政建设原因探析》，《民国档案》2001 年第 1 期。

化与意识形态浓烈的研究及其结论似乎已不合时宜，它既无助于恢复历史的本来面貌，也无法为解决当今农村的困境提供有效的学术资源。要走出晏阳初研究的困境，我们可能需要借鉴西方人文社会科学的一些理论与方法，如国家与社会互动理论，以及跨学科的研究理路等。事实上，我们完全可以借鉴应用社会学、宗教学、文化传播学、发生学等人文社会科学的理论与方法进行多学科、跨学科、多视角的研究，不然，我们将很难走出“二元分析”的魔圈。同时，我们也需要将晏阳初及其乡村建设活动置于“长时段”的背景中去考察，因为这一历史现象的出现不是偶然的，它是在中国近代启蒙运动和国家重建的过程中出现的一场救亡运动，换一句话说，它是在近代中国知识分子企图通过启蒙国民性以达到改造中国命运的背景下发生的。忽视这一大的历史背景，对晏阳初及其事业进行孤立的解读，无法揭示以晏阳初为代表的知识分子所从事的乡村启蒙活动的意义。如何把晏阳初的活动置于近代社会启蒙和社会重建的大背景下进行认识，探讨晏阳初等知识分子的乡建事业在解决“国”与“民”关系上的作用，给其一个恰如其分的定位，是目前研究者所面临的新课题。

三、研究视角与思路

限于篇幅与资料，本书的研究仍集中于晏阳初及其平教会在定县的活动，研究时段约为 10 年。不过，我们将力图突破已有的研究模式，在研究视角上有所创新。

本研究的一个重要意图，是要弄清晏阳初的乡村启蒙和改造活动在 20 世纪的国家与社会重新建构与整合的过程中扮演了何种角色，彰显了何种意义。从长时段来看，自 19 世纪中期的太平天国革命以来,中央政府的权威逐渐式微,地方及社会力量渐渐积蓄。清末新政有将政府权力向下扩展的一面,但昙花一现,未留下较深的痕迹;1911 年帝制被推翻,非但未能重整中央权威,反而使得整个政府大厦坍塌瓦解,名存实亡,军阀割据越演越烈。国民政府的北伐,也仅带来名义上的统一,民国政府事实上也没有在广泛的农村社会建立起权威。所以,从长时段来看,从 19 世纪 50 年代开始,直到 1949 年将近一百年间,中国一直面临着一个"国家再造"(杜赞奇语)或"近代国家政权建设"(黄宗智语)的课题,换一个角度讲,也就是面临着一个社会整合的问题。如何动员民众参加现代国家的重建,重新整合"国"与"民"的关系,实际上是近代中国社会的一个大命题。就表面来看,晏阳初等人的乡村启蒙和建设尝试,其意图只是解决中国乡村的教育、生计等实际问题,但在事实上,他们的活动却与近代中国这一历史命题有直接的关系。这些来自民间社会的"启蒙者",其"走向民间"的过程与近代以来国家和社会的整合过程纠缠在一起,为我们对这一问题的认识,提供了一个极具分析和认识价值的样本。

因此,本书的研究必然涉及国家与社会关系的理论问题。近年来,受到哈贝马斯"公共领域"理论的影响,①西方研究中国近代

① 根据哈贝马斯的理论,近代国家政权建设基本上是通过国家政权的扩张来实现的。国家政权的扩张意味着自上而下的控制不断加强,同时也意味着自下而上的反控制也在不断扩大。随着社会的整合进程的推进,国家与社会在所谓的"公共领域"的范围内往往呈现出对立与合作的复杂关系。这一理论集中阐发于哈贝马斯:《公共领域的结构转型》(曹卫东等译),学林出版社 1999 年版,关于这一理论的相关讨论可以参见邓正来与亚历山大编:《国家与市民社会——一个社会理论的研究路径》,中央编译出版社 1999 年版;国内的相关评论见杨念群:《中层理论——东西方思想会同下的中国史研究》第三、四章,江西教育出版社 2001 年版。

史的学者也引入这一理论,作为解释和认识近代历史的一个框架。其观点概括起来,就是在中国社会中,最基层的乡村社会与高高在上的国家之间存在着一个广阔的权力真空,这可被看作是一种"公共领域",中央政府和地方精英都在努力向这个领域渗透。他们关于这一问题的认识,大致可以划分为两个派别。一派强调国家与地方社会之间的二元对立,认为公共领域自成一体,独立于国家而存在,地方精英努力把国家权力排除在公共领域之外,如罗威廉。[①] 另外一派学者则强调国家与地方社会之间的合作,如黄宗智,他结合自己的研究提出了"第三领域"的重要概念。在这个领域,国家与地方相互参与渗透,从而推动了中国社会的整合与近代国家政权建设。[②] 还有一些学者的表述尽管不同,但实际上仍持"合作论"。如杜赞奇提出了"权力的文化网络"的理论模式,认为国家权力的扩张必须通过"掮客化"完成。国家并不能够把权力直接渗透进广大的乡村社会,必须"雇用"大大小小的地方精英,通过他们调动各种地方资源来实现国家对乡村的管理。这些精英从而成为国家政权在地方的"掮客"。[③] 把国家与地方社会之间的关系归结为对立或是合作,其实是一种比较简单化的理解模式。在实

① William T. Rowe. *Hankou: Conflict and Community in a Chinese City, 1796—1895*. Standford University Press, 1989.

② 其看法集中表述在黄宗智:《中国的"公共领域"与"市民社会"——国家与社会间的第三领域》,见黄宗智编:《中国研究的范式问题讨论》,社会科学文献出版社 2003 年版,第 260—285 页。

③ 杜赞奇:《文化、权利与国家——1900—1942 年的华北农村》,江苏人民出版社 2003 年版。他的"文化网络" 几乎包括了中国乡村中的所有组织,也就是说包括了所有的资源。那么无论是国家政权还是地方社会想要在公共目标上或在个别利益上取得合法性的权威,就都必须通过文化网络来实现。

际的历史进程中，二者并非绝对的对立，也非一味的合作，而是既有对立、又有合作，表现出一种互动的关系。这些分析和认识对我们关于晏阳初定县模式的研究有很大的帮助。本书试图借助这一理论框架，通过对晏阳初定县模式的细节还原，理清其与地方政府、民间社会以及其他各种社会权力的复杂关系，进而揭示其意义，以实现课题的研究目标。

20 世纪初期，中国的知识分子对中国社会变革有了更深层次的认识，那就是改造中国必须通过对中国绝大多数人观念的改变，才能取得成功，即启蒙占中国人口 80％的农民，尊重乡村社会。只有这样，才能够动员全社会，以促成整个中国社会的重建。所以，乡村启蒙是当时知识分子注目的一大关键问题。正是在这一背景下，晏阳初开创了他一生的事业——乡村建设，本书预期在以下两个问题上取得突破：

1. 对于晏阳初民众教育和乡村建设活动的分析，本书力图依据大量的鲜为人用的 20 世纪三四十年代的报刊、杂志上的有关资料来分析，希望在资料上有所突破，并进而深化对晏阳初的认识。就目前有关晏阳初研究的成果来看，这些资料的利用还处于一个很低的水平，但对研究晏阳初的乡村社会启蒙和建设事业具有重要的参考价值，能够反映出更多的内容，如晏阳初一些鲜为人知的活动，当时人们对这些活动的理解和评价，以及其活动产生的社会影响等。通过分析这些资料，可以更充分和深入地认识晏阳初的活动，以推进相关研究。

2. 就目前掌握的情况来看，研究者大都用阶级分析的方法将晏阳初平民教育事业失败的原因归结为他是个改良主义者，而在中国通过改良来改变中国，唤起国民的民族意识是行不通的。本书将突破这种认识和分析方法，从国家与社会的互动关系出发，从社会学的角度来加以分析，从乡村社会结构、权力体系、地方政治结构乃至宗教信仰、民众意识等不同的角度出发，进行多维度、全方位地分析，在分析方法和认识上都有一定的创新之处。

本书拟分九个部分：

第一部分为导论。阐述选题原因，从学术理念与现实价值两方面分析选题的意义；对晏阳初生平和他的平民教育思想作以介绍；介绍研究动态，分析其成就与不足；阐述本书的研究思路，并对本书使用的基本理论方法进行阐释。

第二部分阐述晏阳初开创乡村建设事业的背景。如何实现国家与社会的重建以及如何动员民众参加国家建设，是 20 世纪前半期中国社会发展的主题，政府与社会均致力于解决这一问题。受到从清末至五四期间形成的乡村启蒙理念与实践的影响，到 20 世纪二三十年代，民国政府与知识分子各自掀起了一场旨在改造乡村的建设运动。政府主导的县政建设运动与后者的乡村建设实践，其方式与内容、理解和设想虽然不尽相同，但可以说是殊途同归，乡村社会的重建是他们共同的目标。本章首先介绍 20 世纪初期的下层社会启蒙和改造运动，然后分别对 20 世纪初期中国的乡村自治问题以及知识分子的乡村建设活动加以介绍，以阐明晏阳初的定县平民教育运动的社会历史背景。

第三部分阐述晏阳初乡村文化建设的基本理念。中国乡村运动思潮的产生不是偶然的，既受到世界性的平民教育浪潮的推动，也取法于欧美的科学实验主义和平民主义思潮，更得之于对中国乡村的实地调查与观察。在此基础上，晏阳初形成了其独特的平民教育理念，认为中国乡村存在愚、穷、弱、私“四大病症”，为此要展开文艺、生计、卫生、公民四大教育，推行学校式、家庭式、社会式三大教育方式；提出了一条研究、训练和推广依次行进、西化色彩浓烈的乡村建设途径。

第四部分对定县实验各方面的内容作了翔实的考察。在晏阳初乡村文化建设理念的指导下，平教会在定县进行了为期10年的实验。定县的实验内容即是通过三大方式，进行以四大教育为主要内容的试验。在实验过程中，为了和农民“打成一片”，平教会采取了诸如开展览会、导生传习、戏剧、广播无线电等方式，以期试验的成功。

第五部分，实践中，平教会认识到，欲启蒙农民，使其成为“新民”，必须彻底改造农民生存所依赖的乡土文化环境。对乡土文化的改造也是平教会进行乡村建设的一项重要内容，本章通过对平教会定县戏剧改良实践的梳理，阐述了近代知识分子对乡土文化改造和启蒙农民关系的深刻认识。戏剧改良本是晏阳初定县实验中文艺教育的重要组成部分。熊佛西等人对剧本内容、演员与演出场地进行了一系列旨在增加互动、贴近民众的改革，在当时引起极大的反响，对乡村社会确有一定的启蒙之功。本章将对定县戏剧实验的活动作一梳理，并对其成败作以简要分析，从中透视近代中国知识分子在乡村社会启蒙中所起的作用。

第六部分则通过阐述平教会在定县进行的7年多的卫生实验，和向农民传输预防与治疗相结合的现代卫生观念，以达到平教会治愈农民的体“弱”的目的，进而达到民族再造的目的。为了进行现代医疗理念乡土化的尝试，他们建立了三级保健体系，并把传染病管理、妇女儿童健康等新内容纳入到这个体系当中。在这一过程中，平教会与县政府、士绅、旧从业人员以及农民等各类群体纠葛在一起，新旧观念、新旧势力之间发生了较为激烈的碰撞，使得现代卫生观念在乡村的移植过程呈现出极为纷繁复杂的面相，这直接影响了卫生观念植入的广度与深度。

第七部分的内容为，为了获得定县实验的成功，平教会不仅与政府合作，也借用海外的经济资助，更力求动员乡土社会资源来推进其乡村建设运动。然而，作为一种外来的势力，平教会的活动在一定程度上危及了传统的社会权力结构，引起传统势力的强烈反弹。本章考察了平教会与民国政府、与地方政府、与当地乡绅及民众的关系，重点剖析了乡绅与民众的反应，以此揭示了定县实验过程中的诸种权力纠葛，从中透视乡村建设与改造过程中所呈现的复杂面相。

第八部分主要分析了晏阳初乡村文化建设事业成败的原因。从定县实验的后果来看，虽然对民众文化水平的提高、生计的改善有一定的成效，但是，从长时段来看，乡村建设运动并未取得成功。本章从农民的需要、特殊的时局，尤其是"启蒙者"们本身的缺陷等方面分析了"乡村运动乡村不动"的原因。

第九部分为结语，从国家与社会的角度对晏阳初的乡建实验做了评价和总结。晏阳初等人的行为尽管自觉不自觉地充当了连接政府和大众的润滑剂，力图在国家与社会的互动中发挥"纽带"的作用，然而，由于他们对中国社会现实的复杂性没有深刻的领悟，其解决问题的办法也过于简单，充满理想化的色彩，完全依赖欧美科学实验的精确方法来解决复杂的社会问题，所以就难以找到与中国乡村的契合点。同学会是中华平民教育促进会建立起来在乡村推行四大教育的基层组织，旨在培养乡村运动的内在机制。但随着同学会活动的展开，其在一定程度上影响甚而取代了乡绅的传统权力，招致当地乡绅的强烈反扑。两者的激烈冲突导致了同学会被改组与解散的命运。它表明平教会企图建立乡村运动内在机制的失败，这也是定县实验失败的根本原因。结果既不为政府所欲，也为乡绅所不容，更令乡民失望。诸种矛盾纠葛，使它无法在乡村内部建立起本土化的动力机制，也就无法真正地动员民众参加"国家政权建设"。从这个意义上讲，定县实验并无多大成就，也可以说是失败的。

第一章　20世纪上半期的乡村建设运动

以乡村启蒙为本质内容的乡村建设运动，在中国近代史上的出现并非偶然。一方面，先进分子在探索中国出路的过程中，逐渐认识到“改造国民性”（鲁迅语）的重要意义，于是，肩负社会改造重任的知识分子们将改造社会的重点转向了广大的民众，认为只有将占人口大多数的平民改造成真正的“新民”（梁启超语），即具有高素质的国民，才是挽救中国的良方。而在中国，这些具有“新民”潜力的平民只能在农村中挖掘，因为中国民众80%以上都是农民，所以这场社会改良被称之为乡村建设运动。知识分子对这一问题的认识，当然不是一蹴而就的，而是经历了从清末到五四的长期社会实践经验的积累。本章将通过对清末以来人们思想启蒙理念转变的梳理，揭示出乡村社会改造是近代中国历史演变的结果，它也成为后来二三十年代乡村建设运动的出场语境。

第一节　清末到五四：乡村启蒙的理念与实践

乡村建设运动一方面是近代先进分子不断探索中国出路，寻求国家与社会整合的结果，另一方面也是在“独立”与“富强”的时代主题下，中国人逐渐觉醒所经历的一个必然阶段。在这个阶段中，启蒙是一个重要的历史主题，从某种意义上说，一部中国近代史就是一部中国人民如何启蒙救亡的历史。而新文化运动以后，人们将眼光下移，将启蒙的对象定位在农民身上，这使乡村启蒙成为近代中国社会启蒙的新阶段。

一、清末的下层社会启蒙

中国近代的社会启蒙虽然远可追溯到第一次鸦片战争之后林则徐等人的第一次"开眼看世界"，而事实上，真正意义的思想解放、思想启蒙潮流始自戊戌变法。戊戌变法的施行，只有103天就夭折，但其意义深远，它虽然没有立即完成了现代意义上的政治体系、文化形态的建构，但是却促使了"传统知识分子们在忧患意识的激发下开始自发集合，打破了清代长久以来通过罗织文网形成的严禁士人干政的局面，产生了自愿改造当时社会体制的群体政治意识"。[①] 所以，这场运动不仅是个政治运动，又是一场文化启蒙运动，其启蒙的核心在于"开民智"，因为民智是社会经济变革的基础条件；否则，中国的历史"仍将重复千百次的农民起义"。[②] 基于此，梁启超作成"新民说"。

维新派是如何启蒙"民智"的呢？创办学会、学堂、报纸，翻译大量西书是维新派进行思想启蒙的主要手段。自从公车上书后，各种学会如雨后春笋般相继成立，著名的如强学会、南学会等，据统计，维新运动期间，各地学会、社团共42个，列名在学会中的各

---

① 倪晓一：《百日维新与百年沉思》，《中国档案》，2008年第9期。

② 陈旭麓：《戊戌维新与文化启蒙》，《广东社会科学》第1期。

界人士达千人以上。另外,维新期间的报纸如《万国公报》、《中外纪闻》、《强学报》、《时务报》、《国闻报》、《湘学报》等等30余种。这些都对知识分子产生了很大的影响,尤其是逐渐形成了知识分子的参政议政和忧国忧民的风气,据说,“自时务报出”,人们著书立说,“每册数千言,张目大骂,如人人意所欲言,江淮河汉之间,爱有文字奇诡,争传诵之”,如此看来,知识分子不再是“不敢轻掉笔墨”讥讽时政的读书人了。①

梁启超创办的时务学堂需要通过报考招收生源。据《湘报》记载,时务学堂报考三次:1897年9月24日第一次考试即录取40名学生;1898年3月22日第二次考试,录取内课生30名,外课生18名,附课生7名;同年5月,第三期考试取内课生46名,外课生52名,备送北洋学生10名。② 从某种意义上说,时务学堂为后来京师大学堂的成立,乃至于近代高等教育制度的形成,打下了基础。戊戌变法唯一留下的成果即京师大学堂于1902年分科为政治科、文学科、格致科、农业科、工艺科、商务科、医药科。由此可见,北大早期的学科分类中,自然科学所占的比重很大,③它表明,洋务运动后学习西方先进技术已经蔚然成风,并且成为中国近代教育体系中的重要内容。

维新变法不仅使学界风气得到改善,中国近代化的程度也随之进一步加深了。加上尔后不久清政府实行的自上而下的清末新政,更使中国无法再走回头之路。中国人的生活逐渐发生了变化:

---

① 《戊戌变法》(一),第373页。

② 汤志钧:《戊戌的思想启蒙和辛亥的革命风暴》。

③ 《功课》,《钦定京师大学堂章程》,光绪二十八年七月十二日,载舒新城编:《中国近代教育史资料》第2卷,人民教育出版社1981年版,第545—550页。

火车的出现使马车不再是社会的主要交通工具。在清末社会改良的背景下，知识分子开始把启蒙的对象移向下层社会。他们提倡白话文，“以便贫民”，[①]他们积极提倡并捐资兴办直接面向大众的藏书楼、公共图书馆、报刊阅览室等文化机构。1904年起，北京、辽宁、山东、河北、浙江、广东、福建、江西、湖北等自发地办起了阅报社。以北京为例，从1905年4月到1907年10月，就出现了各种名称的阅报社45处，居全国之首。[②] 民间性的文化社团也活跃起来，各种学会、教育会、宣讲所、演说会以及习俗改良团体次第举办，仅以教育团体而言，1909年全国就有各级教育会723个，会员48400余人，[③]这些组织参与公益文化活动，开办各类教育机构，创办刊物杂志，为启蒙社会摇旗呐喊。新闻媒介也开始兴起并迅速发展起来。从维新运动时期开始，民间自办报刊杂志开始呈现一定的规模，到20世纪初年则形成了高潮，1905年到1911年，全国先后发行报刊约600余种，其中直接间接为清政府所控制的不到10%；[④]早在1897年就已经出现了两份白话报。1900年以后，数量剧增，到1911年，已有白话报110种。[⑤] 这些白话报刊面向民众进行启蒙宣传，文字浅显易懂，很受市民的欢迎。以“普通住民”为销售对象的《杭州白话报》发行七八百份，居于杭州各报发行

① 裘廷梁：《论白话之维新之本》，载《辛亥革命前十年间时论选集》第1册，三联书店1960年版，第40页。

② 转引自田涛、樊仰泉：《清末市民文化的兴起》，《山西煤炭管理干部学院学报》2002年第4期。

③ 姜义华：《我国近代新型知识分子群体》，《近代史研究》1987年第1期。

④ 桑兵：《晚清学堂学生与社会变迁》，学林出版社1995年版，第285页。

⑤ 李孝悌：《清末的下层社会启蒙运动：1901—1911》，河北教育出版社2001年版，第17页。

量的首位。[①] 一些白话报刊还在京、津、沪及许多省份设代派处、代卖处等机构。通俗的文艺作品也十分流行。晚清印成单行本的小说据称“至少在两千种以上”。[②] 据对《中国通俗小说总目提要》正目的统计，1840年至1911年的白话通俗小说约有650部，其中绝大部分产生于清末时期。1902年至1911年间，已经考证确实的以“小说”命名的杂志有21种之多，[③]文艺性的“小报”有32种；[④]1877年至1912年间还出版了118种通俗画报，其中大部分出现在1901—1912年间。[⑤]

可是，尽管“二十世纪初的启蒙者，多方设法，务期用尽所有可能用的到的方式，把高远的理想落实到满目疮痍的广阔土地上”，怎奈“下层社会的民众，即使有不少粗识文字者，不识之无者的数目却更多。白话写的再口语，阅报社设立的再普及，对这些可能高达百分之八十的文盲人口，依然起不了作用”。[⑥] 为了开启民智，启蒙者曾殚精竭虑，苦苦思索以期找到救国图存的良方。这些改革者“往往是由民间社会的绅士、知识分子、舆论界、商人、教师、僧侣、妇女或所谓的志士首开其端，再由政府的力量予以制度化、组织化，以扩大并巩固其效果”。所以，在各项启蒙活动的开始，通常“来自社会和民间的自发性努力是主要的推动力量。随着运动的

---

① 杨光辉等编：《中国近代报刊发展概况》，新华出版社1986年版，第91、102页。

② 阿英：《小说三谈》，上海古籍出版社1979年版，第197页。

③ 陈平原：《二十世纪中国小说史》第1卷，北京大学出版社1989年版，第68、69页。

④ 阿英：《晚清小报录》，见杨光辉等编《中国近代报刊发展概况》，新华出版社1986年版。

⑤ 据彭永祥《中国近代画报简介》一文统计，载《辛亥革命时期期刊介绍》(四)，人民出版社1986年版。

⑥ 李孝悌：《清末的下层社会启蒙运动：1901—1911》，河北教育出版社2001年版，第63页。

普及和深化，政府自上而下的命令、支持和民间自发性的努力相辅相成，使得整个运动既不致流于口号、样板、具文或形式，又不致因为经费的短缺和个人能力的限制而昙花一现，浅尝辄止”。维新以后的启蒙运动是在强烈而急迫的救亡意识下开展的，它不仅在形式上和内容上影响了日后中国的前途和发展，而且“在世纪的推动和运作上，也开下日后各种‘走向民众’运动的先河”。[①]

二、政治革命与民众动员

辛亥革命作为一场政治革命，结束了统治中国两千年之久的封建帝制，建立了民国，在思想上也是一次具有划时代意义的启蒙运动。这时的中国民主观念深入人心，“这较多地体现在他们对‘民’的新思考，提出要将奴隶式的‘臣民’转化成主人式的‘国民’；对‘国’的新构想，呼吁要将专制集权式的‘皇权’转变为民主参政式的‘共和’。”[②]但是当时人们心目中的“国民”并不是后来晏阳初所指出的占中国80%以上的广大平民或农民，而是“有民族意识、国家观念、参政能力、道德修养、知识水准的近代化新人”，[③]即社会的精英人物。梁启超所说的“新民”和邹容所说的“有自治之才力，有独立之性质，有参政之公权，有自由之幸福，无论执何业，而皆得为完全无缺之人”[④]皆此类人也。按照黄宗智的观点，这些人

① 李孝悌：《清末的下层社会启蒙运动：1901—1911》，第242页。

② 李喜所：《辛亥革命与思想启蒙》，载李喜所：《中国近代社会与文化研究》，人民出版社2003年版，第359页。

③ 李喜所：《辛亥革命与思想启蒙》，载李喜所：《中国近代社会与文化研究》，第361页。

④ 邹容：《革命军》，张枬、王忍之编：《辛亥革命前十年间时论选集》第1卷下册，三联书店1978年版，第671页。

构成了第三领域[①](哈贝马斯叫做公共领域)。辛亥革命虽然赶跑了皇帝,但中国社会的落后局面依旧如故。民主虽然深入人心,但主要是局限在这些上层社会和知识分子之中,而占中国80%以上的广大的人民群众,特别是广大的农民对这个字眼一无所知。正如陈独秀指出:"今之所谓共和、所谓立宪者,乃少数政党之主张,多数国民不见有若何切身利害之感而有所取也……立宪政治而不出于多数国民之自觉、多数国民之自动,惟曰仰望善良政府、贤人政治,其卑屈陋劣,与奴隶之希冀主恩、小民之希冀圣君贤相施行仁政,无以异也……"[②]

另一方面,自19世纪五六十年代的太平天国运动以来,国家权力逐渐式微,而地方势力则日渐膨胀。所以,清末至20世纪上半期的中国一直处于社会的整合与国家权力重建的过程中。黄宗智认为,在近代中国社会中,国家与社会之间不是二元对立的,中间存在着一个第三领域,国家和社会都企图向里面渗入,并通过这个中介彼此发生联系。国家向第三领域渗透的过程视为国家政权重建或扩张的过程。在社会的整合过程中,国家与社会更多的是合作关系。这就需要动员下层,使他们也参加到社会整合与国家政权重建的过程中来。晚清政府试图通过清末新政来达到这个目的,于是承担了一系列的活动,如,建立新式警察、开办西式学堂、制定近代法律以及各种鼓励农工商的机构,同时清政府还参与了许多属于第三领域的公共活动。可是好景不长,腐朽的清政府已经无药可医,它的新政反而加速了它的灭亡,于是这个社会重构和

① 参见黄宗智:《中国的"公共领域"与"市民社会"?——国家与社会间的第三领域》,载黄宗智主编《中国研究的范式问题讨论》,社会科学文献出版社2003年版。

② 陈独秀:《吾人最后之觉悟》,《青年》第1卷第6号。

国家政权建设的任务历史地落到了辛亥革命的肩上。

辛亥革命虽然推翻了帝制,却并没有重振国家权威,反而使整个政府的构架土崩瓦解。“不论中央还是地方,政权都在急剧地更替”,①特别是袁世凯这个权威代表在全国的讨伐下死去,不仅使得帝国主义列强失去了统治中国的共同工具,也使得当时整个中国的政治中心权威彻底失落。杜赞奇用了“国家权力内卷化”②这一概念来说明 20 世纪前半期中国国家政权的失落、扩张及其现代化过程。军阀割据局面的出现使中央政府的权力名存实亡,据统计,自 1912 年袁世凯任中华民国总统到 1928 年北洋军阀覆灭的 16 年间,中央政府更换了 9 次国家元首,50 届内阁。内阁成员人数最少时只有 1 人,最短之组阁 6 天。③ 即使北伐胜利后国民政府南京政权建立,也只是形式上的统一。国民党新军阀之间也是连年内战,特别是蒋、桂、阎、冯的中原大战,波及数省,再次给中国人民造成深重的灾难。第一次国共合作破裂后,中国又一次陷入十年内战之中。中央政治权威失落,造成民不聊生、民族危机日趋严重的残酷现实,致使许多有识之士,特别是知识分子不能再“两耳不闻窗外事,一心只读圣贤书”,他们也为重建国家政权,重新整合国家与社会,恢复政府政治权威而卷入政治漩涡之中。他们提

① 杜赞奇:《文化、权利与国家——1900—1942 年的华北农村》,王福明译,江苏人民出版社 2003 年版,第 2 页。

② 本来“内卷化”是克利福德・吉尔茨(Clifford Geertz)最早用来研究爪哇的水稻农业的,他认为,“内卷化”是指一种社会或文化模式在某已发展阶段达到一种确定的形式后,便停滞不前或无法转化为另一种高级模式的现象。杜赞奇把它这一概念借用。他认为,国家政权内卷化是指国家机构不是靠提高旧有或新增机构的收益,而是靠复制或扩大旧有的国家与社会关系来扩大其行政职能。

③ 苗春德主编:《中国近代乡村教育史》,人民教育出版社 2004 年版,第 17 页。

出了许多重建政权的设想，如“废都裁兵”、“好人政府”、“联省自治”、“第三条道路”等，虽然这些主张都有许多不尽之处，而未能成为改造中国社会的正确方法，但作为针对中国现实社会弊端的改革思潮，它们却是经历、背景、阶级倾向各不相同的知识分子苦苦思考和在探索中国出路过程中所经历和总结的教训和宝贵经验，都是出于救国救民的理想而选择的不同道路。从这个意义上讲，20世纪上半期的中国乡村建设运动就是中层知识分子动员下层民众参与国家政权重建和社会整合的运动。

三、观念革命与“走向民间”

由广大的知识分子发起并参与的，企图从思想文化层面来唤起中华民族觉醒的新文化运动是继辛亥革命时期之后发起的一场大规模的全方位的思想启蒙运动。这场运动是对几千年来旧文化、旧习俗的一次深刻的扬弃，对后来中国的走向产生了深远的影响。梁启超曾说：“革命成功将近十年，所希望的件件落空，渐渐有点废然思返，觉得社会文化是整套的，要拿旧心理运用新制度，决计不可能，渐渐要求全人格的觉醒。”[①]这段话深刻地揭示出了“辛亥”与“五四”之间的关系。故“由辛亥革命所唤起的中国社会的希望，同民国初年中国社会的黑暗之间形成一种巨大的落差，巨大的落差产生了巨大的波潮，于是而有新文化运动”。[②]

自鸦片战争以来，中西文化碰撞、冲击和交汇已近70年，在西

① 梁启超：《五十年中国进化论概论》，载夏晓虹编：《梁启超文选》（下），中国广播电视出版社1992年版，第533页。

② 陈旭麓：《近代中国社会的新陈代谢》，第376页。

学东渐思想的影响下，中国人向西方学习的过程经历了由洋务运动式的器物层面(即科学技术)改革，到戊戌维新式和辛亥革命式的制度层面(即君主立宪和民主共和)改革。然而，这些西方的东西到了中国就显得不伦不类，根本达不到救亡图存和国家与社会的整合的目的，“我国自革新以后、自治一端、已为社会上之重要问题、然自治之呼声愈高、而自治之实现愈远、则以谈自治者、前清除省县而外、下级自治、仅及于乡、民国且仅及于县、至于一村应如何自治、一家应如何自治、一人应如何自治、绝未计及、实不免疏阔之甚、故议论虽多、而成功绝少”。[①] 于是，向西方寻求真理的中国先进分子把“思变”的内容由原来的器物层面和制度层面转而定位在文化心理层面。正如陈独秀在1916年指出：“自西洋文明输入吾国，最初促吾人之觉悟者为学术，相形见绌，举国所知矣；其次为政治，年来政象所证明，已有不克守缺抱残之势。继今以往，国人所怀疑莫决也，当为伦理问题。此而不能觉悟，则前之所谓觉悟者，非彻底之觉悟，盖犹在惝恍迷离之境。吾敢断言曰：伦理的觉悟，为吾人最后觉悟之最后觉悟。”[②]陈独秀的伦理觉悟就是指文化心理层面的觉醒。“吾国社会人心、已二千余年、妇人孺子贩夫走卒、无不被其习染、非旦夕所能改正、其受新教育而有新思想者、又群集于通都大邑、以求生活、于是各地方之村落、遂多为向来之土豪地棍所把持、而弗克改良、长此以往、不图补救、望地方自治之进步、难乎其难矣。”[③]

① 米迪刚、尹仲材：《翟城村》，载：《中国地方志集成》乡镇志专辑之28，江苏古籍出版社1992年版，第9页。

② 陈独秀：《吾人最后之觉悟》，《青年》第1卷第6号。

③ 米迪刚、尹仲材：《翟城村》，《中国地方志集成》乡镇志专辑之28，第196页。

新文化运动首先开展了排孔运动,“打倒孔家店”是当时的口号。其实,早在1912年,南京临时政府教育部就提出“忠君与共和政体不合,尊孔与信教自由相违”①,明令各地中小学校废除拜孔之礼。1915年以后,许多知识分子对孔学进行了猛烈的攻击,如章太炎的非孔言论,谭嗣同对三纲的猛烈批判,还有梁启超的新民说等都触及了孔学的痛处,“不仅冲击了维系传统小农社会的精神支柱,而且冲击了传统的是非标准和价值标准”,从此,人们的评判态度发生了深刻变化,诸如妇女问题、贞操问题、婚姻家庭问题、社会改造问题,直至文化问题、学术问题、戏剧改良问题,都是以批判传统为条件。虽然旧文化并没有因此而销声匿迹,而是在苦苦地挣扎,但是历史的潮流不可逆转,“在这种背景下形成的新旧之争已不是明末清初的邪正之争,也不是甲午战争前的夷夏之辨,甚至也不完全是戊戌维新前后的中学与西学、维新与翼教、护圣之争,而是在更高层次上的新旧文化的冲突。”②与新文化运动的这种道德革命遥相呼应的是以主张白话文为主的文学革命。文学革命的主要猛将有易白沙、胡适、鲁迅、李大钊、刘半农、吴虞、沈尹默、钱玄同、高一涵、周作人等人,他们公开而激烈地反对传统文艺,同时强调用白话文进行创作。

在破坏传统和建立现代价值的同时,新文化的倡导者们高举“民主”与“科学”的两面大旗,民主与科学并不是在五四新文化运动时才提出的,所不同的是五四时期的倡导者们“不再热衷于讨论

① 蔡元培:《对于教育方针之意见》,《蔡元培选集》,中华书局1959年版,第14—15页。

② 陈旭麓:《近代中国社会的新陈代谢》,第385页。

民主政治与君主专制的孰是孰非，而是转而探索民主社会在欧美为何可能，而在中国又为什么屡屡失败……于是他们的认识开始由制度层面锲入到文化心理层面，确信没有多数国民的民主觉悟，没有一种能赋予民主制度以真实生命力的广泛心理基础，是不可能真正建设和组织起'西洋式的社会'、'西洋式的国家'的"。[①] 可以说，自五四新文化运动起，人们才开始关注占人口多数的国民。

中国近代史上的这些改革，无论是器物革新，还是制度变革，或是思想启蒙，参与者只是少之又少的上层社会精英——或是统治阶级或是资产阶级，最多也不过是广大的知识分子，很少有人对占人口多数的国民有所关注。蒋梦麟曾指出："我们的格言是民有、民享和由知识阶层治理的政府。"所以知识分子的首要目标就是把最后那个词组改成"民治"。[②] 在进步知识分子探索社会整合与国家重建的方案过程中，他们逐渐意识到，国家政权的重建和社会的整合关键在于动员下层民众，换句话说，只有将下层民众动员起来，使之成为现代国家的国民，并参与到国家与社会的重建与整合的过程当中，才能最终达到救亡图存的目的和解决中国的根本问题。而下层民众即未来的国民在中国就是占人口80%以上的农民。中国的近代化实质上就是农民的近代化，作为中国最苦难、最贫穷、最愚昧的群体，农民不觉醒，中华民族的觉醒就是一句空话，国家政权的重建和社会的整合就无从谈起。而"近代化在文化的泥潭无奈地徘徊，看起来毫无主见的农民，似乎没有跟着精英向

① 陈旭麓：《近代中国社会的新陈代谢》，第395—396页。

② Charles W. Hayford: *To the People: James Yen and Village China*, New York: Columbia University Press, 1990. 12.

前走的意思，康、梁振臂一呼式的改良与孙、黄振臂一呼式的革命，同样是应者寥寥。”[1]晏阳初对中国的国民看得很清楚，他指出，“吾国民数虽号称四万万，但未受教育的，竟多至三万万以上，其‘智识力’如何不待言。产业不兴，生活艰窘，穷民饿殍，遍地皆是，其‘生产力’如何不待言。举国之人，勇于私争，而怯于公战，轻视公义，而重视私情，其‘团结力’公共心如何不待言。国民身体脆弱，疫疠繁兴其强健力如何更不待言。以如是的国民，来建设二十世纪的共和国家，无论采用何种主义，施行何种政策，若植树木于波涛之上，如何可以安定得根！”这种局面必须转变，故广大知识分子和爱国志士“努力于平民教育的目的，正为培养国民的元气，改进国民的生活，巩固国家的基础；无主义的主奴，无党派的左右，无宗教的成见，无地方的畛域，无个人的背景，无新旧的界限；但期望三万万以上失学的同胞，普遍的得到做二十世纪的人最低限度必不可少的基础教育。虽以爱国为精神，而不偏于狭隘的国家主义，虽以爱世界为理想，而不偏于广漠的世界主义；至于宗教上或党派上的信徒，尤其任国民的自由意志去选择，绝不挟入平民教育内来宣传，这亦是同仁良心上的主张，人格上的自信”。[2]

当时有人曾把那些上层知识分子称作“有笔阶级”，认为“有笔阶级所产生的无聊政客的播弄，其祸决不在有枪阶级之下”。由于中国的教育制度的缺陷，所以，学界都养成所谓“以投机取巧为智，好乱反复为勇”的风气，对于国家的前途没有任何好处。国家实

① 张鸣：《乡土心路八十年——中国近代化过程中农民意识的变迁》，上海三联书店1997年版，第3页。

② 晏阳初：《平民教育的宗旨目的和最后的使命》，宋恩荣主编：《晏阳初全集》第1卷，湖南教育出版社1989年版，第117—118页。

行的考试制度，实际就是“仅凭几篇文章去侦察一个人的能力”，这种考核人才的标准决计不够。那么如何做才能达到救国救民的目的呢？知识分子认为，只有“到民间去”彻底改良乡村，即将目光“看重乡村”，将中国的希望“寄托乡间”，才能将“全国人民精神整个的团结起来，然后才能御外侮平内乱”；同时，乡村又是富国的根源，因为中国是农业国，不可能向西方那样走工商业发展的道路，而必须立足于“使农家生产增加，以谋农村经济的发展”。正因为中国社会基础是农村，所以“中国的民族的真精神尤在乡村中孕育而保存着；我们要作健全国民也得身入乡村中；要实现民主政治要救国难尤须渗入到乡村中；而历代治国平天下者无一不看重乡村”，所以“作乡村运动，才是知识分子的真义务，才算是一个中国的国民”。[①] 它“要比空空泛泛的提出几条治国的‘大政方针’要切实得多，要高尚得多”，正所谓“要做大事不要做大官”。这样对人才的考核不能仅凭几篇文章，而应当考核他过去在下层的工作成绩，即“凡应试的，除有相当的学问修养外，多应有几年乡村的经验。大学毕业的学生，多可以推广到乡村，学政治的做乡村组织的工作，教育的做平民教育的工作，农业的农业，工业的工业，这样分头工作，乡村自然容易改进，青年也不怕没出路，没事干，而将来脱离乡村来做一省一国的工作，也不会完全忘了民间的疾苦。”[②]

由此可见，知识分子们最终将目光投向了乡村，将乡村启蒙视为近代启蒙运动的新阶段。到五四时期，终于喊出了“走向民间”

---

① 李敬民：《我们为什么要看重乡村》，《乡村建设》第1卷第11—12期，1932年1月21日出版，第15页。

② 《定县平教村治参观记》(四)——生产增加与全民识字，载天津《大公报》，1930-1-12-4。

的口号。启蒙和动员农民，实际上成为五四运动之后知识分子和各种政治力量共同致力的一项事业。中国共产党对农民运动和农村革命的注重，国民政府在 30 年代以县政建设为核心的“农村复兴运动”，目的都在于此。特别是怀抱改造中国社会理想的中间知识分子，更是依然深入到乡村，与泥巴为伍，搞起了乡村建设运动。因为，所谓“乡村建设，实非建设乡村，而意在整个中国社会之建设”。①

第二节　清末民初的乡村自治

清末民初，在晚清新政和地方自治思潮的推动下，中国兴起了乡村自治运动，这期间，政府颁布各种地方自治章程，各地军阀也都在各自管辖的范围内搞起了“乡村自治”。作为当时乡村社会基层政权建设的主要方式，其最大的特点是“官治”和“绅治”。尽管如此，这一时期的村治运动却不自觉地成为 20 世纪二三十年代中国乡村建设运动的源头和历史背景。本书拟就这一时期乡村自治的发展线索作以梳理，试图考察近代以来国人在整合国家与社会的尝试中，对中国社会问题所进行的思考。

一、乡村自治的缘起

实现对乡村社会的有效控制，一直是历代统治者努力追求的政治目标。从周代的乡遂制、秦汉的乡亭制、唐代的乡里制，到宋

① 晏阳初：《十年来的中国乡村建设》，载宋恩荣编：《晏阳初全集》第 1 卷，第 561 页。

代的保甲制，每一次实施都比上一次国家对乡村社会的行政控制更加严密。[①] 晚清以来，中央政府的权威逐渐式微和急剧衰落，而地方及社会力量渐渐积蓄。清政府虽然希望通过扩大官僚政治体系来强化国家对社会的统驭，但它更清楚，只有部分开放地方政权，吸收新兴社会力量参与社会管理、实现社会的整合才更具现实可操作性。[②] 正值此时，西方近代的地方自治思想传入中国，它为人们开始重新考虑适应时代发展的乡村社会治理方式提供了蓝本和借鉴。

地方自治思想缘自欧洲资产阶级革命的思想武器，也是资产阶级建立政权后采纳的基层国家政治制度。它有两种不同的形态：一种是英美法系，强调国家的权力来自人民，国家对地方自治监督较少的"人民自治"理念；一种是德法大陆法系，强调国家对地方自治体应保持严格的监督，地方自治权较小的"团体体系"理念。近代日本实行的地方自治制度仿自德国，而日本模式又成为清末推行新政的蓝本。因此，清末的地方自治制度仿效于日本，自然从属于大陆法系。[③] 早期维新派就曾提出过地方自治问题。陈炽主张在县以下设乡官，"仿外洋议院之制，由百姓公举乡官，每乡二人，一正一副"，取消以往"善民不足虐民有余"的吏役爪牙。这样一来，"政无不举，事无不成，国本以培，民心以固"。[④]梁启超也提出："欲通上下之情，则必当复古意，秉西法，重乡权矣"，正因如此，

---

① 李德芳：《民国乡村自治问题研究》，人民出版社 2001 年版，第 3 页。

② 马小泉：《清末地方自治运动论纲》，《史学月刊》1993 年第 5 期。

③ 李德芳：《民国乡村自治问题研究》，第 3 页。

④ 沈延生：《村政的兴衰与重建》，《战略与管理》1998 年第 6 期。

湖南维新派的活动专以“完成地方自治政体为主义”。[①] 当然，随着戊戌变法的失败，维新派“兴民权”和地方自治的主张也付之东流。

20 世纪初期，清政府实行“新政”，不得不重新启动维新派的主张。1909 年 1 月 18 日，清廷将《城镇乡地方自治章程》及选举章程颁发各省，确定以县以下的城镇乡为地方自治团体，“地方自治以专办地方公益事宜，辅佐官治为主。按照定章，由地方公选合格绅民，受地方官监督办理。”[②] 虽然，这个章程仍未把村一级的政权建设纳入新政设计者的视野，但是，这一事实足以说明，晚清政府为了试图重建国家政权而进行着最后的努力。

地方自治并没有因清廷覆灭而停下来。民初袁世凯政府于 1914 年 12 月公布《地方自治试行条例》及其《施行规则》，规定区为县以下的自治单位。1915 年 8 月又公布《县治户口编查规则》，以区取代城镇乡为地方自治团体，区内住户分编牌甲，以 10 户为 1 牌，10 牌为 1 甲；甲设甲长 1 人，牌设牌长 1 人，负责编查本甲牌内的户口。然而，随着袁世凯的倒台，上述条例和规则未能推行开来。

袁世凯死后，北洋军阀分裂成不同的派系，中国政治进入极端混乱的状态之中。各省对北洋军阀把持下的中央政府和连年混战的局面极度失望。尤其是当国民党以广东为基地公开讨伐北京政府节节胜利时，夹在南北之间的各省地方势力深怕战火烧到自己的地盘。在国宪未定的背景下，湖南首倡省宪，四川、浙江、广东、

---

① 梁启超：《戊戌政变记》卷八，《饮冰室文集》之一，质学会 1936 年。

② 沈延生：《村政的兴衰与重建》，《战略与管理》1998 年第 6 期。

江苏、湖北、云南、贵州、广西也纷纷制定省宪，地方官吏、士绅也协商联省自治，把保境安民、建设乡梓视为力所能及的政事，试图自保。

由此可见，清末民初的地方自治制度具有浓厚的官治色彩。与此同时，由于中国"地方"的主要成分就是农村，乡村自治成为中国地方自治运动的主要内容，村治运动就是在这一时期的地方自治潮流中涌现出来的。而在以"长老统治"[①]为核心的传统中国，"视自己家乡的福利增进和利益保护为己任"[②]的士绅阶层和村级社区领袖必然会给予自治运动热情支持和积极参与。按照梁启超的说法，"欲兴民权，宜先兴绅权"，"绅士者，实地方自治之代表也"。[③] 所以，这场以"官治"为特色的村治运动是在官与绅合作的状态下进行的。士绅处于民众和政府之间，是连接国家与社会的纽带。因此，在重新整合国家与社会的过程中，士绅起到了很重要的作用，甚至在某一特定时期或地域，绅治的程度更深于官治。

从制度形态上看，清末民初乡村自治大体经历了一个由河北（当时为直隶）翟城村自治、山西村制，到南京政府乡村自治制度的演化过程。[④] 其中，翟城村治和山西村治是近代中国村治运动中两个最具有代表性的案例。翟城村治对后来的中国乡村建设运动，特别是定县实验产生了很大影响，而南京国民政府的乡村自治制度又是以山西村治为蓝本。所以，对这两个地方村治事业的分

① 费孝通：《乡土中国》，三联书店 1985 年版，第 65—70 页。

② 张仲礼著，李荣昌译：《中国绅士——关于其在 19 世纪中国社会中作用的研究》，上海社会科学院出版社 1991 年版，第 48 页。

③ 梁启超：《与严幼陵先生书》，《饮冰室文集》之一，第 110 页。

④ 李德芳：《民国乡村自治问题研究》，第 11 页。

析，即可勾画出清末民初乡村自治运动的基本特点，并从中可以看出在国家与社会的夹层中，地方实力派和士绅是如何参与国家政权建设的，及其从中起到了怎样的作用。

二、翟城村治：清末民初乡村自治的发源地

翟城村位于河北（晚清时期为直隶）省定县县城正西约40里处，全村约有人口2000人，300户人家，100顷地，是中国华北的一个极普通的村落。

翟城村治是由该村士绅米氏父子发起的。早在光绪二十八年，翟城就有了村治的规划，其发起者是米鉴三先生。“为实行村治之基础，呈请官厅，准予立案，当是时，幸有县知事孙公莼齐（即孙发绪）能提倡于上，又有本村诸君子协助于下，所以养仓也、学校也、凿井也，凡有关人民之教养两事，莫不蒸蒸日进，如荼如锦，焕然改观。”[①]由此可见，翟城模范村的建立是在县政府的支持下举办的。[②] 而其关注点，不外乎“养仓”、“学校”、“凿井”等“民之教养两事”，尚具有传统绅治的某些特色，尚不涉及乡权问题。

进入民国后，在米迪刚的带领下，村治增加了更多的内容。米迪刚曾在日本留学，看到日本农村的新建设与新改造，很受感动。他感慨说，要“因民之利而利之”，“凡为全体人民所利赖者，莫不历久而长存”。相反，如果“仅为一部分谋便利者，则无不日久弊生”，因此解决的办法就是以“农村立国”，故“诚以农村虽小，合而言之，

① 米迪刚、尹仲材：《翟城村》，载《中国地方志集成》乡镇志专辑之28，江苏古籍出版社1992年版，第10页。

② 时任定县县长的孙发绪对定县进行了改革，创办了定县模范县。他改组县政府，提倡教育，筹办学校，宣讲和传习，办理警察、实业、交通、司法等事。

则为大多数人民所在地。欲为人民谋利益，舍此实莫由焉故耳”。但是，“夫农村亦至不一也，或地利之攸殊，或风俗之各异……然欲于至不一中求其一……约言之，则不过两途，其一则内地旧农村之整理，其一则边荒新农村之创建而已”。①

既然提倡“农村立国”与“整理”旧农村，这就涉及了村权构成的问题。依据当时的实践，翟城村的最高权力机关为村会，村会是村务议决机关，村会参加者为村长佐、各区区长和各股股员，村长为会长，有临时决断权；最高执行机关是村公所，村内一切事务由村公所执行。村长及各区区长由议举产生。② 可见，村公所与村会只不过是一体两面，并不是彼此制约的两个组织，米迪刚本人也说，两者“谓之为类乎参事会之性质也可，即谓之为合立法行政两种性质而成之机关”。③ 村治需要经费，但筹集经费不是一件容易的事。最初，基本经费由村领袖热心劝导，变无用为有用，后通过组织因利协社、纳税组合和义仓等方法筹款。④

发展教育是翟城村治的一项重要内容。1927 年翟城村成立教育董事会，并议定规约 12 条，对通过义务教育达到教育的普及、对村内学龄儿童的调查，以及就学和学费等事项，做了明确规定。对于无力交纳学费的学生，可给他们“贷费”，“俟将来力能自立，除偿还贷借之数，并需照章程纳利以为公家之酬报”。⑤ 翟城有育正学校、女子初高小学校，后来又开办了育才女子学校、育才男子学

① 米迪刚、尹仲材：《翟城村》，第 12 页。

② 李德芳：《民国乡村自治问题研究》，第 23 页。

③ 米迪刚、尹仲材：《翟城村》，第 54 页。

④ 米迪刚、尹仲材：《翟城村》，第 117—121 页。

⑤ 米迪刚、尹仲材：《翟城村》，第 81 页。

校等不同特征的平民学校4所。除了学校教育以外，翟城村还很注重社会教育，成立了许多团体，如爱国宣讲社、阅报所与图书馆、德业实践会、改良风俗会、辑睦会、爱国会、勤俭储蓄会、乐贤会等等。翟城村也因其教育的发达与良善的风俗，早在孙发绪主政定县的时候，即呈请省部创办模范村，为定县全境各村的模范。

此外，翟城村在农林方面还提出许多举措。为了抗旱，提倡凿井。实行自治八九年来，村内增井百余眼，灌溉土地3000亩。为了防止禾稼被盗，制定了看守禾稼规约：将全村所有的禾稼划为东西南北四段，每段两人看守，若看守不力，则酌情叫雇役赔偿。所谓"农田为生民之本，树蓄尤国政所先"，树木还可以蔽暴风，吸碳气，化燥引雨，获利便用，所费无几，而收效无穷。因此，村正副长议定了保护森林规约，提倡栽树。所有按亩摊派的秋粮，除雇人看守禾稼外，再雇两人看管树木，植树造林取得很好的成绩。村公所还建立了防除病虫会用以研究预防及驱除害虫的方法，建立了农产物制造物品评会以改良农工、发展生产和提高经济生活。除了农业、教育外，村公所还注意到了其他事项，如卫生所的设立、共同保卫法的规定、平治道路办法的议定等。[①]

翟城村的上述村治事业，使该村发生了一定的变化：村民生活相对改善，教育事业大为改观，风俗习惯也大大改进。但是，翟城虽有模范村之称，并没有多少地方效仿，"除邢台实在仿办，天津欲行而未果，及某县赞成以外，余则多数以为不然，且潜毁而姗笑之矣"。[②] 尽管如此，米氏所提倡并领导的翟城模范村仍有一定的影

① 李景汉：《定县社会概况调查》，上海人民出版社2005年版，第128—133页。

② 米迪刚、尹仲材：《翟城村》，第246页。

响。首先，孙发绪离定县赴山西任山西省省长时，将定县及翟城村的经验带到了山西，改进农村自治，并创设村制。当阎锡山接替孙发绪继任山西省省长时，“村制的种子已经播满山西全省了”。[①]因此，阎锡山在此基础上，极力经营，大张旗鼓地开展了“新政”运动。此外，翟城村对云南也有影响，使云南也轰轰烈烈地搞上了村治运动。

时人评价说：“谈乡村自治者，必自翟城村始”[②]。这话很有道理。翟城村自治在中国近代历史上首先以村落作为地方自治的起点，开创了民国乡村自治的先河。虽然翟城村治始于清末，带有浓厚的传统绅治形态，但是1915年以后，则确立起了具有近代地方自治意义的自治制度。传统绅治和近代自治具有本质的区别：“前者系完全人治，后者则由村自治执行机关与议决机关组成，具有一定的法制化特征。同时二者又有一定联系，知识分子都在其中发挥着重要的作用。”[③]所以翟城村治典型地体现了中国近代地方自治，包括乡村自治的特点——绅治。士绅作为连接国家与社会的纽带，他们“虽然生活在地方社会，但是他们的活动在国家场域”。[④] 米氏父子“素为村人所翕服，遇有疑难纷争，多取决焉”[⑤]，他们在当地有很大的话语权。这是中国士绅的主要特征。反过来，翟城村治也可以被看成是国家把政权延伸到乡村社会的一种

---

① 李景汉：《定县社会概况调查》，第134页。

② 《茹春浦先生序》，杨天竞：《乡村自治》，曼陀罗馆1931年版。转引自郑大华《民国乡村自治问题研究》，社会科学文献出版社2000年版，第39页。

③ 李德芳：《民国乡村自治问题研究》，第39页。

④ 李培林等：《20世纪的中国学术与社会》（社会学卷），山东人民出版社2001年版，第88页。

⑤ 米迪刚、尹仲材：《翟城村》，第18页。

方法。

三、山西村制:南京政府乡治运动的范本

山西是继翟城村治之后推行乡村自治的地方。其实山西村制与翟城村治关系较为密切。曾为定县知事的孙发绪在离定上任山西省长之时,即把定县特别是翟城经验带到山西,从这个意义上说,山西沿用了翟城自治的模式。虽然1917年6月阎锡山将上任仅八个月的孙发绪挤走,致使山西军政大权落入阎手之后,山西的自治模式有所改变,但是翟城村治毕竟对山西产生了影响,并在一定程度上启发了阎锡山。二者的差别在于,翟城村治主要取法日本模范村,“绅治”色彩浓厚。山西则召开村民议会,具有现代民主政治制度的包装,稍后成为南京国民政府初期全国乡村自治的张本,[①]其影响远胜于翟城村。

不过,阎锡山认为:中国的行政制度一向“疏阔不精”且“散漫无纪”,所以,政治根本没有“可循之轨道”,机关也没有“完密之组织”,故“亦不能下逮于民间”。[②] 所以,他特别重视乡村政权的建设,并看好“村政”而主张“村本政治”,他指出家国省县虽然都是“人类之团体”,但是“家以情系,政性较微”,而国省县区“范围甚广”,也不适宜政权建设,只有村落“为人类第一具有政治性之突然团体,以之为施政本位,既无过泛之病,又不虑其无由措施”。[③] 在

① 李德芳:《民国乡村自治问题研究》,第42页。

② 《阎百川先生言论类编》,卷三上,第218页。转引自王宇雄、张益民:《阎锡山早期编村制度评析》,《晋阳学刊》1999年第6期。

③ 《阎百川先生言论类编》,卷三上,第242页。转引自王宇雄、张益民上引文,《晋阳学刊》1999年第6期。

这种情况下，阎锡山于 1917 年 9 月颁布了《县属村制通行简章》，建立了具有行政功能的编村制度，即针对自然村大小不一的状况，通过统一规划将自然村重新整合为一个较严密的政治共同体，以便政权对乡村的控制。同时，作为乡村行政单位，编村以百户为准，厘定村行政人员，即每村设村长和村副各 1 名，若村民数量多且距离较远者，酌量增加村副，但不超过 4 人。此外，村内以 25 户为一闾，设闾长。村长和村副实行民选官委制，任期 1 年，可连任。另外，村财务公开。村长村副不受薪，但可因公支用办公费，费用由村民摊付，所有费用实支实用，不得浮滥。山西全省的编村工作于 1918 年年底即告成，但是完成情况各地参差不齐。有些县份只是更换了一个名称，村长村副并没有实行民选，如临晋县。同时，在村制具体运作的过程中，也经常被传统习俗和习惯势力所阻碍。阎锡山本想用村长村副取代社首乡约，但是很多地方的社首乡约却排斥村长村副，把持村政，如襄垣县。对此，《山西日报》曾评论说："我省自村闾制颁行以后，就有了担负责任的人。村里所有的公事，就应该专问村长副街闾长，别人不许羼越一句才是道理。就日一切社首乡约名目，就改一律裁撤，万不许既有村街长副街闾长，又有什么社首乡约。混杂不清，怎样办事呢？这不是存心捣乱么？"[①]应该说，社首乡约问题一直没有根除，而且出现了村长副和社首乡约并存的状况。旧弊未除，新弊又生。村制实行伊始，村长副群体又出现腐败现象，财务公开的规定成为一纸空文。

继 1917 年编村之后，阎锡山又于 1922 年 3 月着手"改进村

① 寄琴：《时评》，《山西日报》1919 年 11 月 17 日，转引自李德芳：《民国乡村自治问题研究》，第 48 页。

政"，增设了村民会议、息讼会、监察会，并成立保卫团，制定村禁约。在阎锡山推行的村政中，村民会议实际上是村政的权力机构，村长和村副均由它选举产生，村内一切大事由村民会议讨论决定，村禁约也由它制定。在阎锡山看来，"村民会议就是人民觉悟的道路"①；村禁约则是村政的制度化表现，"可以养成人民办事的能力，作自治之基础"②；息讼会是民间自我调解纠纷的组织，人民可免遭打官司之苦；保卫团主要是维持地方治安，监察会则用来监督村政行为。在编查户口、国民教育、禁止缠足以及禁烟、开垦、息讼等方面村务的工作中，村长副发挥了重要作用，也取得了一定的成效。1918年开始，由县知事监督各区村街长进行户口调查：查明全省共有2165929户，男5695190人，女4465819人，其中民户2107289户，商户58640户，男学生326408人，女学生5781人，学龄男童1013615人，女童678096人，男幼童721741人，女幼童625077人，僧道10256人。③ 山西是全国最早完成较可信的户籍统计的省份。1918年起，山西开始推行义务教育，各地兴起大办教育之风，小学学生数已达80万之多，占人口总数之7.2%，居首位，远远超出其他省区。女生受国民教育人数，山西也居首位。④

中国传统的乡土秩序是以家族（宗族）为中心聚族而居形成的大大小小的自然村落，每个家族（宗族）和村落是一个天然的"自治

① 见《村政辑要》第8页，转引自王宇雄、张益民：《阎锡山早期编村制度评析》，《晋阳学刊》1999年第6期。

② 《阎百川先生言论辑要》（五）第10页，转引自王宇雄、张益民：《阎锡山早期编村制度评析》，《晋阳学刊》1999年第6期。

③ 李德芳：《民国乡村自治问题研究》，人民出版社2001年版，第49页。

④ 中华教育改进社编：《中国教育统计概览（1923年事）》，商务印书馆1924年版，第39—55页。

体”。因此，中国的乡村社会具有“蜂窝状结构”（honeycomb-structure）[①]的特征。倘若在村以上层次建立政权组织，很难有效地改变这种结构，对自然村落的作用不大。但是，若在村以下的层次建立政权组织，则又极易毁坏基层民众的日常空间生活，招致诸如家族或宗族等民间势力的阻挠。因此，阎锡山选择“村”作为其推行基层政治的平台，应该说还是合理和正确的。

通过“编村”和实行“村政”，阎锡山在一定程度上分化了地方势力，将乡村社会纳入其政治轨道，实现了对乡村的直接统治。但是，中国政治向来带有“人亡政息”的脆弱性和严重的人治色彩，山西的这种“村本政治”也随着阎锡山在山西统治的终结而夭折了。究其原因，是山西村制的实施并没有真正地深入人心。换言之，山西村制不是真正建立在自下而上的民主基础上，而是作为开明军阀的一种一厢情愿，“人亡政息”的命运在所难免。尽管如此，山西村制由于受到“五四”以后民主思潮的影响，所以它带有现代民主政治特征。南京国民政府成立后，为了整合国家与社会的关系以重建国家政权，便以山西村制为蓝本，确立并完善了全国乡村自治制度，以适应南京政府基础加强控制的需要，这使得乡村自治由地方性制度上升为全国性制度。

四、国家政权建设模式

杜赞奇认为，晚清新政中的国家政权建设共有两种模式，一种称之为“山西模式”，一种称之为“直隶模式”。赵尔巽采取的“山西

---

① Vivienne Shue, *The Reach of the State: Sketches of the Chinese Body Politics*, Stanford University Press, 1998.

模式"被"置于一种管理国家事务本领的传统之中,而这种传统是与顾炎武与冯桂芬等人联系在一起的",它利用地方上传统的权威结构,将地方上有威望的名流、绅士吸收到国家政权之中,而且在一定程度上抵制了国家权力的扩张,实现了地方自治。不同于"山西模式",袁世凯更强调国家中央集权,他在直隶建立了巡警制度,从城市一直推广到乡村,正是利用巡警制度而使国家政权浸入村庄。①

杜赞奇区分这两种模式意在说明现代化背景之下由于强大的国家主义的意识形态支持了国家强权浸透市民社会,从而扼杀了保有地方社会自治的封建传统,也同时扼杀了市民社会(资产阶级意义上的)在中国可能的前景。不过仔细分析"山西模式",就会发现它与"直隶模式"的差异并非如杜氏所强调的那么明显。它们之间的差异并不是实质性的,即能否为资产阶级的市民社会提供可能的存在前提,而仅仅是策略性的,即国家权力采取何种手段来控制乡村,而与资产阶级意义上的市民社会没有关系。因此,它们之间的共同之处远远大于它们的不同。首先,由于国家主义的意识形态,使得乡村自治并不具有西方含义上的"地方分权"、"主权在民"之类的民主观念。实际上乡村自治与宪政、法治一样是实现国家主义的手段。就是杜赞奇称道的"山西模式"的思想渊源之一——顾炎武,也不过主张"治天下者始于一邑一乡","夫惟一乡之中,官之备而法之详,然后天下始治,如网在纲,有条不紊。故自

① 杜赞奇:《文化、权利与国家——1900—1942年的华北农村》,王福明译,江苏人民出版社2003年版。

古及今，小官多者其世盛，大官多者其世衰，盖十羊而九牧也。”①

可见所谓“自治”不过是为国而治。无论封建还是中国集权，都关注于国家对社会的治理态度。综观晚清以来著名的河北翟城村村治、定县村制、山西村制等，虽然规定了村民选举村长等，但其宗旨在于“唤起国家意识”，以便有效地完成组织纳税、维护治安、平息诉讼、协助征兵、管理户籍、划定村界、丈量土地、清查人口、兴办教育等公益事业。由此可见，村治之类的地方自治不过在传统的保甲制观念中加入了许多的现代化的内容，是保甲制的现代变型。正是由于村治超越了保甲制中单纯的催科纳税功能，加入了许多现代化的功能，才使得新式的合法化模式逐步在乡村建立起合法性。因此，从西方（尤其日本）引进的地方自治制度，与中国的保甲制之“前见”实现了“视界融合”，保甲观念隐藏在“地方自治的民主观念之中”，②以至于国民党政府直接提出保甲制作为地方自治的代名词。

其次，无论是山西模式还是直隶模式都设法将乡村精英吸收到正式的或非正式的国家官僚机构之中。“山西模式”自不待言，就是“直隶模式”，杜赞奇也承认现代化方案同样吸引着乡村地方精英。直隶模式在乡村所取得的成就背后，“有着精英的积极配合。地方上的精英从新学堂里看到社会流动的新渠道，还看到政府享有正式地位。在中华帝国，教育当然一直是通往发迹的手段。现在，它似乎更容易为农村精英所掌握了。换言之，袁政府在国家

① 转引自杨天竞：《乡村自治》，大东书局 1931 年版，第 41 页。

② Frauz Schurmann, *Ideology and Organization in Communist China*, Berkeley, University of California Press, 1968. p. 409.

领导的现代化过程中(且不论计划本身)赢得了农村精英的合作。”[①]国家政权在乡村社会确立合法性必须依赖于乡村精英在公共领域中进行合作,无论“山西模式”还是“直隶模式”皆如此。

以翟城村治和山西村制为主要代表的民国初期对乡村社会改造的探索和对重建国家权威所进行的初步尝试所积累的经验和教训,为随后的二三十年代乡村建设运动在全国的展开提供了借鉴,许多乡村建设者就是在此基础上进一步开展自己的事业,如晏阳初的定县平民教育实验就是在先前翟城村治的基础上进行的。应该说,此后不久发生的乡村建设运动就是早期村治运动的延续。

第三节 “博士下乡”:知识分子的乡村建设活动

乡村建设运动是在中国农村社会发展史上一次十分重要的社会运动。它是以20世纪初中国农村经济日益走向衰落为时代背景,以乡村教育为起点,以复兴乡村社会为宗旨,由知识精英推进的乡村社会改造运动。在这一运动中,由不同的理论流派组织进行的“乡村建设”实验活动,对于重新调整国家与社会的关系起到了一定的促进作用。

乡村建设一词最早是由乡村建设研究院使用,第一任院长梁耀祖指出,当时农村经济由于不断遭到破坏而破产,而全国80%以上的人口又在农村,所以,解决中国的问题就要从占人口绝大多

① 杜赞奇:《文化、权利与国家——1900—1942年的华北农村》,王福明译,江苏人民出版社2003年版,第373页。

数的农村入手，即“不谈建设而已，欲谈建设，必须注重乡村建设”。[①]晏阳初指出：“乡村建设是整个新社会结构的建设，并非是头痛医头、脚痛医脚的事，而是从根本上谋整个的建设事业，所有文化、教育，农业、经济、自卫等各方面工作都是互相连贯的，是由整个的乡建目的下分出来的，各方面工作的发展，合起来就是整个乡建事业的发展。”[②]

一、知识分子乡建活动的启动

农民由于受到地主阶级的压迫和剥削而极端的贫困和落后，所以中国历来只有地主有文化，农民没有文化。1903 年（光绪二十九年，癸卯），张之洞等奏准颁布教育文件汇编：《奏定学堂章程》，也称“癸卯学制”。这一学制规定，整个教育分三段七级：第一段为初等教育，分为蒙养院、初等小学及高等小学三级；第二段为中等教育，只有中学堂一级；第三段为高等教育，分为高等学堂或大学预备科、分科大学及通儒院三级。儿童自 7 岁入小学，至 30 岁通儒院毕业，合计 25 年。另外，除直系各学堂外，还设有师范教育及实业教育两系，在京师还有译学馆及外省方言学堂，属高等教育段。此外还有进士馆，为新进士学习新知识设立的，属高等教育段，以其不是由中小学层累而上升，故不列入学堂系统之内。然而，这一时期教育的普及也只是初等小学堂的设立最低限制到“大

① 梁耀祖讲、晏东升笔记《本院创刊之旨趣——代发刊词》，《乡建院刊》第 1 卷第 1 期。

② 晏阳初：《十年来的中国乡村建设》，《晏阳初全集》第 1 卷，湖南教育出版社 1989 年版，第 565 页。

镇”。[①] 到了民国，虽然农村也可以设立国民小学校，但真正设立国民小学校的乡村却很少，而且即使设立了小学校，也大都是“设备简陋，教员资格不和，毕业生程度低劣，故不能谓为真正之乡村教育也”。[②] 所以清末民初以来，当政者都提倡义务教育。袁世凯在1915年颁布《教育纲要》，规定：“实施义务教育宜规划分年筹备方法。”后来北洋政府于1922年颁布的《壬戌学制》再次规定“义务教育年限暂以四年为准”。可是义务教育并未因政府的重视而得到普及。直到五四时期，人们才开始重视乡村教育，经过反思，人们一致认为义务教育失败是因为教育只注重城市，而忽略了占人口85%的广大的农民。“今吾国学校，十之八九其所施皆城市教育也。虽然，全国国民之生活，属于城市为多乎？抑属于乡村为多乎？吾敢断言之十之八九属于乡村也。”所以“吾国方盛倡普及教育，苟诚欲普及也，学校十之八九当属于乡村”。[③]

乡村建设运动发轫于五四新文化运动时期的乡村教育思潮，在20世纪二三十年代达到高潮，并演变成为一场改造社会、改造乡村的运动。很多知识分子抛弃了大都市的舒适生活，纷纷“走向民间”，走向乡村，与农民生活在一起，体验乡村的生活，寻找一条能够真正将广大的农民动员起来的方法，最终改造中国社会，实现国家的重建。参加者大多是在国内外拿到博士、硕士学位的优秀分子，所以这场运动也被赋予了一个生动的名词——“博士下乡”

① 璩鑫圭、唐良炎编：《学制演变》，中国近代教育史资料汇编，上海教育出版社1991年版，第291—522页。

② 卢绍稷：《中国现代教育》，商务印书馆1934年版，第139页。

③ 黄炎培：《农村教育弁言》，中华职业教育社编：《黄炎培教育文选》，上海教育出版社1985年版，第93页。

运动。这些人中有晏阳初、陶行知、梁漱溟、陈鹤琴、俞庆棠、雷沛鸿、王拱璧、赵叔愚、傅葆琛等人，这些留学于欧美或日本的学子，或者使中国教育具有了平民普及意识、现代意识，并且开始与世界接轨，或者致力于对欧美教育理论的介绍和宣扬。此外，大批欧美著名学者、教育家，如罗素（Bertrand Russell）、杜威（John Dewey）、孟禄（P. Monroe）、克伯屈（William Heard Kilpatrick）、杜里舒（Hans Dreisch）等来华讲学，他们带来了各种教育观念、教育理论、教育制度乃至教育内容和教育方法等当时世界最新的信息，这一切，对于当时中国教育流派和思潮，特别是乡村教育思潮的形成和发展起到了诱发、启动和引导的作用。就在大批国际学者频频来华之际，国内的许多教育家、学者纷纷到国外参观、考察，寻找救国的“良方”，他们把国外的所见所闻，包括乡村教育，介绍到中国来，与中国的新教育理论相结合，大大丰富了中国教育家的思维活动和实践活动。

较早提出并关注农民问题和农村教育问题的是李大钊、余家菊。李大钊在1919年就指出，作为农业国的中国，农民是占绝大多数的劳动者，但是“中国农村的黑暗算是达于极点”，所以青年和知识阶级应当到农村去开发，用教育去解除农民的痛苦和愚昧，“同劳动阶级打成一气”，“把现代的新文明，从根底输到社会里面”。[①] 与此同时，余家菊也通过文章发表自己的见解。1919年他在《乡村教育之危机》一文中指出，我国的传统教育是一种畸形发展的教育：只重视城市，不注重乡村，乡村的教育除设一两所小

① 李大钊：《青年与农村》，《李大钊选集》，人民出版社1959年版，第146—149页。

学外，基本等于没有。这是中国乡村教育运动的危机所在。后来，他在《乡村教育运动的涵义和方向》中又进一步指出："救济社会的危机和改造教育为其两种重要的意义而同等重视之了。"[①]余家菊的观点在当时的教育界颇具影响力。1921年黄炎培从普及职业教育的角度出发，提出了乡村教育的重要性，他说："吾尝思之，吾国方盛倡普及教育，苟诚欲普及也，学校十之八九当属于乡村；即其所设施十之八九，当为适于乡村生活之教育。"[②]

王拱璧是最早献身于乡村教育实践的教育家。王拱璧早年加入同盟会，进行革命活动。后来赴日本早稻田大学研究生院攻读社会教育与社会科学。留日期间，他参与并组织了反日爱国斗争。1920年，由日本回国后，径直返乡，以农村为阵地，探求救国救民的道路。他在家乡孝武营进行乡村自治实验，创办"青年公学"，实施"农教合一"的教育制度，为农村培养各种合格人才。王拱璧自任校长，建立董事会，实行民主管理。经过几年努力，成绩显著，《北京晨报》曾以"青年公学大略"为题进行报道，引起教育部和国内外学者的关注，随后参观者络绎不绝。1924年，教育部颁给二等金质奖章，河南省政府颁予"惠嘉青年"匾额。河南驻军冯玉祥将军曾予以关注。尽管王拱璧的实验范围很小，影响也很有限，但是它的存在表明，五四运动以后，中国知识分子开始把眼光转向"乡村"的事实，王拱璧是中国近代乡村教育的先行者和最早的探索者。

① 余家菊：《乡村教育运动的涵义和方向》，《中华教育界》第10卷第10期。

② 田正平、李笑贤编：《黄炎培教育论著选》，人民教育出版社1993年版，第160页。

除了知识分子对乡村教育予以关注外，一些早期的共产党人也注意到了农民和农村教育问题。1921 年，共产党员沈玄庐在浙江萧山地区开展农民运动的过程中，创办了衙前农村小学，通过教育向农民传播革命思想。[①] 1921—1923 年，彭湃在其领导的广东海陆丰地区，为"图农民生活之改造，图农业之发展，图农民之自治，图农民教育之普及"[②]之目的，他创办了十几所农民学校，教农民识字、算术，同时还进行革命思想教育。另外，湖南也是农民运动开展较早和较激烈的地区，1922 年在长沙成立了"农民补习教育社"和 17 所农民补习学校。

总之，五四运动前后的早期教育家、实践家们通过自己的言行向世人表明一场发生于中国大地上的乡村建设运动即将在全国展开。

二、各具特色的乡建团体

乡村建设运动过程中，各地的乡村教育、平民教育社团不断涌现，这些团体下农村、搞调查，试图通过感性和理性相结合，寻求有效的办法。据南京政府事业部的调查，这一时期，全国范围内从事乡村建设工作的团体和机构有 600 多个，先后设立的实验区有 1000 多个，这些团体和机构"各有各的来历，各有各的背景。有的是社会团体，有的是政府机关；其思想有的左倾，有的右倾，其主张有的如此，有的如彼"。[③] 他们之中流派林立，"主义"纷呈。关于

① 姜华宣主编：《新编中国革命史》，人民出版社 1990 年版，第 126 页。

② 李春涛：《海丰农民运动及其指导者彭湃》，《晨光》第 2 卷第 1 号，1924 年 1 月 30 日。

③ 郑大华：《民国乡村建设运动》，社会科学文献出版社 2000 年版，第 457 页。

乡村教育运动中的流派问题，教育史学界众说纷纭，到目前为止，据不完全统计有两派说、三派说、四派说、五派说和六大代表人物说[①]。这些看法，有的是从承认教育层面谈的，有的是从职业教育角度谈的，有的是从政治角度来认识的，有的是从实验规模和实际影响来说的，本节将以晏、陶、梁、黄这四派所创办的团体为典型，做一简介。

中华职业教育社是 1917 年 5 月在上海成立的一个民间教育团体，黄炎培是主要负责人，该团体至今仍活跃在民间，是我国上万个社团中历史最悠久的一个。五四以前，黄炎培等职教社同仁就喊出"劳工神圣"口号。该社在创办的初期，希望通过提倡职业教育特别是工商职业教育，以"为个人谋生之准备，为个人服务社会之准备，为国家及世界增进生产力之准备"。[②] 他们积极参加五四运动，并赞助留法勤工俭学运动。20 年代后，黄炎培又把"谋个性之发展"列为职业教育的目的之一，并把职业教育的目的概括为

---

① 两派说指陶行知、梁漱溟或晏阳初、梁漱溟，前者见任时先：《中国教育思想史》，台湾商务印书馆 1981 年版，第 393—401 页；后者见陈元晖：《中国现代教育史》，人民教育出版社 1979 年版，第 153—159 页。三派说指晏阳初、梁漱溟、江苏教育学院或晏阳初、梁漱溟、阎锡山，前者见马秋帆：《对雷沛鸿教育理论与实践的再认识》，广西雷沛鸿教育思想研究会编：《雷沛鸿教育思想研究文集》(一)，第 34 页；后者见许纪霖、陈达凯主编：《中国现代史》(第 1 卷)，上海三联书店 1995 年版，第 468—475 页。四派说指黄炎培、陶行知、晏阳初、梁漱溟或黄炎培、晏阳初、梁漱溟、陈鹤琴或黄炎培、陶行知、晏阳初、俞庆棠，前者见毛礼锐编：《中国教育史简编》，教育科学出版社 1984 年版，第 524—526 页；熊明安：《中华民国教育史》，重庆出版社 1990 年版，第 164—198 页；中者见孙培青主编：《中国教育史》，华东师范大学出版社 1992 年版，第 709—717 页；后者见赵家骥、杨东：《农村教育的困境与出路》，四川教育出版社 1994 年版，第 9 页。

② 江问渔、姚惠泉：《中华职业教育社农村工作报告》，《乡村建设实验》第 2 集，上海：中华书局 1935 年版，第 239 页。

“使无业者有业，使有业者乐业”。[①] 根据这个宗旨，职教社于1918年创办了中华职业学校。1925年该社创办了《生活》周刊，并编辑出版《农民识字课本》，来宣传他们的思想。同年8月，黄炎培在山西召开的第四次年会中提出“划区试办乡村职业教育计划”，并准备在山西就地设立实验区，但最终因为“兵祸”而未能实现。

不久，职教社拟了一份《试验农村改进计划》，希望在农村设立实验区，因为“第一是由于平民主义的思潮，想切切实实地把平民作对象来干实际工作；第二是办了工商教育之后，试验农村教育，发见不得不到田间去，不得不把整个的社会做对象，因此需要找整个地方来实现此种理想；第三是想从零零碎碎的实际工作找出整个的政治出路；第四是要用学者的专门研究和经验，一方面指导政府，一方面鼓动老百姓干些实际的好工作”。[②] 计划中指出设立农村实验区的意义在于“拟从农村入手，划定区域，从事实验，期以教育之力，改进农村一般生活，以立全社会革新之基”。[③] 这一理念得到许多机构和团体的赞同。

1926年，职教会与中华教育改进社、中华平民教育促进会以及东南大学农科、教育科合作成立了以黄炎培为会长、陶行知为副会长的“联合改进农村生活董事会”和以赵叔愚为主任的调查设计委员会。1928年职教社独立举办徐公桥改进实验区。“其教育目的在使全区儿童，完全入学，不识字之青年成人，完全减除，知识开明，风俗敦厚，发挥互爱互助之精神，共谋本区文化之进展。其经

① 黄嘉树：《中华职业教育社史稿》，陕西人民教育出版社1987年版，第23页。

② 转引自郑大华：《民国乡村建设运动》，第78页。

③ 中华职业教育社编：《农村教育丛辑》第1辑，中华职业教育社1926年，第4页。

济目的,在使农业改进,生产增多,家给户足,百废俱举,村容野容,焕然改观,健康安乐,疠疫不兴,养生送死,毫无遗憾。其组织目的,在使人人能自治,能合群,视公事如己事,扩大爱家爱乡之心以爱国”。[①] 徐公桥改进实验区六年中的主要工作为:建立农艺实验场,设立农具农产品陈列室,散发改良种子,组织信用合作社,借低利贷给农民,建立公共诊疗所等。教育方面主要是开办夜校,教材用《农民千字课》,并加授农民常识、公民常识、乡村信条,建立阅书室,立格言牌,举行露天识字、讲演等。本区于1934年实验完毕交地方办理。为了培养从事农村改进工作的人才,职教社又在徐公桥办了讲习所。

中华教育改进社是1921年12月23日由实际调查社、新教育共进社和《新教育》杂志社三个团体在北京合并成立的,1922年2月7日至14日在上海举行第一次董事会,陶行知被聘为总干事。该社成立之初即致力于教育实况调查和教育学术上的研究。1923年4月29日,中华教育改进社完成全国各类教育的调查统计工作。此项工作历时1年。

教改社在成立之初也是以从事城市平民教育运动为主。1923年,陶行知同熊夫人朱其慧和晏阳初共同发起“中华平民教育促进会”,积极提倡和从事平民教育运动。1925年以后,陶行知和中华教育改进社把注意力转移到农民和乡村,他和东南大学乡村教育教授赵叔愚于1926年在明陵小学成立“教育改进社特约乡村教师研究会”,同时,起草了《中华教育改进社改造全国乡村教育宣言

① 江问渔:《中华职业教育社农村工作报告》,《乡村建设实验》第1集,中华书局1935年版,第40页。

书》,其中指出:“本社的乡村教育政策是要乡村学校做改造乡村生活的中心;乡村教师做改造乡村生活的灵魂。我们主张由乡村实际生活产生乡村中心学校,由乡村中心学校产生乡村师范。乡村师范之主旨在造就有农夫身手、科学头脑、改造社会精神的教师。这种教师必能用最少的金钱,办最好的学校,培植最有生活力的农民。我们深信他们能够依据教学做合一的原则,领导学生去学习那征服自然改造社会的本领。但要想这种教育普遍实现,必须有试验、研究、推广、指导之人才,组织、计划、经费,及百折不回的精神,方能成功。本社的事业范围很宽,但今后主要使命之一,即在厉行乡村教育政策为我们三万万四千万农民服务。我们已经下了决心,要筹募一百万元基金,征集一百万位同志,提倡一百万所学校,改造一百万个乡村。这是一件伟大的建设事业,个个国民对它都负有绝大的责任。我们以至诚之意欢迎大家加入这个运动,赞助它发展,指导它进行,一心一德的为中国乡村开创一个新生命。”① 因此,在创办乡村师范学校时,陶行知还指出:“中华教育改进社三年以来对于乡村教育素所注意,近来更觉得这件事是立国的根本大计。估计起来,中国有一百万个乡村,最少就须有一百万位教师。各个乡村里都应当有学校,更应当有好学校。要有好的学校,先要有好的教师。好的教师有生成的,有学成的。生成的好教师如凤毛麟角,不可多得,恐怕一百万位乡村教师当中,九十九万九千九百位是要用特殊的训练把他们培养成功的。这是一件伟大的事业,要全国同志运用心力财力才能办到。本社不忍放弃国

① 张达扬、李红梅编:《陶行知论普及教育》,安徽教育出版社1984年版,第56页。

家一份子的责任，所以很情愿在万难中设立这个小小的实验乡村师范，为的是要造就好的乡村教师去办理好的乡村学校。”在这种理念的指导下，陶行知在 1927 年 2 月开办了晓庄中心小学，3 月创办南京试验乡村师范学校，1929 年 3 月改名晓庄学校。1932 年 9 月陶行知在上海与宝山之间筹办了山海工学团。

陶行知提倡和实验的乡村教育，虽提出了六大训练，但实际上他的着重点在普及识字教育。晓庄师范是有影响的学校，自此全国各省开始创办乡村师范。

山东乡村建设研究院的前身是河南村治学院。河南村治学院是在冯玉祥及其部下、河南省主席韩复榘的支持下成立的。1931 年 6 月 15 日，山东乡村建设研究院正式开学，乡村建设研究院分三部分：乡村建设研究部、乡村服务人员训练部、邹平乡村建设实验区。1932 年南京政府内政部召开第二次内政会议后，邹平乡村建设实验区改为县政建设实验县。山东乡村建设研究院又增设菏泽、济宁为实验县，均以邹平为模范。

乡村建设研究院院务组织有：教务处、庶务处、图书馆、乡村书店、招待所、农场、梁邹美棉运销合作社、庄仓合作社、卫生院、凿井队。其中农场和梁邹美棉运销合作社十分活跃。在梁漱溟主持下的邹平实验区的工作，自 1931 年山东乡村建设研究院成立后选定邹平为乡村建设实验区起，到 1937 年 12 月日军占领山东，邹平实验被迫中止，实验前后持续长达 7 年之久，产生重大影响，被称为“邹平模式”。梁漱溟依据古代吕氏乡约设计了政教合一的乡村组织——村学乡学。该组织由学董、学长、教员和学众组成。村学学董由县政府挑选，并聘请 3—5 人担任。乡学学董则不仅可以由县政府委任，而且本乡各村理事和未设村学之各村村长都是当然学董。村学乡学学董分别组成村学学董会和乡学学董会。学董会是村乡学的办事机关,主要负责推荐学长和聘任教员、策划和审定预算经费、倡导各种改良事业、承办县政府饬令的各项事宜等。学董的责任一是劝学众入学;二是组织会议进行讨论;三要以身作则并带头尊敬学长;四要协助常务学董办事。学长是“村中或乡中品德最高的人”①,其职责是主持教育,为一村一乡的师长和表率。教员是村学乡学聘请的先生,他们大多是山东乡村建设研究院的毕业生,教员的职责不仅是教书,还要推进社会工作。辅导员则代表乡村的学长、学董和教员各尽职责,巡回视察指导各该乡学所属各村学及小学的各种活动。

梁漱溟认为“促兴农业以引发工业”是乡建主要内容,乡村工作中关键要做好“团体组织,科学技术”。把各自谋生的农民组织起来,叫“团体组织”。团体组织主要是组织合作社,当时主要是组织生产合作社,如梁邹美棉运销合作社,从改良棉种入手。邹平实验区还就文化卫生建设方面做了许多工作,如革除旧有的陋俗,取缔赌博、禁止缠足,劝诫早婚、排文明戏、举办农民运动会等;针对农村卫生环境恶劣、卫生习惯差的特点,大力发展乡村卫生事业。“山东乡村建设研究院医院”是邹平的第一所医院,开办初期,条件非常简陋,而且离农民较远,故在每个乡设立一个卫生所,大力培训医务人员,负责妇幼卫生,预防注射和传染病。经过几年的努力,卫生条件大为改善。

除了上述团体、机构之外还有许多著名的乡建团体,如由俞庆棠创立的江苏教育学院、雷沛鸿在广西的教育实践等等,这些乡村

① 梁漱溟:《乡村建设大意》,《梁漱溟全集》第1卷,第676页。

教育家及其实践到20世纪30年代已经成为了一种超越教育范畴的社会文化现象，强烈地震撼着当时的教育界和整个文化思想界。

三、从分散到合流

乡村建设各个流派虽然对中国当前的社会问题，特别是农村问题有自己独特的见解，其做法也不尽相同，但是他们之间却没有难以逾越的鸿沟，相反，无论这些人倾向于哪种思潮，都会最终被一种“农民意识”联系起来，于是产生了乡村建设的观念，而这些观念中有许多的内容又被他们所认同，如，平民教育思潮中教育机会均等，反对教育贵族化和特殊化的观点；职业教育思潮中务实实用，使国民获得谋生技能，为国家和社会增加生产力；新村思潮中避开恶势力，另辟一块小天地，建立一个共同劳动，没有剥削和体脑对立的人人平等的社会；实用主义教育思潮中“教学做合一”、“手脑并用”的观点。[①] 这些观念的内容、立场各异，侧重点也不同，但是在教育普及化、职业化、从农村入手解决实际问题等方面却是完全一致的，这就成为他们后来走向合作的理论基础。梁漱溟在一次乡村工作讨论会上就说过：“我听过各方面的报告在印证到我自己身上，发见了我们到会同人各从不同的动机，不期而然地集于乡村运动一途，好多为始意所不及料。例如这里平教会始而不过从事识字运动，现在却变成整个乡村建设。中华职业教育社始而不过培养职工店伙，现在却转到各地乡村改进。从教育方面转过来的已有这许多不同的来历。其不从教育方面来的，如华洋义赈会，始而不过赈灾，何会料到今日成为农村合作运动的一支主

① 苗春德：《中国近代乡村教育史》，人民教育出版社2004年版，第51页。

力军。河南村治学院同人，其动机出于乡村自救，与义赈会以救人为事者，正反映成趣。我自己是从对中国政治问题的烦闷，而想到如何养成大多数人的新政治习惯，而银行界的朋友，又从经济问题的刺激，亟谋流通农村金融。四面八方来到一块，这证明今日乡村运动，好像是天安排下的，非出偶然。”[①]因此，当乡村建设运动在30年代达到高潮的时期，不同的流派、不同的团体机构为了使自己的事业得到进一步的发展，他们自发地召开各种学术会议或者成立合作团体，使乡村建设运动达到了更高的浪潮。

1933年7月，在晏阳初、梁漱溟等11人的发起和组织下，第一次全国乡村工作讨论会在邹平召开。与会的代表共60余人，所属团体机关35处，会议的目的在交换知识、讨论问题、联络感情、研求切实互助办法。会上，各方人员都发表了自己的见解。经过这次集会，与会代表不仅对乡村工作本身有了新的看法，对他人工作也有新的认识，使一些乡村工作得以改革，如缺乏技术工作的立即增加；忽视组织的也开始注重乡村组织；偏重一方面工作的，也开始与他方面合作。经过共同讨论后，与会代表公认乡村改造工作的要点有三个方面：第一，不能急进求速效；第二，不能专法欧西，注意本国情况，因地制宜；第三，不能偏重一方面，须以整个社会为对象，才有整个的办法。[②] 正如此次会议所指出的：“我国数千年以农立国，农村之健全与否，不仅为农民生死问题，亦为国家民族存亡问题……现在关心国事者，以国之不强，由于农业之不

① 李紫翔：《中国农村运动的理论与实际》，千家驹、李紫翔：《中国乡村建设批判》，新知书店1936年版，第8、9页。

② 吴相湘：《晏阳初传》，第240—242页。

振，使坐此不救，则覆亡厄运，必迫在眉睫，于是救济声浪，弥漫全国；救济事业，应运勃兴，或从平民教育入手，或从农村经济入手，或从乡村自卫入手，其入手处虽有异同，而目的在共谋农村之救济与复兴，企图县自治之完成，以创造新中国则一也。”①

1934年10月第二次乡村工作讨论会在河北定县“平教会”会所举行。到会代表有150多人，代表11省的76个团体，比第一次会议人数增加一倍以上，而且行政院农村复兴委员会、全国经济委员会等官方机构也都派出代表参加会议。会上，五个实验县县长分别做了工作报告，晏阳初在会上做了《中华平民教育促进会定县实验工作报告》，并演讲了《乡村运动成功的基本条件》。集会三日，讨论了农民负担、乡村卫生、自治保卫、经济建设、合作事业、乡村教育、人才训练等问题。与会代表都感到三日太短，无法交换意见，可见乡村建设的前途具有无限量的进步可能。第三次乡村工作讨论会于1935年10月在江苏无锡教育学院举行。到会人数达170人，代表团体99处，分属19省市，并有美国教士2人，旁听200人，各处工作报告均用书面提出。从三次会议来看，与会者、团体、省份一次比一次增多，每次会后都出版《乡村建设实验》专集。乡村工作讨论会的召开，进一步把乡村教育和乡村建设推向全国。正是由于他们共同的“农民意识”，才使他们除了各自开展自己的工作外，还积极和其他乡建团体进行合作与交流，致使从分散走向合流。

为了更好地交流各自的心得和经验，这些乡村建设团体除召开讨论会议外，还成立协进会，以促使各团体的进一步交流。1936

① 梁漱溟、章元善编：《乡村建设实验》（第2集），第19页。

年，由南开大学、清华大学，燕京大学、协和医学院及平民教育促进会五所机关合组华北农村建设协进会。五机关的负责人是协进会的当然委员。南开为张伯苓先生，清华为梅贻琦先生，燕京为陆志韦先生，协和为林可胜先生，平教会是晏阳初先生。协进会的主旨是以定县实验区作各大学的乡建工作的实验室，以各大学作教育农建人才的场所。各大学的学生研究乡村建设者，均到定县实习。华北农村协进会是平教会和各大学为在高等学校中培养服务农村人才而达成的协议：即要大学生在学生时代即农民化，了解农运工作，毕业后直接进入农村服务，以期引起全国大学教育改革的大运动。[①] 这种共识也表明了他们由分散走向合流的必然性。

---

① 晏阳初：《对在定县工作同志的讲话》，宋恩荣编：《晏阳初全集》第1卷，第462—464页。

第二章 晏阳初的平民教育理念

由知识分子组成乡村建设团体，虽然各具特色，但从其改造乡村的理念与方法而言，可以分为“新派”与“旧派”两大类。“旧派”以山东邹平乡村建设研究院为代表，这一派的理论是建立“特殊的中国文化”，即“高度的乡村文化”，其特征是“伦理本位的社会”。[①]“新派”之所以“新”，系指“直接依赖‘国际’之物质和人力的帮助”，[②]但更重要的是指它的理念与方法来源于西方。作为“新派”典型代表的平教会领袖晏阳初，其创立的平民教育思想，尽管具有儒家民本的成分，但更多的是出于他自己信奉的基督教博爱精神，而其对乡村社会的认识及其改造乡村社会的方法，则直接来自于美国的那种注重实验的科学精神与诉诸田野调查的社会学方法。因此，要想准确把握晏阳初乡村文化建设事业的脉络，并进而理解近代中国乡村社会变迁之复杂问题，不可能绕开对晏阳初平民教育思想的来源及其深刻内涵的探索。本章即对晏阳初的平民教育理念作以探讨。

---

① 李紫翔：《中国农村运动的理论与实际》，载千家驹、李紫翔编：《中国乡村建设批判》，新知书店 1936 年影印版，第 11 页；收入上海书店出版之《民国丛书》第四编第 16 卷。

② 李紫翔：《中国农村运动的理论与实际》，载千家驹、李紫翔编：《中国乡村建设批判》。

第一节 晏阳初平民教育思想渊源：基督教与儒学

晏阳初是时代的产儿，其思想发生的历史背景当然与近代中国社会的特征不可分割，应该说他的思想即是近代中国启蒙思潮中的一个支派，其实践也是探索中国出路的先进分子企图改造中国的一个尝试。与近代中国社会的绝大多数思想家不同的是，晏阳初更注重的是社会实践，其乡村建设理念，或者说平民教育思想的形成是在不断的探索和不懈的社会活动中成立、丰富和发展起来的。从这个意义上说，晏阳初更是一位社会活动家，其所进行的社会实践的内容和经验教训对于今天的改革也具有相当的借鉴意义和历史价值。

促使晏阳初开展这一事业的因素当然很多，但作为基督徒，基督教思想始终是推动他事业发展的重要动力，换句话说，基督教影响了他的一生。与此同时，幼年时期的晏阳初接受了较为深厚的中国传统的儒学教育。本节拟就晏阳初这一特殊基督徒的基督思想作以陈述，并从中揭示五四以来中国知识分子为改造中国社会而对中国前途进行的思考。

一、接受基督教的历程

晏阳初生活的青年时代，正值基督教在华发展的"黄金时期"。1858 年的《天津条约》和 1860 年的《北京条约》，不仅规定"凡入内地传教之人，地方官吏必厚待保护”，[①]而且还要求对习教之人也“不可欺侮凌虐”和“骚扰”。[②] 在保教权的庇护下，基督教开始越出通商口岸，逐渐向内地扩展。入华传教士人数急剧上升，1807—1842年间，在华的新教传教士仅24人，至19世纪末，新教传教士达到1500人，新教的几大宗派，如信义宗、长老宗、圣公宗、公理宗、浸礼宗、监理宗等都已传入中国；[③]传教地域由通商口岸逐渐进入江苏、山东、四川、贵州、广西等内地，据统计，在有据可查的25个省中，21个省是在1860年至1900年间传入新教的。[④] 教徒人数也有较大增长，19世纪前期，受洗新教徒不足20人，至19世纪末，教会团体已达61个，教徒约9.5万人。为整合力量，共同传教于内地，传教士们还建立了一些跨宗派的传教组织，其中最著名的是英国传教士戴德生（Hudson Taylor，1832—1905）创建的内地会。

内地会影响了晏阳初的一生，最早带领晏阳初走入基督教世界的就是内地会派往四川传教的姚牧师（William B. Aldis）。[⑤] 1895年，内地会在四川保宁府城创立教堂，并于1898年派英国人姚牧师到此负责教事。正值少年时代的晏阳初就读于姚牧师在保宁开设的学堂，这是晏阳初接触西方文化的开始，姚牧师也因此成为他的西学启蒙老师。姚牧师既为西学堂的校长，又是主要教师，教授英文、数学、地理。他标准的英音使晏阳初受到了良好的英文

① 王铁崖：《中外旧约章汇编》第一册，第107页。

② 王铁崖：《中外旧约章汇编》第一册，第95页。

③ [韩]李宽淑：《中国基督教史略》，第214页。

④ 唐逸主编：《基督教史》，中国社会科学出版社1988年版，第449页。

⑤ 晏阳初：《九十自述》，载宋恩荣编：《晏阳初全集》第2卷，第498页。

训练。[1] 姚牧师对《圣经》的讲解是通过“言传”和“身教”，讲解时多用儒家的学说作解释，为此还特意请来一位秀才讲《四书》，教中文作文。但是姚牧师更注重“身教”，即“用慈爱和蔼的态度和学生共同生活，细心照顾他们的一切”。每当礼拜日教堂礼拜，姚牧师也从不做任何硬性规定，学生可按自己的意愿自行参加。为此，姚牧师的同僚甚至还批评他“缺乏足够的传教热诚”。[2]

姚牧师的所作所为感染了晏阳初，使他“看到了基督的榜样”，出于内心的深切感悟，他立志成为“耶稣的追随者”，因为作为年轻人，他需要耶稣那种不畏艰险，敢于向传统观念挑战的“富有战斗和革命精神”。[3] 在与姚牧师相处的一年时间里，晏阳初感觉“如坐春风，深受姚牧师伟大精神的感召，发现耶稣基督博爱世人的若干道理，因此决定领受洗礼”。[4]甚至一度认为自己要成为姚牧师那样的传道人[5]，“以爱的教育为基督征服世界”。[6] 与姚牧师相识成为晏阳初人生的第一个转折点。

另一位影响晏阳初的外国传教士是经姚牧师介绍认识的詹姆斯·史梯瓦特(James Stewart)。他的父亲老史梯瓦特(Robert W. Stewart)也是牧师，曾在1876年到福建福州传教，并创设神学院。1895年8月的一次教案中，老史梯瓦特牧师和他的夫人在福建古田惨遭强盗杀害，其长女的一条腿被砍掉。幼子和幼女躲

---

① 赛珍珠:《告语人民》，第223页。

② Charles W. Hayford, *To the People: James Yen and Village China*, New York: Columbia University Press, 1990, p. 16.

③ Charles W. Hayford, *To the People: James Yen and Village China*, p. 16.

④ 吴相湘:《晏阳初传》，岳麓书社2001年版，第8页。

⑤ Charles W. Hayford, *To the People: James Yen and Village China*, p. 16.

⑥ 晏阳初:《九十自述》，载《晏阳初全集》第2卷，第504页。

在床底下，幸免于难。当时詹姆斯(James)正在英国读书，惊闻噩耗后，决定继承父亲未竟之业。大学毕业后，詹姆斯于1905年到香港学习中国语文习俗，两年后被派往四川成都传教。在这里，他成立一个类似基督教青年会的组织，希望通过文化和娱乐活动来辅导青年，因此取名辅仁学社。[①] 晏阳初在此帮忙，逐渐领略了詹姆斯的诚挚和他那以德报怨的宽厚情怀，并为此深深感动。在詹姆斯为学生讲解基督教伦理时，晏帮他口译，这使他得到了充分的锻炼，即"面对大众"的胆量。[②] 两人相处甚为融洽，1912年晏阳初为他取中文名"史文轩"。如果说，姚牧师使他初识基督教，那么詹姆斯则使他真正走向世界。1913年，在詹姆斯的鼓励与推荐下，晏阳初踏上了赴港求学的道路，这是其人生的又一重要转折点。以致在史文轩牺牲于第一次世界大战的炮火后，晏阳初为纪念这位亦师亦友的领路人，把自己的英文名字叫做"James"。[③]

1916年，晏阳初赴美国耶鲁大学留学，这里不仅成为他接受西方思想的主阵地，也使他对基督教思想的认识进一步升华，并身体力行。除每周上20学时的课以外，还选修了由怀特教授讲授的福音传道课，积极参加学校的唱诗班，并加入基督教青年会，参与其他基督教的活动。耶鲁校园散发出的浓烈的基督精神、基督教的习俗和风尚，[④]使晏阳初感觉自己沐浴在耶稣基督哺育的阳光里，进而感受到了自己的社会责任。

晏阳初基督教思想形成、发展的过程，也是他作为一名虔诚的

---

① 赛珍珠：《告语人民》，第228页。

② Charles W. Hayford, *To the People: James Yen and Village China*, p. 17

③ 赛珍珠：《告语人民》，第227—228页。

④ 晏阳初：《致F.S.薄克曼》，载《晏阳初全集》第3卷，第1—2页。

基督徒对自己未来所担负的社会责任思考的过程。1917 年 4 月,美国对德国宣战,青年会设立了战时工作会,为战事服务。晏阳初在“爱(爱国之心、爱人之心、爱主之心)的驱使”下,赴法战场帮助在法华工。在那里他第一次发现了中国下层的“脑矿”,办了第一个“识字班”,从而迈开了旨在改造中国的平民教育事业的第一步。

二、“博爱”与“仁爱”

作为基督徒,晏阳初接受了基督教的基本思想,又因为他早期接受了严格的儒家教育,所以,他的宗教观融合基督教和儒教,是两种文化共同作用的结果。基督教的“博爱”与儒家的“仁爱”是他从事平民教育运动的思想基础与精神渊源。

晏阳初选择占人口绝大多数的中国平民作为自己平教事业开拓的对象,就是基于他对彰显基督精神实质和价值所在的“博爱”的理解。基督教的大多数宗派都有一些共同的信条,他们相信具有圣父、圣子、圣灵三位一体的上帝,是宇宙中存在着的超自然、超社会的神秘力量,他因着“爱”派独生子耶稣基督降临人世,充当救世主,创立基督教,拯救充满罪恶的人世间,所以基督教的伦理道德原则的基本点是“爱”,或“博爱”,让世间充满爱,爱上帝和爱人如己,甚至爱你的敌人。耶稣因为爱世人而被钉死在十字架上,所以“爱”的方式是为了真理而甘愿奉献,谴责贪婪和私欲,正如耶稣所说,他来到这个世界,“不是要受人服事,乃是要服事人”。(《马太福音》20:28)十字架因此成为象征基督精神实质和价值之所在。①

① 于可:《世界三大宗教的起源》,广东人民出版社,1996 年版,第 57—60 页。

晏阳初对基督的"博爱"有着深刻的理解。他指出,"爱是人间最伟大的力量,能克服一切",而"恨是人间最可怕的力量,能毁灭一切",可是这个世界"恨太多,爱不够",他愿爱,而不愿恨,尽管耶稣说:爱你的敌人,但他没有敌人,如果真有敌人的话,那就是"无知短识所造成的贫苦和歧见"而已。晏阳初最喜欢的一本书是他在耶鲁灵修用的《世上最伟大的事》(*The Greatest Thing in the World*),书中说爱是"世上最伟大的事",是"牺牲自我,为人民服务",是"至善、至乐、至德"。[①] 正因为如此,他认为"整个世界",不应"只是用地理的观念来考虑它",而应该"期望着全世界的人都能更接近"。即令面对世界大战的时局,他也认为"首要问题"是"对我们目前的敌国进行再教育",以此"争取世界和平",在这个"世界大家庭"中,全部教育"必须灌以和平的思想",因为只有和平的世界,人们才会更健康、更快活。晏阳初还强调,不应该把和平教育视为一个孤立的计划,而要把它视为"整个重建生活规划中的一个组成部分"。为此,这项工作应该"在世界范围内进行而不只是在某一时、某一地进行,这样,就会产生一种世界意识和一种全球的责任感"。[②]

晏阳初接受的"爱"的思想,并不只是来自于西方的耶稣,也来自孔子等儒家思想的"仁爱"说。孔子很注重礼乐教化,而礼的精神是仁,仁就是"爱人",所以为政之君应该"爱民"、"富民"、"教民",使"有教无类",并"修己以安百姓";治理国家应该"德治",所

---

① 《告语人民》,第 248—249 页。

② 晏阳初:《平民教育与世界和平》,载宋恩荣编:《晏阳初全集》第 2 卷,第 198 页。

谓“为政以德，譬如北辰，居其所，众星拱之”(《论语·为政》)。后来战国时期思想家孟子就明确地指出“民为贵，社稷次之，君为轻”。(《孟子·尽心下》)同时，他还将孔子的“有教无类”发展成“人皆可以为尧舜”，提出通过教育提高人民素质的主张。同时期的荀子则明确认为：“君者，舟也，庶人者，水也；水则载舟，水则覆舟。”(《荀子·王制》)墨子的思想以平等兼爱为代表，他说：“天必欲人之相爱相利，而不欲人之相恶相贼也”，为什么呢？“以其兼而爱之，兼而利之……兼而有之，兼而食之也。”(《墨子·法仪篇》)所以“天下兼相爱则治，交相恶则乱”。(《墨子·兼爱》)墨子还认为，国家不是为一人而为天下的，君主也不是自古就有的，而是历史上产生的。君主及其官僚下属都是选举出来为众人服务和管理天下的，而不是君权神授的。关于立君为民的思想，《吕氏春秋》也有论及：“昔先王之治天下也，必先公，公则天下平矣”，因为“天下非一人之天下也，天下之天下也”。(《吕氏春秋·贵公篇》)

作为“中华文化和西方民主科学思想相结合的产儿”，晏阳初拥有“使命感和救世观”，作为传教士，他传的是平民教育，出发点是仁和爱；作为革命者，他希望“以教育革除恶习败俗，去旧创新”，而不希望“以暴易暴，杀人放火”。[①] 在晏阳初看来，孔子的“仁爱”是小爱，而基督的“博爱”是大爱，因此，他最终又把这个“博爱”的范围进一步扩大到全世界的广大的平民。他说，他心中的大事业是“体现儒家的仁和基督的爱”，而不是做大官、开公司和赚大钱。他理解的“仁”是“己所不欲，勿施于人”，即自己不愿做“殖民地上的属民”和“被人歧视的廉价劳工”，也不愿别人如此；给予别人的

① 《告语人民》，第251页。

不应只是"恻隐之心"，即"消极的仁"，而是应该用积极的爱，舍己救人。他说"仁者，恕也"，希望自己能够"以仁化敌为友，以爱化苦为乐"。所以，他所理解的孔孟、基督、姚牧师、史文轩、怀特教授所揭示的要理是爱人、爱民、爱贫苦大众。① 正因如此，他相信"有教无类"和"民可使教之"的道理。

由于吸纳了基督的"博爱"和上帝面前人人平等的民主观念以及中国传统的民本思想，晏阳初对"人民"有了深刻的理解，提出"民为邦本，本固邦宁"的思想。他认为，人是一个民族生死问题的关键，因为在构成国家的三要素——土地、主权和人民中，人民才是最重要的因素，所谓"人是立国的根本"，如果忘了根本，就要亡国。他深信"人皆为种子"、"人皆可为尧舜"，是"民族再造"的原动力。在中国，这个"本"应该是占人口绝大多数的农民，因为中国的政治、经济和人的基础皆在农村，所以只有通过提倡平民教育运动和乡村建设运动来培养平民的知识力、生产力、建设力、团结力来完成"民族再造"的使命。② 在实践中，他将中国的问题归结为愚、穷、弱、私，并提出了用文艺、生计、卫生、公民四大教育来治愈这四大病症。

三、宗教家与社会改革家

作为基督徒，晏阳初的宗教信仰和宗教家的精神深刻地影响了他所从事的平民教育运动和乡村建设运动。从早年服务在法华

---

① 晏阳初：《九十自述》，载宋恩荣编：《晏阳初全集》第2卷，第526—527页。

② 余牧人：《基督教与中国乡村建设运动》，上海：广学会出版社1943年(初版)，1948年(三版)，第7、8、11页。

工而确定自己的奋斗目标，到定县实验的展开，再进而在湖南、四川等地的社会实践，乃至于50年代后，将眼光从作育中国新民到对全世界平民的改造，其平民教育理论和实践逐步走向成熟。和其他从事社会改造和乡村建设运动者相较，晏的“见解和事工”的确有“卓越独到之处”。[①]基督教精神始终支撑着他的思想世界，使他能够坚守如一，不为外部诱惑所动，保持了一个从宗教出发来改造社会的活动家的本色。

作为社会改革家，晏阳初不可避免地会与政界交往，希望以此来发展自己的事业，但保持独立性的前提是不可动摇的。1928年3月，张学良曾经希望晏作为自己的政治顾问，帮助他吸引从美国归来的人才，并以捐给平教会八百万美元作为活动经费为补偿，晏阳初拒绝了张学良的邀请和有条件的捐赠。[②] 进入30年代以后，蒋介石发起新生活运动，因与晏的农村建设有一定的联系，二人有过交流。不久，晏发现新生活运动中的形式主义、党派色彩和权欲之争，并在许多场合表达了自己的反感，这给晏也带来了不少麻烦，晏的这种个性也由此有了“不善政治，很难为当权者所接受”的评价。[③]

不过，值得注意的是，在他将基督教的博爱理念化为社会实践的同时，晏阳初不仅希望平教事业保持非官方性，也努力使其社会

---

① 余牧人:《基督教与中国乡村建设运动》，第9页。

② Charles W. Hayford, *To the People: James Yen and Village China*, p. 76.

③ Chang Fuliang, *When East Met West——A Personal Story of Rural Reconstruction in China*. New Haven, 1972. p. 34.

改良运动与宗教保持适当的距离，也就是说他并不想使平教会带有任何宗教色彩。[①] 因为在他看来，基督教对中国现代化的贡献首先需要被承认和赞同，但是从“现在中国的走向”来看，这个“新的国民政府，是否为基督教传教工作预留了建造新的中国的空间”，晏阳初表示怀疑。[②] 由此可见，晏阳初认为是否基督教化不是中国问题的主要矛盾。在他长达10年的定县实验中，晏阳初也明确表示他的目的不是使定县“基督教化”。[③] 即使在美国筹款时，一些教会机构刻意强调他的基督教背景，并为他安排讲演和报告等，他每次强调自己的事业并非传教。[④]

当然，对于同样致力于乡村建设的基督教的乡村建设运动，他并不反感甚至予以支持，也愿意把定县实验的经验同这些基督教乡村建设者们分享。为此，基督教全国协进会曾于1930年和1933年两次在定县举行全国基督教乡村建设会议。[⑤] 在第二次会议中晏阳初特为教会代表进行了三次演讲，主题关涉平教会工作和基督教对于中国农村建设应有的贡献。他认为，教会只有通过创新才能吸引社会民众，使他们感到基督教的必要。而这种创新也必须和农村联系起来，所以他希望教会同工们“赶快入身农村服务”、“努力农村建设”，绝不可以仅仅“偏重于讲道”，更要“本着基督博爱的精神和科学的改良方法，改造农村”。为此，他建议：教会

① 刘家峰：《中国基督教乡村建设运动研究1907—1950》，天津人民出版社2008年版，第83页。

② Charles W. Hayford, *To the People: James Yen and Village China*, p. 145.

③ Charles W. Hayford, *To the People: James Yen and Village China*, p. 146.

④ 史静寰、王立新：《基督教教育与中国知识分子》，福建教育出版社1998年版，第310页。

⑤ 刘家峰：《中国基督教乡村建设运动研究1907—1950》，第83页。

可以把四大教育中的公民教育改成宗教教育，因为“这是最根本、最完全的教育”；教会在农村工作中，应将研究实验和训练推广同时并举，本着基督精神，研究出一种改造整个农民生活的计划。最后，他希望教会的牧师们不仅成为一个好的传道人，也能为改造农村社会作出贡献。① 由此可见，晏阳初对社会、对信仰的认识是有其独到之处的。他是个基督徒，但不是传教士，他是社会改造家，不是宗教活动家，因为他认为中国的问题不是信仰的问题，而是农村的问题，正如与会代表、新西兰籍的乔治·舍菲尔德（George Shepherd）所说：“如果耶稣基督今天回到地球上，我们可能会在农村发现他。”②

虽然晏阳初认为中国的问题并非单纯的基督教所能解决，但他注重用基督耶稣的精神鼓励青年和同仁。首先，他认为青年“只有抓住真理才能拥有自由”，因为耶稣说：“要自由，只有真理教你有自由”。他还形象地用雷电现象作比喻：雷可以打死人，但如果懂得电的原理，就可以来造福人类。所以“中国人从没抓住过真理，只有屈服于真理”。“中国的天灾人祸这样多，都是不去寻求真理的结果”。其次，他强调实践在人的生命中的作用。因为耶稣说：“一粒麦子放在桌子上永远是一粒麦，放到泥里去，他就有了生命，得到发展，化生出许多粒麦子。”晏阳初对中国人不重事实的“纸上谈兵”和“秀才不出门能知天下事”之类的学风很不以为然，认为这是中华民族的致命伤。他说“研究学问，须往生活里钻，才

① 余牧人笔记：《晏阳初博士演讲录》，载《金陵神学志》第15卷第5期（1933年5月），第12—13页。

② Charles W. Hayford, *To the People: James Yen and Village China*, p. 146.

会得到有生命的学问”,而“不务实际,绝不能认识生活,抓住生命,在这非常时代,也就不能有所贡献”。再次,他希望青年人有信仰,因为“民无信不立”,没有信仰这个民族就要灭亡。他经常引用英国人的一句话说,“一个国家如果没有一种信仰的事业,教青年能为了它去奋斗,就是这个国家灭亡的起头”,如果“举国青年都成了无可无不可的灰色人,这个国家还有什么生命可说!”[①]晏阳初还进一步指出,人崇拜偶像关键是要崇拜“活着的人格”,耶稣是活的,所以才有人信耶稣。可是中国“诚堕落得无以复加了。我们不献身平教运动则罢,献身平教运动,不仅仅教人认几个字,喂几条肥猪,即为达到平教运动的使命。根本要以人格来感化人,要以智仁勇的人格来复兴堕落的民族”。[②] 晏阳初告诫同仁不要认为自己做得“了不得”,因为耶稣说:“人人说你好的时候,就是你祸灾临头的时候”,不是“我们这里有光,而是全国太黑暗”,我们的“不得了”只是“萤火之光”而已。[③]

四、小结

晏阳初的平民教育运动已经过去大半个世纪了,因定县实验的中断或不了了之,他的运动曾被认为是改良主义者的失败,又因为多年后他在菲律宾建立的国际乡村建设学院的方兴未艾,而使他一直成为学界、政界和社会界乐此不疲谈论的话题。他是“最具

① 晏阳初:《关于非常时代中国青年应有的精神的讲话》,载《晏阳初全集》第1卷,第546—549页。

② 晏阳初:《在熊夫人逝世周年纪念会上的报告》,载《晏阳初全集》第1卷,第243—244页。

③ 晏阳初:《在除夕聚餐会上的讲话》,载《晏阳初全集》第1卷,第203页。

革命性贡献的十大伟人”之一，与爱因斯坦、杜威等巨匠齐名。对于历史人物来讲，如果多年以后仍然为人津津乐道或争论不休，除了说明他的个人魅力外，更重要的是他所作所为仍然是今天没有解决的问题，他所关注的问题仍然是当今社会的问题。晏阳初一生致力于平民教育的工作，客观地说，他的思想、实践也的确有很多值得商榷的地方，如他把中国的问题归结为愚穷弱私四大病症这些表面因素，提出了治标不治本的四大教育。他甚至对美国的好感超出理性范围，比如他说：“美国的民主虽然有它的缺点和不完善的地方，但无论怎样在我一生中都具有最大的魅力和最大的启示。”[1]同时他对共产党主张以革命的方式彻底改变农村经济基础、阶级结构和生产方式不以为然，也为此遭到了共产党的批判。其实这些都不重要，重要的是，他能够为后人提供了思考的依据和行动的借鉴，以及作为历史人物对历史和现实产生的影响。从这个意义上说，身为基督徒的晏阳初，以宗教家的精神，毕生致力于平教事业，其最大的贡献莫过于他勇于探索的本身。

第二节　救治愚穷弱私：本土化的乡建理念

在世界性的平民教育浪潮的冲击与影响下，晏阳初尝试运用与借鉴西方的平教理念与实践来观察与审视中国，探索一条救亡图存和改造社会的适合中国国情的出路，在长期的实践过程中，形成了他独特的改造社会的乡村建设理念。他认为，要达到改造社会的目的，关键在于彻底改造构成这个社会的基本单位——人，四

① Charles W. Hayford, *To the People: James Yen and Village China*, p. 81.

万万的中国人构成了中国的社会和民族，而这个基本的单位出了问题，中国的民族和社会自然而然就会危机四伏，所以晏阳初的改造社会思想的核心就是“以人为本”，中国一切问题的关键在于人，是人出了问题，中国社会才矛盾重重。“人”的问题的关键在于人与人之间的不平等。晏阳初认为人与人之间，只有人格平等，才能发挥无限的潜能、无穷的价值，这样，就“应当给以平等的教育机会，使他们尽量发展，自由创造”。只有先“平社会之不平，平天下之不平，而后才能平天下”。①

一、民族再造与民族自救

晏阳初在川中时的经历，使他的脑海里有了抽象的国家民族观念，而香港浓厚的殖民地色彩，又使他感受到败国之民的羞辱，促生了他的民族意识。他开始深切体会国之重要，此时，他已有改造社会的愿望。留美期间，美国的繁荣安定，华裔工商的屈居人下，又回想祖国的贫愚落后，使晏阳初深刻地认识到：“自强才是谋求真正平等之道”，因为“20 世纪是机器时代，是技术时代，是科学时代，是智能时代”，体力取胜的时代已经过去。“智能专长得之于教育。”在美国的华工和华商就是吃亏在教育不够，所以智能就无从发展，“这不但是华工的悲哀，也是世界上许多没有机会受教育者的悲哀”。而“华工、华商的悲哀，也反映了整个中华民族的悲哀”。中华民族要与他国他族讲求平等，要谋国家的长治久安，要

① 晏阳初：《在平教专科学校开学典礼上的讲话》，载宋恩荣编：《晏阳初全集》第1卷，第176页。

想世界永久和平，就必须“从平人间智能上的不平做起”。[1] 只有使中国人的智能发挥出来，才能达到“民族再造”的目的。

晏阳初还指出，中国的农村运动担负着“民族再造”的重大使命。有人认为，乡村建设的使命是“救济农村”，也有人认为是“办模范村”，晏阳初不赞成这两种看法：前者只是看到了中国乡村的悲惨情形才主张救济它，但是救济乡村只能解决乡村的一时，而没有什么远大悠远的意义，只有意义远大悠久，乡村建设才会就有日新不已的动力，才能避免“其兴也勃其亡也忽”的命运；后者只是把一个破烂不堪、又穷又苦的农村，费一些人力，用一些金钱，救济起来，收拾起来，整理起来，使之焕然一新，这种做法虽然会产生一些正面影响，但是仍然不能解决根本问题，同样没有普遍而远大的意义。只有“民族再造”才是乡村建设和农村运动的使命。为此，他在《农村运动的使命》一文中指出：中国今日的问题是民族衰老，民族堕落，民族涣散，其根本是“人”的问题，是构成中国的主人，害了几千年积累而成得很复杂的病，而且“病至垂危”，这是问题的根本。这个问题不解决，对其他问题的一切努力和奋斗，都是白费力，白牺牲。所以农村运动，就是对着这个问题应运而生的。它对于民族的衰老，要培养它的新生命；对于民族的堕落，要振拔它的新人格；对于民族的涣散，要促成它的新团结新组织。所以中国的农村运动，担负着“民族再造”的使命。[2]

为什么“民族再造的使命”要从“农村运动”开始呢？晏阳初认

① 晏阳初：《九十自述》，载宋恩荣编：《晏阳初全集》第2卷，第525—526页。

② 晏阳初：《农村运动的使命》，载宋恩荣编：《晏阳初全集》第1卷，第293—295页。

为，这是由乡村的重要地位决定的。第一，中国经济的基础在农村。“以农立国”是常说的一句话，什么叫“以农立国”？就是离开了农业、农村、农民，国家就不能存在。过去几千年的中国如此，现在还是如此。我们吃的、住的、穿的，甚至走的路都是靠农田里的生产和农村中的劳力。没有了农村，衣食住行以及一切人生需要，立刻就生问题。可以说，整个的中国经济基础在于农村。就连一向藐视农民的银行家，也认识到最大的顾客还是全中国三万万以上的农民。于是不得不改变营业策略，对农村放款。这都足以证明中国的经济基础不在都市而在农村。第二，中国的政治基础在农村。中国的基础政治，应当是农村政治，而不在中央和省，中央政府与省政府都是政治的上层机构，与农民的关系是间接的，中央政府各部院长官的调动，很少能引起农民的注意。可是县长的更调以及廉洁与否农民就很注意了。区长乡长好不好，这一区一乡的人更关心，因为与他们的生活更有切肤关系。可见，县政乡政才是政治的真正基础，要有了好的乡政，才会有好的区政；有了好的区政，才会有好的县政；有了好的县政，才会有好的省政；有了好的省政，才会有好的国政。中国政治的出路，必须是从建设最基层的农村政治起。第三，人的基础在农村。晏阳初指出：构成国家的三要素是土地、主权与人民。其中最重要的是“人民”。有了人，土地和主权可以失而复得；没有人，土地和主权则得而复失。中国人民号称四万万，农民占了百分之八十，所以，真能代表中国的，不是上海的买办，不是天津的富户，也不是城市的居民，而是居住在两千个县中无数农村里的三万万二千万的乡下佬，不但代表中国国民的应该是农民，连中国的人种也是出于农村。人是立国的根本，中国之所以贫弱，主要的原因就是忘了人这个根本。如果中国真有亡的一天，绝不是日本亡我，亡中国的不是别人，是我们自己。现在唯一的办法是强固基础，坚固根本，“本固”然后“邦宁”。农村建设就是固本工作。所以复兴民族，首当建设农村，首当建设农村的人。[①]

既然农村建设如此重要，可是为什么长期以来没有得到重视呢？晏阳初认为原因有三：第一，没有认识问题所在。中国自从鸦片战争失败以后，上自政府当局，下至志士仁人，一致认为中国政治非改革不可，于是有变法维新、民族革命等一次又一次的改革。可是所有改革，都不是着眼于人民生活的需要，而是根据自我的主观思想，把自己的抱负当作人民的需要，所以这些改革只是风靡一时，但等不了好久，潮流一过，转眼云散烟消。这是由于他们没有真正抓住基础问题，只是求在制度和体系上翻花样，运动的背后也缺少力量，运动的本身自然没有生命，终致人存政举，人亡政息。第二，受了西洋文化的影响。西洋文化是工业文化，工业文化集中于城市，而不注重农村，它的对象是工业、工厂、工人，中国许多留学生，到西洋去搬回来的，就是这一套。中国虽是农业国，因为受了西洋文化的影响，也就以城市为重，放款不以农村为主，教育不以农民为主，政治、经济、文化，一切建设，都以城市为中心，就无所谓农村建设。第三，中国士大夫的麻木。“到民间去”的口号已喊了十年之久了，可是去的人很少，去了也只是到民间去休息休息，真正到民间去为农村谋一点建设，为农民谋一点福利的人太少了。旧的士大夫，自居四民之首，不辨菽麦，不务稼穑，“村夫”、“农夫”成了他们骂人的回头禅！新的士大夫呢，从东西洋回来，一样地不

① 晏阳初：《农村建设要义》，载宋恩荣编：《晏阳初全集》第2卷，第32—35页。

屑讲农村建设，斥农民为“麻木不仁”。他们讲政治，讲教育，讲经济都不及于农村，瞧不起农民，抹杀了中国的基本问题，眼红着西洋的繁荣，高唱工业化，抛弃了现实。这些都是新士大夫的“麻木”与“不仁”。①

由上述可知，农村建设就是民族再造，可是，通过什么妙法才能达到民族再造的目的呢？这就需要通过农村运动。而今日农村运动的主要目标，“要特别注重在农村的青年男女”。因为在这三万万的农民当中，“年老的已成过去，自难达再造的目的，年幼的又尚属将来，目前等不及他来担负国家急切的重任”。而青年可做救护中国的生力军和改造中国的挺进队，他们“不但可以为继往的好手，又可以为开来的良工。”所以，“中国今日如果集中精神只要把这八千万的农村青年改造过来”，那么“无论什么国难，都当得起，什么国耻，都雪得掉，一切建设，也才有了安定的地盘，巩固的根基”。但是，把这八千万众的青年改造过来以达到民族再造的目的，并不是一朝一夕的事，“所以要救中国危亡的重要关键，不应当光在缓急快慢上计较；要先抓住国家的命根，治着它的症结，培养它的元气，拿定主义，下大决心，干他几十年，乃至于我们一生的时间不够，望诸后人向着既定的目标，有前进，无后退，有牺牲，无顾虑，我想以中国这样长的历史，这样广的土地，这样大的民族，一定有她光明灿烂的前程！！！”②

要实现“民族再造”的使命，最有效力的方法，就是“教育”，但

---

① 晏阳初：《农村建设要义》，载宋恩荣编：《晏阳初全集》第 2 卷，第 35—37 页。

② 晏阳初：《农村运动的使命》，载宋恩荣编：《晏阳初全集》第 1 卷，第 294—296 页。

是这种教育不是“中国式的古董教育”，也不是“西洋式的舶来教育”，而是要“实验的改造民族生活的教育”。因为“中国式的古董教育，与民族生活不相干，只能造成三家村的乡学究；西洋式的舶来教育，与民族生活不相应，只能造成外国货的消费人”。在外国“教育是为适应生活”(Education for life)，但在中国却不然，教育不仅是适应生活，而应该是“改造生活”(Education is to re-build life)。“因为外国是天下太平，人民安居乐业，所以教育只要适应就够了。可是中国的社会怎么样？它是脏的、穷的、臭的、散漫的，是不科学的社会，是不合作不卫生的社会。这样的社会，我们能叫人民去适应它吗？我们绝不能去适应这种原人的生活，我们非去改造不可！”[①]只有实验的改造民族生活的教育，“才能造成国家中兴发强刚毅有作为有创造的民族”。这种教育首先是以改造民族生活为目标，即“培养民族的新生命，振拔民族的新人格，促进民族的新团结新组织”，其内容是“适应实际生活，改良实际生活，创造实际生活”。前者“教育即生命”，使接受这种教育的人，自己决心要改造他的身心，来发扬民族的精神；后者“教育即生活”，使接受这种教育的人，自己决心要改造他的生活，来适应民族的生存——所以叫做改造民族生活的教育。这种教育有通过“实验”的方法来进行。实现“教育即生命”和“教育即生活”的两个原则，在书本上言语上的教育做不到的，“教者与学者，都要在实际生活上去实地历练才成”，这种教者与学者一同去历练的教育，叫做实验的改造民族的教育。

① 晏阳初:《中华平民教育促进会工作的演进》，载宋恩荣编:《晏阳初全集》第1卷，第432页。

晏阳初在强调民族再造的同时，更强调民族自救。“自救”即以自力更生为主。研究包括自然科学和社会科学，自然科学我们只需学习欧美人就行，但是社会科学就不能“东抄西抄”，英美日本各国教育，自有其社会经济等特殊原因，未必适合我们。我们的教育糟到如此地步就是因为乱抄，抄袭又不彻底。[①] 因此，平教工作应注重社会调查，“社会调查对于中国的社会科学之研究有其贡献，以中国的社会事实一般的学理原则，促立中国化的社会科学。必如此中国化的政治，中国化的教育等之建设，乃有可能性。”[②]

中国的农村虽然破产，但是这里丰富的人才，是很大的富源。他们受了短期的教育，“就能表出他们很丰富的智力与才力”，特别是这些青年农民，他们要是都受了改造生活的教育，就能够群策群力去担负国家今后的重大责任。[③] 中国弄到如此地步，主要的原因就是“忘本”，“就是没有抓着广大的民众”。中国大多数民众不在城市而在乡村，所以，农村是伟大力量之所在地。中国要实现民本政治，非注重农村不可，尤其是此破产中的农村，农村问题才是最重要、最基本、最迫切的问题。[④]

二、四大病症：愚、穷、弱、私

民族再造的对象是“人”，这是“邦宁”的根本。可是在中国，这

① 晏阳初：《在周会上的讲话》，载宋恩荣编：《晏阳初全集》第1卷，第194页。

② 晏阳初：《〈定县社会概况调查〉序》，载宋恩荣编：《晏阳初全集》第1卷，第198页。

③ 晏阳初：《农村运动的使命》，载宋恩荣编：《晏阳初全集》第1卷，第297—298页。

④ 晏阳初：《农村运动与民族自救》，载宋恩荣编：《晏阳初全集》第1卷，第382—383页。

个“本”却远远未达到可以“宁邦”的能力。梁启超认为，由于中国“国民之文化程度太低”，所以中国“不能维持之大原”，具体表现在：奴性、愚性、为我、好伪、怯懦、无幼，而且“爱国心之薄弱”；“独立性之脆弱”；“公共心之缺乏”；“自治力之欠阙”，所以他明确提出要“新国”必先“新民”。① 后来在1923年10月，晏阳初就撰文指出：“现在中国害了三种病，即瞎、聋、哑。国民大部分不识字，不能读书报，非瞎而何？不受教育的不知社会情形，所以有耳也等于无耳，非聋而何？社会弄到这样，发言的是何人，大多数是不作声的，非哑而何？别人还说我们又老，这样的国家何以能造成国家？现在的万灵丹就是在读书识字。现在的一线希望，即古风犹在，人人都承认读书是好。这是中国的救星，我们应该保存。若过十年，旧道德推翻，则难救了。吾人若趁此时设法，那聋、瞎、哑的三种病还可愈。”②晏阳初认为，治愈瞎、聋、哑的灵丹妙药就是开展平民教育。第一步是识字教育，第二步是继续教育。当然，识字教育并不是容易的事，因为他有“三种难关”：文难：我国文字之难学，为各种文字之冠，而且应该识“多少字”，应该识“什么字”，都是难解决的问题；忙难：平民既然大多数是很贫穷的，因此终日为衣为食奔走，无暇读书；穷难：一般不识字的平民大多数是很贫穷的，故无钱读书。③ 除文盲，看似很简单，实则不然，文盲问题是长期以来实行愚民政策的结果。在“五四运动”与民主与科学和思想影响下，平教会提出“除文盲”的主张，有其现实意义，是一项艰巨的任务。但

① 温克勤：《梁启超与近代道德转型》，《现代哲学》1998年第3期。
② 晏阳初：《平民教育》，载宋恩荣编：《晏阳初全集》第1卷，第50页。
③ 晏阳初：《关于平民教育精神的讲话》，载《晏阳初全集》第1卷，第86页。

“除文盲”，仅仅是个开端，“作新民”才是目的。

晏阳初在主持平教会工作后，根据他在农村从事教育的经验和他从前提出的“聋、瞎、哑”论，并结合他对中国人艰苦的生活现实，将中国的问题归结为“四大病症”，即“一是愚，二是穷，三是弱，四是私”。①

所谓愚，是指中国人大多目不识丁，无知无识。在英国每百人中有 3 人是文盲，在法国只有 4 人，在美国只有 6 人，在日本也只有 4 人，而中国每百人中有 80 人。② 难怪中国在国际上无地位！这种状况“在海禁未开闭关自守的时候，或者还可以苟安一时，但现在知识竞争如此剧烈的时代，则万万不成”，所以第一非攻愚不可。

所谓穷，是指中国大多是人民吃不饱、穿不暖，在死亡的夹缝里痛苦地挣扎而毫无生活质量和生活保障。晏阳初强调：“我们对于这班连最低限度的生活都无法维持的穷人，应赶快设法才行”。

所谓弱，是指中国人的身体素质很差，体弱多病，赶不上西洋人。从前的读书人一天到晚只知读书，不讲卫生，所以身体不好，俗语说：“文弱”，就是对这样的读书人说的。③ 晏阳初以为：“东亚病夫”的绰号，并没有冤枉中国人。在中国医疗设备极其简陋，科学治疗、公共卫生根本谈不上。晏阳初同情地说：“病是那样地多，农村中更不知凡几。一年之中，不应该死而死的人，仅就经济的损

① 晏阳初：《在平教专科学校开学典礼上的讲话》，载《晏阳初全集》第 1 卷，第 175 页。

② 晏阳初：《平民教育概论》，载《晏阳初全集》第 1 卷，第 128—129 页。

③ 晏阳初：《在定县学校卫生同乐会上的演说》，载《晏阳初全集》第 1 卷，第 185—186 页。

失，就要好几千万。三十几岁的人，正当年富力强，四五十岁的人，正当老成练达，在这正可为国效劳的时候，却动不动便夭折，这是何等重大的损失？"

所谓私，也就是"散"，中国虽号称四万万人，但只是一盘散沙，各顾各的，毫无集团生活，毫无团结力量，毫无合作精神，自私自利，缺乏道德陶冶和公民意识。晏阳初认为"这是最危险不过的事"。①

晏阳初的"愚、穷、弱、私"理论，是他和平教会努力于改造社会的理想的根源。他认为这四大病症是当时社会的病根，因此只有通过"文艺、生计、卫生、公民"四种教育加以对症治疗，才能解决中国的问题。当然中国社会的病根到底是不是"愚、穷、弱、私"，或者仅是现象而非本质，那是另外一个问题。但是平民的"愚、穷、弱、私"，的确是不可否认的事实。晏阳初还认为，四大教育必须同时进行，缺一不可。同时，中国的教育绝不仅仅是识字教育，识字"只是求知识的工具，而不是教育的本身"。"教育本身好比整个人生的宝库"，识字只是一把钥匙，"这宝库固然要用钥匙去开它，但不能说拿到了钥匙，便算进了宝库啊！"②

"愚"为四大病症之首，也是"穷""弱""私"的诱因，但是，中国的农民并非生下来就如此，晏阳初在一战时为在法国战场上当"苦力"的华工服务时，就发现中国有一个巨大的"脑矿"，它比金矿、银矿和山西储量丰富的煤矿都重要。晏阳初认为中国并不是

① 晏阳初：《中华平民教育促进会工作的演进》，载《晏阳初全集》第 1 卷，第 433—434 页。

② 晏阳初：《中华平民教育促进会工作的演进》，载宋恩荣编：《晏阳初全集》第 1 卷，第 428 页。

没有人才，而是民众的“脑矿”未开，“如果两亿不识字的中华儿女的‘脑矿’得不到开发的话，这些丰富的煤矿、铁矿、金矿和银矿资源就不可能开采”[①]，平民教育就是开脑矿最简单最适用的工具，它是为在国家教育系统上不占位置的二万万以上的青年与成人文盲创造受教育的机会。开发脑矿，把农民智慧发展起来，培养起来，“使他们有力量自动的起来改造”，才能达到改造社会和复兴民族的目的。[②]

“在中国，没有文化的人未必就懒惰或没有才华”。农业协会的凯尼恩·L.巴特菲尔德主席（President Kenyon L. Butterfield）说，在精耕细作方面，中国农民用不着向他们的西方同行学习。许多中国华侨都没有文化，他们还是发挥了自身的自助和自强，“在那些不太宜人的异国土地上扎下了根”。菲律宾群岛的商业有70%为华人掌握，新加坡和海峡新住宅区的许多商业界头面人物也都是中国人。[③] 可见，尽管中国民众可能未受教育或是文盲，但他们并不是智力低下，“一般无知无识的劳苦工人稍微受了一点教育，就有惊人的成绩表现出来”。事实证明，“中国人不是不可教而是无教”，“中国民众一方面是苦不堪言，一方面是只要稍微给他一点甚至不像样子的教育，他的力量就勃然涌现出来”。无论“自命为优秀分子的旧士大夫”还是出洋留学的“新式的士大夫”，只顾自己的利益，而从不接触这些极严重的社会问题，对此精神麻木。晏阳初庆幸自己发现了中国民众的“脑矿”。晏阳初

① 晏阳初：《致G. H. 迪林厄姆》，载宋恩荣编：《晏阳初全集》第3卷，第19页。

② 晏阳初：《中华平民教育促进会定县实验工作报告》，载宋恩荣编：《晏阳初全集》第1卷，第308页。

③ 晏阳初：《中国的新民》，载宋恩荣编：《晏阳初全集》第1卷，第163页。

认为自己真正认识了中国,“中国人不是在哈佛、耶鲁的留学生,也不是在牛津、剑桥的留学生,而是这二十万华工所代表的中国乡村中三万万以上的农民。而他们却还过着牛马般的生活。所以要中国像个东西,非把不像人的人,教他成为真正的人不可”。[①] 为此,就应该充分发挥教育的作用,发挥受教育者的潜伏力量,使我们不仅认识苦力之“苦”,还要认识苦力之“力”。“中国所谓四千年的文化,四万万的民众,到现在还是有80%以上的人不识本国文字,最低限度求知识的基础工具都没有,怎么配在二十世纪生活?怎么配要求独立、自由、平等!”[②]在晏阳初看来,社会的“上流”人与“下流”人只是机会不同而已,禀赋并没有什么不同。那社会所谓“下流”失学的人,如果受同等的机会,也一样会“上流”的。[③]

在晏阳初看来,中国有两种人,“一种是没有受过教育的人,无知无识,一种是受过坏教育的人,自私自利,不肯为国家社会服务。”[④]这就造成了受人侵略的局面,根源在于教育上的“无教”与“误教”的问题。中国受教育的人很少,而所受的教育又是不实用的,造成“教育误人”,“教育杀人”,这就是“误教”,四万万人口中有80%没有受过教育,这就叫做“无教”。办所谓的“新教育”的中国人不知道中国的情形,随便把外洋的东西搬进来,日本留学生回来办日本的教育,英美留学生回来办英美的教育,这种盲目模仿的结

① 晏阳初:《农民抗战与平教运动之溯源》,载宋恩荣编:《晏阳初全集》第1卷,第525—526页。

② 晏阳初:《农民抗战与平教运动之溯源》,载宋恩荣编:《晏阳初全集》第1卷,第525页。

③ 晏阳初:《平民教育新运动》,载宋恩荣编:《晏阳初全集》第1卷,第32页。

④ 晏阳初:《农民抗战与平教运动之溯源》,载宋恩荣编:《晏阳初全集》第1卷,第525页。

果造成整个教育的破产，这就好像给一个害病的人任意吃药，最终导致病情恶化。然而“所幸误教尚少”，80％的中国人都是“无教”者，“故中国前途尚有可为”。“要创造一种中国教育，要用中国药来医治中国病，且要看清病源然后再去下药。”所以，不应当再拿外国教育去教他们。今后新教育的途径是：“不要再模仿别人，要自尊自信，自己创造。外国的科学我们要学，外国的教育，自有他们的背景，我们如何能够毫无目的地盲目抄袭呢？”只有这样，才能使“无教”变成“有教”。①

为了改变“愚”、“穷”、“弱”、“私”这四大病症，晏阳初特别创造一种新方法，即通过四大教育来治愈这四大病症：针对这愚的问题的，便是用文艺教育培养他们的知识力；针对这穷的问题，便是用生计教育培养他们的生产力；针对这弱的问题，便是用卫生教育培养他们的健强力；针对这私的问题的，便是用公民教育培养他们的团结力。这四种力，是今日国民所最不可少的，具备了这四种力，才可以在国家将亡的今日有救亡图存的能力。只有通过“四大教育”来医治“四大病症”，才能达到改造社会、挽救危亡的目的。

实施四大教育的手段和途径是三大教育方式，即学校式教育、社会式教育、家庭式教育。四大教育侧重于“内容和目标层面”，而三大教育方式则更侧重“实施和推行层面”。② “从前的看法以为学校课堂的教授是教育的全部，从平民教育的立场看，学校的方式只是一种方式。学校式的实施以文字教育为主，注重工具知识之

① 晏阳初：《“误教”与“无教”》，载宋恩荣编：《晏阳初全集》第1卷，第465—468页。

② 宋恩荣：《晏阳初教育思想研究》，第145页。

传授，注重个人的教学。社会式的实施以讲解表演及其他直观与直感教育的方法为主，注重团体的共同教学。家庭式的教育或为中国特殊的而又是必须的一种方式。家庭在中国社会结构上，占有特殊的地位，欲改善中国的生活方式，必须从家庭做起。”所以，“平民教育是在人民生活的要求之下，以四大教育为内容，用学校式、社会式、家庭式三种方式，因时因地分工合作，连锁进行，整个地改进国民生活的教育运动。”①作为全民的生活教育，就必须注重以下几点：一要能普及，二要有简易性，三要真是基本上的设施，四要种种方法真能真切地解决人民的生活苦痛。这是平民教育运动的原则。②

三、新民：整个的人

认清中国的现实，对中国人进行四大教育，是为了使中国人成为“新民”，即“整个的人”。中国近代思想家教育家们曾对国民性的问题进行过深刻的探讨。严复就曾指出，中国民智太愚，文化落后，所以“今日之政，统于三端：一曰鼓民力；二曰开民智；三曰新民德”。晏阳初一生中无数次提到“除文盲、作新民”，这里的“新民”与梁启超“新民说”里的“新民”所赋予的含义不同。晏阳初的“新民”是指占中国绝大多数的广大的下层民众应该达到的目标，而梁启超的“新民”主要侧重于广大的上层知识分子即社会精英。

在中国，人口众多，地大物博，资源丰富，文化发达，但还是天天闹穷，其原因很简单，“就是人民虽多，没有多大用处，不能够利

① 李景汉：《定县社会概况调查》，第736页。

② 李景汉：《定县社会概况调查》，第737页。

用自然以图生产，去适应环境，尤其不能够继续增加生产，所以越闹越穷了”。晏阳初把中国人分两部分，一是受过教育的读书人，一是没有受过教育的农工们。[①] 在晏阳初看来，作为礼仪之邦的华夏民族，竟有 80％的国民连最低限度的本国文字都不认识，特别是到了“民主”的民国时期，国民的素质仍然和从前一样，平民是“瞎子，是哑巴，是聋子”，任人鱼肉，无从反抗。而且，中国社会的现象怪得很，“教育家对于 80％以上的国民教育大问题，竟可以漫不经意，政治家侈谈民主政治而可以不顾民众的教育”，而且，“没有一个大学注重乡村教育的，偶有一大学，设立乡村教育系，也无人注目。社会已经麻木到了很严重的地步”！“一方面上流社会的人以上流自居，不管，他方面，下流社会以下流自甘，不要求，大家你麻我木，造成了一个通体麻木的中国”，[②]这样的国家充其量是少数精英阶级的国家，民主也只是这些人的民主，绝大多数的平民根本不知民主是何物，似乎民主与他们没有任何关系，这样的国民不是真正的国民。在中国，还没有真正的国民。然而要救中国，也并不是没有办法，办法“便是充实国力，而充实国力之先决条件，即须培养民力”，“作育新民”，说到底，就是“民为邦本，本固邦宁”，“讲政治，讲教育，都须要顾到根本，顾到人民”。[③]

到底什么是新民？晏阳初认为只有“有知识力、生产力、健康

① 晏阳初：《在定县展览会上的演说》，载宋恩荣编：《晏阳初全集》第 1 卷，第 172 页。

② 晏阳初：《农民抗战与平教运动之溯源》，载宋恩荣编：《晏阳初全集》第 1 卷，第 529—530 页。

③ 晏阳初：《中华平民教育促进会工作的演进》，载宋恩荣编：《晏阳初全集》第 1 卷，第 429 页。

力、团结力的‘四力’兼并的人。”这样的人才可以称为“新民”。[①]“读书的要做工，做工的要读书，这才是整个的新民！”[②]中国人对于读书常有一种根本谬误的观念，“以为读书是读书人的专业，其他的人可不必读书”。所以，士农工商之中，只有士可以读书，农和工商，就不必读书。商人有时需要文字，尚有一部分读书以外，其余农民、工人几乎全数都是不识字的。并且中国人在没有读书以前，尚肯做工，“以谋个人的生活”，一旦“抱了书本以后”，便成文人，以为“自己可以不必生产，社会应负供养的责任”，[③]这是一种极其错误的观念。“像读书的不过养成一个读(书)呆子，不能生产，从社会上来看，多一个读书人，就是多一个寄生虫。做工的因为不读书，所以只知道死守旧法，一切旧技能，还是用二三千年来的老法子，天天干和牛马不甚差别的工作，而没有知识继续增加他的生产”，这样“不但不能征服自然，还受自然的支配，不但不能适应环境，还受环境的压迫”。[④]“人人觉悟读书识字是人类共有的权利，无论什么人都应享受。若是只有一小部分人读书，最大多数愚蠢，必致产生许多痛苦和羞耻的事”。“平民教育的目的是教人做人”，做“整个的人”。[⑤]平民教育运动的使命，在于“作新民”。分析其内容，有下列三项：(一)养成有知识，有生产力，有公共心的整个人；(二)养成社会健全的分子，发展社会的事业；(三)养成建

---

① 《晏阳初对定县亲友谈话》，载李济东编：《晏阳初与定县平民教育》，第7—8页。

② 晏阳初：《在定县展览会上的演说》，载宋恩荣编：《晏阳初全集》第1卷，第172页。

③ 晏阳初：《平民教育概论》，载宋恩荣编：《晏阳初全集》第1卷，第123页。

④ 晏阳初：《中国的新民》，载宋恩荣编：《晏阳初全集》第1卷，第162页。

⑤ 晏阳初：《平民教育概论》，载宋恩荣编：《晏阳初全集》第1卷，第122页。

设国家的国民，增高国际的地位。[1] 三方面兼而有之、缺一不可，构成了“新民”或“整个的人”的内涵。平民教育不仅使一个不识字的工匠成为一个“读书人”，或把一个纯朴的农民塑造成懂得科学知识的人，而且，还应该使他们成为有聪明才智和有进取心的中华民国公民。这才是“作新民”。[2]

“作育新民”，对于中国人和中国的现状而言，是一项极其艰巨和复杂的工程，它需要工作者长期的坚持不懈的努力，从最基本的识字运动开始。识字也是教育的基础，通过文字教育，可以消除大多数的文盲，使民智提高，文盲既已消除，还要进行生计教育，“使人人具备生产的技能，造成能自立的国民”，使民生充裕。当“全国人民均有生产能力，国民生计必皆富足”的时候，中国才能强大起来，甚至将来世界的经济也都要受中国的影响。寄生虫似的书呆子是担当不了改造社会的重任的，也不是平民教育的需求。中国绝大部分人首先成为“新民”，才是改变中国命运的基本和前提条件，所以平民教育的根本目标就是“作育新民”，使平民养成有知识、有生产力和公德心的“整个人”。[3] 为此，晏阳初提出了“除文盲，作新民”的口号。

那么，如何达到“除文盲，作新民”的目的呢？晏阳初认为，其途径就是进行平民教育。在中国，平民教育实质就是乡村建设，因为中国的平民有85%都在农村。晏阳初认为，这个事业成功的基本条件有二：(一)从事农村工作的人必须认清目标。“中国最大的

---

① 晏阳初：《平民教育概论》，载宋恩荣编：《晏阳初全集》第1卷，第132页。

② 晏阳初：《中国的新民》，载宋恩荣编：《晏阳初全集》第1卷，第171页。

③ 晏阳初：《平民教育概论》，载宋恩荣编：《晏阳初全集》第1卷，第123—124页。

富源是人”，故“造人”是最大的目标，有了人才，然后才能推动农村。而人的原料在农村里，农村中的青年农民即是推动乡村工作的中心力量，“中国教育的目标不应是适应生活而是要改造生活的”，所以平教工作必须抓住他们，唤起他们的自强自觉，“那么什么都不成问题，再严重的困难也不足畏了”。（二）是要努力地“干”！有了人，还要去干，这样就得先研究，研究不是为研究而研究，乃是为事而研究。“一是为问题而研究，二是为实施而研究，三是为训练而研究。”“从学术的研究上解决一切工作的方法，然后一致的去努力。……我们以要提出研究来说，即是因为这个运动不是抄袭外人的法子或者抄袭中国的老法子可以收效的，必得一点一滴由实地里创造出来，用汗血去体验认识出来，然后才算是我们的东西，才是解决中国问题的东西，是要从干中找出来的”。[1]

可见，平民教育注重在实践中摸索经验，注重以人为本，注意发挥人的力量，以利用各方面的优势，达到平民教育的目的。平民教育不是哪一党的工具，不为某一少数集团服务，“不是哪一个人的走狗”，而是“三万万以上农民的走狗”。中国今后的希望，不在城市，而在乡村，在乡村里的农民。中国除了农民无所谓民。[2] 所以，晏阳初说，中国的平民教育运动是一个“民享、民有和民治”的运动。它具有“非党派和非政治性”的特征，“但是对于那些持有与该运动相同的理想，即‘除文盲，作新民’的所有政府或私人机构，

---

① 晏阳初：《乡村运动成功的基本条件》，载宋恩荣编：《晏阳初全集》第 1 卷，第 305—306 页。

② 晏阳初：《在周会上的讲话》，载宋恩荣编：《晏阳初全集》第 1 卷，第 181—182 页。

均采取协助和合作的态度。”[1]

通过平民教育“作育新民”是一项长久而艰巨的任务，需要中国人不懈的努力，同时，还要遵循六个原则：(一)全民的。即凡一般已过学龄时期，而不识字或已识字而缺乏常识的青年和成人，不分男女、老少、富贵、贫贱，都有领受平民教育的必要。(二)以平民需要为标准的。平民是因为缺乏某种常识，或需要某种技能，才来上学。是故所学当为所用，所用即为所学而后可。倘平民学校不能满足其需求，平民教育就算失败了。(三)适合平民生活状况的。平民大多数都很穷苦，每天工作的时间很长，要使他们筹出一点钱，在百忙之中来受教育，非用最少的经济、最短的时间，万办不到。所以平民教育第一要图金钱和时间的经济。课程及教材，也应力求简单，读书的时间过长，易使平民生厌倦之心，势必半途而废，所以教育的期间不能过四个月。(四)根据本国国情和人民心理的。平民教育是我国特有的教育问题，非抄袭东西洋而来，要想抄袭，亦无从抄袭。只有根据本国国情、人民心理而定教育的目标、方法与进行的步骤。(五)地方自动负责的。平民教育应普及于全国，事业远大，不是一个机关可以包办的，不说财力不足，人才缺乏，没有包办的本领。就是财力、人才都很充足，在原则上讲，也不应由少数人来包办。因为由本地方的人，出本地方的钱，办本地方的事，不特可以持久，更可养成本地责任观念和自立精神。(六)人人有参加的可能。现在社会上很难得有一件事人人都有参加的可能，只有平民教育，无论什么人都可以参加。受过教育的人，可

① 晏阳初：《有文化的中国新农民》，载宋恩荣编：《晏阳初全集》第1卷，第142页。

以来教人，未受过教育的人，可以来受教。所以人民对于平民教育运功，不必问能否参加，但问愿不愿参加而已。[①]

四、欲“化农民”，必先“农民化”

“民族再造”的使命是“除文盲，作新民”，即使占中国人口80％以上的农民转化成为“有文化的中国新农民”，晏阳初把这个转化过程叫做“化农民”。他一再指出：“我们欲‘化农民’，我们须先‘农民化’。”[②]只有我们先“农民化”，才能接近农民，亲近农民，影响农民，从而达到“化农民”的目的。晏阳初进一步指出：我们农村建设者对农村建设事业要知其“所以然”，所以要抛下东洋眼镜、西洋眼镜、都市眼镜，换上一副农夫眼镜，“到乡间来求知道”。而不要“安居太师椅，空作误民的计划”，“到农民生活里去找问题，去解决问题”。[③] 只有这样，乡村工作者才能通过与农民深入广泛的接触，感受他们的痛苦，了解他们的需要，从而更好地改造他们，达到“化农民”的目的。晏阳初认为，乡村工作者“到乡间去”具有重大的意义，“一则为与农民接近，以亲自考察农人之实况，以备改良生活之根据；一则躬亲垄亩，于衣食住为农民化，以身作则，实地根据农人生活，而为近日之知行合一之倡导也”[④]。

深入民间，与农民为伍说起来容易，但让这些留过洋、习惯于

---

① 晏阳初：《平民教育概论》，载宋恩荣编：《晏阳初全集》第1卷，第129—130页。

② 晏阳初：《在欢迎来宾会上的讲话》，载宋恩荣编：《晏阳初全集》，第1卷，第221页。

③ 晏阳初：《在欢迎来宾会上的讲话》，载宋恩荣编：《晏阳初全集》，第1卷，第221页。

④ 晏阳初：《致黄炎培》，载宋恩荣编：《晏阳初全集》第3卷，第61页。

城市生活的高级知识分子“农民化”很不容易，晏阳初充分认识到了这种困难。他指出：“到民间去这条路，好似遍地荆棘，颇不好走。都市里的人往土门土户的乡下拉，自然不易拉得上。同样，哥伦比亚、牛津、剑桥、东京帝大、清华、北大等学校所学的，亦不易拉到土门土户的乡下去。定县有不少先辈，其得失经验，我们甚愿借重，很想以我们热烈的力量，与他们合作。可是这般老前辈，深知乡村工作之不易，辄以我们这般人不能继续工作下去为虑。我看，他们的意思，诚不可忽视。因为我们的工作，并非热炒热卖的油炸烩，而是百年树人的大计。一举而件件成功，成绩斐然，天地间哪有如此便宜的事。要视其对于‘所以然’的了解之程度，而估定成绩。”①

晏阳初常说，乡村工作者要具有“不入虎穴，焉得虎子”的精神，同时，还要有宗教家的牺牲精神。他说：“我们做一件事，必须要有相当的忍耐力，钉子愈碰得多，愈不要灰心，在中途不变节，只要有坚忍力，总会成功的。像我们的国父孙中山先生，在伦敦蒙难，就是临大难而处之泰然。这就是他平日有坚定的信仰，有宗教家的精神。耶稣救世，被人钉死在十字架上，释迦牟尼普救众生，自身受难。唯有这种精神，才能使事业成功。所以看一人的事业成功，不要看他的表面，我们要看到背后的原动力。宗教家的精神，就是一个事业成功的原功力”②晏阳初这样说，也是这样做的。

① 晏阳初：《在欢迎来宾会上的讲话》，载宋恩荣编：《晏阳初全集》第 1 卷，第 221 页。

② 晏阳初：《乡村建设育才院的宗旨与今后的使命》，载宋恩荣编：《晏阳初全集》第 2 卷，第 169 页。

他身先士卒，在1929年，举家迁到定县，住进茅屋里。在他的感召下，许多知识分子放弃了城市舒适的生活和优厚的工作待遇，而甘心情愿来到条件艰苦的定县农村，和农民生活在一起。

要实现农民化，还要虚心向农民学习，拜农民为师。他说："我们不免有东洋化者西洋化者，但大家都在一致的努力，要'农民化'，要给农民作学徒。农民虽然不知科学的名词。虽然未曾受过书本式的教育，然而对于实际生活的知识与技术，我敢说，值得我们去学。一个青年，小学而中学而大学而留学东洋西洋。结果，学校越进得多，离社会越远。一般人以为书本式的教育越受得多，便越有学识，越能了解社会。其实是很大的谬误。"①

晏阳初还批评了社会上看不起农民的观点，他说："一般自命为知识阶级者，动辄以为农民愚，农民穷，试问哪个知道农民穷到如何程度，一天吃两顿饭吗？还是两天吃一顿饭？所吃又是些什么？哪个又知道愚到如何程度，以及愚的所以然？"在晏阳初看来，农民的"愚"和"穷"，严格地说，是知识分子向来不重视农村、轻视农民造成的，而事实上，农民根本不愚，比一些自以为是的知识分子，还要聪明。因此他下结论说：我们根本要知道农民的"愚"、"穷"、"私"、"弱"的"所以然"，而后运用东洋西洋科学及中国固有的文化，以实现于农民的实际生活上，使农民教育与农村建设扣起来，方能希望完成县单位的教育与建设。然而这种工作，直到我们头白齿豁使有成绩，亦未可知。②

① 晏阳初：《在欢迎来宾会上的讲话》，载宋恩荣编：《晏阳初全集》第1卷，第221—222页。

② 晏阳初：《在欢迎来宾会上的讲话》，载宋恩荣编：《晏阳初全集》第1卷，第221—222页。

晏阳初的平民教育思想是各种各样的乡村建设思想中最为系统、影响最大的一个，它影响了很多地方的乡村建设活动，随后的定县乡村建设实验就把它作为工作和研究的指导思想。

第三节　理想化的乡村建设途径

晏阳初认为，民族再造是乡村建设的使命，而乡村建设的内容是四大教育，因此这种教育的实质是“实验的改造民族生活的教育”，即“以培养民族的新生命，振拔民族的新人格，促进民族的新团结、新组织为目标；以适应实际生活，改良实际生活，创造实际生活为内容。”前者“教育即生命”，使接受这种教育的人，自己决心要改造他的身心，来发扬民族的精神，后者“教育即生活”，使接受这种教育的人，自己决心要改造他的生活，来适应民族的生存。[①]“教育即生命”和“教育即生活”这两个原则都要在实际生活上实地历练才成，所以叫做实验的改造民族生活的教育，也是实现民族再造的方法，然而，这种教育在我国，既无西洋可模仿，又无东洋模式可抄袭，同时，“国内的教育家历来就无人屑于替这些乡下佬的教育打算”，[②]只能靠平民教育家和乡村建设者们自己去摸索和实验，这就要求遵循以下三个步骤。晏阳初认为，实现乡村建设应遵循三个步骤：

① 晏阳初：《农村运动的使命》，载宋恩荣编：《晏阳初全集》第 1 卷，第 297 页。

② 晏阳初：《农村运动的使命》，载宋恩荣编：《晏阳初全集》第 1 卷，第 298—299 页。

一、研究实验

晏阳初指出，中国教育，特别是近几十年来教育的最大的错误，在于一切制度方法材料，大多从东西洋抄袭来的，而不是遵循中国的国情。东西洋国家都是工商业发达的国家，他们所实行的教育是都市人的教育，而中国是个落后的农业国，人民绝大多数生活在农村，所以外国的教育模式是不可能适应"犹滞在农业时代的中国社会的需要"。不过，晏阳初在慨叹农民严重失学的现象之余，庆幸中国教育不普及，因为"农村青年，未入学校以前，尚能帮助他的父母，抬柴捡粪，看牛耕田，不失为一个生产者"，可是一旦入了学校，受了一些都市文明的教育，他就很快变成一个"在乡村不安，到城市无能，不文不武的无业游民"。所以为实现民族再造的使命而创造的改造生活的教育，就必须从农民实际生活里去找问题找材料，去求方法来研究实验，而不能坐在都市的图书室里讲农村教育，那就是等于闭门造车，隔靴搔痒。① 当然，这种研究实验，绝非容易的事情，必须具备以下条件：

一是人才上的条件。这种人才须具备本国的学术根底，科学的知识技能，同时又要有创造的精神，吃苦耐劳的志愿与身体，还要有国家世界的眼光，因为研究实验的区域，虽只在一县一乡一村，但是，其目的是为整个民族生活改造而研究。

二是事业上的条件。这种改造生活的教育的研究实验，要适合于"生活即教育"的原则。在农村，生活上虽比城市要简陋，可是它却和城市一样复杂，其中也包括政治、教育、经济、卫生、交通等

① 晏阳初：《农村运动的使命》，载宋恩荣编：《晏阳初全集》第1卷，第299页。

各方面的生活，所谓“麻雀虽小，肝胆俱全”。因此要想取得改造实际生活的方法、材料与经验，就必须办各种各样的事业。尽管主要的目的，在作研究实验的设置，而不是办模范村模范县。

三是经济上的条件。只满足于人才和事业这两个条件还远远不够，还必须有相当的经费。一所普通的大学的创办尚需要十万，乃至百多万，更何况这种为全民族生活改造的教育研究实验，当然要用相当的金钱。

四是时间上的条件。这种教育的研究实验，是以整个的农民生活区域内的一切生活现象作它的图书馆和研究室，又要以研究之结果，实用到农民生活上去实验，这必定要经历相当长久的时间，否则是不容易看出研究实验的效果的。农村事业与普通物质上的建设事业不同，例如政府修马路，只要有钱，几天、十几天就可以修起，可是若要作一个教育农民自动的修马路的设计去研究实验，就绝不是几天、十几天可以有结果的。

五是社会上的条件。乡村建设的研究与实验还必须与人民的实际生活接近，这样就不可避免会发生一些阻碍与冲突，这就要求政府及社会各方面予以了解与赞助，否则，许多计划就很难实现。[①]

当然只具备以上的条件还不够，晏阳初认为，乡村建设的研究实验还必须坚持几个原则：第一，要有基础性。他指出，农村生活问题，非常复杂，不能对所有的问题都去研究实验，而必须选择有基础性的问题来研究实验。第二，要有实际性。他说：某种问题在学术上，虽然有研究的价值，但是与老百姓的实际生活无关系的，

① 晏阳初：《农村运动的使命》，载宋恩荣编：《晏阳初全集》第1卷，第299页。

这就用不着研究。把这些具有实际性的问题研究实验出结果后，才可以应用到民间去。第三，要有普遍性。他指出，设立实验区的目的不是为一个特殊的区域而研究实验的，而是为了便于研究实验，并将其结果推广到全国各农村，所以研究实验的问题，及其解决问题的方法都要有普遍性。

总之，只有具备了以上所说的几个条件，并本着以上所说的几个原则去研究实验改造民族生活的教育，才迈出了实现乡村建设的第一步。

二、训练人才

晏阳初指出：人才是实现乡村建设的重要条件，可是中国虽号称有四万万人民，其实这四万万人只有生物学意义上的四万万个自然人，而不是国家社会学上的社会人，所以要改造中国，实现乡村建设所承担的民族再造的使命，就必须训练乡村建设的人才。关于训练人才的事情，晏阳初认为有三个问题应当事先解决，即为什么要训练，谁来训练和训练什么。如果从事乡村建设工作的人只认识到训练人才的必要，而对于这三个问题未加以研究，就开办学校，招收学生，进行训练，那么训练的结果，就是为社会多制造了一些有学无用的游民，进一步加重“事事求不到人”、“人人求不到事”的矛盾局面。[①]

关于第一个问题，即为什么要训练，晏阳初指出：“现在关于‘农村复兴’、‘农村改造’、‘农村建设’一类的呼声，高唱入云，可是谁到农村去担任‘复兴’、‘改造’、‘建设’的责任，去的人有何知识

① 詹一之编：《晏阳初文集》，四川教育出版社1990年版，第185页。

技能和经验，能够胜任愉快？若说要靠受过一般学校教育的人，我想那些舶来的讲义上的知识，与农村的需要简直是风马牛不相及。未尝不会有许多青年有志之士，想到民间去，但是怎样的去法，带些什么本领去，都是大问题。我们就因为这些，要训练人才。"①

关于第二个问题，即谁来训练，晏阳初指出，那些"曾经深入民间，躬亲田舍，吃土尝粪若干年的先进"，负有训练人才的责任和义务，他们"从实际工作中一点一滴的辛苦经验、知识技能，来作材料去训练不可，同时还要领导学生在实际工作上在自己的生活上言行上，现身设法，以身作则，紧抱着农村运动的使命，去表演'教育即生命'、'教育即生活'的原则"。②

关于第三个问题，即训练什么，晏阳初首先指出，训练人才可分两种，一种是技术专门人才，他们负责实地到农村作农村生活改造的学术研究与实验；另一种是技术推广人才，他们负责实地到农村领导农民做改造生活的事业。对于这两种人才训练的内容，"除开基本的农村生活改造的知识技能训练外，还注重精神上人格上态度上阅历经验上的锻炼。在一个政治已上轨道的国家，一个技术人才对于社会就能有相当的贡献，但在中国今日，什么都未入轨道的时期，如果仅仅有点技术的训练，而忽略了以上所说的一类的锻炼，恐怕是'学得屠龙无从施展'，结果要弄得垂头丧气，消极堕落。"③知识技能的训练的目的是要使受训练者能认识到农村真正

① 晏阳初：《农村运动的使命》，载宋恩荣编：《晏阳初全集》第1卷，第301页。
② 晏阳初：《农村运动的使命》，载宋恩荣编：《晏阳初全集》第1卷，第301页。
③ 詹一之编：《晏阳初文集》，第186页。

的实际问题，能学到实际农事技术，并能解决实际农事问题，[①]同时，使受训练者在精神上、人格上、态度上和阅历经验上得到锻炼，使他们对于乡村建设和民族再造“有热诚的信仰，有牺牲的精神”，舍得“苦干”、“实干”、“拼命干”，这就要求乡村建设人才，经过训练，必须具备三个条件：即“一是要有专门知识，二是要有创造能力，三是要有应世手腕”。[②]

只有解答了这三个训练人才的问题，才能实现“民族再造”的方法的第二步。

三、表证推广

表证推广就是指将研究实验所取得的成果用表证的方法推广到全国广大农村。表证就是表演证明。晏阳初认为，表证推广应该由地方政府负责，他说：“我们工作的原则是只从事研究与实验，设立实验学校、表演学校，将研究结果，贡献给地方当局，让他们去推广。”[③]第一步的研究实验的工作之所以注意到问题与方法的基础性、实际性和普遍性，和第二步的训练人才工作都是为第三步推广到全国各地的工作做准备。

晏阳初十分重视地方政府尤其是县政府的改革，因为这是乡村建设运动得以大规模的推广的关键，他说：“已往以至今日下的乡村建设

① 晏阳初：《致中华教育文化基金董事会请款书》，载宋恩荣编：《晏阳初全集》第1卷，第251页。

② 晏阳初：《乡村运动成功的基本条件》，载宋恩荣编：《晏阳初全集》第1卷，第305—306页。

③ 晏阳初：《中华平民教育促进会定县工作大概》，载宋恩荣编：《晏阳初全集》第1卷，第247页。

运动,还是在研究实验的阶段,如何将研究实验的东西推广出去,绝不是私人团体所能为力。现在是需要这一套乡村建设的办法,装入制度里去,大规模的推广出去,这就是从亲民政治的地方自治入手。县政权是真正老百姓的政治,现在就该从县政着眼,如何运用县单位制度的机构来运用乡村建设的方案。”[①]不过晏阳初也看到,现行县政组织仅仅是一躯壳,没有生命的,把乡村建设的方案加上去根本便不可能。所以要想使研究实验的结果推广出去,必须在县政府的机构上加以改造,使之变成一个推动乡村建设的机构。

乡村建设的使命是为实现民族再造,而第三步的实现才能真正实现民族再造的开始。这三步工作,是互相连锁的,“没有第一步工作,则第二第三步工作是无根,没有第二第三步工作,则第一步工作是无足。无根的没有生命;无足的虽有生命不能行远。所以要实现农村运动的使命,完成改造民族生活的方法,须得要有这三个步骤。”[②]

这三个步骤紧密相连,但晏阳初认为三步又各具特点:第一步工作十分繁难,需要大量的经费、人才和时间,因此如果这类工作太散漫、太分开,没有集中的组织,就一定会发生种种不经济的毛病和不能解决的困难,所以他主张进行研究和实验的区域不能过大和过多。第二步工作则必须和第一类或第三类的工作通在一块才有意义,就是关于技术专门人才,要在研究实验区训练。关于技术推广人才,可以在表证推广区训练,也可以在研究实验区训练。第三步工作则越多越好,能够到处都提倡起来,实现起来,在全国

① 晏阳初:《农民运动与民族自救》,载宋恩荣编:《晏阳初全集》第 1 卷,第 385 页。
② 晏阳初:《农民运动的使命》,载宋恩荣编:《晏阳初全集》第 1 卷,第 302 页。

广大乡村地区形成乡村建设的高潮，那么，“农村运动的进展便不可限量了”，乡村建设所担负的民族再造的使命就一定能实现。[①]

晏阳初本身受到了良好的西方教育，他的大部分同事也有类似的经历，所以，“科学”观念深入他们的脑海，因此，在晏阳初等人看来，进行平民教育必须要严格遵循“科学”的方法，第一步要先进行调查研究，待一切情况都调查清楚，材料翔实之后，再有的放矢，根据调查结果从事设计，并训练相应的人才，然后，按照设计的方案，一边做，一边修改。当一切都成熟即进入表证、推广阶段。由此看来，晏阳初他们的理念和后来的实践确实自始至终都贯穿着科学的精神，所以人们称定县为“科学的定县”。[②]

应该说，晏阳初的乡村建设理念既受到域外观念的推动与影响，也得之于对中国乡村的观察，是两者结合的产物。但也应该说，这种观察是表面的、肤浅的，也是片面的。正如时人吴半农、千家驹等人批评的那样，“愚穷弱私”四大病症不过是中国社会之病态而已，并不是中国社会的根本病根。平教会错误地“把四个轻重各异的病态现象，相提并论地拿了出来，作为他们实验工作的理论之基础和出发点”，而不去探究造成四大病症的根本原因，“这当然会使他们常常碰壁。”[③]对乡村社会病症诊断的偏差，也就致使他们在平教实践中难以找到与乡村社会结合的切入点，在一定程度上造成了与乡土社会的疏离。

① 晏阳初：《农民运动的使命》，载宋恩荣编：《晏阳初全集》第1卷，第303页。

② 谢扶雅：《平教会与县政建设——研究、训练、推广三种活动底内在关系》，《民间》第4卷第1期，1937年6月。

③ 吴半农：《论定县主义》和千家驹：《定县的实验运动能解决中国农村问题吗?》，载千家驹编：《中国农村经济论文集》，第25、26、19页。

第三章　乡村建设的实践:定县模式

第一节　平教会的成立及其机构构成

一、平教会的成立

中华平民教育促进会(简称平教会)是在熊希龄的夫人朱其慧和晏阳初的共同努力下,于1923年8月在北京成立的,其宗旨是"除文盲,作新民",领导平民教育运动。晏阳初指出:"中华平民教育促进会之组织,为消除中华民国不识字之运动,以使全国男女老少人人识字为目的"。[①] 不久,有18个省及32个市相继设立了平教会分会,包括四川、西部边区和北方各省都有分会,甚至各县亦有平民教育促进会,识字运动风行一时。到1929年,平教会已有500万学生,其中还包括军队的士兵。学生的年龄从10岁至60岁不等,但主要是年轻人。在各地的平民学校中,有10至12万名男女自愿每天授课2小时而不取任何报酬。[②] 平民教育运动初期取得的成绩远远超出晏阳初等人的预期。

平教会中熊夫人任董事长,晏阳初任总干事。在筹备会议中,与会者讨论并通过了《中华平民教育促进会总会组织大纲》,其中

---

① 《中华平民教育促进会宣言》,载李济东编《晏阳初与定县平民教育》,第76页。

② 晏阳初:《中国的新民》,载《晏阳初全集》第1卷,第167—168页。

规定："平教总会"在使 12 岁以上未受教育的中国男女享受共和国民必不可少的基本教育，其应承担的主要工作有：(1)拟定全国平民教育办法；(2)研究平民学校组织法、教学法、管理法、指导法和平民教育推行办法；(3)编辑平民学校应用的教材和书报；(4)研究平民学校应用的教具；(5)培养平民学校推行人员、教育运动员；(6)设立试验学校；(7)实地或通信调查平民教育实施状况；(8)提倡各地方组织平民教育促进会；(9)辅助各省区、边疆及华侨所在地推行平民教育；(10)提倡筹划平民教育学生毕业后的继续教育，等等。"总会"设立总干事一人，并设总务、乡村教育、调查研究、平民文学、推广与训练、供应与设备各部。其中乡村教育部的设立，表明农民是中国平民教育的主要对象。① 后来晏阳初辞去中华基督教青年会的职务，全身心投入到平教会的工作当中。

晏阳初就任平教会总干事后，随即制定了《总会之进行方针与计划》，确定了平教会工作的三个方针：(1)分工的研究，即平民教育各种问题应随时聘专家分工研究；(2)专心的实验，即平民教育的各种实验当以全副精神办理；(3)合作的推行，即与各地方充分合作，以期平民教育推行。② 平教会还计划通过募捐 100 万银元来解决经费问题。此后，晏阳初便积极投入到推动各省市设立平教会分会的工作当中。

平教会成立之初，平民教育工作主要是开展以城市为中心的平民识字教育运动。熊夫人在南京与陶行知、王伯秋发起并组织"南京平民教育促进会"，各界人士纷纷捐助经费；并试编《平民千

---

① 吴相湘：《晏阳初传》，第 55—56 页。

② 吴相湘：《晏阳初传》，第 57 页。

字课》,经过多方磋商、改订和批评,新编《平民千字课》第一册终于1923年8月出版。因平教会财力有限,故计划先在南京、北京两地试办平民教育。因政治因素、气候因素的影响,南京平民学校的学生比北京多。

经过近两年的城市识字教育的实践,熊夫人和晏阳初等平教会同仁认识到"中国民众当然以农民为先。他们大都居住在乡间,我们要知道他们所需要的是什么教育,我们必须钻入民间,到农民生活中认识他们的生活。如此才能明白他们所需要的。我们到乡间去,非为农村而入农村,乃因为知道大多数民众生活的内容,才入农村。在都市中绝不能知道农民的生活。我们可以说,假如大多数的民众在都市,我们便毋庸到农村。他们——大多数的民众在哪里,我们就应跟到哪里。所以要做第二步的工作——即农村建设——我们非到农村去不可。"[①]傅葆琛还特意撰写了《乡村平民教育大意》来表明乡村平民教育的重要意义。他认为,乡村居民占中国人口总数的80%以上,所以在中国,乡村平民教育才是大多数人民的教育。他还认为乡村教育问题并不只是为失学儿童准备的,还包括青年和成人。乡村教育的目的是使乡村失学的青年和成人在最短期内受中华民国必不可少的教育,使之成为健全的国民,最低限度具有运用本国文字的能力和经济独立的能力。但这只是狭义的目的,其广义的目的则是要让12岁以上、50岁以下的9000多万青年和成人接受识字教育、生计教育和公民教育三种教育。但是这是一项复杂而又急切的工作,它必须依照三个原则:

① 晏阳初:《平民教育促进会工作演进的几个阶段》,载宋恩荣编《告语人民》第56页。

为大多数谋幸福，在最短时期内收效果，并且用最低的经济限度达到目的。乡村的优点必须保存并发扬光大，乡村缺点则必须尽快补救。[①] 晏阳初和傅葆琛经过实地经验更确切肯定：乡村的精神和物资都是今日中国的主干，也是中国未来的基础。[②] 于是他们将工作的中心转到乡村。

1926 年末，平教会受河北省定县翟城村地方绅士之邀，决定在翟城村设立华北实验区办事处，开始以该村为中心进行农民识字教育。办事处设主任、副主任各一人，分设农村教育部、普及农业科学部、乡村社会调查部及普及家庭科学部，其中，农民教育部分研究、推广及视导训练三股，普及农业科学部分研究、推广两股，乡村社会调查部分普通调查、农业调查及农业经济调查三股，普及家庭科学部未完成组织。[③] 华北实验区依据工作性质，分组办事，分工明确(如表 3－1)。

1929 年秋，平教会总会从北平搬到定县县城。包括晏阳初本人在内的平教会骨干也大多举家迁往定县，推行以县为单位的农村改造实验。其工作范围逐渐扩大，文艺教育、公民教育、生计教育、卫生教育四大教育相贯而行，成为乡村建设的一支重要力量。1930 年，平教会为定县工作制定了十年计划，分三期进行：第一期为期三年，着重实行文艺教育，注重文字教育和县单位教育；第二期为期三年，主要实行生计教育，重在农业改进和经济建设；第三期为期四年，实行公民教育，注重公民训练和地方自治。卫生教育

① 傅葆琛：《乡村平民教育大意》，《教育》杂志，第 19 卷第 9 号，1927 年 9 月上海版。

② 吴相湘：《晏阳初传》，第 61 页。

③ 郑大华：《民国乡村建设运动》，第 82 页。

则贯穿三期始终。为了配合这三期的工作,平教会特将全县分为三个实验区,即李亲顾、南支合、明月店三个中心村。九·一八事变以后,由于"内忧外患之交迫",平教会感到,"不得不格外努力,缩短年限,加紧工作"。[①] 至此,平教会又将十年计划修订为六年计划,也是三期,每期 2 年。与十年计划不同的是,实施的四大教育不再各有侧重,而是连环进行,无所偏重。从此,平教会集中全部人力、财力于定县开展平民教育实验工作,将定县作为其改造社会的"实验室",并根据需要,逐渐完善了内部组织系统。表 3－2 是平教会搬入定县之后形成的组织系统。

平教会之所以选择定县为平民教育实验区,乃是出于多方面的考虑。首先,以定县的农民生活、乡村组织、农业情形以及经济状况,可以代表华北各县;其次,以定县各村办理识字教育,颇有基础;第三,定县距大都市较远,人民生活不致受都市影响,其南距郑州 1000 华里,东北距北平 400 华里,其他各方面皆无大都市,四周皆农村,可代表农村社会的典型;第四,以定县公共机关、人民团体及当地士绅如米迪刚、米阶平、白瑞启诸氏皆竭力欢迎平教会来定工作,并赠借公共房屋、田亩赞助筹备,使初始工作得以顺利进行。[②] 1936 年后,随着寇蹄日逼华北,华北局势严重,平教会另谋向南发展,于 1936 年迁往长沙,继续其平民教育的工作。在湖南和战时的四川分别建立了基地,并组建了乡村建设育才院以培养人才。

---

① 陈礼江:《定县平民教育实验区参观记》,载《教育与民众》,1933 年第 4 卷第 9 期。

② 《平教会到定县的动机经过及组织》,载李济东编:《晏阳初与定县平民教育》,第 86 页。

表 3-1 平教会华北实验区工作分组图

<table>
<tr><td rowspan="29">华北试验区</td><td rowspan="14">农民教育部</td><td colspan="2" rowspan="11">研究股</td><td rowspan="6">学校教育</td><td colspan="3">行政组</td></tr>
<tr><td colspan="3">教学组</td></tr>
<tr><td colspan="3">师资组</td></tr>
<tr><td colspan="3">视导组</td></tr>
<tr><td colspan="3">教材组</td></tr>
<tr><td colspan="3">教具组</td></tr>
<tr><td rowspan="5">社会教育</td><td colspan="3">教材组</td></tr>
<tr><td colspan="3">方法组</td></tr>
<tr><td colspan="3">师资组</td></tr>
<tr><td colspan="3">行政组</td></tr>
<tr><td colspan="3">工具组</td></tr>
<tr><td colspan="2" rowspan="3">推广股</td><td rowspan="2">学校教育</td><td>乡区表证</td><td colspan="2" rowspan="2">乡村平民教育</td></tr>
<tr><td>平民学校</td></tr>
<tr><td colspan="4">社会教育</td></tr>
<tr><td rowspan="3">调查部</td><td colspan="6">普通调查部</td></tr>
<tr><td colspan="6">农业调查部</td></tr>
<tr><td colspan="6">经济调查部</td></tr>
<tr><td colspan="7">普及家庭科学部</td></tr>
<tr><td colspan="2" rowspan="11">普及农业科学部</td><td rowspan="3">推广股</td><td rowspan="3">总表证农场</td><td rowspan="3">乡区表证农场</td><td rowspan="3">表证农家</td><td>普通农民</td></tr>
<tr><td>平校毕业生</td></tr>
<tr><td>平校学生</td></tr>
<tr><td rowspan="8">研究股</td><td colspan="4">园艺组</td></tr>
<tr><td colspan="4">畜牧组</td></tr>
<tr><td colspan="4">选种组</td></tr>
<tr><td colspan="4">农业工程组</td></tr>
<tr><td colspan="4">病虫害组</td></tr>
<tr><td colspan="4">农艺化学组</td></tr>
<tr><td colspan="4">农艺组</td></tr>
<tr><td colspan="4">农业经济组</td></tr>
</table>

资料来源：李济东编：《晏阳初与定县平民教育》，第 88 页。

表3-2 中华平民教育促进会组织系统

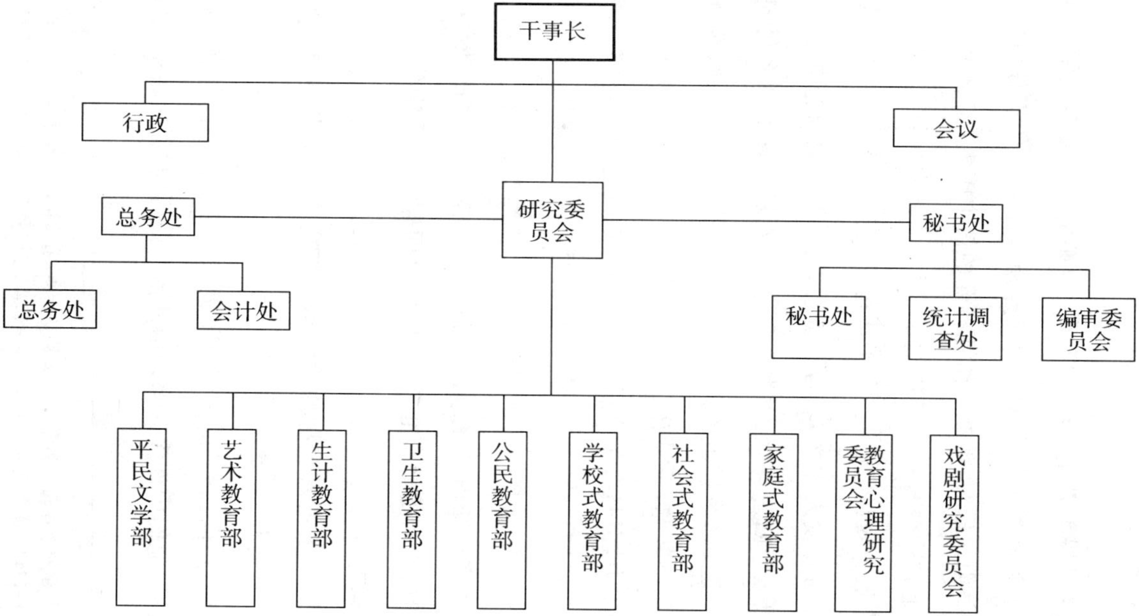

图表来源：郑大华：《民国乡村建设运动》，第84页。

二、平教精英

既然平民教育是一项艰巨而又复杂的巨大社会工作，自然，人才的召集和培养也是平民教育工作所义不容辞的责任，可是现实并不让晏阳初乐观，他在写给孔祥熙的信中感慨：在国际国内这种大趋势下，“顾今日一般青年学子，因与实地农村社会环境隔膜滋多，纵有服务农村之心，苦无实地运用之力。”但是“在广大农村方面，正焦盼建设人才之来归，在济济菁英方面，则又感极发缨冠之无路，以致士归虚耗，农益凋颓”。[①] 在晏阳初看来，“乡村问题的解决，一定要靠乡村里的人；如果乡村里的人自己不动，等待人家来替他解决问题，是没有这回事情的。”乡村人自己才是解决乡村问题的主力，但是有了乡村人为解决问题的主力还不够，“因为乡村人对于问题只能直觉地感觉到，而对于问题的来源，他们不能了解认识……所以乡村问题的解决，第一固然要靠乡村人为主力，第二亦必须靠有知识、有眼光、有新方法、新技术（这些都是乡村人所没有的）的人与他们合起来，方能解决问题。”在平教会的感召下，知识界喊出了“到民间去”的呼声。[②] 因此，自民国十七年以后，国内的知识分子走入乡村的建设运动随之大大发展，大有“如花怒发”、“如月初升”之景象。[③]

这些“走向民间”的知识分子大都是接受国内国外高等教育的知识精英，他们中许多人都是国外留学归国的“天之骄子”、国之栋

① 晏阳初：《致孔祥熙等》，载《晏阳初全集》第3卷，第520页。
② 晏阳初：《十年来的中国乡村建设》，载《晏阳初全集》第1卷，第562页。
③ 陈序经：《乡村建设运动》，大东书局1946年，第7页。

梁。他们不仅国学功底深厚,西学亦独有建树。对他们来讲,专家教授、高官厚禄已不在话下。但是,他们甘愿把教育和更新平民生活作为自己终生奋斗的目标。到 1929 年 4 月,平教会的成员中有 3 人曾经是国立大学校长,他们在平教会的薪水仅是以前的 1/3。晏阳初就多次被权威人士所邀请,张学良曾高薪呈请他当行政长官。许多人当时已在本行业内早有成绩,如陈筑山、郑锦等,但是,由于某种力量的驱使,他们拒绝或放弃了这些已经或即将到手的荣华富贵、高官高职,撇开了早已习惯的都市生活、大学生活、政治生活,甘愿住到比大都市可能要落后几个世纪的乡村里去,与"泥腿子"混在一起,搞起了乡村建设试验。在定县,先后有 40 多位国内外著名学者先后来到定县,参加平教会的人数曾一度多达 500 多人,形成了"博士下乡"的壮举,"博士下乡"运动也因此在全国范围内开展起来。这些"博士"们"是国内第一流人才、创制第一等计划,做出来的第一等工作",他们认定中国的民众在农村,中国的经济基础也在农村,中国的希望也在农村,就做起了平民教育的研究实验,希望从中探索出一条救亡图存、改造国民和社会的出路。他们参加平教总会,"完全是认识晏阳初倡导的平民教育,确实为救国建国的唯一根本途径。而平民种种可爱的朴实品性和他们困苦的生活,给予这些知识分子很大的刺激和鼓舞,真正觉悟:要为国为民做一些实际的工作,唯有参加这一具革命性的运动"。[①] 这些精英们变成了村民的一员,与村民们一起劳动和生活。

表 3-3 即是对平教会骨干的介绍,从表中可以看出,他们大多都留学欧美或日本,受到了良好的西方教育,所以中华平民教育

① 吴相湘:《晏阳初传》,第 128 页。

促进会的这些领导人对西方文化有较为系统的了解，受其影响较深。这种受教育和出身的特殊性，决定了他们的理念、方法、实践都含有西方的那种科学的精神，晏阳初就自认为“体验到西方文化的真谛”，要以西方文明来改造中国社会。因此，定县实验很注重调查研究，认为一切计划或方案的实施都必须以周密详尽的调查研究为前提。另外，在实践中他们也比较注重实证，这些都是平教会不同于其他乡村建设团体的地方。因此，在这一理念的前提下进行的定县实验就必然有别于邹平、晓庄等其他地区的实践。

正因为如此，晏阳初和他的这些同路人被认为是典型的具有西化倾向的人物或“西化派”，他们所创立的“定县模式”被称为“青年会式”，也就是“西方式”，[①]因为青年会是西方基督教会设立的青年活动和社会服务团体组织。这种不同的文化思想背景必然影响到他们对中国农村问题的认识和对乡村建设方法、措施的选择，这种选择以西方文化为参照，其形成的理念与进行的实践和当时其他乡村建设派相比，的确具有很多不同之处。

在定县，这些博士同事都与他们的家属居住在定县，形成了一个平民教育社会。到1930年10月，这个平民教育社会已有将近二百人的规模。由于在中国历史上受教育的男人和妇女第一次去与农村人生活在一起并为他们工作，所以在人们中间引起了不小的议论：“有些人——甚至在教育工作者中——认为我们一定有隐秘的政治动机才这样做，另一些人——‘理想破灭者’——说我们是注定要失败的狂热者、空想家”，然而，“正在日益增多的一些坚定的支持者则认为，我们的工作给‘回到人民中去’这句老话注入

① 郑大华：《民国乡村建设运动》，第466页。

新的生命，并且正在实施中华民国之父孙逸仙先生的遗言——‘唤起民众’”。[1] 这些人相信，通过他们自己与人民打成一片，通过实际体验了解到人民的要求和满足这些要求的最好的方法，他们在正确的方面上为重建国家和改造社会迈出了必要的第一步。

表 3-3　平教会人员基本情况简介

人名	留学国别、学校	所学专业、学位	在平教会中任职
晏阳初	美国耶鲁大学	政治学（学士）	干事长
	普林斯顿大学	政治学（硕士）	
陈筑山	日本　美国	政治经济与哲学	秘书长兼公民教育部主任
瞿菊农	美国哈佛大学	哲学、教育学（博士）	总务主任
谢扶雅	美国哈佛大学	哲学（博士）	秘书主任
李景汉	美国哥伦比亚大学	社会学（硕士）	社会调查部主任
汤茂如	美国哥伦比亚大学并修完高专教育行政博士课程	教育学（硕士）	学校式教育部主任
霍六丁	美国		社会式教育委员会主任兼定县实验县第一任县长
汪德亮	美国		社会式教育委员会副主任
冯　锐	美国康乃尔大学，曾在丹麦研究合作社制度并在美国农业部工作过	农业（博士）	生计教育部主任
姚石庵	美国		生计教育部继任主任
傅葆琛	美国俄勒冈(Oregon)州立农业学院	农业	乡村教育部主任
	耶鲁大学	森林学	
	美国康乃尔大学	乡村教育（博士）	

[1] 晏阳初：《致 R. L. 威尔伯》，载《晏阳初全集》第 3 卷，第 179—180 页。

（续表）

陈志潜	美国哈佛大学	公共卫生学	卫生部主任
孙伏园	法国		平民文学部主任兼《农民报》主编
郑　锦	日本		艺术教育部主任
熊佛西	美国哈佛大学	戏剧（博士）	戏剧教育委员会主任兼民间社社长
陈治策	美国		戏剧教育委员会副主任
刘　拓	美国艾阿华大学	（博士）	乡村工艺部主任
黎锦纾	德国	（博士）	平教会导生制创议者
李方勇	北平协和医学院 约翰·霍普金斯大学	乡村卫生（博士）	接替姚石庵的工作

* 参见郑大华：《民国乡村建设运动》，第 467 页和吴相湘：《晏阳初传》，第 128—132 页。

第二节　定县的实践与探索（1926—1937）

一、"活的研究与实验"和李景汉的社会调查

平民教育的内容是为解决"愚"、"穷"、"弱"、"私"四大病症的文艺教育、生计教育、卫生教育和公民教育这四大教育。四大教育实施的基础必须是人人要取得受教育的工具，也就是说人人都须认识最低限度必不可少的文字，才能谈得上接受生活各方面的知识。这是四大教育实施的准备和前提。所以四大教育之首的文艺教育即以"除文盲"为第一要务。

平民教育事业无东西洋模式可抄袭，亦无旧教育的方法可遵循，所以必须靠自己在实践中摸索，从研究实验着手，绝不能把自己关在图书馆和实验室里，而必须到民间的实际生活里进行试验

和研究,这就是活的研究与实验。[①] 晏阳初指出:“为求研究的切实便利,易于完成制度计,必须有合宜的单位区域。进一步说,此种研究实验,必须为学术的而又为生活的。一方面要充分运用科学的方法与技术,解决个别的问题;一方面要有推行的方案,使民间能以接受。所研究的问题,要真是民间生活上亟待解决的,而所研究的结果,必须是能够实行的。前者可以说是‘纯粹的研究’,而后者是‘实施的研究’。”[②] 平教会同仁就是把这个活的实验室定位在这个可以代表华北广大农村的定县。

根据中国的历史、社会的结构、民众的需要与实际工作的经验,县是最适合建设的地方单位。中国的一个县,不仅是一个社会生活的单位,而且是行政区域的单位。中国是由1900多县构成的。一县就是一个广义的共同生活区域,为若干隶属的共同生活区域(区与村庄)所构成。县份是中国最大多数人民的落脚点。所以,晏阳初他们选择了县作为研究实验工作的单位。他们的一切改进工作,必须从这里着手。他们也将研究的结果,制成切实的方案,创立有效的制度,再推行到其他县。其他县就可以根据当地情形,因时、因事、因地,斟酌损益,推行这种实验的结果。他们进行的农民教育与农村建设的实验,都是以县为单位的。换句话说,这个县就是他们的“研究室”。

定县位于河北省的西部,是一平原,南北长约66里,东西宽约55里,面积约197.1万亩。定县本身可以代表中国农村社会的典型。中国是1900多个县组成的,定县最具代表性,特别是能够代

① 李景汉:《定县社会概况调查》,第737页。

② 《定县的实验》,载《晏阳初与定县平民教育》,第189页。

表华北的农业区域。此外,定县又地处京汉铁路线上,因此交通方便,有利于和外界联系;另外,早在清末民初就有开明绅士米氏父子创办翟城“模范村”,这里的自治运动和乡村教育都颇有基础。1925年,全县共有初级小学、高级小学和中等学校489所,教员571人,学生18350人,常年经费165473元。本年中,全县十二个学区共有学龄儿童44510人,男27883人,女16627人,已就学者共有16256人,男14041人,女2215人。① 当平教会一行到达定县时,得到了当地士绅的支持。定县人民90%以农业为主,商业次之,手工业又次之。可见,定县无论从自然条件还是社会条件,都比较适合做县单位的实验,因此,晏阳初进一步指出:“平民教育促进会,到定县来,是要发现问题,研究问题,解决问题,探讨建设的方案。所研究的、实验的,是以全县人民生活为研究材料、以全县为一个大的活的研究室。件件事情与人民生活有密切关系,处处要实际参加人民生活,要测实种种研究在人民生活上的影响。在这种根本精神之下,定县是本会县单位实验的一个‘研究室’。希望以研究实验之所得,制成方案,然后以定县为训练表证之中心,期望对于农民教育与农村建设的工作,有些微的贡献。至少这是努力的方向。”②

晏阳初与平教会同仁经过两年的考虑和选择,于1926年决定以定县作为实验和研究的中心。晏阳初认为,农村建设的工作必须有具体的方案,具体的方案必须以事实为根据,事实的根据,又

① 李景汉:《定县社会概况调查》,第187—188页。
② 《定县的实验》,载《晏阳初与定县平民教育》,第190页。

必须靠有系统的精确调查。[1] 平教会初到定县时，首先着手的工作就是社会调查。因为“一切的教育工作与社会建设必须有事实的根据，才能根据事实规划实际方案”。所以社会调查的目的就是“要以有系统的科学方法，实地调查定县一切社会情况，使我们对于农民生活农村社会的一般的与特殊的实施与问题有充分的了解与明了的认识”。[2]

1928 年，平教总会设立统计调查处，聘请具有学术基础与实地调查经验的李景汉负责主持。他和统计调查处同仁张世文、诸葛龙等经过三四年的走访，历尽艰辛，克服了重重困难，在全县范围内对社会各个方面的内容进行实地调查。李景汉说：“社会调查的任务不是破坏，而是通过调查了解应该做什么，怎样做，采取什么方法，用什么来代替，或者是否应该循序渐进地做……社会调查使有志挽救国家的人增加理性而减少感性。”[3] 在调查以前，李景汉先将某项调查目的和范围详细向调查员解释，并一律填写表格，然后联络各村村长佐及其他村中领袖，并使他们非常明了调查的意义和需要，共同讨论合作的办法。通过为农民开娱乐会，用讲演挂图向他们解释调查的工作，并请本村领袖协助工作人员对村人说明过几天要在本村调查的事情，并请出本村的人为调查工作做向导。然后按照所订的日期，调查员到村内各家填写表格。整个调查过程都有本村人领导，这样可避免无端发生的是非和困难。

---

① 晏阳初：《中华平民教育促进会定县实验工作报告》，载《晏阳初全集》，第 1 卷，第 310 页。

② 晏阳初：《〈定县社会概况调查〉序》。

③ 李景汉：《实施社会调查方法》，第 5—7 页，另见 Charles Hayford: *To the People: James Yen and Village China*, p. 94.

填写的表格经过指导的人详细阅读过后，再补充完善。然后交给统计的人计算，制表绘图。将结果供给全会或特别需要此种材料的某部。

1928 年以前，平教会在定县的工作范围只有城东第三区内的 62 个村庄，那个时期只作了些简单的调查，例如定县的历史、地理、风俗习惯、政府组织，62 村的交通、人口、教育、娱乐、信仰、兵灾、农业、地亩、生活等概况。

1929 年秋，平教会由北平移到定县后，特别是李景汉的到任，社会调查工作亦随之在全县范围内展开。第一步先开始调查第一区 71 村每村的概况，包括项目有每村距城里数、位置、家数、人数，村长佐姓名、年龄、职业，村中主要领袖，各种学校教员及学生数目，村内在高小、中学、大学毕业的人数，可作平民学校之地点、村人职业、种地亩数，主要农产物、集市日期、医生及药铺数目、寺庙及信仰各种宗教人数等项。然后举行第一区 71 村详细户口调查。调查共计 8499 家。同时附带举行挨户疾病死亡调查之试验，共计调查 5000 家。[①] 此外补充调查从前不完全之调查，其中主要有全县赋税调查，包括国税、省税、县地方捐、村捐等项。关于统计整理材料方面的工作，有定县地理、历史、交通与运输、政治、赋税、教育、信仰、风俗习惯、娱乐、灾荒、及经济概况等项。

1930 年的工作分实地调查与整理材料两类。实地调查主要包括全县 382 村各村概况调查，134 村的土地分配与农产调查，家庭手工业与工厂调查，乡城及乡村铺店调查，用每日记账方法对生

① 晏阳初：《中华平民教育促进会定县实验工作报告》，载宋恩荣编：《晏阳初全集》第 1 卷，第 311 页。

活费的调查,包括34类500余种物品的物价调查。整理材料方面约四种:(1)整理统计全县各村之概况调查;(2)整理统计城内、三关及中一区之挨户人口调查;(3)整理编辑所搜集之48出定县秧歌;(4)继续整理东亭乡村社会区内62村之材料。

1931年度调查方面的工作有:(1)继续从事每村土地分配与农产调查。(2)继续从事家庭手工业调查,共计调查319村。(3)继续从事123个农家生活费每日记账调查。(4)继续34类日常用品之物价调查。(5)高头研究村之详细调查,以家为单位,共计调查120家。(6)南支合、李亲顾、明月店三处中心村之详细调查,共计调查住户1365,铺户193。(7)研究区61村挨户人口调查,并绘制各村地图。关于编辑方面工作主要是将中文编辑的定县社会概况调查材料译成英文。

1932年度,平教会规定了六年实验计划,统计调查处在六年计划第一年内共有12个设计:(1)研究区内田场经营调查设计。(2)研究区内主要农作物及猪鸡羊调查设计。(3)主要手工业详细调查设计。(4)研究区内集市与商业调查设计。(5)借贷调查设计。(6)研究区内关于经济之各种会社调查设计。(7)家庭卫生调查设计。(8)整理研究区内人口调查材料设计。(9)整理123家生活费记账设计。(10)整理全县各区土地分配与农产物之概况调查材料设计。(11)整理全县各区手工业材料设计。(12)整理南支合、李亲顾、明月店三个实施中心村之调查材料设计。

1933年7月河北省县政建设研究院成立,并设调查部。双方分工合作,平教会偏重于对已有材料的整理,研究院则主要担任实地调查工作。整理材料工作主要是:(1)123个农家生活费周年记账材料初步整理设计。(2)定县主要家庭手工业之详细调查材料整理设计。(3)全县土地分配调查材料整理设计。(4)100个田场经营调查整理设计。(5)家庭卫生选样调查材料整理设计。(6)研究区内按户人口调查材料整理设计。

实地调查有两个设计：物价调查设计和出生死亡调查设计。关于整理与编辑工作有四个设计：(1)编辑土地分配调查设计。(2)编辑定县借贷调查设计。(3)继续整理家庭卫生调查材料设计。(4)继续整理人口调查材料设计。

在李景汉的带领下，调查处自1932年度起，开始编写定县社会调查丛书。先后整理出《定县社会概况调查》、《定县秧歌选》、《社会调查讲演挂图》、《实地社会调查方法》、《定县上地分配调查》、《定县人口调查》、《定县家庭手工业调查》、《定县农民借贷调查》、《定县农民家庭卫生调查》、《定县农民生活费调查》等一手资料，涉及定县的地理、历史、县政府及其他地方团体、人口、教育、健康与卫生、农民生活费、乡村娱乐、乡村的风俗与习惯、信仰、赋税，县财政、农业、工商业、农村借贷、灾荒、兵灾等各个方面，为平教会在定县的工作提供了事实上的依据，定县实验的各项工作由此而展开。

二、四大教育

四大教育是定县工作的重点，是解决"愚"、"穷"、"弱"、"私"四大病症的"良方"，如前文所述，文艺、生计、卫生、公民四大教育还必须连锁进行。

文艺教育旨在培养民众的智识力，解决"愚"的病症。晏阳初将文艺教育分为平民文学、艺术教育、戏剧教育三项。

平民文学主要由平民文学部负责，工作的内容可分为文字研究、课本、读物与定期刊物四部分。文字研究的工作目的，了解中国文字中哪些文字适合平民生活的需要。在这个原则的指导下，第一步在日常读物与应用文件共115种材料504609个汉字之中，按照用途分类与品词分类，用统计的方法选择3400个实际生活通用字，其中再选出1300个字，以此作为编撰千字课本的基础，同时以选定的3420个通用字为主。[①] 以千字课已有的1300字为注释用字，编成字典。此外，还要进行简笔字的研究。文字研究的结果为教材和课本、读物和刊物提供了参考依据。

依据学校式教育的需要，专家们编撰了初级平民学校课本、高级平民学校课本和青年补习学校课本。初级本分编四种千字课，每种四册，主要是针对市民、农民、士兵与妇女的生活需要的《市民千字课》、《农民千字课》、《士兵千字课》和《妇女千字课》。千字课本的主要目的"在使一般人民能认识并应用日常生活最低限度的文字，供给取得知识的必要工具，促进其知识能力"。高级本的目的"在使读过千字课欲求上进者增加文学的工具，促进其欣赏文学的兴趣，增加四大教育的基础知识"。[②] 主要有市民高级文艺课本两册，农民高级文艺课本两册，妇女高级文艺课本。青年本主要有青年补习文艺课本一册，文件课本一册。四种千字课与两种高级文艺课本出版后，销行达到1000万部，但是平教会同仁始终不敢自满，并继续不断的实验，不断的补充。到1934年10月又增加上

① 晏阳初：《中华平民教育促进会定县实验工作报告》，载宋恩荣编：《晏阳初全集》第1卷，第317页。

② 《定县社会概况调查》，第746—747页。

注音符号,极便于应用。[①]

为了配合平民千字课的教学,平教会还编辑了各种读物,“为一般粗识文字的青年与成人培养纯正的思想促进其文艺的兴味”[②]。读物是为学校式、社会式与家庭式三方面共同预备的教材。平教会以农民需要为立场,计划出版平民读物1000册。书中70%是常识,30%是文艺。文艺是按程度的深浅排列的,先是民间文艺,次是旧小说,又次是新创作。因为平教会试验注音符号教学有相当把握,所以平民读物自出版300册以后,词类连书均加上注音符号,到1934年度编到600册。[③] 为了给农民报告一些合时的常识,并使农民有发表意见的园地,平教会还编辑《农民周报》,每年合订一本。

秧歌是定县民间最流行的一种戏曲。统计调查处同志用年余的时间为一能唱多出秧歌的老者刘洛便轮流记录他背唱的秧歌。结果得到完全秧歌48出,50余万字,后以《定县秧歌选》之名出版。同采集秧歌一样,平教会还请了一字不识的在农村演唱大鼓40余年的田三义背唱,由他们记录。六月间共采集大鼓词203段,计612000余字。均为未有印本。已经删改印成平民读物者有《小姑贤》、《苏梅山卖妻》、《打黄狼》、《穷富拜年》、《鲁达拳打郑关西》等,连同改编秋歌共有20种。此外,采集民间文艺材料,多短小。已采到歌谣200余则,歇后语300则,谜语300余则,谚语

---

① 晏阳初:《中华平民教育促进会定县实验工作报告》,载宋恩荣编:《晏阳初全集》第1卷,第319页。

② 《定县社会概况调查》,第747页。

③ 晏阳初:《中华平民教育促进会定县实验工作报告》,载宋恩荣编:《晏阳初全集》第1卷,第319页。

600余则,故事笑话等百余则,共约70000字。[①]

艺术教育,主要有图画、音乐、广播无线电三个部分。

图画教育部分首先搜集民间实用画(刺绣、染印、编线等各种花样)、民间纯艺术绘画(家庭之年画,及各种装饰品条幅挂画,庙宇之壁画以及各种宗教画),“以为绘制培养美感兴趣,提高图画知识与技能之教材根据。”[②]其次进行图画和文字方面的编辑,共计完成高级画范二册,初级画范四册,普通实用图案一册,妇女手工花样一册,以及画范教学法一册,艺术教育浅说一册。再者进行绘制工作。绘制工作包括印刷图画工作和绘画图画工作。印刷图画方面主要是绘制插图、图说、挂图、灯片及夜灯识字之图画与文字。绘画图画方面的工作主要完成辅助四大教育进展之布挂图百余幅,培养社会美感兴趣方面的展览会应用画160幅,壁画16幅。第四进行实施工作:家庭方面:运用挂图代替年画,运用历史图说代替通俗小说;学校方面:采用十分钟教学实验,采用图画与劳作联络教学之实验,并训练教师;社会方面:举行农村图画巡回展览会于20个村庄。农民报增加图画特刊。

音乐教育方面的工作主要是:(1)制造乐器,有风琴、木棒琴、笛子、留声机唱头等,价格均较市价为廉;(2)注重对民间歌曲、乐器的研究工作,乐谱的搜集及实用歌谱之编选工作,选定中西歌谱30余种,编成普村同唱歌集二册,为历史图说创作歌谱50种;(3)教育工作方面主要是邀集城内公立中小学六个,作唱歌比赛一次,

① 晏阳初:《中华平民教育促进会定县实验工作报告》,载宋恩荣编:《晏阳初全集》第1卷,第318页。

② 晏阳初:《中华平民教育促进会定县实验工作报告》,载宋恩荣编:《晏阳初全集》第1卷,第320页。

并邀集 50 处小学教员 65 人，组织音乐研究会以改良小学唱歌。

广播无线电是普及社会教育的有力工具，晏阳初指出："我们的办法，是以四大教育为内容，制定节目，按时广播，就农民好奇的心理，无形中使之受到所需的教育。现正准备完成四大教育讲演材料，及选编唱片故事，并研究利用此等工具。"[①]广播无线电的节目内容为宣传平教工作及农民生活上有关系的事件。接收者是"研究村"、"实施中心村"的地方，同时对收音机及其应用品加以研究，使其成本低廉，推广乡村，无需外购。

农村戏剧是晏阳初实行平民教育的方法之一，他认为："戏剧在平民教育上至少有下面的五种力量：(一)焕发农民意识向上；(二)抒发农民情感；(三)介绍一般的常识；(四)施行公民训练；(五)提高农民的语言。"[②]哈佛大学毕业的博士熊佛西负责定县戏剧工作。为此，定县实验区还设立了戏剧教育委员会，除整理定县秧歌外，还推行农村话剧，演员在农民中培养。自 1932 年至 1934 年，共计游行公演话剧于 24 个乡村之中，共训练了数十个农民剧团，演员有 180 余人。在平教会大礼堂共举行过十三届戏剧公演，观众约 3 万余人。1934 年度完成三项工作：建筑一座露天剧场，并训练两个剧团，在露天剧场举行四次公演，又编制剧本六种，戏剧小册子三种。此问题将在后文详叙。

平教会通过生计教育以救穷。晏阳初指出："生计教育的目标，要训练农民生计上的现代知识和技术，以增加其生产，要创设

① 晏阳初：《中华平民教育促进会定县工作提要》，载李济东编：《晏阳初与定县平民教育》，第 160 页。

② 晏阳初：《中华平民教育促进会定县实验工作报告》，载宋恩荣编：《晏阳初全集》第 1 卷，第 322 页。

农村合作经营组织，要养成国民经济意识与控制经济环境的能力。”生计教育的工作，“一面充实农业科学之研究，一面实验巡回生计训练办法，以期完成推广农业科学之表证训练制度。”[①]农业改进的工作以设计为进行的方法[②]，农业教育部的主要设计有，育种、畜牧、病虫害、园艺、树艺、土壤肥料、农具等，各种设计均分四步进行：即设计之目的，设计之方法，设计之试行，设计之推广。

首先，平教会开展了农民生计训练工作。此项工作设立了生计巡回学校、表证农家及实施推广训练三段研究，形成生计教育整个推广制度。生计巡回训练实验学校的设计主要研究“农民生计训练之教材、教具，与整套应用学术，及其经费制度，构成县单位推广农业，普及生计教育之办法”[③]。巡回学校按一年四时节令给农民授以不同的训练，“使农民在农村中取得应用于农村当前实际需要的训练，以生活的秩序，为教育的秩序，顺一年时序之先后，施以适合的教育，授以切实的技术。”[④]生计训练科目分为植物生产、动物生产、农村经济和农村工艺四类课程。训练结果由平教会选出成绩较优良的农民为表证者或表证农家，使其表证经验及结果传授予一般农民，使农民了解如何选种、如何栽培，推动全村接受各项设计的农民实际从事建设。

---

①　晏阳初：《中华平民教育促进会定县工作提要》，载《晏阳初与定县平民教育》，第161页。

②　平教会认为，所为设计方法，即指一种简单明了改良之农事，交与农民实行，农民实行后便可增加其生产的方法。

③　晏阳初：《中华平民教育促进会定县实验工作报告》，载宋恩荣编：《晏阳初全集》第1卷，第323页。

④　晏阳初：《中华平民教育促进会定县实验工作报告》，载宋恩荣编：《晏阳初全集》第1卷，第323页。

其次，推动县单位合作组织制度。这一设计，以研究村区各级合作经济组织及县单位之合作经济组织为目标，主要分为自助社、合作社、合作社联合会三个阶段。到1934年，全县自助社成立者276处，其中由自助社自动的请求改为合作社者20社；“合作社采取兼营方式，按农民之需要，逐渐经营信用、购买、生产、运销四方面之经济活动。”“为欲构成制度起见，各村成立合作社既多，必须赖有合作社联合会以为后援，经营始能便利，故区有区联合会，区之上有县联合会。依定县经济活动区域的分配，划全县为两区，组织联合会，现已于城区内成立合作社联合会，分购买、运销、信用、生产四部分。”①

第三，植物、动物生产改进方面也是生计教育的重要方面。在这方面，平教会特别强调农民科学化、科学简单化的方针。关于植物生产改进分育种和园艺两方面的设计。为此，定县城内专门划出约80亩地供园艺之用，在高头农场有620亩地供作物研究用。育种工作自民国十六年起开始进行，主要分棉花、小麦、谷子、高粱、玉蜀黍五种设计进行。园艺工作自十九年度园艺工作开始进行，主要针对白菜、梨树整枝、葡萄栽培、肥料土壤等方面进行改良试验。动物生产改进工作分猪种改良、华北各地猪种比较试验及鸡种繁殖等设计进行，此外并开始筹备兽医工作。

由上述内容可以看出，晏阳初及平教会为了使农民摆脱贫穷，创立了一套农村建设的方案，即先以农民生计训练使农民掌握一定的生计技术和科学经验，而后组织农民合作经济组织，从而改善

① 晏阳初：《中华平民教育促进会定县实验工作报告》，载宋恩荣编：《晏阳初全集》第1卷，第324—325页。

农民生活,促进农村经济的全面发展。

卫生教育的目的在于救弱。农村严峻的卫生问题是造成农民体弱多病的主要原因。陈志潜曾经对定县的卫生环境作过如下断语:"卫生清洁不良"、"环境卫生不良"、"医药状况不良"、"妇婴卫生不良"、"传染病处置不良"。[①] 平教会根据定县农村医药卫生的实际状况,"一方面实施卫生教育,使人人为健康的国民,以培养其身心强健的力量,一方面要创建农村医药卫生的制度,以节省各个农民的医药费用,改进今日医药设备的分配状况,以促成公共卫生的环境。"[②]因此,卫生教育部提出了一套经济、简单、普遍的平民化的办法。具体内容包括建立一套适合民众需要的保健制度之组织,即村保健员、区保健所、县保健院三级组织。保健员由受过相当训练的平民学校毕业同学会会员担任。1931 年卫生教育部训

---

① 关于文中提到的定县卫生环境的五个问题,陈志潜描述当地卫生习惯到:"小孩……耳鼻两手往往带有许多灰土。洗澡是一种稀奇事,洗脸最多不过每日一次。许多小孩在冬季鼻涕流在嘴唇上,把上唇都烂破了,还没洗下去。头上长虱子,皮肤上长脓疮的也随时可以发现。"环境状况:"村街狭窄两旁有露天厕所,小便横流,夏日坑内有无数的蛆虫,坑外有无数的苍蝇。……天井坝内厕所连着猪圈,猪吃人粪,……夏日大雨,地面脏水尽量冲人。……一家老幼,同睡一炕,室内臭气浓厚。……锅灶与吃饭器具肮脏,更是不用细述。"医药状况:"药铺的掌柜就是一村的医生。……看的什么病,发的什么药,谁也莫名其妙。……这位药铺掌柜从来没有受过学术上的训练,甚至于有不识字的文盲。"妇幼卫生方面:"年轻妇女有了孕,……大多数请一位邻居老太婆……眼睛看不清楚,手指头动不息,是个手指甲装满了污垢,……随便摸索探取。小孩呱呱落地,她用一把脏剪子把脐带割断,若是脐带出血,就用点灰土把它塞着,若是胎盘不下来,就用手去抓拿。"传染病情形:"家里没有害病的老幼也同样睡在一块。一家人继续不断的发天花,一村人接接连连的闹霍乱,这都是在村里可以观察出来的情景。"见陈志潜:《如何敲击农民的健康问题》,载李济东编《晏阳初与定县平民教育》,第 321—322 页。

② 晏阳初:《中华平民教育促进会定县实验工作报告》,载《晏阳初全集》第 1 卷,第 330 页。

练的第一批保健员有三人，他们“无论技术及个人行为，都证明引用农民参加技术工作的成绩，远超过领取正式酬金的技术人员”，[①]保健员的主要职责是报告死生、水井改良、普及种痘和救急治疗等简单医疗处理。他们平时备有保健药箱，以备随时出诊。保健所为联村组织，是区单位卫生机关，主要负责训练和监督保健员，接待治疗保健员所不力治疗的病人，同时保健所还负责监管学校卫生教育和预防急性传染等工作。保健院是全县卫生教育与卫生建设之总机关，1931 年，平教会在考棚东南不远处建立了保健院，组织完备，是全县最高卫生机关，工作项目繁多，如负责全县卫生行政、计划全县卫生工作、训练全县卫生人员及传染病预防和研究工作等。平教会向定县乡土社会灌输现代卫生观念的努力，后文将另章详叙。

公民教育的目的，在养成人民的公共心与合作精神，改善自私自利的陋习，“激起人民的道德观念，施以良好的公民训练，使他们有公共心、团结力，有最低限度的公民常识、政治道德，以立地方自治的基础。我们办教育，固然要注意文艺、生计、卫生，但是我们不要忘记了根本的根本，就是人与人的问题，大家要都是自私自利，国家就根本不能有办法，绝没有复兴的希望。所以我们办公民教育，用家庭方式的教育，在家庭每个分子里，施以公民道德的训练，使每一个分子，了解一个人与社会的关系，以发扬他们公共心的观念。其次我们在这困难严重的局面下，还要注意唤醒人民民族意识，把历代伟大人物，可歌可泣的故事，用通俗的文字写出来，用图

① 志惠整理：《乡村保健卫生制度在定县的实验》，载《晏阳初与定县平民教育》，第 301 页。

画画出来,激励农民的民族意识。"[①]为此,平教会成立了公民教育部,并聘请陈筑山为该部主任,陈认为:"……个人虽不能有不死的身体,却能有不朽的精神;……古来许多志士仁人,为国家捐了躯壳,其精神永在天壤之间,使后之人读了他的史事与歌感泣,上千古下千古的人心,与此相缠结而成一不可解无物不感人无人不动的精灵,为国家为社会一切破坏与建设的原动力,这才是国族精神。"[②]"一方面要在一切社会的基础上,培养民众的团结力、公共心,使他们无论在任何团体,皆能努力为一个忠实而有效率的分子,一方面要在人类普遍共有的良心上,发达国民的判断力、正义心,使他们皆有自决自信,公是公非的主张,这是必要的根本精神,亦是必要的道德训练。"[③]公民教育在一定意义上"是平教会的思想教育,是渗透在其他各种教育之中的"。公民教育的内容主要是:"一为公民道德,重合群,爱祖国,继承发扬中华民族的优秀传统(平教会称为'国族精神');一为公民知识,即作为民主国家的公民所应有的政治知识。"[④]基于此,平教会做了大量的工作:

首先对国族精神加以研究,以发扬国族精神。具体办法是选择志士仁人的事迹,以对其作系统的研究为目标,并将历史上杀身成仁舍生取义之事迹,制成图说,并谱以歌曲,以此作为公民教育的材料。共计完成《历史图说》40 套,出版《国族精神论例浅释》

---

① 晏阳初:《中华平民教育促进会定县工作大概》,载宋恩荣编《告语人民》,广西师范大学出版社 2003 年,第 31 页。

② 原为陈筑山《国族精神》中的说法,转引自江明渊:《民初陶行知、晏阳初教育理论与民间文学之关系研究》(硕士论文),第 145 页。

③ 晏阳初:《中华平民教育促进会定县实验工作报告》,载《晏阳初全集》第 1 卷,第 329 页。

④ 堵述初:《平民教育在定县》,载《晏阳初与定县平民教育》,第 431 页。

一册。

《历史图说》即“国族精神”的读物，从《周处除三害》开始选出47位历史人物加以图解。“九·一八”以后，为了唤醒民族意识，公民教育部编辑《精忠报国的岳飞》、《杀身成仁的文天祥》、《廉蔺之交》、《郏谷之会的孔子》、《荆轲刺秦王》等内容的《历史图说》，共约二十种。[①] 为培养农民的民主精神，公民教育部还将这些历史图说编成了《公民课本》一册，以为高级平民学校作教材，其内容，主要是民主中国的公民所应享的权利和应尽的义务。此外，其他方面的教材还有《三民主义》、《公民图说》、《历史》、《地理》、《唱歌》等书，教师应用教材有《三民主义讲稿》、《公民课本参考书》等，还有《公民道德根本议》、《公民道德纲目》、《公民知识纲目》、《国民生活上应改正之点》、《中国伦理之根据》、《自然环境与中国社会》、《国族精神》、《日本维新运动史要》、《中国古代国民生活状况》等后来编制出版的书目。[②]

公民教育部以定县的高头村作为公民教育实验的试点村。公民教育部组织全村敬老会，使老人们不仅得到自家人尊重，在出门时同样得到尊重，使“公”的精神潜移默化地渗透到全村。[③] 高头村虽然只是个拥有百余户的村子，但它确是整个中国农村社会的缩影，在这里，愚、穷、弱、私四种病症样样俱全。可见，乡村建设还长路漫漫。

除了进行发扬国族精神的研究外，公民教育部还对农村自治

---

① 堵述初：《平民教育在定县》，载《晏阳初与定县平民教育》，第431页。

② 《定县社会概况调查》，第753—754页。

③ 堵述初：《平民教育在定县》，载《晏阳初与定县平民教育》，第432页。

问题加以研究。研究农村自治的内容与组织,并以训练村自治基本人才为目标。平教会曾于高头村实验训练自治人才,并在高头村成立乡公所指导人民组织自治所应行之事务,并共同讨论乡务事宜,如修改乡公约,清理债务,修筑道路,成立农民训练班,看管田禾等。同时着手公民教育材料的研究。第一部是研究与编辑基本材料,已成书者有《公民道德根本义》、《公民道德纲目》、《公民知识纲目》、《国民生活上应改正之点》、《中国伦理之根据》等。第二部是研究与编辑应用教材,有《公民课本》、《公民图说》、《历史》、《地理》、《唱歌》、《三民主义讲稿》、《农村家庭设计》、《模范家庭调查表新设计》、《农村自治研究设计》、《公民讲演图说》等。[①]

平教会根据以上四个方面的教育制定了定县实验研究项目,具体内容如表 3-4:

三、三大教育方式

既然文艺教育用以治愚,生计教育用以治穷,卫生教育用以治弱,公民教育用以治私,那么用什么形式将这一教育理论落实到具体的乡村改造实践呢?晏阳初指出,必须借助学校式、社会式、家庭式三大教育方式来实行,以作为培养农民智识力、生产力、强健力、团结力的途径。他说:"本会最初欲去除一般人的愚昧,而启发其智慧,所以有文艺教育以培养知识力。嗣后感觉人民之'愚'与'穷'有莫大之关系,且人民之愚尚能苟延残喘,穷则不保朝夕,乃

① 晏阳初:《中华平民教育促进会定县实验工作报告》,载宋恩荣编:《晏阳初全集》第1卷,第329—330页。

表3–4　乡村建设的基本要素

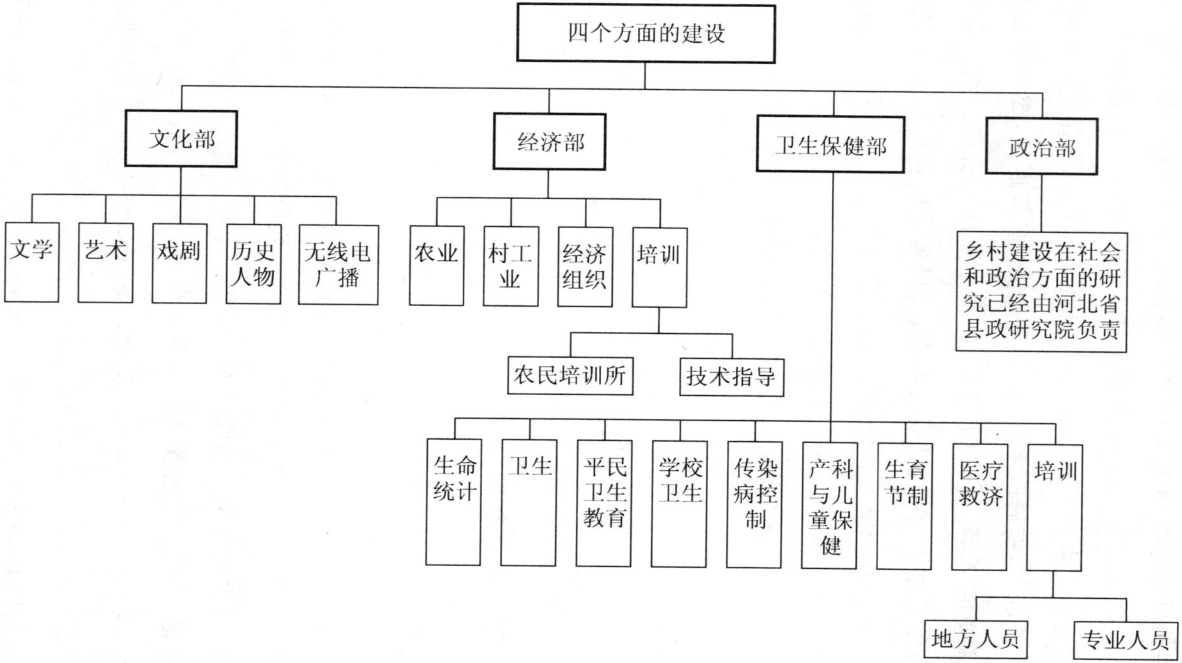

图表来源：《晏阳初全集》第1卷，第286页。

又有生计教育以培养‘生产力’。后又感觉人民体弱多病而死亡率高，实为民族前途之忧，乃又有卫生教育以培养‘强健力’。同时感到一般人民自私心重，因之生活散漫，不能精诚团结，于是又有公民教育以培养‘团结力’。所谓四大教育，实为根据实际生活之要求，逐渐演进而创出之新民教育内容之荦荦大端。其实施方式，有学校式以教育青年为主要工作，因青年是国家今日建设之主力军，同时又顾到教育儿童，因儿童系民族复兴的后备队。学校式之外有社会式及家庭式，其目的在使整个社会尽是教育的环境，以免一曝十寒之弊害。”[①]由此可见，四大教育与三大教育方式之间存在着不可分割的联系。

1. 社会式教育

平教会欲通过学校式、家庭式和社会式三大教育方式，实行“农村教育总动员”，[②]也就是要通过教育来改造农民。不过，在三大教育方式中，学校和家庭的范围“都是固定的”，社会式教育才是平教会“一切活动的先锋”，如果没有社会式教育“为之推行”，则其他一切“俱难实现”。平教会甚至还认为，社会式教育不仅是“协助平教设计，完成整套学术”的唯一方式，更是“救中国救人民的唯一工具”。[③] 另一方面，经过数月学习的平民学校学生，若无“适当学

---

① 晏阳初：《中华平民教育促进会定县实验工作报告》，载《晏阳初全集》第1卷，第308页。

② 《定县农村教育建设》，河北省县政建设研究院、中华平民教育促进会1935年12月，第32页。

③ 阎振熙：《定县实验区考察记——中华平民教育促进会河北省县政建设研究院介绍与批评》，北平众志学社1934年版，第48页。

校可入，如置之不理，则所学本以无多，日久必致荒废，前功尽弃”，这就需要通过社会式教育，即“向一般群众及有组织的农民团体施以适当的教育”，[①]“使社区所有成员按照四个方面计划的路线继续受教育”。[②] 基于这样的考虑，平教会于1931年成立社会式教育委员会，1933年改为社会式教育部，由当时定县县长霍六丁负责。

社会式教育部的工作并不是包办教育农民，而是要在乡村建立其内在的发展机制，所以其首要职责是在农村寻找“人的原料”，“使农民自己工作”，教农民“学会组织”和使农民“自己能做”，[③]并使这个组织“成为自动建设的中心力量”[④]和“乡村建设之重心”，以便成为“继续接受四种教育的教育工具”。[⑤] 这就首先要培养一些“热忱的信仰”和“牺牲的精神”的人，[⑥]使他们成为集知识、生产、健康、团结四大力量[⑦]于一身的“整个的人”，[⑧]并“具有造成新

① 晏阳初：《中华平民教育促进会定县实验工作报告》（1934年10月），宋恩荣编：《晏阳初全集》第1卷，第338页。

② 晏阳初：《定县的乡村建设实验》（1934年7月），宋恩荣编：《晏阳初全集》第1卷，第262页。

③ 姜书阁编述：《定县平民教育考察记》，察哈尔教育厅编译处（统一印刷局印刷）1932年5月，第91页。

④ 《定县的实验》，中华平民教育促进会，1933年9月，1934年7月初版、再版，第63页。

⑤ 晏阳初：《致中华教育文化基金会请款书》，宋恩荣编：《晏阳初全集》第1卷，第239页。

⑥ 晏阳初：《乡村运动成功的基本条件》（1934年10月），宋恩荣编：《晏阳初全集》第1卷，第305页。

⑦ 晏阳初：《平民教育运动的回顾与前瞻》（1946年），宋恩荣编：《晏阳初全集》第2卷，第297页。

⑧ 晏阳初：《平民教育概论》（1928年），宋恩荣编：《晏阳初全集》第1卷，第122页。

公民的最好素质。"[1]"推动乡村工作的中心力量"当然是青年农民,[2]他们是"继往的好手",又是"开来的良工",定县40万人中有8万青年,以此推算,全国当有8千万农村青年,所以"农村运动的使命,在民族再造;民族再造的中心在农村青年",如果他们受到"改造生活的教育",那么,国家未来"就可由他们群策群力去担负"。[3]

基于以上的考虑,平教会自1931年秋季起在平民学校毕业生中组织起了同学会(也称校友会),作为"接受继续教育之团体"。[4]成立同学会的宗旨在于:其一是通过继续接受四大教育和参加其中的活动,从而达到"推动或介绍四大教育到乡村"的作用;其二是训练"青年农民集体生活",并在"实际活动中"和"共同生活中","养成青年农民的建设心与活动的力量"。[5] 加入同学会的会员需具备三个条件:第一,必须是有"勇往进取之心",并"愿走向新的人生领域"的14—25岁青年农民;第二,必须是"已有相当之教育,事事能领导农民向前进行"的进步农民;第三,要"有合作习惯,服务技能"的且有团结之心的农民。[6] 总之,同学会会员必须是"农村

---

① 晏阳初:《有文化的中国新农民》(1929年),宋恩荣编《晏阳初全集》第1卷,第158页。

② 晏阳初:《乡村运动成功的基本条件》,宋恩荣编:《晏阳初全集》第1卷,第305页。

③ 晏阳初:《农村运动的使命》,宋恩荣编:《晏阳初全集》第1卷,第295页。

④ 晏阳初:《中华平民教育促进会定县实验工作报告》(1934年10月),宋恩荣编:《晏阳初全集》第1卷,第339页。

⑤ 《定县的实验》,中华平民教育促进会,第61页。

⑥ 湖北地方政务研究会调查团编:《调查乡村建设纪要》,国民政府军事委员会委员长行营1935年,第32页。

中较有希望的人”。[①] 根据这样的条件，各村受过平民学校教育的农村青年是同学会的当然会员，后来，平教会感到，同学会会员应该“与农民领域同其大小”，遂“举凡平民学校、民众学校、国民学校之毕业生均有加入同学会之资格”，[②]其他“如正在平校肄业的学生，及表同情于平教运动的觉悟分子”都可作为同学会的赞助员，“除选举事项不能参预[与]外，一切活动和会员一样。”[③]唯此，“社会式教育之基础，建筑在同学会，同学会之基础又建筑在平民学校毕业学生”。[④]

同学会以村为单位，村同学会的最高机关是全体会员大会，决议各种事项。执行机关为委员会，并依据本村人数多寡和四大教育之内容，设有文艺、生计、卫生、公民委员等 3 至 7 人，由委员推举 1 人为会长(或叫委员长)，总管全会事务。[⑤] 同学会有选举权但无“罢免弹劾”权，[⑥]这就为后来同学会权力的膨胀预留了空间。到 1931 年的 11 月下旬，定县已有高头、尧方头、大洨河、水磨屯、西涨谦、南车寄、土厚、马家庄、南庞、市庄、内化、赵村、南支合、大西涨 14 个村的同学会。会员的平均人数为 60 人，半数年龄在 12 至 25 岁之间。[⑦] 到 1932 年度末，定县共成立同学会 72 处，[⑧]到

① 阎振熙等:《定县实验区考察记》，第 51 页。

② 作者不详:《社会式教育工作报告》(推为 1934 年)，中国第二历史档案馆藏，社会部所属系统档案 284(2)－3，无页码。

③ 阎振熙:《定县实验区考察记》，第 53 页。

④ 《调查乡村建设纪要》，第 32 页。

⑤ 《调查乡村建设纪要》，第 33 页。

⑥ 姜书阁编述:《定县平民教育考察记》，第 91 页。

⑦ 述初:《平民学校毕业同学会》，北平《农民周刊》第 7 卷第 7 期，1931 年 11 月 28 日。

⑧ 《定县的实验》，中华平民教育促进会，第 64 页。

1936 年 5 月,全县共有 138 个村成立了同学会,会员达到 6983 人。[①] 同学会之上,还设有乡联会,“系数个附近的村同学会”组成,以此“解决和办理村同学会的能力所不及的问题和事件”。同学会会长为当然乡联委员,乡联委员互推一人为乡联委员长。[②] 此外,平教会还欲在乡联会之上成立区联合会和县联合会,但这两级组织当时还“尚是理想,而未实行”,[③]只在 1932 年末成立了乡联会 4 处。[④] 无论怎样,单就同学会而言,它初具规模,在定县形成了一个崭新的社会组织,是一支不可忽视的力量。

作为推行四大教育的基层组织,平教会当然要赋予其一定的权力,《同学会简章》规定,其作用是使“村内的人不敢做坏事,村外的人不敢来欺负”;具体事宜除每年按季节召开全体大会决定外,会长也有权召集临时会议来决定,[⑤]特别是由会长通过全体大会来决定任何事情的规定无异于暗示了同学会有权替代乡绅维持乡里,这为后来同学会权力的膨胀埋下了伏笔。平教会当然知道其中利害,为预防同学会因权力过大而与“村当局”起纠纷最终遭到“马上就会瓦解”的命运,[⑥]所以又通过《同学会自修信条》给予限制,规定会员“不说诳,不打架,不赌博,不吸烟,要时间守约,要手脸清洁,要勤看书报,要早睡早起,要爱护公物”。[⑦] 但总的看来,

---

① 《河北省县政建设研究院工作概况(续)》,保定《河北月刊》第 4 卷第 5 期,1936 年 5 月 15 日。

② 阎振熙:《定县实验区考察记》,第 53 页。

③ 《调查乡村建设纪要》,第 33 页。

④ 《定县的实验》,中华平民教育促进会,第 64 页。

⑤ 述初:《平民学校毕业同学会》,北平《农民周刊》第 7 卷第 7 期,1931 年 11 月 28 日。

⑥ 姜书阁编述:《定县平民教育考察记》,第 91 页。

⑦ 姜书阁编述:《定县平民教育考察记》,第 118 页。

平教会对同学会职权范围的限定并不明确，其初衷也许只是在不伤及传统乡村权力结构的基础上，通过同学会来做一些己所能及的工作。因此，随着同学会工作的展开，矛盾也就日益显露。

同学会的职能表现在以下几个方面。

第一，管理社会式教育工具："平民角"和巡回文库。为了"随时随地受教育"①并将"基础作好"，②同学会轮流管理一个设置在村公所的木柜，即"平民角"，柜内装有约300本书和同学会的办公物品，平时可作写字台和办公处，阅读时可作"图书馆"，出纳的书籍要登记以便管理。③ 木柜价值2元左右，故平教会称之为"省钱、省地方、省时间"的"三省主义"。除同学会外，"村中几个特殊的人"会借书去看，④可见其作用不大，但它毕竟是同学会工作的起点。

巡回文库是12个杨木箱，每箱的长宽高为12.3、6.2和8.7寸，内装有比较适合农民口味的各种读物，如故事、常识、国难教育等近30余种。⑤ 文库由文艺委员负责，每8到10个村子承担一个文库，使"每村以十分之一或八分之一的钱，可以看到十倍或八倍的书"。⑥ 管理员会定期用手推车将文库推到各村，停留10天左右以"招徕阅者"，管理员还负责解答艰深字句。⑦ 1935年只用3

---

① 阎振熙等：《定县实验区考察记》，第57页。

② 张学铭：《八年来民众教育经验谈》(续)，保定《河北学刊》第4卷第11期，1936年11月15日。

③ 姜书阁编述：《定县平民教育考察记》，第92页。

④ 阎振熙：《定县实验区考察记》，第57—58页。

⑤ 殷子固、王仲元：《定县同学会管理下的巡回文库》，北平《民间》第二卷第3期，1935年。

⑥ 姜书阁编述：《定县平民教育考察记》，第92页。

⑦ 《调查乡村建设纪要》，第36页。

个月即巡回了 138 个村庄，阅读人数计 10369 人，平均每村阅读 86 人。根据统计，农民的阅读以故事、小说、鼓词为最多，特别是故事中又以三国演义和岳飞最受欢迎，民族常识如东三省、日本方面的书籍较多。[①] 另外，同学会对文库的“有序”管理使平教会感到这不仅“给他们一种服务训练的机会”，又“寓有公民教育的意味”。[②]

第二，向“同学会周刊”投稿。社会式教育不仅要“增进农民的知识”，还要“注意各同学会之间的联络”，使农民既有“练习写作纠正错误的机会”，又有“自己真正发表意见的机会”，[③]为此，平教会为同学会创办了“同学会周刊”。三分之二的稿件来自农民，[④]主要栏目有书刊特刊、论文、报告、新闻、通讯、日记、歌谣、字谜、故事等，[⑤]内容颇贴近农民生活。平教会希望他们的帮助“一期一期减少”，而同学会的自动性“一期一期加多”，到 1932 年 6 月周刊出 20 期之时，已经“只有第一篇短短的谈话”是出自平教会成员，其余的“从头到尾都是同学自己的作品了”。[⑥]

同学会周刊是“不卖钱的”，印刷费由平教会承担，其主要形式是单张的，人们既可以拿在手里，亦可将其粘在墙上供人阅读。[⑦]

---

① 殷子固、王仲元：《定县同学会管理下的巡回文库》，北平《民间》第二卷第 3 期，1935 年。

② 殷子固、王仲元：《定县同学会管理下的巡回文库》，北平《民间》第二卷第 3 期，1935 年。

③ 《定县的实验》，中华平民教育促进会，第 67 页。

④ 《定县的实验》，中华平民教育促进会，第 67 页。

⑤ 《调查乡村建设纪要》，第 34 页。

⑥ 松年：《介绍平校同学会周刊》，《农民》第 7 卷第 53 期，1932 年 6 月 11 日。

⑦ 松年：《介绍平校同学会周刊》，《农民》第 7 卷第 53 期，1932 年 6 月 11 日。

后来，平教会感到农民“往往不能写而能画，画得虽不好，意思却很深”，所以又办了农民书报作为周刊的补充。[①] 平教会希望同学会通过办报投稿，其所学千字课可以得到巩固，由此，平教会甚至将同学会周刊改为“农民”，希望参与者的范围由同学会扩大到定县乃至“全国的农民”，可事实上，还“只能顾到同学会”，[②]因为在农村可以写读的农民毕竟还是少数，虽然经过 4 个月的千字课训练，但是一到农忙期，所学“即化为乌有”，以至于“所能看周刊的，亦无非是些老先生，或不事耕作的富农子弟而已”。[③]

第三，协助平教会进行乡村社会教育。重点是文艺和生计教育。经历 4 个月学校式教育的学生毕业后若“不能继续升学”，极易“演成‘不进则退’的局面，逐渐又成了‘依然故我’的文盲”。[④] 为此，同学会组织读书研究会，举办习字比赛、演说比赛和模范识字、家庭教学等活动，[⑤]以巩固课堂教育成果。此外，同学会还负责全村的广播实验，保管使用收音机，给听者解说广播词等。[⑥] 同学会自发成立农民剧团。到 1934 年年底，毕业同学组成的演员队伍已达 180 余人。[⑦] 1936 年，全县成立了 20 几个农民剧团。[⑧] 剧团公演的剧

---

① 姜书阁编述：《定县平民教育考察记》，第 92 页。

② 《“农民”定期复刊》，北平《民间》，第 1 卷第 17 期，1935 年 1 月 10 日。

③ 阎振熙等：《定县实验区考察记》，第 57 页。

④ 《定县的实验》，李济东编：《晏阳初与定县平民教育》，石家庄：河北教育出版社 1990 年版，第 205 页。

⑤ 《调查乡村建设纪要》，第 34 页。

⑥ 晏阳初：《致中华教育文化基金会请款书》，宋恩荣编：《晏阳初全集》第 1 卷，第 266 页。

⑦ 《熊佛西生平纪事》，上海戏剧学院熊佛西研究小组编：《现代戏剧家熊佛西》，北京：中国戏剧出版社 1985 年版，第 194 页。

⑧ 《熊佛西生平纪事》，《现代戏剧家熊佛西》，第 191—195 页。

目20余出,[1]都是比较贴近农民生活的剧目。五四节是农民公演的重要日子,1932年的五四节,农民剧团"演剧三晚",剧名为"喇叭",内容主要是讽刺不肯脚踏实地干事的人。[2] 新年也是公演的时机,同学会联合主妇会、闺女会等举行同乐会,排演话剧,庆祝新年。[3]

生计教育中,同学会经过表证农家巡回训练学校的培训成为表证农家,并向农民示范先进技术。他们的表证活动主要有改良鸡房、饲养杂种鸡、杂种猪以及各种作物、蔬菜的选种、下种和管理方法。[4] 农产展览会是同学会常用的表证方法,展览会中会展出各种农民自动带去参展的农产品,有蔬菜类、农作物类、家庭手工艺类、花卉类和畜牧类等。[5] 平教会感到,每年一次的展览会不仅增加了农民的"守秩序与合作的精神",还普及了农业科学,是定县乃至全国的"壮举"。[6]

第四,担当保健员,弥补农村医护人员的不足。平教会在同学会中挑选一批会员作为其推行新式卫生制度改革的力量。选中的会员经过10天左右的培训成为保健员,负责本村的简单医疗处理

① 晏阳初:《致中华教育文化基金会请款书》,宋恩荣编:《晏阳初全集》第1卷,第265页。

② 牺民:《定县平教会纪念五四节》,北平《农民周刊》第7卷第31期,1932年5月14日。

③ 《各村同学会纷纷庆祝新年》,北平《民间》第1卷第17期,1935年1月10日。

④ 乔正安:《牛村表证农家巡回训练学校毕业同学会与农业改良》,北平《农民周刊》第7卷第7期,1931年11月28日。

⑤ 述初:《牛村农产展览会》,北平《农民周刊》,第7卷第7期,1931年11月28日。

⑥ 乔正安:《牛村表证农家巡回训练学校毕业同学会与农业改良》,北平《农民周刊》第7卷第7期,1931年11月28日。

和管理,如种牛痘、防疫注射、急救处理、拒毒运动等项工作。[①] 到1936年,全县已有151个村设立了保健员,覆盖了定县三分之一的人口。[②] 同学会对本村保健员负有直接责任,平教会授予他们挑选、罢免和任用、监督保健员之权,以保证保健员的质量。[③] 关于这一问题,详见后文。

第五,协助平教会管理和服务农村社会。这方面的活动包括植树、禁赌拒毒、自卫、婚丧互助、修桥补路、仲裁等。[④] 定县交通极为不便,修桥补路成为同学会的重要"政绩"。1931年马家庄同学会修路事迹即为一典型案例,并被《农民周刊》高度评价,认为马家庄是"实实在在为村中谋福利",今后必定会"接二连三的作下去";相比之下,因风水缘故而筑路的定县新街只是一件"无意中的好事",其迷信的初衷也无法与马家庄相比。[⑤]

当时定县匪患严重,同学会自感维持当地秩序责无旁贷,于是自发组织武术团以为强身健体和保护治安。高头和西建阳二村同学会组织的武术团颇为著名,据说,他们利用村中现有的器具,每日操练1小时,聘请本村有武术和军事知识者为教导员,且每晚分队轮流巡更。1935年上半年还真的捕获了2名匪犯,为此,平教

---

① (美)Ka-Che Yip, "Health and Nationalist Reconstruction: Rural Health in Nationalist China, 1928—1937", *Modern Asian Studies*, Vol. 26, No. 2 (May, 1992).

② C. C. Ch'en, "Ting Hsien and the Public Health Movement in China", The Milbank Memorial Fund Quarterly, Vol. 15, No. 4(Oct. 1937), p. 387.

③ 郭常升记:《定县卫生工作——定县平民教育促进会教育部主任陈志潜先生八月一日在卫生署演讲》,1933年9月5日天津《大公报》,第11版。

④ 《调查乡村建设纪要》,第34页。

⑤ 松年:《新街马家庄两处筑路比较》,北平《农民周刊》第7卷第9期,1931年12月12日。

会还颁发了奖旗一面以为表彰。[①]

同学会是社会式教育的具体实践形式,且由上述可知,同学会成为平教会的得力助手,且定县实验的诸多内容都是通过同学会来推行的,这使得同学会一度受到来自平教会和定县民众的重视,同学会表现的热情也颇高。然而,随着同学会职能的逐渐扩大,其权力也与之剧增,又由于年轻人具有天生的叛逆行,使得定县"在地方争权夺利的人也多起来了"。[②] 这势必导致定县各种利益集团之间的矛盾。该问题容后文详述。

2. 学校式教育

平民学校是农民接受四大教育的开端,也是各方面活动的中心,平教会也由此设立了学校式教育部,专门主持学校式教育。该部比较注重初级平民学校,但对于高级平民学校、青年补习学校、儿童教育实验学校也很重视。经过五年的教育建设,定县的教育范围达到一定的规模(见表 3－5)。

学校式教育部的内部工作有教务管理、研究实验、表演推行、视导训练及学术研究等。而 1930 年的主要工作是文字教育、实验与表演、训练与讲习。[③]

(1) 各级平民学校的研究与实验。各级平校均以青年为教育对象,分为初级平民学校、高级平民学校、巡回生计训练学校、平民职业学校、实验学校等等。初级平民学校学制 4 个月,每天 2 学时,多利用农民业余时间,通过导生传习的方法,以《农民千字课》

① 《调查乡村建设纪要》,第 35 页。
② 阎振熙:《定县实验区考察记》,第 20 页。
③ 《定县社会概况调查》,第 756 页。

表 3-5 各种平民学校

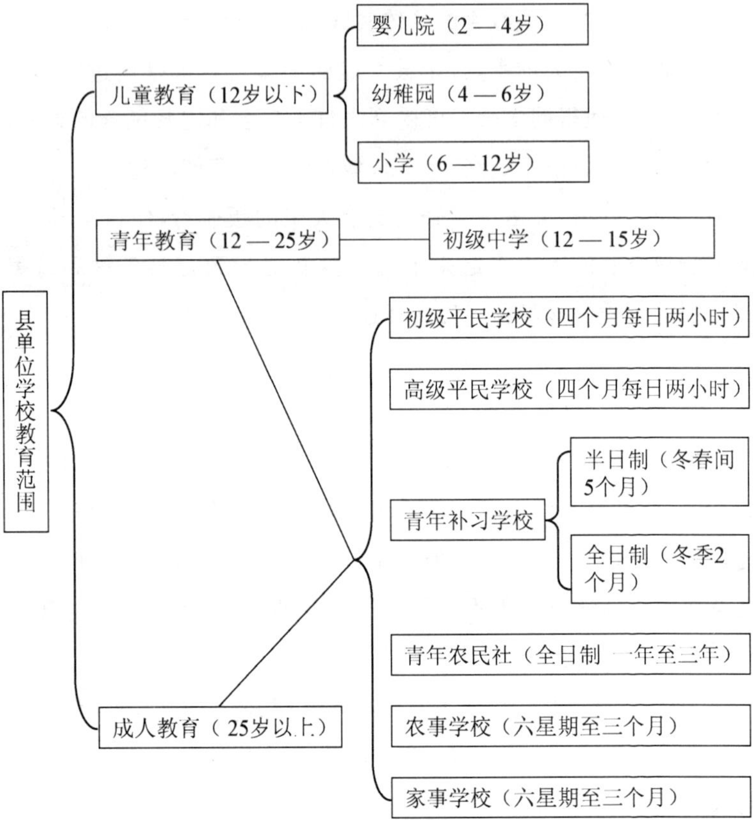

资料来源：《定县社会概况调查》，第 756 页。

的课本为教材，以为青年实施识字教育为主要任务。1930 年度成立普通平校 316 所，1931 年就增加至 417 所。[①] 这里提到的导生传习制是平教会推行识字教育所采用的方法。推行识字教育并非

① 晏阳初：《中华平民教育促进会定县实验工作报告》，载宋恩荣编：《晏阳初全集》第 1 卷，第 333—334 页。

一帆风顺,如妇女教育的推行,一般生计艰难或家务忙碌的农民也不能按时入学,所以平教会实施了导生传习制,具体办法是,由实验学校学生自设传习处 21 个,收学生 141 人,教读千字课。用同样的办法推行对妇女和失学儿童的识字教育。1934 年度,平教会在东建阳村及小陈村两处,作导生传习制的研究,"欲使导生本身成一坚强的干部组织,传习科目,不仅为文字工具,兼及其他职能,并使各传习处之学生,均能在导生干部组织之下互相团结,以增强改造农村之力量。"[①]高级平民学校是为在初级平校毕业的学员得到继续教育机会的平民学校,其学制也是 4 个月,每天 2 学时,目的是培养执行乡村建设计划的村长与干部。

1927 年,平教会暂定平民教育学制为初级男女平民学校——高级男女平民学校——平民职业学校,后将平民职业学校改为平民育才学校并设实验男女学校各一所。1930 年,因平民育才学校程度与高级平校不相衔接,遂将其改为青年补习学校,设实验男女校各一所。同时设实验高级平校二所,以实验新编制之教材与课程。1933 年度,平教会又重新制订高级平校课程,设实验高级女平校二所,以探讨其是否有培养乡村妇女教育实施人才之可能,两校由学生自办初级女平校各两班,轮流担任教学,并把社会式活动的训练,如妇女组织,种痘及其他保健技能,家事如缝纫纺织等均列入课程。[②]

巡回生计训练学校是为培养表证农家所设立的学校,笔者在

---

① 晏阳初:《中华平民教育促进会定县实验工作报告》,载宋恩荣编:《晏阳初全集》第 1 卷,第 334 页。

② 晏阳初:《中华平民教育促进会定县实验工作报告》,载宋恩荣编:《晏阳初全集》第 1 卷,第 334—335 页。

前文"生计教育"一题中已有所提及，其学制一年，学员多来自平民学校的优等生和小学毕业生。生计巡回训练学校一年分三期实施训练："第一期在春季三个月，为植物生产训练。第二期在夏季八、九个月，为动物生产训练。第三期在冬季十一、十二、一、二各月，为农村工艺及经济合作训练。……训练之处，即切实分别规定农家实施表证设计，由原来训练人员，分负视导检查之责，其成绩较良之农民，足为其他农民之表证者，认为表证农家。"[①] 表证农家一度成为实验区农业推广的中心和农村经济的枢纽。

(2) 妇女儿童教育之研究与实验。妇女、儿童向来是文化建设和社会改革的重要目标。平教会知道消灭文盲的关键在于对妇女儿童的识字教育，于是分别于 1928 年冬和 1931 年冬天，开始作对乡村妇女和儿童的研究。关于儿童的实验是在城内设实验小学一所、东建阳村设实验小学一所，又在高头及马家寨两处设特约实验小学各一所，创造"组织教学"、"习作教学"等方法，"使教师一人能教百数以上之学生，且以增大其学业进度，提高其课程标准，同时使一切训管之实施，均发生伟大效力。"[②] 后在东建阳村实验小学集中进行导生传习制实验，在西平朱谷村设立的特约实验小学则专作组织教学之研究。

关于乡村妇女教育，平教会设立了妇女平民学校、妇女育才学校、青年补习学校等。1931 年度，青年妇女教育研究委员会成立，分妇女职业及家事教育两组，1932 年度，开始在高头村作主妇会

---

① 晏阳初：《中华平民教育促进会定县工作提要》，载李济东编：《晏阳初与定县平民教育》，第 162 页。

② 晏阳初：《中华平民教育促进会定县实验工作报告》，载宋恩荣编：《晏阳初全集》第 1 卷，第 335—336 页。

及闺女会诸实验,又在西平朱谷村设实验初级女平校一所,将缝纫、育儿诸事列入课程,以解决妇女因必须在家“做活计”、“看孩子”而不能入学的问题。1933年度,东建阳村实验女校青年部设书算、保育、缝纫、纺织、畜牧、园艺六科。乡村幼稚教育的实验,也因保育科的设立而开始进行,并试办了农忙托儿所。在西平朱谷村,还开办保姆训练班,并附设幼童园一所,以供保姆实习。1934年度,小陈村也作乡村幼稚教育之实验,并训练女平校毕业生及小学女生为保姆。[①]

(3)其他方面的研究与实验。除上述学校式教育的工作以外,平教会还进行了师资训练之研究与实验、村单位教育建设之研究与实验、学校式教育编纂等工作。进行平民教育,实验师资队伍的训练是必不可少的。在实验乡村小学开办以前,培养师资主要是短期训练及专科学校两种办法。短期培训有1928年度的暑期平民教育研究会、1929年度的平校教师研究会、1930年度的平校教师讲习会、1931年度的平校教师训练班等。此种临时的及短期的师资训练,简单易行,方便灵活,效果显著;专科学校有1929年度创办的平民教育学院师范科,1930年度开办的平民教育专科学校,和1931年度创办的妇女平校教师训练班。这些实验修业期限均为一年,其目的在培养推行与视导人才及表演学校教师。平教会又于1933年度,根据历年来训练师资之经验,制定县单位的师资训练实施法,使全县的师资训练更加正规化,大大提高了师资队伍的素质。[②]

① 晏阳初:《中华平民教育促进会定县工作提要》,载李济东编:《晏阳初与定县平民教育》,第173—174页。

② 晏阳初:《中华平民教育促进会定县工作提要》,载李济东编:《晏阳初与定县平民教育》,第174页。

为了进一步落实平民教育在各村的实行，平教会还进行了以村为单位的教育建设研究与实验，订立了村平民教育分会简章，并成立18个村分会，1933年，成立村识字教育委员会，又在西平朱谷及小陈村两处进行村教育建设委员会的实验，对村里的教育、卫生、经济合作的事宜作了具体的规定。学校式教育中的课程编纂工作也是一项重要内容，1934年度学校式教育部的工作主要侧重在编纂方面，具体编纂的内容是教材、读物等。经过几年的试验，平教会积累了大量的原始资料，经过平教会的赖均伯、姜太红、曹日昌等人的精心综合分析，证明农民学生的智力是正常的，平民学校的教育也是很适合的。[①] 1934年编成了50万字的《定县农民教育》。同时我国教育专家们还倡导中国文字拉丁化，这对于平教会的工作者很有启发。李锦纾、孙伏园等提出了“汉语拼音方案”，用以进行识字教育，这样打破了成人学习汉字“千字”的界限，是平教运动中一个“根本性的改革”。[②]

3. 家庭式教育

平教会认为中国社会“私”的观念，主要是从家庭开始的，所谓“各人自扫门前雪，休管他人瓦上霜”。晏阳初更是感到：“家庭式教育，或为中国的特殊教育方式。”因为“家庭在中国社会尤其是农村社会里，占极重要地位。家庭式教育是联合各个家庭中地位相同的分子施以相当的训练。一方面是要使家庭社会化，一方面是

① 堵述初：《平民教育运动在定县》，载李济东编：《晏阳初与定县平民教育》，第426页。

② 堵述初：《平民教育运动在定县》，载李济东编：《晏阳初与定县平民教育》，第427页。

见到教育必须以全民为对象,要使在家庭中的老少男女,都能得到相当的教育”。[①]为此,家庭式教育具有双重目标:“一、协助村民自家庭着手,解决学校与家庭间争执的问题。二、家庭社会化:扩大家庭以施于责任,使受过教育的青年妇女及儿童,对老年妇女能发生若干影响。”[②]平民教育部认为公民教育应该从自己的家庭开始,为此进行了家庭式教育研究。家庭式教育常常与社会式与学校式联合进行,“家庭会”是家庭式教育的重要方式,它可以通过组织和教育民众,消除学校和家庭之间的矛盾,最终达到家庭社会化和全民教育化的目的。所以“家庭会为研究家庭式教育的方法与材料,并研究家庭实际问题及改良家庭日常生活之方法,以其达到家庭社会化之目标”。[③] 家庭会是将全村大多数的家庭联合起来,根据成员的年龄、责任和性别划分为家主会、主妇会、少年会、闺女会、幼童会五种集会,每种集会都可使其成员得到充分和适当的教育。

家庭会的主要内容仍是依据文艺、生计、卫生、公民四大教育而定的,其主要目标有四:“一要将各个独立自私自利的家庭,变化为各家联合互助的社会生活。二要将各家天真热烈狭小的血族的生命爱,扩大为乡族为国家的生命爱。三要使农民家庭的集会之中,得到共同生活共同集会的练习。四要从家庭会的组织达到全村男女老幼都同受四大教育。要在家庭里与家庭分子的联合上造

---

① 晏阳初:《中华平民教育促进会定县实验工作报告》,载《晏阳初全集》第1卷,第330页。

② 《晏阳初传》,第156页。

③ 晏阳初:《中华平民教育促进会定县实验工作报告》,载《晏阳初全集》第1卷,第330页。

成一种新风气：一方面是家庭的社会化，一方面是要家庭教育化。”[①]

晏阳初提出的以“家庭会”为主要内容的家庭式教育方式是在协调“统一的村学”过程中，经过实验，发现的一种方式，这种方式“把学校课程某一部分，例如培养卫生习惯的部分，交由家庭来承担并使家庭关心社区的利益，乐于承担社会责任”。[②] 同时，有关儿童教育、家庭管理等家庭中最迫切的问题，亦可通过家庭式与学校式、社会式教育的共同努力协作，而得到改善。

第三节 “打成一片”的方式

晏阳初认为：“无论研究政治的，经济的，社会的，教育的，农业的或医学的人，都应该深入民间，给农民找一条生路。这种教育才是有生命的。古语所谓‘不入虎穴，焉得虎子’。只有深入农村才能谈农村教育。”[③]所以要摆脱穷的现状，只有读书的要做工，做工的要读书，使教育与生活打成一片，这就需要把科学的知识灌输给农民，并使农工的身手与科学的头脑连锁起来，打成一片。为了更加深入地了解农民和使农民更好地了解平教会的工作，晏阳初及平教会同仁在开展乡村工作中想尽一切办法和农民“打成一片”。为了集中力量增进公民权利、义务和社会活动，平教会鼓励农民学生参加诸如博览会和论战等活动，农民参加演出和运动会则是很

① 《晏阳初传》，第156页。

② 晏阳初：《定县的乡村建设实验》，载《晏阳初全集》第1卷，第262页。

③ 晏阳初：《中华平民教育促进会工作的演进》，载《晏阳初全集》第1卷，第431页。

普遍的事。在一个庙会上,农民学生演了一场戏剧,剧名为《睁眼瞎的痛苦》,有十万多名农民前来观看。对于改良后的动植物或工具,平教会首先在示范农场上进行试验,再采取示范方法向农民展示。然后,在他们的指导下,由学生在他们经营的大约200个农场上进行试验。最后,再举办一个庙会或展览会,使数百个村、数千名农民有机会参与这类集会。

一、表证示范、庙会及展览会、合作组织

晏阳初提出,科学简单化,农民科学化。"科学简单化"经过专家们精心研究,还容易做到,可是要把简单化了的科学技术让农民掌握,就不是一件容易的事了。如何使为数众多的农民接受科学技术和科学成果,以改变农民的生活状况是摆在平教会专家面前的一个不小的课题。为此平教会提出成立表证示范农家并开办庙会、展览会等设想,希望通过这些办法使更多的农民参与到"科学简单化,农民科学化"的运动中来以增加生产。

表证农户的设计发生在20年代末、30年代初,是一个很有创意的创造。平教会先在农村找一些示范户,也称表证农家,这些示范户必须是年轻有为的,生产上比较有经验有办法的,而且有一定土地的生产能手,由平教会的农业专家把生产的技术,传授给这些表证农家,让他们按照传授的技术去试种,实验成功后,再由这些示范户把经验和技术传授给普通农户。这样一传十,十传百,平教会既节省了人力,同时又把技术传给尽可能多的人。牛村的刘大宇是定县搞得最好的一个示范农户,作为表证的一个示范户,平教会把小麦的优良品种让他种,旁边种一般的品种。麦收季节,就突然刮了一场风,普通品种的小麦,都被这场风全部刮倒了,而他这

边的优良品种，毫无损伤。麦收的时候，两个品种一比较，优质小麦比普通小麦多打了虽然只是十二斤，但在当时老百姓来讲，已经是了不起的成绩了。老百姓看到刘大宇的这个麦子长得特别好，好多人出高价买刘大宇的种子。[①] 表证和示范不仅在农业生产方面起作用，而且用于新式生产工具的推广以及禽、畜饲养等方面。为此，平教会除了让示范农户进行表证示范外，为了激发平民学校学生的创造力，还让他们参与进来。比如，示范水轮、播种机或展览选出的牲畜品种时，将已毕业的学生及其亲属请到中心农场来，使他们第一次有机会使用改良过的农具、优选的种子和肥料。这样，他们的农场也变成了示范农场，起到了一举两得的作用，同时，附近的农民看到他们伙伴的成功，则更容易被感化，也来采用这些成功的方法，为此，平教会把这些200多个分散的示范农场组织起来，以平教会农场为中心站组成了一个大的联合实验基地。平校毕业生也因此而身兼三职——学生、示范者和教师。[②]

庙会是中国自古以来一种可同时有数百个村、数千名农民参加的集会，是中国自由传播信息的地方。平教会充分地利用了这个资源。1927年秋天，他们在定县庙会上示范农场的研究结果。他们邀请了毕业生示范员和毕业生自己培训的示范员，以及他们的亲友到会，并让他们将自己的产品带来参加评比展览。庙会上汇集了甜瓜、小麦、小米、鸡、蛋、猪和其他农产品，还展出了新型水轮、耙、播种机和犁。本来预计一万人参加庙会，却来了四万人。

① 参见：中国农村研究网·三农论坛 （http://www.ccrs.org.cn/bbs/index.asp）。

② 晏阳初：《有文化的中国新农民》，载《晏阳初全集》第1卷，第157页。

这是中国迄今最大的农村庙会。装配好准备使用的水轮是人们注意的重点。有五千多位农民操起水轮的把手,观看水轮的工作情况。[①]

在庙会上,平教会对生产出最好产品的村给予奖励,还给生产出最好产品的人颁发个人奖。晏阳初清楚地记得那个中年的获奖者老王,“他走上台来领奖,奖品不过是一块木匾,上面是由某个著名中国学者刻的四个大字。它只花了大约半块或一块大洋,但对于这个中国农民来说,它意味深长。他虽然害怕,但却喜气洋洋,虽然紧张和窘迫,但仍感到很幸福,因为他是在场四万农民中唯一从最高地区行政官手中领到奖品的人。他生产出了最好的甜瓜和蛋类。他的小米颗粒比其他人的都大。众人们用中国的方式欢呼着:‘好!好!’他看起来自豪得像是从古代主考官手中得到了皇家的秀才‘资格’——即‘新生的人才’。”[②]这次庙会引起了人们的巨大兴趣。

除了利用传统的自然集会,每年的秋天,平教会还要开一次所有的表证农家的农产展览会,表证农家引用的品种、工具等一切有关生计的事宜。农业教育部具体负责展览会的操办,其主要负责人是冯梯霞博士。在平教会看来,展览会可以最直观地表现这一时期农民在生计等方面的成就,所以展览参观的过程也是教育农民、提高生产技术技能的过程,可使农民对“似此类农业消息,颇看珍贵,有为宣传之必要”,“或亦为阅者之所乐闻也”。[③] 因为农民

---

① 晏阳初:《有文化的中国新农民》,载《晏阳初全集》第1卷,157—158页。

② 晏阳初:《有文化的中国新农民》,载《晏阳初全集》第1卷,第158页。

③ 《改进农业——定县中华平民教育促进会农业教育部举行第四届盛大农产展览会参观记》,载天津《大公报》,1930年12月17日第4版。

把农产品和制作的东西，如一些图片、幻灯等拿到农村去展览，把农民邀集在一起，由生产能手和专家讲解示范，并且邀请他们到当地的农田去实地参观，所以开办展览会也起到普及农业科学、增加农业生产和改良农业分配制度的作用。

展览会场上一切设施都尽量浅显明了。以 1930 年 11 月 21 日开始的第四届农产展览会为例，场之入口的牌楼上悬白布横额，写着“中华平民教育促进会农业教育部第四届农产展览会”，两旁对联一副，曰：“到此地看来，要实地去做”、“愿明年出产，比今年更佳”，语言明白深切。再如，牧畜组的猪羊场，入口上悬一横匾，用猪羊毛粘成“猪羊场”三大字，形式别致，旁悬一副对联，联句都是白话，上联曰：“喂，请看◇（此处资料模糊）小羊，羊奶特别新鲜，求健康必须尝试”，下联曰：“啊，来瞧我老猪，猪儿何等茂盛，要育种不妨效劳”，切实滑稽，浅显明白。[①]

为了更好地达到直观效果，平教会给展览会场进行了精心的设计，使场内分类清晰，易于辨认，而且，大分类之下又分出详细的小分类。仍以第四届农产展览会为例：场内分不同的展览室，如田艺组、畜牧组、育种组、园艺组、养蜂组，推广、病虫害等展览室。“田艺组之各种改良田艺作物之展览，如大麦、小麦、高粱、谷子、玉米等作物，一目了然”。“园艺繁殖区，共占地 8 亩，里面种植各种菜蔬、花卉及苗木等，颇楚楚有致”。畜牧组又分猪羊场、鸡场等。以猪羊场为例，其陈列有猪之交配架、制奶油瓶，及挤羊奶之用具，与防治牲畜疾病之用具等。猪圈中有纯种大小波支公猪母猪多

① 《改进农业——定县中华平民教育促进会农业教育部举行第四届盛大农产展览会参观记》，载天津《大公报》，1930 年 12 月 17 日第 4 版。

头，及杂种猪与本地猪等。教育部以纯种波支大公猪，与本地母猪交配，概不收费。“自四乡赶来交配之本地母猪，已近四百余头，而所产之杂种小猪，已及两千余头，且品种甚好，若饲以同等之饲料，每年可比本地猪，肥重一百二十斤。照现在定县每农家养一猪计，即可增加生产一百四十万元云。”羊场里展览的羊，产奶量甚佳。中国的牛奶很少，价格又很贵，引进的山羊产奶法正在普及。许多农家都缺乏好的营养，母亲们没有足够的奶水给她们的婴儿吃。对于贫穷的农民来说，山羊是一种实用的替代物。这种工作之设计，是为改良农民生活及其饮食与健康而设。由于公羊数目不多，不敷分配，所以该场将奶羊分赠农民，待产小羊后，还该场两头小羊，羊场再把所得的小羊，分赠其他农民。如此反复，希望全县农民家都有羊可养。产出的羊奶，廉价出售，希望饮奶可以普及。[①]展览会除了展览禽畜类外，还展出了农具组的各种改良农具，如改良水斗、改良辘轳，及外国犁、玉米脱粒器、轧棉机等。改良农具的展出，增加了农民的见识，其目的在于提高农民工作效率。养蜂展览室可以看到各种新法养蜂用具的陈列，应有尽有，而所有各种图表，亦大足示人以养蜂方法。病虫害组之展览，陈列有各种昆虫，及害鸟益鸟之标本，以及防止病虫害之用具，如捕鸟网、诱虫灯等。推广处展览室内陈列各种推广用具，如幻灯、电影机、影片、话匣、唱片，及无线电等设备。

为了吸引更多的农民来参观展览会，平教会想尽一切办法增加他们的兴趣，“在展览室外的广场中央搭台一座，有各种表演，以

① 《改进农业——定县中华平民教育促进会农业教育部举行第四届盛大农产展览会参观记》，载天津《大公报》，1930 年 12 月 17 日第 4 版。

供参观者休息和消遣用”,有大戏、新戏、昆戏、高腔、梆子、双簧、滑稽跳舞、武术、无线电放音、电影等项。在这娱乐的地方,平教会也不会错过向农民进行宣传和推广的机会。各种节目或游艺中还穿插各种农业表证演讲,在三日的展览中,每晚放一电影,尤以“农具之改良”一片,使农民之印象尤深。展览的第三日发农产比赛优胜者之奖品,县政府及建设局均赠有奖品,并派代表参加每一授奖。全场掌声与欢笑声雷动,极热闹之致。第三日晚,为昆戏“水淹金山寺”,观者万人。[①] 通过召开这种盛大农产展览会,平教会使数以万计的农民集中到现场,达到其推广的目的。

经过表证、示范和提高农业技术,农民的生产是丰收了,但是收入没有提高,因为生产的产品由于没有中间环节,销不出去。产品要销给中间商人,再有中间商人把产品,如棉花运到天津,或者出口 ,或者在天津作为纺织品的原料,这个中间有很大的盘剥。要解决这个难题,平教会又协助农民组织合作社组织。首先,在合作社尚未组织以前,先组织自助社,作为合作社的准备阶段。这一阶段,不必缴纳股金,而且可以向仓库抵押棉麦等农产品,通融资金。到 1934 年 10 月,全县共成立了 276 处自助社。[②]

合作社则是在自助社的基础上,按照农民的需要,组织起来的以信用、购买、生产和运销于一体的经济活动组织,这个组织是在平教会的协助下,于 1935 年夏由农民自发组织起来的。[③] 合作社

---

① 《改进农业——定县中华平民教育促进会农业教育部举行第四届盛大农产展览会参观记》,载天津《大公报》,1930 年 12 月 17 日第 4 版。

② 晏阳初:《中华平民教育促进会定县实验工作报告》,载《晏阳初全集》第 1 卷,第 325 页。

③ 徐树栋:《合作社的会议》,载《农友》第 1 卷第 3 期,1935 年 6 月。

成立的意义在于,可以提供给农民低息贷款,这样就免除了地主高利贷的盘剥;帮助农民运销农产品,这样就免去了"中间税用的苛索",如 1934 年,运销的棉花,合作社就帮助社员直接运到天津,并且卖到了很高的价钱,农民直接受益。① 到 1935 年前,定县已成立 50 个合作社,其中多举办信用及购买,生产及运销次之。②

由于各村成立合作社数量很多,如果不使其构成制度,不仅管理混乱,而且合作社也不容易起到应有的效力,所以"必须赖有合作社联合会以为后援,经营始能便利,故区有区联合会,区之上有县联合会。依定县经济活动区域的分配,划全县为两区,组织联合会,现已于城区内成立合作社联合会,分购买、运销、信用、生产四部分"。③

合作组织的成立是为了解决农业产品的生产、运销和货物的购买及农民的消费问题。可是,平教会发现,虽然合作社"极力提倡储蓄,谋以合作社本身之力量,补助社员之缺陷",可是,"年复一年,储蓄虽有相当成效,然合作社本身力量甚薄,无济于事,且多属于流动的,而非固定的,甚至一般会员,需要中期贷款,对短期贷款颇感困难"。④ 在这种情况下,平教会于 1936 年 2 月,得到了政府实业部的协助,倡议招股成立定县合作实验银行,继而成立筹备委

---

① 贾鸿斌:《棉花生产运销合作社对于农友究竟有什么好处?》,载《农友》第 1 卷第 3 期,1935 年 6 月。

② 晏阳初:《中华平民教育促进会定县实验工作报告》,载《晏阳初全集》第 1 卷,325 页。

③ 晏阳初:《中华平民教育促进会定县实验工作报告》,载《晏阳初全集》第 1 卷,325 页。

④ 《定县成立合作金库——官商合办集资本十万元经营汇兑放款各种业务》,天津《大公报》,1937 年 6 月 3 日第 6 版。

员会,向村社征股,每股定为 100 元,一个月左右即集资近万元。根据《定县合作金库章程》,金库的主要作用在于办理存款、借款、放款、汇兑及代理收付等业务。后"终以力量薄弱,因为搁成,遂组织保管委员会,将所集之股金,负责保管,另一方面,筹备委员会不变初衷,努力挣扎"。[①] 由此可见,这一具有银行性质的金库最后并没有真正起到应有的作用。但是不管怎样,平教会倡导了几年的合作组织制度既是其社会实验的一个尝试,同时也是其努力深入农村,"和农民打成一片"的方式。

二、广播无线电

20 世纪初,世界各国的广播无线电事业发展迅猛,特别是第一次世界大战后,各国播音台的建筑,多如雨后春笋,收音机几乎家家购置。1930 年 5 月,37 国播音无线电听众的调查报告指陈:美国以 12825000 户居第一;德国以 3244944 户居第二.;英国以 3144625 户居第三;中国以约千户居末位。[②] 同时,中欧各小国,如匈牙利等国,对播音事业亦急起直追,不甘人后。相比之下,中国的广播播音事业则极为落后。当时,国立省立的电台只有 340 处,私立电台只有上海一地,大约 40 处。"每日播送之节目,有名人讲演,有政治宣传,其他如新闻、音乐、戏剧、卫生以及商业广告,洋货推销,五花八门,应有尽有,其内容可谓已臻丰富;但是一切的取材及播送技术,都是以都市中少数有相当接收能力的人们为对

① 《定县成立合作金库——官商合办集资本十万元经营汇兑放款各种业务》。

② 郑耿棠:《广播无线电在农民教育中的实验》,载《民间》(半月刊)第 1 卷第 6 期,1934 年 7 月。

象,而大多数从未受过教育的农民,永远无法可以领受。"[①]

实验证明,将无线电播音的方法运用到教育上,可以收到意想不到的效果。苏俄的教育就是一成功的例子,苏俄第一个五年计划中拟定除文盲1700万,结果,只用了四年多一点的时间,就除得2900万文盲及1770万半文盲,这一成绩的取得全赖于弥漫全国的收音机。苏俄在1928年的收音机,只有350000架。至1932年,即增加至3000000架。依照第二个五年计划所规定,到1937年,无线电收音机必增至18000000架。[②]

在定县,通过广播无线电教育对农民进行四大教育的实验是在1930年,郑耿棠是这项工作的一个负责人。晏阳初指出:"因为迄今为止,在中国尤其是在农村地区,使用无线电台进行教育还是一件新鲜事,所以我们不得不以试验者的精神去探索,从中发现在国内进行无线广播中的问题,提供适当的受农民欢迎的教育和娱乐性的节目。"[③]把电台作为研究教育的工具前所未有,尤其是对农民教育的电台更是闻所未闻,因此平教会通过广播无线电对农民进行教育的理想,只能靠平教会自己去摸索。1930年6月,天津中国无线电业公司经理胡叔潜先生,慷慨借予价值数千元的电台一座,供平教会做研究的工具,遂于同年九月底,开始进行播音的实验。平教会知道,这个电台的唯一目的及对象是"本平教会作新民之宏愿,利用无线电协助三种教育方法,以推广各种实用的教育于农民,以挽此狂澜"[④],可是,按照当时的财力和人力,给定县

① 郑耿棠:《广播无线电在农民教育中的实验》。
② 郑耿棠:《广播无线电在农民教育中的实验》。
③ 晏阳初:《复胡光潕》,载《晏阳初全集》第3卷,第202—203页。
④ 郑耿棠:《广播无线电在农民教育中的实验》。

470 多个村庄，每村都安置一个收音机是不现实的，因此平教会最后决定，根据村庄大小、远近、穷富、愚智的各方面条件，选择了 13 个实验村庄，每村安置四管式公用的收音机一架。

开始播音的时候，平教会就知道："节目就是教育的材料；播送就是教育的方法，听众就是受教的学生，问题就是施教的目标，必须斟酌至善，才能完成教育的使命。"根据这一原则，平教会在节目内容的选择上作了精心的研究和思考：如果播音的内容过于"笼统、空虚、或过于专门，或并非急需"，那么，这个工作只能是"徒然消费金钱与光阴，又何益于农民？何须乎设台？"因此内容的选择应该是"给予农民教育的资料，使农民生活上得到救济，所以需要实用的、救急的、有永久性的、能普遍的，容易懂的、感有兴趣的。"[①] 只有这样才能达到对农民教育的功效。

为了使广播无线电更好地应用于农村试验之中，平教会按照下列原则对无线电广播进行有效的利用：

首先，平教会希望无线电成为向农民传授知识与技能的工具。这就要求讲稿由各部门的技术人员草拟，修订后，由播音员用本地土语，清晰的发音，温和诚恳的态度"一而再，再而三，如教小孩说话一般的去诱导"，向农民输入各种切用的知识，包括生产、公民、文学、艺术、普通常识。同时又应用图画来帮助，或利用管理收音机的人与农民做问答，对农民不懂的加以解释。[②]

其次，通过无线电广播对农民实行生计操纵力的培养。中国农民向来是"日出而作，日入而息，餐风沐雨，终日营营，流尽了血

---

① 郑耿棠：《广播无线电在农民教育中的实验》。

② 郑耿棠：《广播无线电在农民教育中的实验》。

汗,在不遭旱涝之年,所得收获的农产品,为量本属不多,其中除缴租纳税抽捐等种种剥削,所余几不足以赡养家口”。此外奸商利用农民无知识,不能看报,不知外国商业的情形,对于日常应用物件及农产品价格,任意操纵,涨落无定,对此可怜的农民,没有丝毫挣扎的力量。平教会通过广播,把各地商业的状况,物价的行市,作一物产标准价格,广播出去,使收音机管理人,转填于预定的表上,张贴在村头巷尾,昭示大众。如此,农民从价钱的高低,决定买卖,他们收售有所凭藉,这样无线电在保障农村经济起到了很好的作用。[①]

再次,无线电广播使农民了解近期发生的各种新闻。“查各地电台之节目,无一不有报告新闻之举。”这些节目的材料,“或由函电及探访得来;或由报纸抄录”。其播送方法都有一个普遍的缺点,就是只对传音器会读一遍,至于听众为何如人,懂与不懂,听后有无反响,一概不管。这种办法对于受过教育的都市人,或许可用,可对于缺乏常识、知识的农民,则“实欠妥当”。平教会改变了传统的方法,在播音的同时,辅助讲解和图画,来刺激农民的意识。在 1932 年 1 月日本侵犯上海时,平教会绘出上海的地图,悬挂在教场的墙上,告诉农民上海是中国的领土。农民有了这种认识之后再报告战争的情形。同时,绘出敌兵的狰狞面貌,以及奸淫残暴凶杀的行为,来刺激他们,再加上一些评论的话使农民感动。这样办法果然奏效,农民原本沉闷的态度,一下变得慷慨激昂、摩拳擦掌。这次经验之后,平教会每日继续使用这种办法,报告各种新闻。譬如九·一八以后的东三省新闻,几乎每日播送,使农民更加

① 郑耿棠:《广播无线电在农民教育中的实验》。

深切地认识东三省。1933年3月，日本侵占了热河，中国军队与敌军在长城一带相持，定县农民听说后，都兴奋异常，“年壮者有自愿抛离父母妻子，加入敢死队为国杀敌者，其他老弱不能去的，亦多愿出其血汗之金钱，以犒劳拒敌的军士。”[①]

最后，通过无线电广播带给农民一些娱乐。农民终日忙碌，可是不仅物质生活贫寒，精神生活也极为匮乏，“所听的是驴嘶猪叫，看的是苍天枯木，住的是土洞泥炕，食的是粗粮树叶，终日生活的状况，与牛马相差不多。”像那听大戏、看电影、逛市场、游公园、滑冰、跳舞、住洋楼、吃大菜等享乐，“自是无处可寻，无法可享”，如果不设法供给其娱乐，必使无辜的农民，“呻吟阡陌，蜷伏村头，尽是奄奄待毙的模样”。[②] 平教会也利用广播无线电以提倡正当的娱乐。结果极有效力，不但使农民得到精神上的愉快、教育上的帮助，并且能够消除他们的不良举动，有益于社会安宁。平教会先将他们所编制的农民歌曲，贴在墙上，如同小学校教儿童一样，先教他们认识文字，再解释词句的意思和音符的看法，之后跟着广播喇叭随声附和，不分男女老少，济济一堂，因声合唱。为了迎合农民的喜好，平教会通过无线电广播教授农民采用原属土调的秧歌、民谣、村曲、山歌等艺术形式。这个办法农民极易接受。

平教会还通过广播发挥了留声机作用，使它成为一种“极好的教育化的娱乐品”[③]。在开机播音之前，先将唱片内的剧情说明，

① 郑耿棠：《广播无线电在农民教育中的实验》。
② 郑耿棠：《广播无线电在农民教育中的实验》。
③ 郑耿棠：《广播无线电在农民教育中的实验》。

使他们了解戏的来历，然后才能明其美妙。以京剧《钓金龟》为例，先将剧情介绍给农民：康氏家贫守寡，养大张仁、张义两个儿子，何等贤慈。她满望日后有所依靠，不想张仁显贵之后，听信恶妻唆使，不思抚养之恩，弃母不顾。此等读书之人，远不及无学的次子张义，钓鱼换米来供养老母，孝行可敬。农民了解了剧情，再于播送唱片之后，从教育的立场上来批评剧中不同人物的性情。这样，通过无线电不仅使农民得到了艺术享受，同时也使他们受到了教育。

定县的这个实验引起了很多参观者的兴趣。1933 年，陈衡哲在定县西建阳村参观时，看到了一个无线电室。收音机是平教会艺术部制的。当时正在放着由南京来的新闻，字字清晰，证明了自制收音器的效能。无线电室“不到一丈见方”。室内“墙上满是泥土，窗纸又黄又破，梁上也挂满了灰尘与破纸”，里边正在播放日本进兵的新闻。[①] 在这样穷僻的乡村，能够听到国家大事的机会，是非常少见的。当她访问高头村时，看见在村的大路上，竖着一块黑板，上面写了公布的新闻，即是昨晚从无线电室里抄下来的。“第一项是国内新闻，与我们昨晚在西建阳村所听到的是一样的。第二项是本县新闻。第三项是本村新闻，其中有一条就是我们今晨要到本村来参观的新闻。”[②]

---

① 陈衡哲：《定县农村中见到的平教会事业》，载《晏阳初与定县平民教育》，第 356 页。

② 陈衡哲：《定县农村中见到的平教会事业》，载《晏阳初与定县平民教育》，第 359 页。

三、导生传习制

平教会在定县教育的普及工作有两个实际的困难。第一个是师资力量的缺乏,第二是经费问题。为了解决这两大难题,平教会提出“穷中想穷办法”[①]。另一方面,在晏阳初创办平民学校过程中,发现妇女教育很难推行,“非家长怀疑阻止入学,即本人以无整洁衣服为羞。”在这种情况下,平教会于1931年度,首先在马家庄试用了家庭传习办法,对平民学校学生的家庭中没有受到平民教育的成员进行传习,担任家庭教学的是18名表演女平民学校学生。在此基础上,平教会于1933年度在东建阳建立了导生制,并由实验学校的学生自设传习处21个,收学生141人,教读千字课。[②] 不久小陈村、吴咬村等村也实施了这个制度。简言之,导生制就是“一种学生教学生和学生领导学生的教育方法”。[③]

导生传习工作由吴舒国主持,朱衡涛、米景清等协助执行。导生传习首先在乡村小学实行,乡村小学的组织是大队组织:全校儿童组成一大队,设大队长一人,大队副一人。大队之下设若干中队,各中队设中队长一人。每中队还下设有若干分队,每分队除有一个分队长之外,尚有政治、经济、卫生四个工作队员,其余则为普通队员。队长及工作队员,多是高年级学生充任,亦有从低年级选拔上来的优秀的学生担任。在实行导生教学的乡校中,工作队员和队长即为导生,教师先把知识教给他们,他们再传给大多数的普

① 甄成德:《导生制在定县》,载《晏阳初与定县平民教育》,第402页。

② 晏阳初:《中华平民教育促进会定县实验工作报告》,在宋恩荣编:《晏阳初全集》第1卷,第334页。

③ 张含清:《实验中的三个教育方法》,《民间》第1卷第3期,1934年6月。

通队员。这样,教师就不像普通乡村小学教师那样忙碌,反而学生的工作倒十分的紧张。导生教学的乡村小学的训管工作,完全由学生干部管理:分队有了事找分队长,分队长解决不了找中队长,中队长解决不了找大队长。所以很少有学生吵架来找教师解决的。当时有人描述小陈村导生传习时的情景:“这个乡村小学的教育场所,多在南北院的东西墙下——十几个年岁较小的儿童,背着小书包,书包内装着应有尽有的东西,坐着小板床,面向小黑板,围着一个年岁较大的比划手脚的儿童。一上就布满了前后两院,一起一起地,我们看了真是觉得好玩,真是觉得此种方法的经济。”[①] 导生传习最终目的是普及教育,所以除了应用于学校的教学外,还针对学生的家庭。在东建阳村小学,老师们感到:“忙人们如管家看孩子的母亲们无时间入学,穷人们如衣服褴褛,或者羞见生人的妇女们的不肯入学,老年人们的不能上学,夏季没有衣服遮身的赤裸的孩子们的不愿入学”[②],于是他们想出了一个办法:即如邮差们送信一样的教育,打破学校形式,因此,乡村小学在家庭的主要工作是“学业传习”。“学业传习,是学生的一种日常工作,每日把在学校内所学的,介绍给自己家庭,同时又把每种材料引起的反应,报告给学校。”学业传习的目的,在于“使学校文化与社会经验能起一种微妙的对流作用,方学验继长增高”。[③] 具体的办法是:学生每日在学校所学的卫生、公民、社会、自然常识及“工作讨论会”决议、事项和“学术研究会”主要答案,均详细研究,于放学后利

① 甄成德:《导生制在定县》,载《晏阳初与定县平民教育》,第399页。

② 罗靖华:《送教育上门:东建阳村传习处参观记》,载《民间》第1卷第6期,1934年7月。

③ 甄成德:《导生制在定县》,载《晏阳初与定县平民教育》,第399—400页。

用休息时间，用报告方式，传述于父母或伯叔兄弟姊妹等，以增进常识而使家庭受到教育的影响。在家庭进行传习的过程中，学生可将在学校发的生活指导教材——传习画片，贴在家里，以供家里人学习之用，传习完毕之后，学生回到学校，并向教师报告他在家中进行传习的情况，学校同时将画片收回，以供学生轮流使用。

教育的普及还要面向社会，导生只在家里进行传习是远不能达到普及的目的的，于是平教会将导生传习制度应用在社会教育中，“利用男女文盲的休息时间，现成场所，如院中、檐下、炕上、树林内、驴槽旁，使他们足不出家门，身不离内室，或者出门不几步”[①]，使教育“送上门”。这样，三个一队，五个一组，设立“传习处”，由学校里的学生即“导生”担任传习教师传授知识。设立传习处就是导生传习制在社会中的应用，其步骤是“先由教师选择学校中的高年级学生，予以服务训练，培养其服务的中心信仰，使其把握住‘即学即用’的信念，然后教以成立的步骤，招生的方法；并备置传习处应用的工具，即令各导生分别自动招生即每导生一人能招到学生二人至十人，可成立一个传习处，传习处的学生，六周岁以上满十六周岁者编入儿童组，六周岁以下之幼童编为幼童组；十六周岁以上者编入青年成人组。俟成立后，再作教学技术上的指导与研究，以求实质的改善”。[②] 通过这种“送教育上门”的方法，除文盲运动者所感觉困难的种种问题，如经费、设备、校舍、师资、时间等等，都得到了相当的解决。因此，“孩子们尽管一面自己上学，一面尽可以于午饭之后，休息之时，分别到各家各户去，把自己

① 罗靖华:《送教育上门:东建阳村传习处参观记》。

② 《导生制在定县》，载《晏阳初与定县平民教育》，第402页。

所学的,传授给那些男女文盲,他们既不要薪资,更无须种种经费。一根树枝,在地上划划,就无须乎纸墨笔砚。大家往地上一坐,围将拢来,便成了学校,连小板床都可以不要。老实说,只要教者带着一张说话的嘴,受教者带着一对听话的耳朵就得!这样儿行之有恒,积之既久,从八九岁的小孩子、小姑娘,到六七十岁的老头子、老太太,一两个月的工夫,一样可以学完两册千字课!这不费一钱,不耽误半分工作的方法,如果普遍的推行起来,三年两载,怕不把全国的文盲除尽!"[①]传习处的设置可以达到事半功倍的效果,而且费用又很低,每个传习处只需大洋 2 角 5 分,按照每村成立 15 处计算,每处 10 人计,该村只需 3 元 7 角 5 分的教育经费,即可办理 150 人的教育事业。[②]

多个传习处组成一个传习站,传习站一般以村为单位,管理全村的传习处,多个传习站又形成一个传习总站,传习总站一般在传习站的中心处,指挥传习站的工作。乡村小学之间互相联络在社会上的情形就是依靠传习网。小陈村、西平朱谷村等的乡村小学就是按照以上的情形来进行导生传习的,吴咬村是进行"传习网"实验的单位。传习网的组织分别是传习总站、传习站和传习处。吴咬村在传习总站或传习站地方设有导生,这导生训练班的学生,都是吴咬村和周围八个小村子的,训练班三个月毕业,毕业后分送各村成立传习处,将所学习的知识传给村民。训练班和传习的效果相当令人满意。原先,这个地方村子小,设置不起学校,是定县文化最低的地方,也是定县文盲最多的地方。自从这个实验开展

① 罗靖华:《送教育上门:东建阳村传习处参观记》。

② 《导生制在定县》,载《晏阳初与定县平民教育》,第 402 页。

以来，仅一年多的时光，不但男子识字的人增多了，女性识字的数量也很惊人。吴咬村的传习处有六处，有一处是女成人的，其余五处都是男女儿童的。传习的地点“有的在墙根下，有的在树下，有的在大门下”，每处人数由三四人到十数人不等，“有的穿着衣服，有的赤着背，光着身子；有的坐着自己家里带来的小凳，可是没有的就随便坐一块土坯，或砖头石头之类。”①

东建阳的传习办法，开始于 1934 年 3 月 19 日，当时成立 20 处，以后加设 1 处，共 21 处。学生最初是 105 人，以后增加到 141 人，年龄最大的是 47 岁，最小 8 岁，18—25 岁的青年为最多，而且女学生多于男学生。② 到这里参观的罗靖华对东建阳村传习处的传习场面有过生动的记载：

> 房檐上的求学者　第十四传习处，在一家房檐的底有学生五人，女四而男一。女生年龄最大的十五岁，最小的才八岁。那二十二岁的男生邢发生随同上班几次之后，忽请求退学。（村人们很重信义，是不肯自由进退的！）问其原因，回答得很妙：“跟女学生们在一块儿念书，多老难看！”导生介绍他到别的传习处，他又不肯去，也不坚持退学，原来他已想出了一个解决的妙法，他拿着书本儿，爬上房，伏在房檐上听讲！这个比匡衡凿壁，承宫牧猪，李密挂角，孙康映雪更加辛苦，更加用功，更加伟大的事实，（实际上，传习处的学生们，谁不是匡承孙李一流人物？古人真不得专美于前！）太叫人感动了，

① 《导生制在定县》，载《晏阳初与定县平民教育》，第 403—404 页。

② 罗靖华：《送教育上门：东建阳村传习处参观记》。

于是在导生会议(每周举行一次,老师自然得参加指导)席上,通过一个通融的办法,打破“至少须有学生二人始得成立传习处”之成案,专派一人教这位邢发生。征得他的同意后,就在他的家里传习。到他那儿来旁听的,每次总有三四人,不久,其中便有三人正式加入,于是第二十一传习处遂正式成立,截至现在,该处已增加到八个学生了,时间恰恰一个月。

战胜了老祖母　第三传习处导生高炳乾、为其老祖母之独孙,老祖母恐其太劳苦,有伤身体,不许其担任,再三央求后,始附条件允许说,至多传习两个学生,那时炳乾已经招得学生三人,只得介绍一个到别的传习处去。现在的情况怎样,非但学生早已超过三人,就连他的老祖母,也觉得怪有意思的,天天随班执卷请益,而不复以累其弱孙为念了!

求学兴趣浓厚　在小孩子们传习之下,学者学习的兴趣怎样,是很值得注意的一个问题,也许有人要怀疑,以为大家不免以儿戏视之。然而,请别白担心!请看第十九传习处之经过。第十九传习处的导生原是王清芬,传习三星期后,家里盖新房,忙得很,每日仅能勉强抽出一刻钟的工夫来上课,学生竟大不满意,派人到小学校与教师交涉,非请另外派人不可,老师答应之后,才满意而去。再看第十八传习处,该处导生为李庆云,年十三岁,学生三人均为男性,一个四十五岁,一个二十六岁,最小的一个,也是二十岁。该处设在驴槽的旁边。各传习处的学生,间常不免有因故缺课的,唯独这三个“大学生”,至今没有缺席过。李庆云教学的时候,完全依照学校里的规矩,譬如询问之时,往往说:“谁知道,就举手!”说也奇怪,不论四十五岁,二十六岁,二十岁者,都服从他的命令,知则举手，否则不举。仅有一次，叫四十五岁者站起来念课文时，其人坐而微笑执书说："这样可以吧！"他的态度，可是和蔼得很。村人家长有时常到传习处考察者，恐怕他们的子女不用心学习，暗含着监督的意思，这可想见他们对于传习处的重视。

母亲受教于女儿　高月香（她的儿女给她取名"月英"，她觉得不好认为一个女人的名儿，至少得有一个"香"字，遂改"月英"为"月香"）有三女一男，都在校里念书，全家都识字，只有她是文盲，儿女们放学回家后，常将她包围，非让她入传习处不可。以便利说，她本应入其女马翠端之传习处，然而，她不愿受教于女儿，而改入其子之传习处，以示其爱子之偏心，然而子女的学生都很发达，姐姐和弟弟，常轮流着教，于是，她终于逃不了做女儿的学生！

传习处的利用　女校青年部学生，有本年插班者，已错过了注音符号的教学期，老师没有工夫再教，她知道传习处有注音符号的功课，乃自动至传习处旁听，手里拿着活计，坐在一旁，遇教注音符号，则专心学习；遇其他功课，为自己所已学过者，则专心做活。幼童园之幼童，多随赴传习处凑热闹者，也多能自动学习。有一个幼童，竟学会了七个字。到幼童园后，常趴在地上，在沙盘中用指头划沙作字练习！

私立传习处　一年生李大年，年才六岁，看见三四年同学纷纷在传习处教学，便也秘密的设立一处，招了六个学生，按日上课，没有人知道其事。有一回，不知为什么忽然请几个同学参观，并为"训话"，才把这个秘密泄露出来。他所以要这样做，大概是因有学校规定三四年生始得为导生，恐怕老师不许，所以暗自私行设立！他不知道老师奖励之不遑，高兴之不暇，不至于不许！更不料他这个大胆的尝试，激动了全校的一二年同学，都纷纷地活动起来，四处招生，发生了近日的大扩充计划！据老师说，现在根据收到的五十一个学生的报告，已招得一百四十一人，年龄最大有七十二岁的，最小有四岁的，可成立五十一个传习处，决于六月一日一律开学。其余是否还有，尚难断定，因为男校的一二年生有七十余，女校儿童部也有几十人，还没有完全发动。李大年还有一件有趣的事，他的传习处，是借用一位老太太的房子，老太太以为他是胡闹，要驱逐他。他从容地说道："老太太：您请看着吧，如果我是胡闹，就请驱逐我；如果不是，那就要借用一下。"小小的年纪，居然就晓得办交涉！老太太答应之后，看了一回，到了放学的时候，忽然笑着向李大年说："明儿你还是到这儿来吧！"李大年的外交大告成功！现在他正做着十二个学生的老师。

缺课的原因　十一岁的李子奇，没有招到一个小孩做学生，急得没有办法，跑到女校青年部去央求他的母亲刘秀芝帮忙。刘请了一天的假，结果招到了五个女生和一个男生，成了第二十传习处，她就做了儿子的助教。她的丈夫到关外去了多年了，毫无音讯，母子二人，贫苦异常，这回她所招的学生也都是和她一样的穷人。在三月里，这些学生，每周总有三天不上课，原来都刮硝盐去了，老师们（导生们）也许有不少的吃这种苦盐！到四月后，缺课的事实没有了，因为四月里的硝盐更苦更涩，再不能吃，所以都不再刮，也就不再缺课了。

种子已播到外村　西建村有一个学生叫田金发，在东建阳村上学，每日早去晚归，已经在西建阳村成立一个传习处，有学生十二人。有一个姓邢的女生，婆家在大洼里村，母家在东建阳村，归宁之时，恰值传习处成立，便至传习处上课。赶念完了两本千字课，要回大洼里村去，要求廉价卖给她第三册千字课以便自修，愿在大洼里村设立传习处，想不久即可实现。事实上，在东建阳村受传习的，不全是本村人，多有从外村来吊亲戚的，这班学生将来回到本村后，不难把传习办法带回去。

孩子们竟自制造教材！这真是一种惊人的能力的表现，孩子们不但大教学生，不但拿自己的老祖母、老祖父、爸爸、妈妈、姥姥等当学生教，竟还自己编出教材来了！把铅笔写过的笔记本子裁小，装订成四寸来高、三寸来宽的小本子，由黑笔和红笔写上一些生字，分给小学生们，便成了合适的教材。年龄较大的导生，如王庆祥、李庆云（都是十三岁）他们编的国语，更够格啦！还有教书的呢！他们这种书，大小和上述的差不多，用红线装订，正文连封面封底共八面，封面写一整齐的平字，俨然平教会的出版物，封底有红色圈边，中部画一红道，分一面为上下两部。上部写“定县东建阳”表明发行地址，其次为编著者“王庆祥、李庆云”的姓名他们许还不知用“编辑者”或“编著者”等名词；也许觉得这本书不但是自己编著的，并且是自己裁的纸、订的本子、写的字，画的图，不是单纯的编者，所以不用编著的名义，而用有创造性，有工业性的“制造者”一个名词，下部除出版年月日外，居然还有这么一行——每册定价二枚！不过，这当然是聊备一格，事实上不会真卖钱的！光看这封面和封底，就和正式的书本不差什么了。顶有意思的是，他们编教材以一星期为一单位，打算一天教一课，一星期教一本，所以，这本国语，就只有六课。这六课的内容是：第一课，手；第二课，人；第三课，盆；第四课，狗；第五课，尺；第六课，鸡。这里面的次序，如果让我们排列，一定不会是这样的。好比“人”和“手”，一定先人而后手，和老教材书上的“人手足刀尺”一样；他们却先手而后人，难道是因为自己的手刚裁过纸，订过书，正在写字、绘画，而感觉到手的重要？或者是因为先直观到手，遂先写一个手字？其余的次序也颇奇特，譬如：人的后面不紧接着狗和鸡两种动物，如先接写盆和尺两件东西；盆的后面不接写尺，却先接写狗，都是奇怪的排列。

这本书如何教呢？请看他们的国语教学书。这本教学书，虽然也只有八面，因为字数多了很多，编写较难吧，定价四枚，比教科书加了一倍！他们偏有这种商业知识！

这本教学书的内容，实在太妙，太有意思了，我把它们全部介绍出来吧（标点符号，都照原书）：

第一课	（手）动机	我们吃饭的时候用什么（答用手）	
		目的	今天就讲第一课（手）
		看手	几个指头（五）
第二课	（人）动机	我们是什么？（人）	
		目的	今天就讲第二课“人”
		看图	上面画的是什么“人”做什么呢（立着）
第三课	（盆）动机	我们洗菜什么？（盆）	
		目的	今天就讲第三课“盆”
		看图	图上画的是什么　答是（盆）几个盆（两）
		课文	（盆）

第四课	（狗）动机	夜里看门的是什么？（狗）	
		目的	（略）
		看图	图上是什么（狗）
			它做什么呢？（想跑）
		课文	（狗）
第五课	（尺）动机	我们量布的是什么？（尺）	
		目的	（略）
		看图	图上是什么？（尺）
			尺做什么用？量布
		课文	（鸡）①

由此可见，导生传习的实验的确产生一定的效果，这一热闹场面表明，农民对于这一新颖的教学方式的兴趣。而另一方面，平教会希望通过这一方法解决乡村教育中匮乏的师资力量和教育经费的问题，若“一个教师可教导百数十人”，那么教育经费自然就节省下来。同时，在导生们参与教学的过程中，他们创造性得到了积极的开发，特别是为农村建设培植了“领袖人才”，增加了“乡村中之活动分子，充实了社会改造过程中的活动力量”。这正是平教会进行乡村建设所最需要的人力资源。总之，“在人财两穷的中国现阶段，导生制是一种打穷主意的救急办法”。②

晏阳初曾指出，中国的平民教育运动应该是一个“民享、民有

① 罗靖华：《东建阳村传习处参观记》。

② 张含清：《实验中的三个教育方法》，《民间》第 1 卷第 3 期，1934 年 6 月。

和民治的运动”。[1] 这不仅表明,晏阳初的很多思想深受美国民主思想的影响,另一方面也说明,他希望通过平民教育运动对民众进行社会动员,使中国的平民,特别是农民成为真正的“新民”,这样,国家这个“大机器”才能良性地运转起来。为此,晏阳初和他的同仁们不辞辛苦,深入民间,这些“领导成员都搬到村里去住,已经变成了村民的一员,与村民们一起劳动和生活”,[2]使教育与生活,知识分子与农民“打成一片”,这样才能作育出“整个”的人,即“新民”。[3] 由此可见,晏阳初与以往的改革家们所根本不同的在于他是真正深入民间去实践的真正意义的社会改革家,因此他们想出了诸如表证示范、开展览会、运用近代化设备等办法,甚至绞尽脑汁地最大限度运用现有资源开展合作运动、实行导生传习等方式,以争取让这些思想和生活质量还处于中世纪的中国农民尽量感受一下现代气息,从这个意义上说,晏阳初们不愧为真正的社会改革家和实干家。而令晏阳初他们所始料未及的则是,他们的这些不经意的举动却无意间成为近代国家政权建设的动力和内容。

① 晏阳初:《有文化的中国新农民》,载宋恩荣编:《晏阳初全集》第 1 卷,第 142 页。

② 晏阳初:《有文化的中国新农民》,载宋恩荣编:《晏阳初全集》第 1 卷,第 154 页。

③ 晏阳初:《在定县展览会上的演说》,载《农民》第 6 卷第 18 期,1930 年 12 月。

第四章　乡土文化改造：以戏剧改良为例

如何动员民众、重新整合国家与社会，是近代中国社会发展中的大问题，也是近代知识分子极为关注并为之努力的问题。在20世纪二三十年代，以晏阳初为首的平教会在定县发起的平民教育运动，即旨在通过文艺、生计、卫生、公民四大教育，治愈国民的“愚、穷、弱、私”，达到改造国民、启蒙社会的目的。作为文艺教育重要组成部分的戏剧实验，是定县实验的重要内容，平教会为此付出了长达5年的努力。以往学术界对于定县实验的研究多集中于定县实验本身，而对于实验的具体内容虽有所提及，但少有细致研究。本章即就平教会在定县的戏剧实验作一探究，从一个侧面透视近代中国知识分子在乡村社会启蒙的作为。

第一节　戏剧改良与治“愚”

在乡土社会，农民的生活比较简单，他们除了耕种收割、娶妻生子、新年酬酢、逛庙烧香等活动以外，很少有复杂的社会生活和娱乐。据调查，定县乡村极其缺乏娱乐生活。在定县，娱乐主要有儿童娱乐、成人娱乐、秧歌、大戏和新年各种娱乐会等等。[1] 其中，儿童娱乐和成人娱乐主要的内容是各种游戏。除了游戏外，其他三种形式均为戏剧或带有戏剧特征的表演形式。所以，戏剧一直是深受定县农民喜爱的艺术形式，也是农民的主要休闲娱乐方式。

秧歌表演与大戏相似，据说是由宋代苏东坡编的，分生、旦、净、丑四个行当，配有鼓、锣、钹、旋子四样乐器，演员需要根据脸谱化妆，并登台演唱。它的表现风格与北平一带的秧歌不相同。北平唱秧歌的演员往往脚底下绑着三四尺高的木棍，叫做“高跷”，是一队人在街上游行表演，其主要角色“陀头和尚”手执一对木棒在前引路，后面紧随的是各种角色，所唱多为短歌，动作多滑稽可笑。定县的秧歌则不同，它完全不用高跷，也不在街上游行表演，其表演形式是始而仿效唱对花、莲花落或蹦蹦戏之类，继而唱普通大戏。演出时，有固定的地点和舞台。据说，定县各村都有能唱秧歌的人，他们组织了秧歌会，并置办一些乐器、行头、等应用物品。秧歌演唱最盛行的时期是旧历新年，颇为足不出户的妇女喜爱。搜集的秧歌分为爱情类、节孝类、夫妻关系类、婆媳关系类和谐虐类及杂类等。

“唱大戏”是新年娱乐的主要内容，包括多种戏曲，如梆子腔、二黄、老调、四弦、河西调、高腔和昆腔等，是传统的戏剧即旧剧的主要形式。大戏一般与庙会关系密切。农民因为要求神保佑、降福、除灾、降雨等，所以常常烧香还愿唱戏为酬神的方式，所以，在定县，唱戏与酬神不可分离。大戏对于乡村社会的影响是很大的，因为它是乡村里最普遍的表演娱乐，也是乡村社会教育的一种直

① 李景汉：《定县社会概况调查》，第312页。

观形式，但是传统的戏曲给乡民留下的是只是一种“尽忠尽节一类的旧思想”，因此，如何给农民传授一种“新经验、新刺激、新知识”就成为戏剧改良的主要内容。娱乐会不是戏剧，但带有很多戏剧特征，如表演、化妆、脸谱等，其内容包括七巧灯会、龙灯会、武士会、狮子会等等。[①] 农民平时忙于农活，较少娱乐，唯新年方有闲暇，因而“坐车的坐车，步行的步行，拥拥挤挤，争先恐后，非常热闹”，更有甚者，很多人从十七八里外不辞辛苦赶来看戏。[②] 可以说，调剂农民枯燥生活的，“全赖每年中演唱戏剧”，[③]足见农民对戏剧的浓厚兴趣。

平教会正是看到了这一点，于是把戏剧改良、“寓教于戏”作为平民教育和社会改造的有效形式。晏阳初指出：“中国戏台是我们在工作中利用的一种最有效的机构之一。也许戏台对中国平民思想的影响比任何其他单独机构的影响都大。”[④]文学部主任孙伏园也认为，戏剧是集诗歌小说音乐绘画建筑等于一身的综合艺术形式，所以其感染力是“统摄五骸无孔不入”的，是“各种艺术的感染力中力量最大的总和”，它是“雅俗共赏”的，可以在“同一时间”，使各个阶层的人都“受到它的感染力”，所以戏剧的价值最大。[⑤] 由于戏剧是全民生活的反映，故它应该是“最民众”和“最有教育性

① 李景汉：《定县社会概况调查》，第 361 页。

② 李景汉：《定县社会概况调查》，第 358 页。

③ 李景汉：《定县社会概况调查》，第 358 页。

④ 宋恩荣主编：《晏阳初全集》第 1 卷，长沙：湖南教育出版社 1992 年版，第 159 页。

⑤ 孙伏园：《从民众教育说到民众戏剧》，载《教育与民众》第 3 卷第 7 期，1932 年 3 月。

质”的艺术。[①] 但是,旧剧只是“雅致的古香古色的古董,足可以陈列在博物馆里”,它是“另一时代另一社会的产物”,无论怎样改良“也不能把现实生活反映进去”。[②] 另一方面,许多“学者之流”的“坐拥书城治戏剧”无异于“治词章之学”,[③]完全脱离现实社会。况且旧剧表现的内容多宣扬传统封建礼教如夫唱妇随、贞节烈女、愚忠愚孝等与新时代极相背离的落后观念,很多戏剧的品味也有失高雅,教育意义不大。演戏还常与封建迷信发生极大的关系。农民为了“求神保佑、降福、消灾和降雨,往往拿烧香、还愿、唱戏作为报酬、乞灵的必需事项”,于是“唱戏与酬神,成了不可分离的事情”。[④] 另外,演戏用的戏棚都是传统戏棚,戏台右边坐着琴师、鼓师等乐队人员,戏棚的对面是神棚,里面放着供桌,烧着香。旧剧在布景上多注重“象征”,道具多为“虚饰”,这样观众并不容易领会。[⑤] 演员与观众完全脱节,双方的唯一互动就是观众通过喝彩或喝倒彩来回应演员的表演,演出中“能让几个戏迷造造反,就已经很难得了”。[⑥]

有鉴于此,熊佛西和他的得力搭档陈治策建议“不从改良旧剧入手”,而是“介绍一种新的话剧到农村”,因为,“每一新时代新社

① 熊佛西:《平民戏剧与平民教育》,载《戏剧与文艺》第1卷第2期,北平文化学社1929年。

② 杨村彬:《定县的农民戏剧实验》,《自由评论》第8期,1936年1月。

③ 欧阳予倩:《戏剧改革之理论与实际》,载《戏剧》第1号,广东戏剧研究所1929年。

④ 李景汉:《定县社会概况调查》,第357页。

⑤ 王沛纶:《中西戏剧的异同》,载刘豁公主编:《戏剧月刊》,第3卷第3期,上海大东书局1930年12月。

⑥ 欧阳予倩:《戏剧运动之今后》,载《戏剧》,第4号,广东戏剧研究所1929年。

会又必需要一新的文化来满足他自己”，这就需要戏剧改良者“采用实验主义的精神，实际深入农村去试一试，看看农民究竟需要并喜欢怎样的戏剧。因之这种戏剧是站在农民当中创造的，以农民的利益为利益，以农民的意识为意识，不因袭传统，也不抄袭欧西，它是创造的，全无成见，纯以研究实验的态度为基本态度”。[①] 熊佛西认为，话剧虽然“在中国只是一个十几岁的小弟弟，其势力虽不如电影与旧剧”，但其前途“万分伟大光明”，因为“话剧充满了现代精神”，体现了现代人的痛苦与悲哀、快乐与希望。[②] 可是，戏剧不应该“被少数的特殊阶级所强占”，而是应该“还给民众的”。[③] 为此，话剧“应该向农村迈进”[④]，因为“农民是最多数的大众”[⑤]。农民戏剧的内容“必具有唤起‘农民向上的意识’的可能性，它包含生产技能的向上、科学运用的向上、身心健康的向上、享受与给予的向上、情感满足的向上、集团训练的向上，教育文化传递的向上”。[⑥] 故“戏剧必须实际的与大众生活发生联系”，戏剧工作者应该编制“农工大众能够读演的剧本”，准备“民工大众能够接受的演出”，因为真正的大众戏剧是“大众支配的，大众演出的，大众享受的，其内容是大众的生活”。[⑦] 可是农工还没有“他们自己的戏

① 杨村彬：《定县的农民戏剧实验》，《自由评论》第8期，1936年1月。

② 熊佛西《写剧原理》，上海：中华书局1933年版，第11页。

③ 韦瑞墀：《民众戏剧与乡村改进》，载《教育与民众》第3卷第4期，1931年。

④ 熊佛西：《中国戏剧运动的新途径》，载《现代戏剧家熊佛西》，载上海戏剧学院熊佛西研究小组编：《现代戏剧家熊佛西》，中国戏剧出版社1985年版，第280页。

⑤ 熊佛西《写剧原理》，上海：中华书局1933年版，第126页。

⑥ 志惠整理：《熊佛西的戏剧在定县》，载李济东编：《晏阳初与定县平民教育》，石家庄：河北教育出版社1990年版，第267页。

⑦ 熊佛西：《定县农村戏剧的现在与将来——写在“龙王渠”演出之后》，载李济东编：《晏阳初与定县平民教育》，第269页。

剧”,有的只是“封建遗毒的戏剧形式之遗留”,话剧运动者的责任就是使话剧成为民众所需要的娱乐,和使民众的娱乐“非需要话剧不可”。[①] 但是介绍什么样的话剧?内容和技巧如何?这些问题最初尝试者“全无主见”,[②]只有通过实验得到答案。实验的目的是“藉以研究大众戏剧的内容与形式,寻求中国的大众究竟需要什么样的戏剧”。[③] 即是说,到定县来,并不是供给定县人民的娱乐,而是要从定县人民实际生活里面,“创造新的戏剧,或改造旧的戏剧”,同时要看“定县人民对于新编或改编的剧本的感想,以便作将来大规模的话剧运动,话剧改造”。[④] 戏剧改良由此提上了日程。

第二节　“寓教于戏”的新剧改良

1932 年,平教会成立了戏剧研究委员会,聘请熊佛西担任主任,陈治策任副主任,着手进行戏剧实验并来指导戏剧工作。为弥补“戏剧理想”和农民欣赏能力之间存在着的相当差距,让他们接受并喜爱话剧,[⑤]熊佛西等对剧本内容与表演形式进行了一系列贴近民众的改革,主要表现在剧本、演员与演出场地等方面,增加互动效果。

首先,在剧本上大下工夫。陈治策认为,戏剧应该是“自来”

---

① 胡春冰:《民族戏剧与民族娱乐》,载《戏剧艺术》第 1 卷第 2 期,1937 年 3 月 1 日。

② 杨村彬《定县的农民戏剧实验》。

③ 志惠整理:《熊佛西的戏剧在定县》,载《晏阳初与定县平民教育》,第 266 页。

④ 杨开道:《定县的文艺教育》,载天津《大公报》,1934 年,6 月 7 日第 11 版。

⑤ 熊佛西:《定县农民实验剧院》,载天津《大公报》,1932 年 11 月 30 日,第 4 版。

的，而不是“作而成”的，所以“作成的剧本，大半不是好剧本，自然来的剧本，才会是好剧本”。[①] 不仅如此，平教会还认识到，旧的剧本固然不好，但是“近年来所谓‘文明新剧’却又大半是没有剧本，至多有一张幕表。即使有剧本的，实在是离我们的理想太远。若说采用西洋的剧本排演，或者采用西洋剧本的结构，略为改变取来排演亦有许多困难”。[②] 为此，陈治策结合民间文艺的特点对剧本进行大胆改动，使农民观众在心理上接受剧情的变化。《喇叭》是陈治策根据这个原则改动比较成功的剧本。根据民间文艺“团圆”的特点，陈治策在这出不团圆的戏中增加了一个“团圆的梦”，虽然“不团圆的剧本依然还他一个不团圆”，但是“观众需求团圆的心情已经得到大部分的满足了”。根据民间文艺“热闹”的特点，陈治策在剧中增加许多热闹的情节，如表演者自贬、自打嘴巴、自比为狗等，甚至用真人扮演动物来渲染气氛，观众对此“表示着十二分的欣赏”。[③] 熊佛西和陈治策等人先后创作与改编剧本有 20 余部，创作的如《卧薪尝胆》、《爱国商人》、《锄头健儿》、《屠户》、《鸟国》等；改编的如《喇叭》、《政大爷》等；改译的如《哑妻》等[④]。

三幕剧《牛》（又名《王四》）的剧情是这样：彭二是内地某乡恶霸地主彭大的兄弟，他曾在大城市学过法律，又在县衙门里干过，很善于勾结官府，此人阴险、残毒，不择手段地调戏农妇，霸占民女，横行霸道，鱼肉乡民，乡民王四就深受其害。主人公王四是个善良、老实而又胆小的贫苦农民形象。他自己终日劳累，却一贫如

① 陈治策：《编剧的程序》，载《戏剧与文艺》，第 1 卷第 2 期，北平文化学社 1929。
② 熊佛西：《青春底悲歌·瞿世英序》，上海：商务印书馆 1937 年，第 3 页。
③ 孙伏园：《定县农村露天剧场》，《民间》第 1 卷第 13 期，1934 年。
④ 杨开道：《定县的文艺教育》，天津《大公报》1934 年 6 月 7 日，第 11 版。

洗。彭二上门来催讨欠租,调戏王妻。王四一气之下与表哥张龙上山入伙。当王四因胆小从山上逃回家中时,却发现老婆已经被地主霸占,自己也被官府当作土匪逮捕。剧中最后,他大叫:"天知道呀!只有天知道谁是杀人放火的土匪呀!只有天知道谁是杀人放火的土匪呀!"这样的描写,在暴露农民悲惨生活方面,具有强烈的艺术感染力。1934 年,熊佛西将《牛》剧改名为《逼上梁山》,并把结尾改成:王四逃回家中后,气愤之极,与侦探甲、乙搏斗。张龙赶来营救打死探甲,探乙狼狈逃窜,王四激动地对张龙说:"表哥,谢谢你!我现在明白了,这次上山后再也别想回来了。"[①]这一改动表明熊佛西对现实生活的理解又跨进一步。

无论是创作还是改编,他们都强调剧本结构必须是"很具体而生动的故事,这故事最好是多靠动作——特别是外形的动作——来表现"[②],同时,由于戏剧是"情感的产物"[③],它富于"浓厚的情感和实际生活,不要过于偏重理智和抽象的成分"。[④] 只有这样,农民才能看得懂并感兴趣。故来到定县是要充当使农民对新剧发生兴趣的"戏子",而不是枯燥地对农民进行说教的"传道师"。[⑤]《屠户》一剧即是在这个理论下创作的,剧中"一家人吵架"戏颇为生动传神:

---

① 曹树钧:《熊佛西戏剧创作略论》,载《现代戏剧家熊佛西》,第 121 页。

② 熊佛西:《戏剧大众化之实验》,正中书局 1937 年版,第 24 页。

③ 陈治策:《编剧的程序》,载《戏剧与文艺》,第 1 卷第 2 期,北平文化学社 1929 年。

④ 熊佛西:《写作经验》,载《现代戏剧家熊佛西》,第 286 页。

⑤ 志惠整理:《熊佛西的戏剧在定县》,载李济东编:《晏阳初与定县平民教育》,第 267 页。

王二：我说大哥，你不能这样！

王大：（又向桌子上较重的捶了一下）我就是这样，你敢把我怎么样吗？

王二：你是大哥，我哪敢把你怎么样，可是你不能这样无理！

王大：无理，看看谁无理！

王二：我记得清清楚楚，父亲临死的时候把这间过道归我了！

王大：可是母亲临死的话你就忘了吗？她老人家不是把这间房子分给我了吗？

王二：父亲的话可靠些！

王大：父亲死在母亲前头，我们应该服从母亲的话！

王二：母亲是女人，妇人家只会做些针线什么的，分配家产她们是不懂的！

王大：放屁！母亲不会分配家产？

王二：大哥！我告诉你，你不能骂人！

王大：骂了你，怎么样，你既可以"说"母亲，我就可以骂你！

王二：我哪敢"说"母亲，我是说父亲在世的时候早就把这十一间房子分好了——你得东边五间，我得西边五间，剩下的这一间过道不好分，说我小，就给我了。

王大：父亲临死的时候，不是发烧很厉害吗？那时候的话，都是迷迷糊糊不可靠的。

王二：你说父亲的话不可靠，那么谁的话可靠？

王大：母亲的话！

王二：父亲的话！

王大：放屁！

王二：你才放屁呢！

王大：你……你敢骂我！我揍你！

王二：你揍！你揍我，我就揍你！

（王大正要动手打王二时，王大的妻子上）

大嫂：什么事？什么事？

（王大嫂把他们哥俩拉开了。）

王大：真把我气死了！真把我气死了！

大嫂：什么事情把你气成这个样儿？

王大：他……他这不懂事的东西！他……胆敢骂起我这个做大哥的来了！这简直反天了！没有王法了！我……我非揍他不可！你别……拉着……

大嫂：得了！得了！他到底是你的兄弟，不是外人，说你几句又算什么？（转向王二）弟弟，你又是为了什么呢？

王二：大嫂！你不知道我受的委屈，大哥近来待我实在太难了！

……

（王大跑过去把王二扭倒，王二翻过身来把王大压在地下，王大嫂见势不妙，便走过去帮忙王大，正在这嘈杂纷乱的时候，王二嫂提着一筐子蔬菜由外面进来。）

二嫂：这……这……这是怎么一回事，怎……怎……怎么你们两口子合起来打他？

大嫂：二嫂！你回来了正好！你赶快把弟弟拉走吧！

（王二嫂将筐子放下，把王大推开，拉她丈夫到自己后边。)

王二:好……好……好毒的手!两口子打我一个,你们来吧!你们来吧!我愿意让你们打死!

王大:我今天没有揍死你,就算饶了你!

大嫂:弟弟,你可不要乱说呀!什么两口子?我可没有打你!

二嫂:你没有打他,我明明瞧着你打他一拳头,你们两口子究竟是什么玩艺儿!

(二嫂气势凶猛地朝着大嫂的胸口推了一掌。)

大嫂:你怎么啦!难道你也要和我比个高低吗?好,好,老娘就揍你!

(说话间大嫂追过去打了二嫂一耳光,二嫂赶过来打了大嫂一拳头,于是你一拳头来,我一巴掌去,好不热闹。最后二嫂将筐内的葱根蒜头乱扔一阵,大嫂为了防御起见,急将方桌当作盾牌,口里只是"不要脸"的大骂,这样一来更把二嫂弄急了,于是将筐内的芝麻酱抓了一手抹去,正抹在大嫂的脸上,好不难看。……)[①]

由此可见,即便把原剧中的对话取消,农民观众也可以通过人物的动作知道这是一家子在吵架,很容易吸引农民兴趣。至于孔屠户在第一幕中发现地下的葱根蒜头,"即忙拾了起来,从裤带上抽出一条毛巾包上",和第二幕中"走进放咸菜的桌子,看见上面有一盆子花生仁,他吃了几个,又抓了几把放入袋内"等等,这些动作

① 熊佛西:《写作经验》,载《现代戏剧家熊佛西》,第289页。

都是用来表现屠户的性格。

《屠户》于1932年11月上演,极为成功,反响颇大。该剧反映的是农村重利借贷和重利盘剥的社会问题,当演到第三幕孔屠户侵占王大的房屋时,台下一青年农民突然起立,脸红耳热,指向台上孔屠户破口大骂"揍死孔屠户他妈的老混蛋"。[①] 熊佛西在写这一剧本时,并未存心激发观众反对孔屠户,但却取得了这一效果,可谓"无心插柳"。可见,戏剧给人的直观教育作用要比在课堂上、在书本里受到的教育大得多。

至于剧中人物,则"用农民认识的或面熟的人物",并"把人物类型化",以便使农民有亲切感。[②] 为定县农民编写的剧本中,可以找出的几种人物类型有:受压迫的青年农民如《牛》中的王四,《屠户》中的王大、王二,《穷途》中的刘二等;年轻的妻子如《屠户》中的王大妻、王二妻,《牛》中的王四妻;年轻美貌的姑娘如《喇叭》中的冬姑,《锄头健儿》中的秋莲;守旧的老辈人如《政大爷》中的政大爷,《锄头健儿》中的信天、古成等;压迫人的豪绅、地主或地痞流氓如《过渡》中的胡船户,《屠户》中的孔大爷,《王四》中的彭大爷等;助纣为虐者如《过渡》中的王善文,《王四》中的毛三,《王三》中的赵五等。这六种类型都是农村中普遍存在、为农民所熟悉的形象,很容易使农民产生共鸣。在这些现有的现实人物的基础上,熊佛西还在人物中设计了潜在的现实人物,因为"将来也许还有新的人物的发现",而这些人物,如进步农村青年都是社会所"希望有

① 志惠整理:《熊佛西的戏剧在定县》,载李济东编:《晏阳初与定县平民教育》,第267页。

② 熊佛西:《写作经验》,载《现代戏剧家熊佛西》,第292页。

的"农民典型。所以熊佛西说,之所以这样假想的去描写这样的人物,是因为这样的人物"在今日农村中实是罕有","介绍他,就是希望这种人物由戏剧的传达与熏陶,将来能够活生生的在农村出现。同时这种人物的出现,据我们观察,不是不可能的。"[①]《锄头健儿》一戏中的健儿这一角色就是"所希望的青年农民"的样子,这可在剧中人物的对话中表现出来:

健儿:我认定现代的青年,不应该信鬼神……我自己一不信神,二不信鬼,所以当初本村的父老给老虎修庙,我就不以为然。无奈当时本村的青年除了我以外,没有第二人有胆量出来反对!

秋莲:表兄既不信神,又不信鬼,那么你信什么?

健儿:我有两种信仰,第一我信我"自己",第二我信仰"科学"。不信自己的人必会灭亡,不信仰科学的人也会灭亡。这张锄头是我的工具,它能打倒一切鬼神,它能创造一切的生命![②]

人物的语言亦是改良的重点。一般而言,剧本的对话要符合人物的口吻,但是给农民演剧,语言不仅要符合人物的口吻,而且要简单、具体、浅露,让农民喜欢并看得懂。[③]《兰芝与仲卿》一剧,经过改动,剧中人物语言很容易被农民理解,这在兰芝被婆婆赶走

① 熊佛西:《写作经验》,载《现代戏剧家熊佛西》,第 294—295 页。
② 熊佛西:《写作经验》,载《现代戏剧家熊佛西》,第 295 页。
③ 熊佛西:《戏剧大众化之实验》,正中书局 1937 年版,第 24 页。

之前对丈夫仲卿说的话中可以感受到：

兰芝：仲卿，你想，我自从嫁到你们家里，是哪点儿错了呀？牛马不能做的，我得做；猪狗不能吃的我得吃；还要我怎么样呀，仲卿？譬如今天的事情，她老人家说一声饿了，我马上就去做点心，哪知我一到厨房，她老人家就逼着我要点心，请问，仲卿，我又不是神仙，我怎能一会就变出点心来？她老人家为了这点小事就要赶我走，请你拿定主意吧，仲卿！假如你说一句要我走，我马上就走。只要你说一句，仲卿，我只要你说一句，仲卿！①

整段语言平实易懂，既表达了受婆婆虐待的媳妇的哀怨，也表现了恩爱夫妻之间的缠绵信赖，易于被农民观众接受和理解。

又如《狐仙庙》中王半仙同乡妇的对话也是语言平实、简单，符合农民的口吻：

王半仙：（看了签帖，把桌子一拍）如何！

乡妇：什么"如何"？

王半仙：我刚才说你家里的人口将来一定很旺，你还有点儿不相信。你瞧这签帖上狐仙爷给你说得："一轮明月照窗前，好似猛虎下高山，老子英雄儿好汉，过了一天少一天。"这上边不是又有儿又有子，"老子英雄儿好汉"吗？不是儿不是子是什么？

乡妇：请先生给仔细批讲批讲，我是一点都不懂。

---

① 熊佛西：《写作经验》，载《现代戏剧家熊佛西》，第 297 页。

王半仙：好吧，你这一签是求子不是？

乡妇：就说是吧。

王半仙：这一签也只有求子合适。你仔细听呀："一轮明月照窗前"，不就是明月入怀吗？"好似猛虎下高山"，好，好，送子娘娘已经下了山啦。你这个儿子是一个虎命，将来长大成人，最好叫他去混军界。混军界，他将来一定会混一个什么什么长。狐仙爷说，他老子是个英雄，这个儿子一定是一个好汉。

乡妇：嗨，说来惭愧得很，我们当家的是个卖豆腐的，英雄什么呀？他要英雄，人家都是英雄啦。

王半仙：哎呀！你不要看不起卖豆腐的，俗话说："三百六十行，行行出状元"。难道卖豆腐的里头就没有英雄吗？我说的话你就不必疑惑，我王半仙宁可以哄骗别人，可是决不哄骗妇道人家。

乡妇：王先生，我没有敢说别的。

王半仙：是，是。（刊签帖，忽然向乡妇拱手。）恭喜您呢，恭喜您呢。

乡妇：什么事情？

王半仙：你的孩子后天就来啦。可"过了一天又一天"吗，你想，不是后天是什么？

乡妇：哎呀，那有那么快的？

王半仙：太太，请你相信我的话，我只能说到这里，不能再多说了，因为天机不可泄露。①

① 熊佛西：《写作经验》，载《现代戏剧家熊佛西》，第297—298页。

其次,培养农民演员。平教会理想中的农村戏剧是农民自编自演,[1]创作还做不到,可以尝试自己演剧。为此,戏委会招收两类演员:一类是1932年8月起从北平招考的两届练习生[2]。每届培训两年,每年每人津贴100元,采用"以戏教学,学演结合"的方法,结合排戏、制景,讨论、讲解各种戏剧知识,学习导演原则和方法。经过培训,他们"大约除了戏剧理论和剧本编著以外,其他导演、扮演、布景、化妆一切都会",[3]培养出戏剧人才有肖锡荃、岳路、巩书田、贺守文、刘育斋、张文彩、舒润华、童风人、陈梅俊等,[4]"希望将来人人可以充当乡村话剧导师"。[5] 另一类为各村男女平校毕业同学。由于风俗关系,暂定男女分演,希望将来"可以男女合演"。[6] 到1934年12月,定县农民演员发展至180余人。[7] 毕业同学表演的成绩不亚于专门受训的练习生,不过他们只能扮演,还得有人给导演,这一点上不如练习生。[8]

与此同时,戏剧研究委员会协助农民成立农民剧团。到1936年,全县成立了20几个剧团。著名的有1933年成立的西平朱古村男女两个剧团、高头村剧团、北陵村剧团、明月店剧团、尧方头村剧团等;1934年成立的马家寨村剧团、东不落岗村剧团、李亲顾村

---

① 熊佛西:《中国戏剧运动的新途径》,载《现代戏剧家熊佛西》,第281页。
② 杨开道:《定县的文艺教育》,天津《大公报》1934年6月7日第11版。
③ 杨开道:《定县的文艺教育》,天津《大公报》1934年6月7日第11版。
④ 杨村彬:《怀念佛西老师》,载《现代戏剧家熊佛西》,第341页。
⑤ 杨开道:《定县的文艺教育》,天津《大公报》1934年6月7日第11版。
⑥ 杨开道:《定县的文艺教育》,天津《大公报》1934年6月7日第11版。
⑦ 《熊佛西生平纪事》,载《现代戏剧家熊佛西》,第194页。
⑧ 杨开道:《定县的文艺教育》,天津《大公报》1934年6月7日第11版。

剧团、西建阳村剧团、庞村剧团、东车寄村剧团等。1935 年开始熊佛西在定县组织实验剧团并制定了实验农民剧团章程，同时在西建阳村和东不落岗村组织了两个重点实验农民剧团。[①] 剧团由戏委会派专人指导公演剧团团务的进行。[②] 农村剧团公演的剧目不下 20 出，如《喇叭》、《锄头健儿》、《屠户》、《哑妻》、《卧薪尝胆》、《政大爷》、《四个乞丐》、《兰芝与仲卿》、《无名小卒》、《穷途》、《求婚》、《狐仙庙》、《三头牛》、《市虎》、《月亮上升》、《醉鬼》、《王四》、《鸟国》、《过渡》等等。

最后，在表演场地方面。最初，平教会在定县城里平教会礼堂（原考棚旧址）花了极少数的钱建了定县农民实验剧院，作为“表证剧场”，全院能容纳 800 多坐席。该剧院有一座“天幕”，东西两侧有化妆室和堆积房，左右通地道。有人捐了一个小发电机，发出的电刚够演剧用。[③] 剧院虽显简陋，但在当时“除了北平艺术学院戏剧系的外”，“在中国似乎还找不到第二个”。[④] 设备力求实用，“保持与农村经济水准之平衡”，农民自然接受。[⑤] 可是“表证剧场”只能为县城内或附近的农民所欣赏，为了吸收更多的农民，平教会又建立了“流动舞台”，把在城内表演成功的戏再搬到村镇去演，“流动舞台”设施布置更加简单，随便土丘，木板都可做舞台，布景仅仅几块大布，几扇屏风，一般演到哪一村就用大车运到哪一村。[⑥]

---

① 《熊佛西生平纪事》，载《现代戏剧家熊佛西》，第 191—195 页。

② 《熊佛西生平纪事》，载《现代戏剧家熊佛西》，第 192—195 页。

③ 熊佛西：《定县农民实验剧院》，载天津《大公报》，1932 年 11 月 30 日，第 4 版。

④ 熊佛西：《定县农民实验剧院》，载天津《大公报》，1932 年 11 月 30 日，第 4 版。

⑤ 杨村彬：《定县的农民戏剧实验》，《自由评论》，1936 年 1 月 10 日。

⑥ 杨村彬：《定县的农民戏剧实验》。

剧场演出是中国传统的戏剧演出形式,舞台上下界限分明,观众和演员少有互动。定县原有两个剧场,条件艰苦,演戏时,观众都是拥挤地站立台下,“不得听,不得看”,甚至“好戏也会糟蹋掉”,[①]毫无消遣娱乐享乐之感。平教会把它们改造成露天圆形戏场,用农村土坯建筑。新式舞台可以容纳几面坐的观众。根据这一设计理念,1934 年 12 月 2 日,东不落岗村剧场落成。这座由旧庙改建而成的剧场具有新式戏剧形式的特征。舞台前修了五六层台阶,直达剧场平地。[②]演员可从剧场由此走上台去;观众也可由此走上台去。这是中国第一个由农民自己建筑的剧场,其“意义价值重大,实远过万里长城”。[③] 熊佛西也颇为欣赏,并指出:“翻开一部世界戏剧史,我们没有看到那一页上记载有农民自动在小村里建筑剧场的事”。[④]

为适应新式剧场的特点,熊佛西等人还进行了“演员与观众混合演出”的尝试。第一次是演《王四》。这原是一部三幕剧,以后又加了第四幕。在第四幕“县政府的法庭”进行了尝试。这一幕用“打破幕线,观众在舞台下说话”的手法,以造成观众和演员共同参与剧情的局势。[⑤]县长审判王四并污其为土匪,遭到王四的否认,气急败坏的县长正准备用刑逼供,这时台下的观众开始说话了。

① 杨村彬:《定县的农民戏剧实验》。

② 陈豫源:《定县的农村话剧——〈过渡〉公演参观记》,载《晏阳初与定县平民教育》,第 380—381 页。

③ 志惠整理:《熊佛西的戏剧在定县》,载李济东编:《晏阳初与定县平民教育》,第 267 页。

④ 志惠整理:《熊佛西的戏剧在定县》,载李济东编:《晏阳初与定县平民教育》,第 268 页。

⑤ 熊佛西:《观众与演员混合的新式演出法》,载《现代戏剧家熊佛西》,第 301 页。

于是观众席一下子就变成了剧情中法庭的旁观席，整个剧场变为法庭。当王四受冤被承审者逼迫时，观众大喊“王四冤枉”、“王四是好人”，要求释放王四。这使观众在直觉上感觉自己就是坐在县府法庭里，而不是在看戏。[①]

第二次经验是演出《喇叭》。这次演出方法比演《王四》时稍复杂。更进一步让演员“从观众中来，亦往观众中去”。[②] 演员出入口不只限舞台的固定位置，观众也可化为演员一同表演。这个剧使演员的出入场口不再局限在舞台上，而是在剧场的任意地方，这样，观众就很容易变成演员，而随着演员表演起来。如该剧演到冬父、冬姑领喇叭回家一场，演员经观众中向舞台上走时，观众也很自然地随着一块走动，十分生动。

第三次尝试是《鸟国》的演出。该剧最主要的特点是增加了演员在观众中的表演。如把台上台下全部变成鸟国检阅军队的场所，演员在观众中走动，使观众有“应接不暇之感”，这种在观众席中的表演，很容易使观众“在心理上乃至生理上都能引起特别的亲切”。[③] 第四次尝试是演《过渡》一戏。该剧总结了前三次经验，把全剧场当作舞台，台上台下打成一片，完全消除演员和观众之间的隔阂。经过四次尝试，“演员与观众混合”的新式演出法最终形成，其特点是打破“幕线”，演员出入“台上台下的路线极多”，使观众很难判断演员从哪里出入场，这样，使剧场“无端增加了许多新趣

① 熊佛西：《观众与演员混合的新式演出法》，载《现代戏剧家熊佛西》，第301页。
② 熊佛西：《观众与演员混合的新式演出法》，载《现代戏剧家熊佛西》，第301页。
③ 熊佛西：《观众与演员混合的新式演出法》，载《现代戏剧家熊佛西》，第302页。

味”。[①] 观众与演员整个融化成一体。[②] 这种新式演出法中，灯光起到重要作用。[③] 经过改进的舞台废除了前幕，所以换景和启幕闭幕全部用灯光来解决。在这里灯光不仅用于照明、增浓及象征剧情，还可以用来指导动作，增强效果。

新式演出法的应用是“借形式的解放而改正观众与演员的态度”，把观众“隔岸观火的态度”变成“自身参加活动的态度”，要让农民观众感觉剧场中“没有一个旁观者，都是活动者”。[④] 平教会企图通过种种方式启发农民的参与意识，这是“作育新民”的初步尝试，也是乡村启蒙的第一步。

第三节　“戏剧大众化”

定县戏剧的发展很快，反响也很大，有人说“不但是平教会戏委本身的成绩，简直是中国新兴的戏剧进化史上的一桩奇迹”。[⑤] 这话有一定道理，可以从农民的反应中看出。到 1936 年，“除了平教会各部分工作都有长足的进步，在此姑不论述外，其戏剧委员会的演剧活动又已从戏委会本会演剧给农民看，进步到农民自己演剧给农民看；室内剧场的沿用进步到农村中露天剧场的兴筑，而最惊人的创举便是演剧的方式(也可以说是戏剧的程式)，——从旧

① 孙伏园：《定县农村露天剧场》，《民间》，第 1 卷第 13 期，1934 年。
② 熊佛西：《戏剧的解放与新生》，《晨报》，1936 年 1 月 21 日。
③ 熊佛西：《观众与演员混合的新式演出法》，载《现代戏剧家熊佛西》，第 302 页。
④ 熊佛西：《戏剧的解放与新生》，《晨报》，1936 年 1 月 21 日。
⑤ 陈豫源：《定县的农村话剧——〈过渡〉公演参观记》，载李济东编：《晏阳初与定县平民教育》，第 379 页。

式镜框式的舞台演剧，进步到打破了幕线，台上台下打成一片，演员观众不分的最革新的演剧方式。"[①]时人评价说：这种方式"不但是平教会戏委本身的成绩，简直是中国新兴的戏剧进化史上的一桩奇迹"。[②] 正如熊佛西评论说：

> 我们要借形式的解放而改正观众与演员的态度。把观众拿隔岸观火的态度，变成自身参加活动的态度。要使各个观众不感觉在看戏，而感觉在参加表演，参加活动。剧场中没有一个旁观者，都是活动者；所表演的内容不是他或他们的事，而是我们大家的事。为要达到这种目的，我们打破了"幕线"，即台上台下打成一片，演员观众不分，观众与演员，整个溶化成一体。[③]

每次公演都是农民的盛大集会。1932 年，定县共举行了六次公演，每次 3 至 5 天，前后参加的观众两万多人。第一次公演的剧目是《卧薪尝胆》和《爱国商人》。第二次公演是游行公演，剧目同前，一共游了四个村庄。第三次公演的剧目是《喇叭》，第四次是《锄头健儿》，第五次是《屠户》，第六次公演陈治策改译的《哑妻》，和熊佛西写的独幕剧《政大爷》。[④] 1933 年全年公演五届，共 24

---

① 陈豫源：《定县的农村话剧——〈过渡〉公演参观记》，载李济东编：《晏阳初与定县平民教育》，第 379 页。

② 陈豫源：《定县的农村话剧——〈过渡〉公演参观记》，载李济东编：《晏阳初与定县平民教育》，第 379 页。

③ 熊佛西：《戏剧的解放与新生》，《晨报》，1936 年 1 月 21 日。

④ 熊佛西：《定县农民实验剧院》，天津《大公报》，1932 年 11 月 30 日第 4 版。

天,观众平均每天 800 余人。第一届为招待演出,观众每天超过 1000 人,二三届售票价 20 枚,四五届售票价 30 枚,观众平均约 600 人。虽因收票而观众人数略少,但其盛况仍可见一斑。据不完全统计,1934 年亦有十几次的演出。①

民众对公演不仅能够欣赏而且领会颇深。公演的《卧》剧和《爱》剧是由熊佛西和陈治策编导的,演出地点在平教会大礼堂。1932 年 1 月 1 日公演《卧》剧闭幕后,熊佛西曾问观众该剧表达了什么意思,观众一致回答:"是叫我们爱国的",问:"什么叫卧薪?"答:"卧薪是叫我们不要睡好的!"问:"什么叫尝胆?"答:"是叫我们吃苦!"又问:"吴王有两个臣子,你喜欢哪一个?"答:"喜欢伍子胥。"问:"为什么?"答:"因为他爱国。"②可见,农民完全理解编者的用心。由于演出效果很好,平教会又分赴城外各村表演。《卧》剧中有一首"打到吴国的歌",很快便成为随处可听见的村内流行曲了,因为农民唱这首歌时,把吴国当成了"正在无故用大炮飞机坏我上海的日本"。③

东不落岗村农民对新剧情有独钟。当时,在定县与熊佛西一起搞农村戏剧实验的贺守文就曾记录过东不落岗村农民"自己演话剧给自己看"的热况。先是别的村同学会在农民实验剧场公演《锄头健儿》等剧——

他们看过之后,受了很大的感动。回到村里召集了二十

① 杨开道:《定县的文艺教育》,天津《大公报》1934 年 6 月 7 日第 11 版。

② 褚述初:《卧薪尝胆》和《爱国商人》的公演,载《农民》第 7 卷第 14 期,中华平民教育促进会 1932 年 1 月 16 日。

③ 褚述初:《双平山的新剧》,载《农民》第 7 卷第 21 期,1932 年 3 月 5 日。

> 多个人组织了一个农民剧团，请求戏剧研究委员会派员前往指导，他们第一次排练了两个戏：《屠户》及《我是一个人》。在旧年正月公演时，居然轰动了邻近的村子。……从那时起，东不落岗村农民话剧团对于话剧才有了"瘾"。民国二十三年，戏剧研究委员会见他们对于话剧不但热心，还很努力，想在他们村子里盖一座露天剧场。在剧场动工的时候，戏剧研究委员会全体同仁也来帮忙，白天大家辛辛苦苦干了一整天，晚上还排戏。有时一句话，一个动作，改了又改，改到几十次。可是他们也不厌烦，我们又不厌。那一次公演的是《喇叭》、《醉鬼》、《兰芝与仲卿》、《屠户》、《我是一个人》、《穷途》、《三头牛》、《求婚》，我们戏剧委员会加演《王四》。从那次大规模公演之后，本村的农民有的向来不看戏的，也跑到我们剧场来看戏，更使你想不到的是演员对于旧戏起了怀疑，尤其奇怪的是，对于他们一向欢迎的秧歌也觉得讨厌了。[①]

该村农民看了别村同学会在农民实验剧场公演《锄头健儿》等剧后，深受感动，便回村召集20余人在1934年1月组织了农民剧团，在戏剧研究委员会指导下，排练了两个戏：《屠户》及《我是一个人》。公演时竟然轰动了邻近的村子，这使得东不落岗村农民话剧团开始对话剧有了"瘾"，于是对话剧更加执着。[②] 为此戏委会于10月为他们盖成一座露天剧场。并于第二年的1月把该剧团改

① 贺守文：《从东不落岗村谈到中国戏剧运动》，转引自马明《熊佛西"戏剧大众化实验"新探》，载《现代戏剧家熊佛西》，第149—150页。

② 贺守文：《从东不落岗村谈到中国戏剧运动》，转引自马明《熊佛西"戏剧大众化实验"新探》，载《现代戏剧家熊佛西》，第149—150页。

为重点实验农民剧团,10 月进而又把剧场改建为可容纳三四千人的实验露天剧场。[①] 东不落岗村农民也因此有了更大的动力:白天修筑剧场,用晚上的时间排练,“有时一句话,一个动作,改了又改,改到几十次”,可是没有人感到厌烦。[②] 东不落岗村剧场开幕后即举行了两天的纪念公演,共演十出剧:《屠户》、《喇叭》、《醉鬼》、《王四》(又名《牛》)、《月亮上升》、《穷途》、《兰芝与仲卿》、《三条牛》、《求婚》、《狐仙庙》。每日演日夜两场,各村农民观众一万余人参加,规模空前,不同凡响。[③] 公演取得相当成功,群众的反响很强烈。

《过渡》一剧,是熊佛西自从《屠户》和《牛》两剧相继问世以后的又一新作,这出戏是以最新的方式由农民自己在露天剧场把农村自己的故事演出的。故事讲的是某两个乡村中间横隔着一条大河流,两岸的交通极为不便,乡民的唯一交通,是乡绅胡大老爷主持的渡船。村民对胡绅士勒索非常气愤,于是大家在一位大学毕业乡村工作者的领导下,建筑一座大桥,以代渡船。胡绅士对此横加破坏和阻挠。后经过双方激烈的斗争,胡绅士终于被绳之以法。过渡问题于是解决。该剧气势雄伟,场面激烈,布景优美,而且寓意深远。该剧深邃的含蓄不仅限于剧情本身,更是在于描述中国当时处在过渡的时代所从事的建设工作的现象。这个时期所出现的政治、教育、经济等一切社会问题,都处于过渡时代:开始是黑

① 《熊佛西生平纪事》,载《现代戏剧家熊佛西》,第 195 页。

② 贺守文:《从东不落岗村谈到中国戏剧运动》,转引自马明《熊佛西“戏剧大众化实验”新探》,载《现代戏剧家熊佛西》,第 149—150 页。

③ 志惠整理:《熊佛西的戏剧在定县》,载李济东编:《晏阳初与定县平民教育》,第 268 页。

暗，经过了努力的抗争向上，最终走到成功的光明，暗示农民“团结合作，努力建设”的重大意义。该剧是三幕群众剧，适合于露天剧场公演，尤其适合“打破幕线”的新的演出方式。剧中的集体角色，如船夫、渡客、桥工等，可以无限制地即兴加入若干观众到剧情里去作临时演员。不难想象，“设若有一个更好的导演，在农民观众有很熟悉的训练的情形之下，把整个的剧场中成千成百的群众一齐参加戏的表演，其活动的姿态，群众表演的力量，真不知要新奇到如何地步！”①

《过渡》一剧于1935年12月19、20、21日在“东不落岗农村露天剧场”上演三天，虽然天气寒冷，可是群众情绪激昂，兴趣浓厚：“农人村妇早都用过了晚餐，担任舞台工作和表演角色的农民一齐出动。剧场门口之附近，遥对着舞台正面，便被利用为‘后台’了。男女乡农观众陆续的挤满了大半场子，台上的戏委会同人正领导着农民在布景、配光、装设道具；剧场门首，拉杂着摆了许多点着灯笼赶来的小贩，老豆腐、油条、卷饼、花生、剃头挑子……虽是黑夜，但仿佛是市镇上的‘集会’。儿童像在过年一般的采烈高唱。”②演出的过程更是新颖、热闹，演员的表演和群众的热情参与更是令人感动，场面极其热烈：

开演的时间到了，台上顿时漆黑，其实幕已废掉，可是如同闭了幕一样望不见台上一草一木。这时，观众的背后，剧场

① 陈豫源：《定县的农村话剧——〈过渡〉公演参观记》，载李济东编：《晏阳初与定县平民教育》，第382—383页。

② 陈豫源：《定县的农村话剧——〈过渡〉公演参观记》，载李济东编：《晏阳初与定县平民教育》，第383页。

门外数十丈远的地方,忽然传来一阵雄壮的歌声,我们明白这便是戏的开演了,这些扮演桥工的演员就要来到。——由观众丛中走上舞台,开始作建桥的表演。一时,观众顾不得看台上,转过身来向后面观望,那浩荡动人的劳动歌越逼越近,眼看着一群身强力壮的桥工从观众群中穿过奔上台去。向管渡的老板纷纷争议着过渡的价钱。这时,台上的两双气灯转向里射(这便是开幕的方式)。出现在我们眼前的是一幅美丽的河边立体布景的舞台面,骨架式的造桥木栓桥梁,在台上布舞着雄壮的姿态。在美的光影之下,我们看见成群的演员分头活动,做工的做工,过渡的过渡,争价的争价,河边小贩不住的吆喝,全场充满了活跃、生动、交响、节调,……在话剧自有历史以来,这真是一种别开生面的演出,令人惊异!令人感服,令人真不知置身于哪一个新地域,哪一个新时代了。

每到闭幕,便把台上的两盏气灯转射台下,台上便又漆黑起来。三幕就是这样的继续表演下去,观众身后可以听到剧中人的对话,巡警的吆喝,胡大老爷的咆哮……许多演员是台上到台下,台下到台上,同时台上的背景后面,也一样的利用,如第一幕的工程,第二幕的鸡犬,都由台后面发出声音的效果。全剧的表演都很紧张生动,其中以第二幕的光影、布景、表演,为最生色,夜色朦胧中,桥工在河边的露天酣睡;船夫与桥工的斗争搏战,都是很精彩动人的情节。

打倒了劣绅,冲破了建设工作中的魔障,建桥工作在观众齐声欢跃的空气中加强了努力,于是全剧完满告终。我伴着鸣琦尧先生随着农民大众挤出了露天剧场走向归途。一路上村舍的居民为晚寝而烧炕的垂烟,弥漫了全村,剧院之散场,惊醒了酣睡中的林间老鸦。“过渡”所给我的兴感，使我忘记了农村中冷冽的深冬。[①]

这次热演与以往不同的是演员完全以农民自己为主。起初，演员主要由平教会的职工担任，如在考棚大礼堂演的《卧薪尝胆》，而演《屠户》时，演员以练习生为主，地点移到考棚二门外露天剧场。[②] 可以说这次《过渡》的上演在定县戏剧实验中是一个里程碑，它表明，农民不仅可以接受话剧，而且还可以自己组织剧团演出话剧。该剧气势雄伟，场面激烈，布景优美，而且寓意深远，运用了“打破幕线”的新的演出方式。剧中的集体角色，如船夫、渡客、桥工等，可以无限制地即兴加入若干观众到剧情里去作临时演员。演出的过程更是新颖、热闹，演员的表演和群众的热情参与更是令人感动，场面极其热烈。1937 年 4 月，美国耶鲁大学艺术学院戏剧系丁英教授，专程赶到定县参观并观看了这场话剧，当他看到农民可演这样好的戏和良好的剧场秩序时，大为惊异，指出：这戏的内容与演出法已走在任何国家之前，它是教育，它是宣传，但它本身还是至高的艺术，它不是造作的，它本身就是生活，这种剧场不但是中国第一个，在世界上也是仅有的。[③] 为此，他写信给美国洛克菲勒基金团，请他们帮助平教会的工作，信中写道：“那种演出的艺术和剧情的生动，远超过我在苏联所见过的。”[④]《过渡》的成功

① 陈豫源：《定县的农村话剧——〈过渡〉公演参观记》，载李济东编：《晏阳初与定县平民教育》，第 383—384 页。

② 杨村彬：《怀念佛西老师》，载《现代戏剧家熊佛西》，第 342 页。

③ 《熊佛西的戏剧在定县》，载李济东编：《晏阳初与定县平民教育》，第 266 页。

④ 《晏阳初全集》第 2 卷，第 287 页。

公演表明，表明平教运动的知识分子在定县所进行的研究实验中取得了很大的成绩。一直以来，他们不畏肮脏和艰辛，深入民间，亲身与农民为伍，希望通过改造乡村而改造中国社会。定县的农村戏剧的研究成果，使他们看到了希望，可以说这是“戏剧运动的最先锋”，说明“在戏剧运动本身上，这一个集团确已深入民间，把原属于大众的戏剧忠实诚恳的交还给大众”，尤其是“在艺术实验的工作上说，这一个集团大胆地打破了演剧的程式，发现（也可以说是发明）了新的演出方式的精神，实在是我们留在城市中干戏剧活动的所望尘莫及的，而这种艺术实验的成功，在艺术史上也不失为一种伟大的贡献”。此外，戏剧界一直空喊着“戏剧大众化”，可是他们并没有找到一条合适的路径。因为“在都市中吸收大量的摩登观众，不能算是戏剧大众化”，[①]只有把都市中公演的戏剧搬到农村去，让占中国85%的广大农民观看甚至参与进来，才算是使戏剧走向农村，走向民间，定县农村戏剧的新方式则为他们指明了一个方向，是今后戏剧大众化的唯一途径。

《过渡》的成功公演可以说是定县戏剧改良、甚至是定县实验成效的集中体现。戏剧原本就起源于“平民之间”，只是后来渐渐为特殊阶级“所利用所收买”，便“一步一步和平民相远”。[②] 戏剧改良者则试图通过试验“把原属于大众的戏剧忠实诚恳地交还给大众”，实现“戏剧大众化”，[③]实验中，他们“大胆地打破了演剧的

---

① 陈豫源：《定县的农村话剧——〈过渡〉公演参观记》，载李济东编：《晏阳初与定县平民教育》，第384—385页。

② 欧阳予倩：《戏剧改革之理论与实际》，载《戏剧》第1号，广东戏剧研究所1929年。

③ 陈豫源：《定县的农村话剧——〈过渡〉公演参观记》，载李济东编：《晏阳初与定县平民教育》，第384页。

程式，发现（也可以说是发明）了新的演出方式的精神”，这“在艺术史上也不失为一种伟大的贡献”。[①] 这样不仅培养了农民的话剧“瘾”，而且使他们对旧剧也产生了怀疑。这表明，定县农民在内心深处的某些思想意识开始发生了或多或少的变化。农民不再仅仅满足于旧剧或秧歌等这些过于简单的民间艺术形式，而渴望有更多、更丰富多彩的其他艺术形式来填补和安慰他们的精神世界，由此而对旧剧产生怀疑并对能够反映他们生活的新剧产生浓厚的兴趣和好奇，以至于无论白天多忙多累，晚上只要有话剧上演，都要不辞辛苦地跑来观看。平教会通过使戏剧“走向民间”，并与农民“打成一片”，开拓了农民的视野，潜移默化地提高了他们的欣赏水平并陶冶了情操。更重要的是，通过普通的参与演出，他们的参与意识得到了初步的历练。这是“作育新民”的基本要求。只有把都市中公演的戏剧搬到农村去，让占中国85%的广大农民观看甚至参与进来，才是戏剧大众化的唯一途径。

第四节　小　结

戏剧实验为什么会产生如此大的效果？首先戏剧本身对人的精神情操具有直观的和能动的作用。从这个意义上说，戏剧很具有“教育的价值”，[②]它能“直觉的使观众得到生活的酸甜苦辣，喜

① 陈豫源：《定县的农村话剧——〈过渡〉公演参观记》，载李济东编：《晏阳初与定县平民教育》，第385页。

② 田禽：《话剧大众化的必然性》，《民间》半月刊，第2卷第17期，1936年。

怒哀乐的宣泄与调剂”,[①]并能够“直接有力地焕发农民的向上意识,而且还可以起到抒发情感、介绍常识、改进农村语言的作用,同时还教会农民严守秩序”。[②] 农民在看戏的同时受到公民教育的训练:例如必须要持票入场(因为乡土农民看戏是不买票的),入场后“脱帽,沉静,守秩序”和“不要吐痰,不要抽烟”等,[③]这些都是“有关公共精神的有意义的知识”。[④] 其次,话剧作为新兴的艺术形式具有很强的现实性,它反映的是现实问题,易于和观众产生情感的“共鸣”,它“最切于现实的社会”,能“迎合民众的心理和兴趣,激发民众的同情”,从这一点上,它是“宣传民众教育最好的方法”。[⑤] 在定县上演的戏剧很多剧本都是量体裁衣,专为农民所写,内容多是农民关切的问题,发出的是农民的呼声。他们知道,新剧要想走进农村,“与农民生活毫无关系的当然不成,但如《屠户》一类(专为农民而写)的戏,农民对于它的爱好实在不下于青年之爱好《少年维特之烦恼》,因为那戏道出了他心里道不出的苦”。[⑥] 此外,旧剧多为“唱了几百年的老调”,很容易使人感到疲倦,而新剧至少从语言上每一句话每一个字农民都听得懂,甚至于

① 熊佛西:《平民戏剧与平民教育》,载《戏剧与文艺》,第1卷第2期,北平文化学社,1929年。

② 吴半农:《河北乡村视察印象记》,载千家驹编:《中国农村经济论文集》,中华书局1936年版,第402—404页。

③ 熊佛西:《定县农民实验剧院》,载天津《大公报》1932年11月30日第4版。

④ 晏阳初:《有文化的中国新农民》,载宋恩荣编:《晏阳初全集》第1卷,第159页。

⑤ 韦瑞墀:《民众戏剧与乡村改进》。

⑥ 杨村彬:《定县的农民戏剧实验》。

每一个动作每一个表情都容易被领会，所以农民“自然都跑到话剧台前来，最初也许是好看，慢慢也上了瘾”。[1]

但是，从长时段看，这一实验并没有给定县留下更多的痕迹，尤其是随着日军的侵入，平教会总体的南迁，戏剧实验和整个定县实验一样伴随着日军的炮火在定县销声匿迹。从这个角度来看，它是失败的。

社会动荡和时局的险恶当然为实验增加了难度，但这只是原因之一。纵观历经10年之久的定县实验，乃至全国范围的乡村建设运动，都存在着资源如经费、人才、设备等短缺的问题。虽然相比之下，平教会由于各方捐助较多，但相对于这样大规模的平教事业来说，仍显杯水车薪。就拿平教会为乡村演剧建的剧院来说，只有平教会礼堂的布置还算“极佳”，绝大多数乡村演剧设备极其简陋，可以说根本称不上剧院，“只有布幔数幅，桌椅几张，在空地举行，风雨便不容易进行”，至于布景、配光都是“大为减色”。[2] 而且当时城乡交通极为不便，演出“在城举行则四乡不便，在乡举行，则剧场困难”，所以对戏剧感兴趣或好奇的乡民只有“从二十里以外来城看戏”。[3] 久而久之，成天为生计忙碌的农民自然而然就疲惫于这种奔跑当中，对戏剧的兴趣自然减弱。

为了解决这个问题，启蒙者在理论上下了番工夫，熊佛西提出了“单纯主义”的概念，即如何使戏剧艺术又可以深入大众又可以

① 杨村彬:《定县的农民戏剧实验》。

② 杨开道:《定县的文艺教育》,天津《大公报》1934年6月7日第11版。

③ 杨开道:《定县的文艺教育》。

省钱省时。办法有三：第一，剧本应该短。第二，布景应该少更换。第三剧中人物应该简略。[①] 根据这个原则，熊佛西的剧本多是独幕、三幕或四幕短剧。剧本简短，可以节省观众的时间和制作布景的费用；布景更换少，可以节约演出成本、降低票价；而人物简略可以节约演员消耗、导演的精力甚至观众的脑力。[②] 熊佛西的设想即表现了艺术家对艺术的执着也反映了启蒙者的无奈。虽然他的戏剧单纯化在一定条件下一定时期内有一定的效果，但应该指出的是，话剧毕竟是一门复杂的艺术，如果只是简单地将其单纯化，势必会影响这门艺术的社会效果和影响力，这或许也是戏剧实验未能在定县留下痕迹的因素吧。

从主观上看，平教会一直把“愚、穷、弱、私”这些社会现象看成是中国社会问题的根源所在，所以他们改造社会的立足点本身就存在着问题。显然，通过戏剧改良来治农民的“愚”是不能成功的。这种治标不治本的方法只能使农民“拿好奇的心去赏识外，别的他们是感觉不到什么兴趣的！”[③]他们骨子里依然被“束缚于传统思想，而不能自拔”，尽管在戏剧实验热火朝天进行的时候农民曾一度的“痴迷”，甚至于对传统文艺不分青红皂白地摒弃，但是随着实验的结束，这种“痴迷”也迅速降温。所以熊佛西他们也只能是通过诸如《锄头健儿》和《屠户》之类的剧本“站在人道主义立场为一

---

① 熊佛西：《写剧原理》，第20页。

② 熊佛西：《写剧原理》，第19—21页。

③ 阎振熙：《定县实验区考察记——中华平民教育促进会河北省县政建设研究院介绍与批评》，北平：众志学社，1934年，第58页。

般被压迫同胞含冤”而不是“站在革命立场反抗帝国主义以及军阀，官僚政客，土豪劣绅”。[①]

当然不可否认艺术教育具有它特殊的社会作用，应该说在原则上它“的确是治愚的利器”，但是社会改造必须是启蒙者在深刻认识中国社会复杂问题的前提下进行的全方位改造，想单独用所谓艺术教育去治愚势必会受到中国社会条件的限制，因此也“绝不会获得所期望的成功”[②]，最终“只不过是平教会实验的理想而已”，[③]但无论怎样，它都是启蒙者通过自己的微薄之力实现乡村启蒙以达到改造社会的努力，经验也好，教训也罢，谨为后人借鉴。

① 阎振熙：《定县实验区考察记》，第78页。
② 阎振熙：《定县实验区考察记》，第79页。
③ 阎振熙：《定县实验区考察记》，第79页。

第五章　现代观念移植：以医疗卫生为例

晚清以来，西方现代卫生观念传入中国，并与中国传统文化发生激烈的碰撞。关于此类问题，学术界已有不少论述，但大都以城市为研究对象和分析背景，关于农村社会卫生观念的讨论虽有涉及，但不够深入。① 本章通过对平教会在定县所进行的卫生实验进行详细的考察，来探究以平教会为代表的知识精英们在寻求西方现代卫生观念与中国乡村社会融合过程中的实际境遇，通过对当时的报刊杂志、平教会的报告以及各种小册子等原始资料进行梳理和分析，进而回答这样一些问题：平教会对现代卫生观念的理解是什么，其传播策略是什么，为什么采取这样的策略，这些策略是否为社会各界所接受和欢迎，以及定县民众对西方卫生观念的理解如何，等等。

---

① 相关的研究可参见杨念群：《再造"病人"——中西医冲突下的空间政治(1832—1985)》，中国人民大学出版社，2006年；(美)Ka-Che Yip, "Health and Nationalist Reconstruction: Rural Health in Nationalist China, 1928—1937", *Modern Asian Studies*, Vol. 26, No. 2 (May, 1992), pp. 395—415. 等，而更多的成果来自于国内，但大都限于对平教会定县卫生实验的介绍和史料解读。

第一节 平教会的“现代卫生观念”

定县位于华北平原河北省的中部，人口约40万，其中城区人口13556人，其余90%以上皆分散于472个村落，大都为贫穷的文盲。晏阳初及其领导的中华平民教育促进会（以下简称平教会）在定县进行了十余年（1926—1937）的实验，希望把定县打造成一个“社会实验室”，旨在以“综合的、多方面的、建立在与乡村生活的社会变革有关领域的基础上的建设项目”，①寻找解决中国农民四大病症即愚穷弱私的方案。为此，平教会进行了文艺、生计、卫生、公民四大教育。在他们看来，农民是“潜在劳力”，其身体状况关系着“恢复国土发扬民族的原动力”，②是“个人和民族的最大的财富”③。然而民众因“缺乏卫生知识与习惯的训练”，致使“身体日渐衰弱”，最终“民族的力量亦日就衰弱”。④ 故乡村卫生工作与救亡图存紧密相关，以治“弱”为核心的卫生教育具有“牵一发而动全身”的作用，它关系着其他三项教育乃至定县实验的成败。为此，平教会于1929年设立了卫生教育部，用以指导定县卫生实验，希望“通过对卫生教育的改进以及对治疗与预防医学的实际应用来

① 陈志潜：《中国农村的医学：我的回忆》，四川人民出版社1998年版，第65页。

② 侯子明：《我国乡村卫生成功之途径》，《大公报》（天津）1934年5月8日，第11版。

③ J. Heng Liu, “Some Phases of Public Health Work In China”, *The Chinese Medical Journal*, vol. 49, no. 1(1934), p. 70.

④ 中华平民教育促进会：《定县的实验》，中华平民教育促进会1933年、1934年初版、再版，第93页。

建造一个体力强劲的民族”。①

平教会提出的治疗和预防相结合的现代卫生观念并非偶然,它源于近代中国医疗卫生观念的转变。19世纪中叶,传教士将西医带入中国,其初衷是服务于在华传教士,而后作为一种布道手段(称为“医务传道”)而扩及华人。但时人对西医普遍抵制,即便对疗效显著的外科也充满疑虑。据清末一位传教士医生记载,求助西医仅仅是中国人的“最后希望”,仅当中医对诸如疗伤、截肢或肿瘤切除等病症无能为力时,人们才向医院救助。② 即令如此,此时的西医仍是传统西医,其特点是,疾病只被作为治疗的对象,医生也只是消极、被动地应对疾病,而缺乏任何预防意识。当然,西方的预防医学起步也较晚,18世纪时还停留在以个体为对象进行治疗和预防的卫生学范畴,治疗与预防仍然是脱节甚至对立的,医生本身对预防也颇为冷漠甚至反感,以至美国的公共卫生组织被私人医生视为“潜在威胁”。③ 直至19世纪下半期,“预防医学”观念才正式进入人们的视野,卫生学概念才扩大为公共卫生。④ 将这一具有现代医疗观念的“预防医学”带入中国的是美国公共卫生学专家兰安生(John B. Grant,1890—1963)博士。

出生于中国宁波的兰安生1919年再次来华,担任北平协和医

① Hsun-yuan Yao, “The First Year of the Rural Health Experiment in Ting Hsien, China”, *The Milbank Memorial Fund Quarterly Bulletin*, vol. 9, no. 3(Jul., 1931), pp. 61—77.

② Harold Balme, *China and Modern Medicine: A Study in Medical Missionary Development*, London: United Council for Missionary Education, 1921, p. 66.

③ 杨念群:《再造“病人”——中西医冲突下的空间政治(1832——1985)》,第177—178页。

④ 叶葶葶主编:《预防医学》,人民卫生出版社2001年版,第2—3页。

科大学的公共卫生学教授，开始在中国推行公共卫生事业。根据他的理念，疾病是可以通过提前预防而得到有效控制的，其实施的核心是区域化(regionalization)原则，即在划定的区域内，实行环境卫生、个人疾病预防和治疗以及提供康复和区域内人力资源训练的服务，这是集身体、心理、社会和经济等诸多因素于一体的现代卫生观念。[①] 这一理念要求医院社区化，“把它目前的角色转变为一个能够提供福利、预防和流动服务、家庭护理以及住院病人护理的机构”，[②]它需要把治疗和预防相结合，并把重点放在预防上。[③] 在兰安生眼中，社区保健医疗不同于传统西医以治疗单个病人为特征的“临床医学”，它需要防治结合、使用现代流行病学技术来评价人群的卫生需求、确定工作重点并对成果做出评价[④]，即通过对社区居民的卫生、健康及疾病等状况的了解，从群体角度而非个体角度来解决健康和疾病问题。在洛克菲勒基金会的资助下，兰安生开始了建立预防医学模式的尝试，希望以此弥合预防和治疗之间的隔阂，他为此获得了“医学界的布尔什维克”称号。[⑤]

---

① Michael M. Davis, “Review on ‘Health Care for the Community: Selected Papers of Dr. John B. Grant”, in Conrad Seipp, ed., *Social Service Review*, vol. 38, no. 1(Mar. 1964), p. 103—104.

② John B. Grant, “Effective Utilization of Health Care Resources”, in Conrad Seipp, ed., *Health Care for the Community: Selected Papers of Dr. John B. Grant*, Baltimore: Johns Hopkins Press, 1963, p. 82.

③ John Grant, “Department of Public Health and Preventive Medicine, Peking Union Medical College”, in *Methods and Problems of Medical Education*, New York: The Rockefeller Foundation, 1929.

④ 陈志潜:《中国农村的医学:我的回忆》,第42页。

⑤ Charles W. Hayford, *To the People: James Yen and Village China*, New York: Columbia University Press, 1990, p. 134.

1925年,兰安生在北京创立了卫生示范站(Health Demonstration Station),即北京第一保健站,把他的理念应用于北京的社区保健医疗实践,创立了"兰安生模式"。[①] 这一理念深刻影响了他的学生、定县卫生实验的主要实施者陈志潜和他的平教会同仁。而师生二人不同的是,兰氏着重于城市的卫生工作,陈志潜则把全部精力用在对农村卫生医疗的实验。

平教会对现代卫生观念的理解则更具中国的现实性。在他们看来,中国人"卫生讲得不好",致使死亡率极高,每年多达700多万,他们直言:对中国人最大的"屠杀"并非出自战乱或盗贼,而是"疾病"。[②] 同时,一旦生病,不仅"自己不能做工,还要吃药,又要人服侍",从经济上看是非常大的损失,所以,兴办卫生事业"不是奢华,不是慈善,实在是一个经济问题"。[③] 因此,现代卫生不应只是"中古时代"医学的"对症发药"或"悬壶问世",行医也不能只是医生经营的"业",病人也不应该只有"有钱的才能请医生,无钱的只有认命",而是要赋予全新的现代卫生观念,即"拿防病为首务"、"治病为末技",这就要求在"治疗医学之外",更要提倡个人卫生"以促进个人的健康",实施预防医学"以防止传染病的发生",宣扬公共卫生"以普及医学于人群",以期达到"人人均沾医学的利益,不分地域,不分贫富"的公共卫生目的。[④] 总之,公共卫生的宗旨

---

① Ka-Che Yip, "Health and Nationalist Reconstruction: Rural Health in Nationalist China, 1928—1937," p. 401.

② 姚寻源:《甚么是卫生》,《农民》(定县)第5卷第23期,1930年1月11日。

③ 姚寻源:《甚么是"卫生"(续)》,《农民》(定县)第5卷第26期,1930年2月21日。

④ 姚寻源:《甚么是"卫生"(续)》,《农民》(定县)第5卷第25期,1930年2月11日。

不只是减少疾病或死亡，更要“促进健康延长寿命，提高工作效率，以及增加精神上之愉快；而且增加因以获得之经济利益”。①

卫生事业如此重要，当然需要有政府的支持。民国以来的历届政府也曾“为公共卫生提出了书面的计划，并实际委派了行政官员”，②并设立“卫生司”、“卫生科”等机构；③但在平教会眼中，它们不过是“模仿外国的形式”，“瞎胡抄袭外人”，“顾全门面”而已，所用之人也“全是门外汉”，所做之事不过“扫街泼水”，或是挂个“不可便溺”的牌子而已。④ 而且，即便这类“有首无尾”的工作也“与农村无直接关系”。⑤ 国民政府的投入也很少，1929 年用于卫生服务方面的资金只占总预算的 0.1%，1931 年增至 0.2%，1936 年也仅 0.7%。⑥ 随着内忧外患的加深，到了 30 年代中期，国民党连最初的那份些许热情也没有了。⑦ 所以，“欲想使这件迫切需要的事业”迅速普及全国乡村，只有依靠“我们一般同志”，“在没法中找办法，在没出路中找出路”，先“使一般知识界人士信仰，同情”，然后

① 刘瑞岳：《我从事乡村卫生工作的经验》，《大公报》（天津）1936 年 9 月 8 日，第 12 版。

② “A Rural Health Experiment in China: Milbank Memorial Fund Aids the Development of the Public Health Program in Ting Hsien”, *The Milbank Memorial Fund Quarterly Bulletin*, Vol. 8, No. 4 (Oct., 1930), p. 101.

③ 侯子明：《我国乡村卫生成功之途径》。

④ 姚寻源：《甚么是“卫生”（续）》，《农民》（定县）第 5 卷第 26 期，1930 年 3 月 1 日。

⑤ 侯子明：《我国乡村卫生成功之途径》。

⑥ Ka-Che Yip, “Health and Nationalist Reconstruction: Rural Health in Nationalist China, 1928—1937”, p. 404.

⑦ James C. Thomson Jr, *While China faced West: American Reformers in Nationalist China 1928—1937*, Cambridge: Harvard University Press, 1969, p. 124.

“再求无知识的民众自动利用”。[①]

在平教会眼中，定县的卫生状况完全可以代表中国：慢性病和传染病，如胃病、天花、霍乱等长期困扰人们的健康，而医疗设施“几乎没有”[②]，偶尔“可以找到一两个挂匾而自命为西医者，也多半是一些骗人的老手”，以至于“一般农民对整个的新医学失去了信仰”，[③]一旦患病，便求助于“无智识的巫婆，与愚昧的买药先生”，把生命“完全交在不懂医药原理人的手里”。[④] 据调查，全县472个村子中，只有270个村子有中医，其余的200多个村子，没有任何的医疗设施，甚至35％的人在死亡前没有得到过任何医疗帮助。[⑤] 不仅如此，人们卫生观念也极其淡薄，甚至所谓有教养的“中产阶级也会将牲畜养在人睡觉吃饭做饭的地方”。[⑥] “对卫生的忽视和干净水的缺乏以及对于人类粪便处理方法不当”是定县人口死亡的主要原因，这是平教会的调查结论。[⑦] 这种因缺乏公共卫生而导致的“超格死亡”，使得公共卫生具有了“社会经济的价值与社会经济的意义”，而“增进民族的经济建设的力量，不能不从农村的公共卫生做起”。[⑧]

---

① 刘瑞岳：《我从事乡村卫生工作的经验》。

② Hsun-yuan Yao, “The First Year of the Rural Health Experiment in Ting Hsien, China,” p. 62.

③ 周美玉：《乡村卫生状况的介绍》，《大公报》（天津）1932年11月2日，第8版。

④ 陈志潜：《谈定县的保健员》，《大公报》（天津）1935年3月12日，第11版。

⑤ 晏阳初：《平民教育运动的回顾与前瞻（1946年）》，宋恩荣主编：《晏阳初全集（第二卷）》，长沙：湖南教育出版社，1992年，第292页。

⑥ Hsun-yuan Yao, “The First Year of the Rural Health Experiment in Ting Hsien, China,” p. 62.

⑦ Hsun-Yuan Yao, “The First Year of the Rural Health Experiment in Ting Hsien, China,” p. 63.

⑧ 《简评：农村的公共卫生》，《民间》（北平）第1卷第6期，1934年7月，第30页。

但是，如何在乡村开展公共卫生工作？这首先必须解决两个问题：第一，建立一个什么样的医疗卫生模式来适应中国乡村的需要，即如何使现代卫生观念中国化的问题。卫生教育部的首任主任姚寻源在1929年受聘之后，便开始了建立这一模式的尝试，并做了一些带有“预防”特色的卫生工作，如在美国“米尔班纪念基金会”(Milbank Memorial Fund)的规划和监督下，进行卫生教育和宣传、建立药店、人员培训、设立保健站、接种牛痘等，还在县城建立了一所医院。米尔班对此似乎很满意，认为它取得了“超乎寻常的成功”。[①] 但姚力求建立一种“西方专业化模式”，即“以医院或医生为治疗中心、组织自上而下的治疗医学形式”，[②]这种耗资极大的模式显然不适合“经济极为有限”[③]的定县乃至整个中国乡村的医疗事业。1932年1月，陈志潜接替姚的职位，继续对乡村医疗模式进行思考。他注意到了西方医疗体系的不足，反对“把西方的做法强行用于社会经济状况与西方完全不同的无数中国人身上”。[④] 西方的预防医学与治疗医学本是两个独立的体系，对于疾病的防治十分不利，故在中国建立“一个相似的分支机构是愚蠢的”，而“如果再演化成相互独立的体系就更加愚蠢”。[⑤] “中国式

① “A Rural Health Experiment in China: Milbank Memorial Fund Aids the Development of the Public Health Program in Ting Hsien”, p. 103.

② Charles W. Hayford, *To the People: James Yen and Village China*, p. 134.

③ “A Rural Health Experiment in China: Milbank Memorial Fund Aids the Development of the Public Health Program in Ting Hsien”, p. 107.

④ Charles W. Hayford, *To the People: James Yen and Village China*, p. 135—136.

⑤ Ch'en Chih-ch'ien, “Scientific Medicine as Applied to Ting Hsien: Third Annual Report of the Rural Public Health Experiment in Ting Hsien, China”, *The Milbank Memorial Fund Quarterly Bulletin*, Vol. 11, No. 2(Apr., 1933), p. 101.

新型医疗模式"的建设，应当"利用我们的历史和社会条件的优势"，通过"实验研究来找出解决我们卫生问题的方法"，使预防治疗合二为一，彰显"医疗护理和预防活动相结合"的"显著特征"。[1]第二，如何降低包括经济与人力在内的成本问题。过高的成本会挑战农民的承受力，姚寻源时期的诊所 6 个铜板的挂号费就吓走了很多农民。[2] 这就要求乡村卫生工作者必须"以少数的钱，办出较多有用的事业"[3]，"以最经济之组织，推进最简单之事业。"[4]人力资源的缺乏不只是定县的问题，也是全国医疗界的问题。直到 20 年代，登记注册的医师只有 4000 多，即每 10 万人 1 名医生，有些省区甚至只有一个合格的医生。[5] 而且，90％以上的医生分布于城市及周边，农村实难得益于科学医药。[6] 因此，指望城里的"白大褂"下乡是不现实的，只能想办法在乡下寻找可以立即穿上"白大褂"的人。[7]

由此，陈志潜总结到，要在农村建立一个有效的卫生管理和服务体系，必须基于四个前提：首先，它必须立足于作为基础行政单

---

① "A Rural Health Experiment in China: Milbank Memorial Fund Aids the Development of the Public Health Program in Ting Hsien", pp. 103—107.

② Charles W. Hayford, *To the People: James Yen and Village China*, p. 134.

③ 袁植群：《青岛邹平定县乡村建设考察记》，成都开明书店经销（出版社不详），1936 年，第 99 页。

④ 陈志潜：《定县社会改造事业中之农村卫生实验》，《大公报》（天津）1934 年 1 月 23 日，第 11 版。

⑤ Harold Balme, *China and Modern Medicine: A Study in Medical Missionary Development*, p. 71.

⑥ 邱少陵：《我国农村医院的需要》，《民间》（北平）第 1 卷第 24 期，1935 年 4 月。

⑦ 杨念群：《再造"病人"——中西医冲突下的空间政治（1832—1985）》，第 178 页。

位的村落；其次，其所涉及的费用必须符合村落的经济资源；第三，人力资源必须就地取材，而不能主要依靠外援；第四，村行政组织必须协助相关活动的开展。[①]

第二节 社区医疗模式乡土化尝试：三级保健体系的确立

卫生工作的展开首先必须基于适当的医疗卫生模式的建立。受兰安生社区医学模式的影响，陈志潜认为农村医疗社区化是“通向每一个人而并非城里的少数幸运者”的有效途径。[②] 这样，在姚寻源前期工作基础上，又经过 1932 年 1 月至 1937 年 7 月五年半时间的实践，平教会建立了以村保健员、区保健所、县保健院为纽带的三级乡村卫生体系。

保健员是体系的核心。每村设立 1 名保健员，他们都是 20 至 35 岁的“全职农民”，[③]选自“忠实可靠”和“身体健全”的同学会会员，[④]由于不受薪，保健员很容易在“没有适当的认可和赏识”情况下“失落”道德标准，[⑤]所以平教会利用同学会来管理保健员。同学会是平教会在乡村推行“四大教育”的基层骨干力量，被授予较

---

① 陈志潜：《中国农村的医学：我的回忆》，第 86 页。

② 陈志潜：《中国农村的医学：我的回忆》，第 86 页。

③ C. C. Ch'en, “The Development of Systematic Training in Rural Public Health Work in China”, *The Milbank Memorial Fund Quarterly*, Vol. 14, No. 4 (Oct., 1936), p. 374.

④ 《河北省县政建设研究院工作概况（续）》，《河北月刊》（保定）第 4 卷第 7 期，1936 年，第 4 页。

⑤ 陈志潜：《中国农村的医学：我的回忆》，第 89 页。

大的管理乡民权力。他们拥有挑选、罢免和任用保健员之权;[①]保健员上岗时,还要受同学会1周左右的“在职监督”。[②] 当然,保健员也享有某些优待,如免费到保健所或保健院看病;由保健员介绍来保健所诊治的病人只收半价;如能尽职,年终由同学会提供奖金,以资鼓励。[③] 奖金一般不超过8元,[④]更多是“口头表扬”。[⑤] 若工作表现不好,则罢免之。[⑥] 保健员使得“各村落如人体的细胞一样组织起来”,成为传递现代卫生信息、链接村民和平教会知识分子的纽带,使各种信息“如同人体营养可以直达各细胞一样的自然与便利”。[⑦]

选中的保健员需经过10天培训。培训的目的不只是传播信息,更是使保健员和其上级保健所之间建立一种良好的监督与被监督的工作关系。[⑧] 培训地点设在中心地带的小学或保健所,以便学生可以通勤,节省住宿的花费。同时采取少许物质鼓励,如中

① 郭常升记:《定县卫生工作——定县平民教育促进会卫生教育部主任陈志潜先生八月一日在卫生署演讲》,《大公报》(天津)1933年9月5日,第11版。

② Charles W. Hayford, *To the People*: *James Yen and Village China*, p. 137.

③ 黄鹏:《定县卫生教育的近况》,《大公报》(天津)1935年7月30日,第11版。

④ 许同莘:《定县平民教育促进会访问记》,《河北月刊》(保定)第1卷第5期,1933年5月,第7页。

⑤ C. C. Ch'en, "The Development of Systematic Training in Rural Public Health Work in China", p. 375.

⑥ C. C. Ch'en, "Public health in Rural Reconstruction at Ting Hsien: Fourth Annual Report of the Rural Public Health Experiment in China", *The Milbank Memorial Fund Quarterly*, Vol. 12, No. 4(Oct., 1934), p. 372.

⑦ 郭常升记:《定县卫生工作——定县平民教育促进会卫生教育部主任陈志潜先生八月一日在卫生署演讲》。

⑧ 陈志潜:《中国农村的医学:我的回忆》,第103页。

午提供午餐，按成绩发给少量奖金等。[①]

培训的步骤依据一份专门的教学大纲，大纲内容充分体现了以监督和实践为主、课堂讲解为辅的教学方法。大纲分7课讲授：第1课为一般卫生问题，如感染伤口的处理、防腐剂的使用、眼睛清洁的必要性、避免沙眼，以及勤洗衣服以预防虱子等；第2课讨论供水与公厕的修建、天花与霍乱的预防接种技术；第3课是复习课和预防接种技术实践练习；第4课探讨清洁、消毒与急救箱的使用，讲述吸食鸦片的危害、一氧化碳中毒的危害，使学生熟悉奎宁栓剂和金属子宫颈环和豆浆在婴儿喂养中的价值；第5课为包扎伤口及急救技术的实习；第6课为复习课，附带指导学生填写生命统计表；第7课为临床内容以及使用某些药品和转送病人到保健所的程序。[②] 授课教师一般为保健所的医生，这种安排也有利于在师生之间建立起尊重与信任的关系。[③]

受训后的保健员可以掌握三项技能：统计生死、施种牛痘和急救处理。[④] 每人配有一个价值3元的急救箱，[⑤]箱内配备枸机酸铜膏，蛋白银水、硫酸锌、碳甘油、碘酒、白降汞膏、韦氏膏、二锅头酒、阿司匹林、苏打等药品，也备有绷带、纱布、棉花球、棉花棍、胶带、

① C. C. Ch'en, "The Development of Systematic Training in Rural Public Health Work in China", p. 374.

② 陈志潜：《中国农村的医学：我的回忆》，第102—104页。

③ C. C. Ch'en, "Scientific Medicine as Applied in Ting Hsien: Third Annual Report of the Rural Public Health Experiment in China", *The Milbank Memorial Fund Quarterly Bulletin*, Vol. 11, No. 2(Apr,. 1933), p. 115.

④ C. C. Ch'en, "Scientific Medicine as Applied in Ting Hsien: Third Annual Report of the Rural Public Health Experiment in China", p. 114.

⑤ C. C. Ch'en, "Scientific Medicine as Applied in Ting Hsien: Third Annual Report of the Rural Public Health Experiment in China", p. 116.

压舌板、玻璃棍、滴管(两个)、剪刀、镊子等器具,以便处理沙眼、爆发眼、眼泪多、耳底子、皮肤红肿、皮肤有毒、头癣及身癣、伤风头痛、胃吐酸水等简单病症。[①] 据统计,仅在1932年12月,15名保健员就进行了1225次的治疗处理和318口水井的消毒工作。[②] 当然,他们不得滥用药箱,稍有疑惑的病症,必须开据介绍书送病人到保健所,不得擅自处理。[③] 简单的预防疾病和医疗处理,使保健员不致犯严重错误,且又能协助专业医师减少病人的不适。

由于平教会开展卫生工作需要尽可能确切的依据,所以生死统计也是保健员的重要工作。平教会之所以责成保健员执行,是因为他们都是乡土中人,工作比较便于开展。1932年生命统计工作开始进行,旨在找出疾病和死亡的原因及不同病例可被防治的比例。根据他们的调查,粗出生率与死亡率分别为31.13和32.16。死因为新生儿破伤风、肠胃病、肺结核以及猩红热、麻疹、天花等各类传染病。另据2030例死亡报告分析,各种病例中,有37%完全可以预防,至少32%的人若早期成功治疗,情况会更好些。[④] 5岁以下人口死亡占全部死亡人口的44.5%,其死因多为痢疾、猩红热、肺结核、新生儿破伤风与黑热病等,两岁以下儿童腹泻与肠炎的死亡率是每10万人有200人。1933年的调查显示,

---

① 陈志潜:《定县社会改造事业中之农村卫生实验》。

② C. C. Ch'en, "Scientific Medicine as Applied in Ting Hsien: Third Annual Report of the Rural Public Health Experiment in China", p. 116.

③ 陈志潜:《定县社会改造事业中之农村卫生实验》。

④ C. C. Ch'en, "A Practical Survey of Rural Health", *The Chinese Medical Journal*, 47(1933), p. 681.

产妇死亡率为1.3%。[1] 1934年的调查发现，产后败血症、新生婴儿破伤风的死亡率以及与分娩有关的问题较前有所下降。[2] 此后，调查范围不断扩大，取样的人数也逐年增多，1934年，取样人口达到103087人，几乎是全县的四分之一。这一年报告有2667人出生和2997人死亡。[3] 到1936年，调查人口达到17万人；报告的数量由1933年的791次增加到1936年的7742次。[4]

保健员制度最大的特点是"非专业化"，[5]平教会以此来解决农村无法供养专业医护的矛盾，[6]他们不能代替专业医生，却能大大缓解人力财力资源的短缺。作为当地农民，他们比外来人员更容易被乡土社会所信赖；[7]又由于受到"伦理网络"的制约，他们"不好意思提出报酬要求"。[8] 陈志潜自豪地说，"最后的四年(1932—1935)经验表明，保健员所做的工作比专业人员要多，但是花销却是专业人员花费的十分之一"，无疑，"若无保健员的非专业性协助，专业人员的影响就永远不会渗透到如此之多的村落之中，

---

① C. C. Chen, "Public Health in Rural Reconstruction at Ting Hsien: Fourth Annual Report of the Rural Public Health Experiment in China", p. 374.

② 陈志潜：《中国农村的医学：我的回忆》，第96—97页。

③ C. C. Ch'en, "The Development of Systematic Training in Rural Public Health Work in China", p. 370.

④ C. C. Ch'en, "Ting Hsien and the Public Health Movement in China", *The Milbank Memorial Fund Quarterly*, Vol. 15, No. 4(Oct. 1937), pp. 382—383.

⑤ C. C. Ch'en, "The Development of Systematic Training in Rural Public Health Work in China", p. 374.

⑥ C. C. Ch'en, "The Second Year of the Rural Health Experiment in Ting Hsien, China", *The Milbank Memorial Fund Quarterly Bulletin*, Vol. 10, No. 1 (Jan., 1932), p. 65.

⑦ 陈志潜：《中国农村的医学：我的回忆》，第87页。

⑧ 杨念群：《再造"病人"——中西医冲突下的空间政治(1832—1985)》，第185页。

医学知识向农民生活的流动就只是空想而已”。[①]

为了对保健员的“非专业化”操作进行有效监督,平教会在每3万人口左右的区域设立一个保健所。[②] 保健所设于实验区繁盛之地,以方便患者就诊。1932年到1934年,定县全境陆续设有8个区保健所,管辖80村的80个保健员。这八区分别为:城区(10个保健员)、李亲顾区(11个保健员)、西坂区(7个保健员)、清风店区(4个保健员)、马家寨区(4个保健员)、西建阳区(15个保健员)、明月店区(15个保健员)、东亭区(14个保健员)。[③] 到1936年,全县已有151个村设有保健员,[④]覆盖了全县三分之一的人口,这可以说是平教会卫生工作的“最著名的成功”。[⑤]

开办一个保健所费用在百元左右,[⑥]每所配有医生1人,护士1人,助理员1人。[⑦] 鉴于定县“人口的购买能力”,平教会只能用省级即“B级医学校的毕业生”来担任保健所医生。[⑧] 到1934年,保健所的医生除一人来自北平国家医学院外,其余皆是河北省医学院(保定府)的毕业生。[⑨] 由于这些学校的课程设置“不切实

---

① C. C. Ch'en, “The Development of Systematic Training in Rural Public Health Work in China”, pp. 373—374.

② 许同莘:《定县平民教育促进会访问记》,第7页。

③ 《河北省县政建设研究院工作概况(续)》,第6页。

④ C. C. Ch'en, “Ting Hsien and the Public Health Movement in China”, p. 387.

⑤ Charles W. Hayford, *To the People: James Yen and Village China*, p. 137.

⑥ 湖北地方政务研究会调查团:《调查乡村建设纪要》,国民政府军事委员会委员长行营,1935年3月,第20页。

⑦ 许同莘:《定县平民教育促进会访问记》,第7页。

⑧ C. C. Ch'en, “Scientific Medicine as Applied in Ting Hsien: Third Annual Report of the Rural Public Health Experiment in China”, p. 118.

⑨ C. C. Ch'en, “The Second Year of the Rural Health Experiment in Ting Hsien, China”, p. 67.

际”，对学生的训练“差劲”，忽视无菌操作，诊断也经常失误，护理教育也欠缺，[1]使得毕业生“既不适合在机构里做，也不适合个体行医”，所以上岗前需接受2年的在职培训。第一年主要是课堂教学与现场实习，从9月到转年的6月，每周授课一次，每月探讨一个专题，如一般农村卫生问题、无菌操作与基础护理实践、诊断技术、健康教育与学校卫生、村保健员的培训与监督、农村公共卫生原则、天花防治、环境卫生、农村医疗援助、农村卫生实践中的管理问题等。[2] 第二年则是在专家的监督和担负责任的活动中进行现场实习，这一点借鉴了欧美公共卫生学院的经验。平教会十分重视现场实习，认为医生应该“在做中学”，这样才能保证质量，因为保健所医生的质量是保障保健员质量的前提。[3] 保健所职员收入微薄，医师月薪40元，助理人员月薪在10—15元。[4] 保健所除监督保健员外，还负责灌输卫生常识、治疗较重疾病、实行预防注射和监督村中产婆等卫生工作。[5]

保健所平均每月经费70元，全年平均经费800元，[6]最多不超过1200元，平摊到每项工作之中，合大洋5分左右。[7] 即令如此，它们的功能却是不可小觑。马家寨（1932年4月）与西建阳

① C. C. Ch'en, "The Development of Systematic Training in Rural Public Health Work in China", p. 376.

② 陈志潜：《中国农村的医学》，第105—106页。

③ C. C. Ch'en, "The Development of Systematic Training in Rural Public Health Work in China", p. 385.

④ 湖北地方政务研究会调查团编述：《调查乡村建设纪要》，第20页。

⑤ 黄鹂：《定县卫生教育的近况》。

⑥ 湖北地方政务研究会调查团：《调查乡村建设纪要》，第20页。

⑦ 陈志潜：《定县社会改造事业中之农村卫生实验（续）》，《大公报》（天津）1934年1月30日，第11版。

(1932年12月)均属首批设立的保健所,后者每日接待10余本村人,稍后扩及附近各村,每周救治200人。[①] 仅在设立当年,这两个保健所就完成了如下繁多的任务:卫生教育谈话124次,21900人次参加,分发书册等宣传品2671册;接种天花5645人,霍乱6230人,伤寒93人,白喉63人;开诊22126次,医治病人7534人,出诊601次。[②] 平教会由此感到,保健员制度的成功依赖于保健所,即"哪里有精力充沛的保健所医生,哪里就有优秀的保健员",[③]若没有保健所,保健员就会"因缺少密切的监督和不断的鼓励"而对卫生工作失去兴趣和信心,而保健院也会"因为交通的困难而只能接触到极少部分的人"。[④]

全县最高卫生机构是保健院,即平民医院,1933年6月在城区建成,占地约40亩,[⑤]配有检验室,讲堂,病房,汽管等现代设备,[⑥]最多时设有50张病床,建筑费2.8万元。其内部设备和供应品较为简约,如病床是简易支架结构,被单由当地生产,手术台也是由当地简易搭建,其费用是进口手术台的六分之一。[⑦] 由于门诊由保健所负责,故保健院不设门诊,只有住院部和急诊,[⑧]负

---

① 许同莘:《定县平民教育促进会访问记》,第7页。

② C. C. Ch'en, "Scientific Medicine as Applied in Ting Hsien: Third Annual Report of the Rural Public Health Experiment in China", p. 119.

③ C. C. Ch'en, "The Development of Systematic Training in Rural Public Health Work in China", p. 375.

④ C. C. Ch'en, "The Second Year of the Rural Health Experiment in Ting Hsien, China", p. 78.

⑤ 湖北地方政务研究会调查团:《调查乡村建设纪要》,第20页。

⑥ 许同莘:《定县平民教育促进会访问记》,第7页。

⑦ 陈志潜:《中国农村的医学:我的回忆》,第94—95页。

⑧ 郭常升记:《定县卫生工作——定县平民教育促进会卫生教育部主任陈志潜先生八月一日在卫生署演讲》。

责医治保健所无法处理的较重患者。保健院有男女医师各1人，助理医师2人，男女护士8人，药剂士1人，检验士1人，事务书记及助理员6人，[①]分内科、外科、妇产科，及小儿科。病人挂号费为2角，普通住院病人每日每人4角。[②] 1933年保健院共接受由保健所转来的病人418人，其中，67.7%为男性，32.4%为女性，平均住院天数为15天。[③] 保健院的经费分实验经费和推行经费。实验经费由平教会拨发，推行部分由县库拨发，院长月薪250元，医师100—200元，护士月薪在15—30元。[④] 按照平教会的计划，保健院全年只需14400元，若全县设有450个保健员、12所保健所和1个保健院，则全县每年只需34550元。此费用若全县均摊，则每家每年担负4.5角，平均每人每年担负9分钱，[⑤]按照这个标准农民是可以承担的。

保健院担负的责任非常广泛，包括调查、研究、统计、预防、供给材料、训练人才、治疗、解决社会各种卫生问题如戒毒、节育，而绝不仅仅是医病。[⑥] 保健院与保健所通过电话、探访和轮流值班等方式保持密切联系，最重要的沟通方式是每周末都定期召开一次全体医生参加的常规会议。[⑦]

---

① 《河北省县政建设研究院工作概况(续)》，第4页。

② 黄鹏：《定县卫生教育的近况》。

③ C. C. Ch'en, "Public Health in Rural Reconstruction at Ting Hsien: Fourth Annual Report of the Rural Public Health Experiment in China", p. 374.

④ 湖北地方政务研究会调查团：《调查乡村建设纪要》，第20页。

⑤ 陈志潜：《定县社会改造事业中之农村卫生实验(续)》。

⑥ 许同莘：《定县平民教育促进会访问记》，第7页。

⑦ C. C. Ch'en, "The Rural Public Health Experiment in Ting Hsien, China", p. 68.

在三级保健体系的作用下,治疗范围逐年扩大(如表 5－1 所示),医疗技术也表现不俗,仅 1935 年就做了 259 例无任何失误的手术,[①]1936 年,进行了 272 次手术,各类诊断检查 7567 次,207 次出诊。[②] 各种资料足以显明定县卫生工作的成效。到 1937 年时,陈志潜自豪地说,人们已认识到了"保健员的价值",保健员已经成为"农村日常生活中的必需成分"。[③] "人们寻诊进行疾病的医疗救济比以往要早得多",由保健所医生介绍到保健院的病人 40%以上都听从医生的建议,不再自作主张。[④]

表 5－1　三级保健体系下救治病人情况表

年度	1932	1933	1934	1935	1936
保健院收治病人数	224	418	515	626	614
病人住院天数	2771	6162	7755	10537	12807
保健所治疗会诊次数	22126	26764	41929	67898	69839
保健员急救次数	4109	22418	68624	137138	200755

资料来源:该表格根据陈志潜向其资助者米尔班纪念基金会(Milbank Memorial Fund)提交的第 5 年度报告"The Rural Public Health Experiment in Ting Hsien"和第 6 年度报告"The Development of Systematic Training in Rural Public Health Work in China"以及 1936 年年度报告"Ting Hsien and the Public Health Movement in China"绘制。

三级保健体系是社区医学模式在定县的体现,它使村落成为

① C. C. Ch'en, "The Development of Systematic Training in Rural Public Health Work in China", p. 372—373.

② C. C. Ch'en, "Ting Hsien and the Public Health Movement in China", p. 388.

③ C. C. Ch'en, "The Second Year of the Rural Health Experiment in Ting Hsien, China", p. 67.

④ C. C. Ch'en, "The Development of Systematic Training in Rural Public Health Work in China", p. 373.

乡村中国的基本社区单位。在这个模式中，县级、区级、村级定期会晤，专业与非专业人员有效合作，形成相互支持的“网络作用”一体化，[①]使“影响百姓生活的建设性措施”有效地“深入到村落中”，[②]从而使农民接触到现代医学。以这个体系为依托，定县的卫生工作也被赋予新的内涵。

第三节　乡土医疗的新内容：传染病管理、妇女与儿童

平教会的卫生工作不仅表现在建立防治结合的现代卫生体系的实践方面，也体现在传播与普及现代卫生观念上。这集中体现在传染病的管理、青少年卫生教育和妇幼保健几个方面。

(1) 传染病的预防和治理。传染病频繁发生仍因农民卫生观念淡薄，所以平教会通过开展卫生运动来提高农民的卫生意识。首先，改良水井。提高井口的高度并安装公用取水桶，以便防止井水污染。[③] 1936 年西建阳村改良 5 口井，马家寨改良 4 口，李亲顾改良 12 口。[④] 饮用水源的改良可以有效防止消化系统传染病的发生。其次，鼓励农民养成洗澡的习惯。为此平教会建了 3 个浴室，1934 年，在城区的一个浴室建成的两个月内，小学生免费洗浴 1770 人次。他们对这个“新鲜事物”兴趣盎然，为了洗澡要“步行

---

① 陈志潜：《中国农村的医学：我的回忆》，第 96 页。

② C. C. Ch'en, "A Proposed Basic Medical Curriculum", *The Chinese Medical Journal*, Vol. 49, No. 9(1935), p. 862.

③ 陈志潜：《中国农村的医学：我的回忆》，第 98 页。

④ 《河北省县政建设研究院工作概况(续)》，第 7 页。

两三英里的路”,而且洗完都会“问他们的老师什么时候再回来洗”。[①] 1935 年浴池开放了 121 次,8500 人入浴。保健员洗澡也免费,其余每人 1 分钱,[②]1936 年小学生洗澡多达 15509 人次。[③]平教会感到这一举措是有效预防皮肤传染病的重要途径。第三,开展灭蚊蝇运动。蚊蝇是传染病发生的重要媒介,可是农民对此几乎没有意识,大部分农民认为苍蝇不仅“无害”,而且“有益”,甚而以为夏天的剩饭剩菜只有苍蝇先吃,才能证明没有毒。[④] 有鉴于此,平教会于 1929 年即通过海报、模型示范和演讲进行灭蝇宣传,鼓励全县展开捕杀运动,规定捕 100 只苍蝇可得 2 枚铜板,于是人们带着抓到的苍蝇“从 10 里以外赶来”,开始以为苍蝇是为了用药,可知道真相后,很多人都感到“惊讶和怀疑”,一些人“没要铜板就走了”。警察也自发地参与活动,劝说小商贩保护食品不受苍蝇污染。当地驻军也因受平民教育之惠,而以“行军礼”、尊称“大先生”来表达对平教会的尊敬。妇女的反应也很积极,她们会排演一些“既有娱乐性又有教育意义的关于卫生方面的戏剧”,农民观众踊跃观看,很多人都是“来自邻村”。[⑤] 平教会还通过定期为各村村长开会,向他们灌输卫生常识,如 1929 年至 1930 年度分别在考棚和翟城开设卫生课程,当村长们了解到细菌、破伤风、苍蝇的

① C. C. Ch'en, “The Second Year of the Rural Health Experiment in Ting Hsien, China”, p. 72.

② 陈志潜:《中国农村的医学:我的回忆》,第 98 页。

③ C. C. Ch'en, “Ting Hsien and the Public Health Movement in China”, p. 389.

④ Hsun-yuan Yao, “The First Year of the Rural Health Experiment in Ting Hsien, China,” p. 76.

⑤ Hsun-yuan Yao, “The First Year of the Rural Health Experiment in Ting Hsien, China,” p. 76.

危害，都感到“非常惊讶”，因为这些是“他们祖辈所不知道的”。[①]

开展卫生运动的同时，平教会对天花和霍乱等传染病进行了治理。种痘工作始于 1930 年 3 月，由卫生部与县政府联合领导，参加的人员主要是平民学校或培训学校的学生，他们将处理过的缝衣针代替进口的注射针，棉球用白酒浸泡消毒，总共为 21605 人接种，约占全县的 5%。[②] 1934 年秋至 1935 年春，种痘者达 33158 人，其中，男 22647 人，女 10511 人，初种者 9843 人。[③] 种痘人数逐年增加，从 1930 年至 1936 年 7 年中，种痘人数依次为 2630、3216、4914、13939、31785、37746、47168，种痘范围由研究区推广到全县。[④] 50%以上的接种针对 1 岁以下儿童，3 岁以下儿童初种率也逐年增高，从 1933 年的 66.9%增至 1936 年的 84.3%。种痘费用也不高，若由技术人员负责，全年只花 1000 元就可种痘 47000 人，平均每人 2 分钱，而由保健员负责，可低至不到 1 分钱。接种技术也大为提高，有效率到 1936 年已达 95.3%。[⑤] 经过 7 年的防治，天花在定县基本绝迹。霍乱的防治也是一个成功案例。1932 年 7 月 27 日，一位外出打工的农民在外感染霍乱后死亡，霍乱开始在城区蔓延，到 8 月 10 日时，已有 26 人死亡和 11 例病患，于是防治委员会雇佣了警察来搜寻患者和监督病人入院医治，结果 45

---

① Hsun-yuan Yao, "The First Year of the Rural Health Experiment in Ting Hsien, China," p. 77.

② Charles W. Hayford, *To the People: James Yen and Village China*, p. 133.

③ 《河北省县政建设研究院工作概况(续)》，第 6 页。

④ 俞焕文：《定县种痘七年经过》，《民间》(北平)第 3 卷第 15 期，1936 年 12 月。

⑤ C. C. Ch'en, "Ting Hsien and the Public Health Movement in China", p. 386.

例住院患者无一例死亡。[①] 到 1934 年华北地区的一次霍乱流行时,定县只有极少数病人,且都得到治愈,[②]1936 年,每 10 万人中只有 1 人死于霍乱。[③]

表 5-2　1934—1936 年几类传染病每 10 万人中死亡人数对比

	痢疾	肠炎	肺结核	天花
1934	102	75	208	4
1935	230	200	178	10
1936	53	30	141	3

资料来源:该表格依据 C. C. Ch'en,"Ting Hsien and the Public Health Movement in China"的内容绘制。

经过对传染病的治理,定县的死亡率逐年下降,如在 22400 人口的登记区域,粗死亡率在 1932 年、1933 年和 1934 年分别为 31.6%、27.2%和 22.6%,[④]特别是从前的重要死因,如痢疾、肠炎者和肺结核等病的死亡人数在 1934—1936 年间呈下降趋势(如表 5-2 所示)。

(2) 青少年卫生教育。平教会感到,改变"深入扎根于中国社会的传统习俗"的"最短路径",是教育"在校年轻一代"。与平校成人学生相比,小学生尚未形成固定的心理和生理模式,易于接受新事物和形成新习惯。另外,小学生的健康状况也急需改观,调查结

---

① "Hygiene and Public Health: Cholera Epidemic in Ting Hsien", *Chinese Medical Journal*, Vol. 46 (1932), pp. 1214—1215.

② 陈志潜:《中国农村的医学:我的回忆》,第 95、99 页。

③ C. C. Ch'en, "Ting Hsien and the Public Health Movement in China", p384.

④ C. C. Ch'en, "The Second Year of the Rural Health Experiment in Ting Hsien, China", p. 70.

果显示,学校学生患病者中,以患沙眼(占 60%)、耳脓(占 15%)、皮肤病者(占 21%)为最多。[①] 这些病医治不难,只要如法医治,很容易克服。调查还发现儿童生活习惯尤其在睡眠、饮食和清洁方面存在问题。不良姿势和体格、营养不良、疾病的发生都与这三方面有密切关系,因此呼吁学校教师要从此三方面着手,培养学生“健全的生活”。[②] 调查中还发现有 9.6%的学生定期缺课的主要原因是“在家里干活”和“生病”,这使学生的总缺勤率高达 29%。[③] 故小学卫生教育对于“农村社区保健意识和习惯”的形成“极其重要”。[④] 为此,平教会展开了一系列活动。

首先是改变学生不良生活习惯,“培植其健全的生活”。生理卫生要做到:睡眠要有规律,保证睡眠时间占生活时间的一半;饮食方面,注重营养;注意“内部与外部的清洁”,养成清洁的习惯。心理卫生重在培养儿童的团体精神,即与环境的和谐关系。由于卫生习惯的训练是行为态度习惯的训练,而不只是知识的训练,所以在课程设置上不再采用“宗教式”或“机械化”教育,而是借用“生物学的观点”,即生物是活动的和不断变化的,为此,健康教育的课程分为能预测到的生活训练和预测不到的生活变迁训练。选择教材的标准不仅在于刺激欲望、改变行为和传达知识,还更注意实地

---

① 许同莘:《定县平民教育促进会访问记》,第 7 页。

② 陈志潜:《农村健康教育》,《大公报》(天津)1934 年 1 月 9 日,第 11 版。

③ C. C. Ch'en, "Sickness, An Important Cause of Absenteeism in Rural Schools", *Chinese Medical Journal*, Vol. 47(1933), pp. 594—595.

④ C. C. Ch'en, "An Experiment in Health Education in Chinese Country Schools", *The Milbank Memorial Fund Quarterly*, Vol. 12, No. 3 (Jul., 1934), pp. 233—234.

卫生工作,使儿童“深受卫生设施的利益”。① 对小学生的健康教育在一、二年级强调卫生习惯的培养,三年级重在生理卫生教育,四年级则重在社区卫生方面。②

考虑到学校的经济承受力,每12所学校联合聘请一位公共卫生专业护士,担任1000—1500名学生的卫生教育工作,③会节省大量经费,每校医药费9元,开办费14元再加上分摊的护士月薪35—50元,学生每年只需负担5角钱左右,即可享受治疗和预防保障。据北平第一卫生事务所第十年年报报告,同时期的城市中,甲种学校学生人均卫生年费2.37元,乙种学校需1.2元,平均在2元左右。④ 相比之下,定县的学生负担不大。

平教会在其报告中记载,护士负责每星期的全校视察和指导,以及对学校卫生环境如厕所、井水、窗户、光线等设法改良,⑤每周至少讲授一次卫生课,到1935年,护士共讲演1599次,共有73479人次听讲,总共与1738人进行了1140次的个人谈话。⑥ 护士还负责矫正诸如沙眼、头癣、牙病、耳脓等疾病,1936年进行了多达320000次的矫治。其中,沙眼患儿中25%得到治愈,30%明显好转;头癣患儿中67%痊愈;168名儿童的牙齿得到矫正;38%

① 陈志潜:《农村健康教育》。

② C. C. Ch'en, "Ting Hsien and the Public Health Movement in China", p. 389.

③ C. C. Ch'en, "The Development of Systematic Training in Rural Public Health Work in China", p. 380.

④ 李芳兰:《定县乡村学校卫生实施概况》,《大公报》(天津)1936年4月14日,第11版。

⑤ 周美玉:《乡村护士事业》,《大公报》(天津)1932年12月20日,第8版。

⑥ 李芳兰:《定县乡村学校卫生实施概况》。

的耳脓患儿得到治愈。[①]

教师是农村教育的“唯一可能的代理人”，但他们多来自师范学校，往往注重教育教学理论，而忽略实际问题，脱离农村现实，所以平教会对教师进行了培训，使他们掌握最“实用的”卫生教育方法，[②]如沙眼和头癣等简单病症的处理、及时送病人看医生、随时留意传染病象；定期检查学生清洁状况、监督卫生队、筹划经费；管理饮水缸、药箱、大面镜等设备；开设健康教育课程；注意儿童活动、收集最佳教材来源；以身作则，以为学生的榜样。[③]

平教会另编二册《卫生教育指南教师用书》，分别针对一、二年级的学生。第一册的内容共17课，包括我爱清洁、常洗澡、保持鼻手干净、使用手绢、使用自己的脸盆毛巾、洗头、饭前洗手、规律饮食、细嚼慢咽、多喝水、只喝开水、用自己杯子喝水、规律排便、我爱阳光、我开着窗户睡觉、预防头癣、预防重病；第二册大约10课，包括发育的美好、发育的衡量、衡量的标准、发育与姿势、姿势的训练、蔬菜（三课）、豆制品、美的外表。[④] 1932年，经教师亲手治疗沙眼474例，其中153例（32.4%）得到治愈或好转，头癣143例，好转治愈73例（51.3%）；1933年则比例更大：529例沙眼，治愈好转279例（52.7%），头癣66例，治愈好转51例（77.3%）。[⑤]

---

① C. C. Ch'en, "Ting Hsien and the Public Health Movement in China", p. 389.

② C. C. Ch'en, "An Experiment in Health Education in Chinese Country Schools", p. 235.

③ 陈志潜：《农村健康教育》。

④ C. C. Ch'en, "An Experiment in Health Education in Chinese Country Schools", pp. 242—244.

⑤ C. C. Ch'en, "An Experiment in Health Education in Chinese Country Schools", p. 238.

平教会还采取导生制来监督学生的卫生状况。高头村的中心组织示范小学就采用了这种教育方法：学生分成若干小队，每个小队设一名卫生导生，专门负责清洁检查工作。箭亭小学在城内，有学生约 50 人，学生列队，由队长检查同学的双手、口腔、颈项及手巾。没有达到要求的学生则受到批评和警告。[①] 不仅如此，由导生组成的卫生队还要每月定期开会，探讨卫生问题，会上还有人做记录，会议的内容也饶有趣味，以城东 3 里处的某一学校为例，从中可窥见学生参与卫生健康教育的热情：

> 时间：1932 年 11 月 11 日下午 4 点
>
> 主持人：田队长
>
> 记录：王
>
> 仪式
>
> 讨论指甲问题。指出卫生队队员的指甲过长，长指甲容易脏。
>
> 决定：从现在起，由队副负责警告指甲过长的队员，所有指甲必须剪断保持干净。[②]

这些活动取得了一定的成效。仅 1935 年，进行环境卫生改良的学校就达 67 所，涉及学生总数 5920 人。其中，改良水井者 34 所，改良厕所者30所，改良水缸45所，设置开水饮用设施26所，

---

① 黄鹂：《定县卫生教育近况》，《大公报》（天津）1935 年 7 月 30 日，第 11 版。

② C. C. Ch'en, "An Experiment in Health Education in Chinese Country Schools", p. 241.

表 5-3 1935 年经过体检的 5512 名小学生的缺点纠正情况表

	患病人数	患病率(%)	治愈人数	治愈率(%)
沙眼	2279	50.4	669	24
头癣	298	5.4	139	48.1
耳脓	125	2.3	45	36
牙病	1185	21.1	318	27

资料来源:根据李芳兰《定县乡村学校卫生实施概况》,《大公报》(天津)1936 年 4 月 14 日,第 11 版的内容绘制。

设置消毒水饮用设备 32 所;另外,还设置了 1546 个脸盆,167 个痰盂和 3590 个茶杯。与此同时,平教会还对 5512 个学生进行了体检和缺点纠正(如表 5-3 所示),并为其中的 2199 人施以接种预防,为 840 人注射白喉预防针。[①] 学生出席卫生课的人次也逐年上升,1932 至 1935 年 4 年间,出席率分别为 19819、14731、49349[②] 和 73479 人次[③]。1936 年,改良的小学达到 42 所,涉及 996 个卫生班的 2805 名学生;清洁检查次数达 996 次;体格检查者 3008 人;沙眼治疗次数为 95570 次,治愈 285 人;头癣治疗次数为 26162 次,治愈达 268 人;牙齿检查人数 1529 人,矫正牙疾 433 人,改良学校水井 14 口,厕所 6 间。[④]

平教会还利用小学生向他们的家庭传输卫生知识。这是基于

① 李芳兰:《定县乡村学校卫生实施概况》。

② C. C. Ch'en, "The Rural Public Health Experiment in Ting Hsien, China", p. 73.

③ C. C. Ch'en, "The Development of Systematic Training in Rural Public Health Work in China", p. 380.

④ 《河北省县政建设研究院工作概况(续)》,第 8—9 页。

三个原因:农民对陌生人的怀疑、农忙、犬咬等阻碍着平教会的家庭探访;[1]工作人员少,挨家挨户讲解使工作量过大;农民过于分散无法集中视导讲解。由小学生特别是导生们做这项工作则实际得多,他们上午上课,下午就回家做家庭传习工作,对父母、亲友进行卫生宣传,甚至引荐护士进行家庭探访。这样,学校即可成为村子里"卫生传达的中心站",[2]成为传播现代卫生观念的一个途径。

(3) 妇幼保健。这是预防医学和公共卫生领域不可回避的话题,平教会认为,作为民族健康的根本,它"比卫生领域的任何方面都更依赖于社会的总体进步",[3]为此,妇幼保健成为定县卫生工作的重要内容。

在定县,孕产妇的"福利在乡村中并不是引起兴趣与关心的主题"[4],这是导致生产时妇婴高感染率和高死亡率的重要原因。据调查,定县分娩妇女有12‰死于产褥热,3‰的初生儿死于破伤风。[5] 其他死因有抽风、天花、腹泻、麻疹、猩红热、痢疾、白喉等。[6]这种高死亡和感染率也与产婆卫生观念淡薄有极大关系,她们只依据"粗浅的经验",根本没有现代医学常识,若遇难产,就毫无办法。[7] 接生时产婆双手和所用的器具如剪刀等基本上没有经过消

---

① 周美玉:《乡村护士事业》。

② 李芳兰:《定县乡村学校卫生实施概况》。

③ C. C. Ch'en, "The Rural Public Health Experiment in Ting Hsien, China", p. 75.

④ 陈志潜:《中国农村的医学:我的回忆》,第100页。

⑤ C. C. Ch'en, "The Development of Systematic Training in Rural Public Health Work in China," p. 382.

⑥ 陈志潜:《如何敲击农民的健康》,李济东编:《晏阳初与定县平民教育》,石家庄:河北教育出版社,1990年,第324页。

⑦ 刘益芳:《接生与社会的关系》,《农民》(定县)第6卷第7期,1932年。

毒处理，甚至用“灰土”进行止血，极易造成产妇婴的感染。[①] 其实，助产问题在城市已得到有效的解决，产科学校、医院以及高级助产学校的创建，极大地降低了婴儿的死亡率。[②] 但在乡村，却依旧使用旧法接生，因此必须改变农民的接生观念。为此，平教会进行新式接生法宣传，举办了母亲短训班和产前产后探访工作。培训课程包括家庭卫生和婴幼儿保健，还教会几首歌曲和为儿童预备家庭制作的玩具。在具体助产方面，平教会最初试图建立医师助产士制度，但是5元钱的接生费[③]显然是农民无法承担的，无奈之下只得放弃，转而对旧式产婆进行培训。1933年共培训了27个产婆，她们接生了428个婴儿，其中8名婴儿死亡，产母无死亡。[④]

妇女卫生通常与节育相关。农民的节育观念极为淡薄，早婚现象严重，根本没有“经过考验而安全的避孕方法”，[⑤]往往“糊里糊涂怀了孕，糊里糊涂生了小孩”，生育质量极为低下。1933年，平教会开展了节制生育运动。在三级保健单位分别安排了如下节育事项：保健员训练课程里设有节育专题；保健所里安排探访员与指导妇女节育方法；保健院中也配有节育用品和安排指导人员。[⑥]

① 陈志潜：《如何敲击农民的健康》，李济东编：《晏阳初与定县平民教育》，第322页。

② 刘益芳：《接生与社会的关系》。

③ C. C. Ch'en, "The Development of Systematic Training in Rural Public Health Work in China", pp. 382—383.

④ C. C. Ch'en, "Public health in Rural Reconstruction at Ting Hsien: Fourth Annual Report of the Rural Public Health Experiment in China", p. 375.

⑤ 陈志潜：《中国农村的医学：我的回忆》，第100页。

⑥ 陈志潜：《由人口问题说到节育的困难》，《民间》(北平)第1卷第17期，1935年1月10日。

同时,也向平民学校同学会讲解节育工作,并于1933年11月设立生育节制特别展览室,陈列各种节育用的器材、药品、方法和图说等以为宣传。这项工作收到了一定成效,1933年冬有10个村的青年农民接受了节育方法,有50个村的农民表示愿意推迟结婚的年龄并积极节育。[①] 1934年,平教会调查发现,在825户农家中有125家需要实行节育。经过劝告,34家接受,其中18家持续使用了3个月。[②] 不过,平教会当时推荐的奎宁栓剂、子宫绒塞、醋灌洗、精虫注射等方法,对于农民来说,并不适用,他们的标准是"省钱"、"确实"、"简易"[③]。就此而言,平教会并未找到最适合农民需要的避孕方法。

除了妇女卫生,婴幼儿保健也极为重要。由于婴儿自己"不会说话,不会自动",故婴儿卫生往往是"最关重要而又最易为人所忽略的",[④]这样,父母的行为和观念很重要。为了使母亲们了解婴幼儿卫生的重要性,平教会开展了多种宣传活动,其中规模最大的是举办儿童健康比赛会,如1935年3月29至31日举办的比赛会。考虑到交通的关系,此次比赛范围设定在城内三关和附近50村以内,参赛儿童年龄在4个月至5周岁之间。报名儿童406名,经体检合格,有299名取得参赛资格,其中男174人,女125人。参赛儿童按年龄分5组,每组分类比赛,评判员根据体检结果评定优劣,分头奖、二奖、三奖和普通奖。大会宣布获奖儿童名单,发奖

---

① 志惠整理:《乡村保健卫生制度在定县的实验》,载李济东编:《晏阳初与定县平民教育》,第303页。

② C. C. Ch'en, "The Rural Public Health Experiment in Ting Hsien, China", p. 76.

③ 佚名:《乡村节制生育问题》,《大公报》(天津)1937年1月19日,第11版。

④ 王俱侗:《婴儿卫生》,《农民》(定县)第6卷第27期,1932年。

并摄影留念。报名儿童凡是 6 个月以上的都要注射“锡克氏”白喉试验针，阳性者还要补打一针沉淀白喉类毒素。结果发现有 65% 的儿童是阳性反应者。同时卫生部还对报名儿童中没有种痘者进行种痘预防，在有记载的 395 人中发现有 107 人从未种痘，种过一次者 241 人，二次者 43 人，三次者 4 人。[①] 这表明乡村儿童种痘很晚，通过这个活动可以让民众知道提早种痘是铲除天花的唯一捷径。

幼儿饮食卫生也需改进。母亲们未能认识到母乳喂养的重要性，喂养小孩的方法也不科学。小孩生下来五六个小时，即不顾小孩肠胃功能的脆弱，请一正在哺乳的妇女喂奶，直到母亲有奶为止，孩子吃了别人的浓奶而导致消化不良。添加辅食也不科学，往往“五六个月大的孩子，什么烧饼麻糖卷子就全吃了”，常常因此伤害小孩的肠胃。大人又有嚼喂习惯，很容易把疾病传染给小孩。[②] 因此，宣传科学的儿童喂养方法也是儿童健康比赛的重要内容。比赛中发现，在有记载的 396 人中，不按时哺乳者竟高达 90%；而 60% 的儿童没有任何辅助食品。[③]

几乎每年一次的比赛不仅宣传了育婴知识，也引起母亲们对儿童卫生的关注，因儿童需要母亲的携抱，故儿童会实为母亲会，[④]同时还使农民认识到进行体检对于预防的重要性，白喉、天

① 谷韫玉：《定县中华平教会卫生教育部举行儿童健康比赛大会之经过》，《大公报》（天津）1935 年 8 月 20 日，第 11 版。

② 魏揉之：《定县喂小孩的方法应当改良》，《农民》（定县）第 6 卷第 1 期，1932 年，第 7 页。

③ 谷韫玉：《定县中华平教会卫生教育部举行儿童健康比赛大会之经过》。

④ 谷韫玉：《定县中华平教会卫生教育部举行儿童健康比赛大会之经过》。

花等病是可以通过预防注射避免的,饮食和营养是健康的前提,不可忽视。

总之,平教会将定县的卫生工作赋予了新的内涵,力图培育农民的现代卫生观念,以增强国人的体力,并在国内产生了一定的示范性影响。许多医学校都鼓励平教会把定县建成农村医务人员的培训实习基地。[①] 平教会不负众望,成立了培训基地,开设农村公共卫生示范课程,吸引了不少医学院校的在校生、研究生和护士生。1936 年该基地培训协和医科大学的学员 42 人,湘雅医学院 11 人,上海医学院 2 人,中央大学卫生教育科 6 人,还培训了农村探访员 4 名和农村助理员 6 人。[②] 学生都是以小组的方式来定县,培训的时间不等,少则 3 天多则 4 周。[③] 另外,应河北省医学院之邀,卫生教育部还承担了该校的本科公共卫生课程,每周 4 学时,到 1935 年已有一个 35 人的班级毕业。[④]

第四节　不同的反应

上述资料虽然大多是由平教会提供,其成就似有夸大之嫌,但它至少可以说明,平教会为改变农民的卫生观念的确是煞费苦心。然而,令平教会始料未及的是,其理念和措施与乡土社会发生了激烈的碰撞,更有甚者,定县内外的各种势力与平教会交织和纠缠在

① C. C. Ch'en, "The Rural Public Experiment in Ting Hsien, China", p. 66.
② 《河北省县政建设研究院工作概况(续)》,第 7 页。
③ C. C. Ch'en, "The Rural Public Experiment in Ting Hsien, China", p. 66.
④ C. C. Ch'en, "The Development of Systematic Training in Rural Public Health Work in China", p. 386.

一起，使原本就已经复杂的卫生工作显得更为复杂，其中不乏拥护和赞扬之声，也充斥着各种反对和漠然之举。

对平教会卫生工作给予经济和舆论支持的要属定县以外的各组织机构，特别是海外组织。为争取到资金，平教会或是进行技术论证，或是进行游说，竭力争取各方的同情与支持。各界也给予了积极的回应，许多人都被派往中国来进行考察，其中包括米尔班研究部主任埃德加·赛、公共卫生专家格林(Roger S. Greene)、兰安生教授，中国卫生署署长刘瑞恒等。[①] 他们大都对定县予以同情和经济的援助。根据平教会卫生部各《年度报告》可知，米尔班基金会在1930年捐款20000美元，[②]其中的11000美元用于中心医院的建设，随后的几年每年捐助5000—7500美元不等。[③] 洛克菲勒基金会从1932年起，每年定期拨款支持平教会的"教育和社会医疗实验"，仅1935年就拨款15万美元，这是同时期被资助的机构中最多的拨款。[④] 凡此种种，足以表明定县卫生实验给外界留下了深刻的而且良好的印象。

各界也留下了对定县卫生实验的诸多评价。国联卫生组织的公共卫生专家克罗地亚籍的斯坦帕(Andrija Stampar，1888—1957)教授在中国进行三年考察后评价说，定县是给他印象最好、

① "A Rural Health Experiment in China: Milbank Memorial Fund Aids the Development of the public Health Program in Ting Hsien,"p. 103.

② 按照当时的比价美元对银元大约为0.3:1，见C. C. Chen, "The Rural Public Health Experiment in Ting Hsien, China", p. 76.

③ Charles W. Hayford, *To the People: James Yen and Village China*, p. 262.

④ James C. Thomson Jr, *While China faced West: American Reformers in Nationalist China 1928—1937*, p. 140.

持续时间最久的实验区。[1] 国联的技术专家鲍谦熙(Dr. Borcic)在考察定县卫生工作之后,也不无感慨地说:“定县工作之所以为人重视,乃因有新空气,新理想,新精神”,他甚至忘却自己是参观者,而“自感是共同努力的同志之一”,并鼓励到,定县虽然是“最难工作的最难者”,但是“困难正足以引起工作奋斗的信心,定县所以有今日的成绩,全是奋斗牺牲的结果。望这运动努力前进,不断的开展”。[2] 公共卫生学专家、洛克菲勒基金会健康理事会的副主席甘恩博士(Dr. S. M. Gunn)在1931年6月9日至7月30日对中国进行短期访问考察后,特别是考察定县之后,感慨地说,中国之行“毫无疑问是我一生中最有意义的经历”,并且坚信“晏和他的群体将会成功的”。[3] 兰安生也给予了肯定,他认为定县卫生工作是和其他工作连锁进行的,所以能够“调和自然科学与人文科学,不致使社会生活发生不相应的现象”,并肯定地说,定县工作的“灵活的自我批评”是“定县进步的最大力量”。[4]

来自外界的诸多赞誉当然与平教会实验工作的成效不无关系,这一点也可从平教会提供的资料和数据中看出来。但是,作为需要大量资金支持和道义援助的平教会,为了博得各方的同情,对其进行的实验工作,难免会有夸大成绩和粉饰瑕疵的可能。有一资料记载:政府和外国参观团来定参观前一日,平教会即派人嘱咐

---

① Charles W. Hayford, *To the People: James Yen and Village China*, p. 140.

② 《定县通讯:鲍谦熙自感是同志之一》,《民间》(北平)第1卷第4期,1934年6月。

③ James C. Thomson Jr, *While China faced West: American Reformers in Nationalist China* 1928—1937, pp. 125—128.

④ 《定县通讯:蓝大夫谈“定县工作的价值”》,《民间》(北平)第1卷第4期,1934年6月。

同学会成员昼夜加工建多处禽畜窠房，“由会上送鸡猪羊数个充实其中”，并准备诱虫灯、拌种机，还要求他对参观人说“此物使用已久，成绩颇佳等语”，尽力捧场。而受嘱托者虽有不满，“然既受托，终久照样应付了一下。”可是，“无参观人的时候，那平教会的职员，可就杳如黄鹤了。”[①]这一反面资料当然不利于平教会形象的树立，其博得同情的做法虽可理解，但是从中足以看出其实验工作存在的漏洞和不尽如人意的地方，至少对平教会工作成绩打了折扣。

与国际组织充满肯定的评价不同，许多中国知识界人士经过深入考察之后，留下了不少批评的声音。具有国民党地方党部背景的北平“众志学社”自称是以研究实际社会建设问题为旨趣的团体，一向重视全国各地的“实验运动”。总的来讲，该学社的理念是反对帝国主义的，认为中国的最根本问题是“国际帝国主义的侵略压迫”和“国内封建残余的不肃清”，所以经过6天考察的学社同仁对平教会和定县实验提出了极大的异议，指出：平教会把中国的根本社会问题归结为“愚穷弱私”，是“未把握住根本问题的所在”。而且，即使在这四大病症中，也不能“等量齐观”，“愚”并非如平教会所说是首要问题，“穷”才是罪魁祸首，[②]因此，中国人体弱和对于公共卫生“毫无训练”和“毫无办法”，[③]以及“医药卫生设备欠缺”，在中国社会经济衰落中，“是一种当然的现象”。[④] 在这个改良主义的实验中，定县虽然集合了大量的人力财力，并取得了诸如

---

① 李明镜：《平教会与定县》，《独立评论》（北平），第79期，1933年12月3日。
② 阎振熙等：《定县实验区考察记》，北平：众志学社，1934年，第16—17页。
③ 阎振熙等：《定县实验区考察记》，第4页。
④ 阎振熙等：《定县实验区考察记》，第16 17页。

卫生教育中保健制度实验的成果,但这一切都是“治标的”。[①] 而且定县的那一套“原则、方法、技术与制度”也不具有普遍性,因为其他县份不可能拥有定县这么多的人力物力财力。[②] 他们还指出,包括卫生工作在内的定县实验主要经济来源都是外国基金,所以平教会是绝对不可能有“反帝国主义的意识”的,而“这种意识不坚定,便无从将中国问题为根本的解决”。[③] 因此,当他们看到,定县卫生工作5、6年之久,仍然是“一群一群的小孩子们,光着屁股,在大车路上站着,卧着,爬着,翻滚着,你扬起土打我,我扬起土打你,满身都是尘土……”,不禁提出了“不知道平教会的卫生教育怎样施行到他们的身上”的设问。[④] 当时的许多左派知识分子,如千家驹、李紫祥、孙冶方等也都提出了类似的看法,认为定县卫生实验乃至于整个定县实验的最大问题是没有找到中国的最根本问题,只能沦为“治标不治本”的改良运动。[⑤] 由此可见,与平教会立场不同的知识分子因其对中国社会问题有着迥然不同的理解,其对平教会及其定县实验的评价也充满了颇多的歧义甚至否定。

社会各界有如此不同的声音,直接参与定县卫生实验的各类群体的反应更为复杂。这些群体包括河北省及县政府、士绅、旧势

① 阎振熙等:《定县实验区考察记》,第20页。

② 阎振熙等:《定县实验区考察记》,第21页。

③ 阎振熙等:《定县实验区考察记》,第21页。

④ 阎振熙等:《定县实验区考察记》,第86页。

⑤ 关于这个问题,参考千家驹:《中国农村的出路在哪里》及《中国农村建设之路何在——评定县平教会的实验运动》;李紫祥:《中国农村运动的理论与实际》,载钟离蒙、杨凤麟编:《中国现代哲学史资料汇编:村治派批判》(第二集第8册),沈阳:辽宁大学哲学系,1982年,第50—52页,第52—57页,第65—74页;孙冶方:《为什么要批评乡村改良主义工作》,《中国农村》第1卷第5期,1936年5月1日等。

力以及农民。

其实,省政府一直对定县实验的态度若即若离。时任河北省主席的是奉系的于学忠,而混乱的北方政局又不大受蒋介石中央政府的节制。晏阳初通过张学良的关系,使得平教会有了与省政府"低声下气婉转"来往的机会,而于氏本人虽承认成立河北省县政建设研究院的益处,但仍以省府为委员制,一切须得委员会同意为由加以阻挠。[①] 后终因感到实验县若办出成绩可为自己"捞一笔政治资本",而同意了这项议案。[②] 于等原为旧军阀代表,他们自然对诸如平教运动之类的新鲜事物不予理解,这势必不利于定县实验的展开。

与平教会关系较为密切的县政府甚至当地驻军,对平教会的态度则因二者之间充斥着更多的权力纠缠而呈现出较为复杂的状况。早在平教会之前,该县即在县长孙发绪的倡导下进行村治运动,这一传统对定县实验的顺利展开当然是有利的。如 1929 年底平教会发起的定县卫生运动大会,就得到了县政府各部门及军界的积极参与。据记载,开幕式由"主席柳县长致开会词",大会召开的场地也由公安局提供,除"党政军学参加者外",民众"也非常之多","奏军乐开会,行礼如仪,主席温旅长,向大众致开会词,态度诚实,说话恳切,很能引人注意。"而且,"县府科长徐振五,常部张益三,第九中学王兆兴,县立师范校长赵镜湖,县立女师校长王涌

---

① 晏阳初:《平民教育运动的回顾与前瞻(1946 年)》,宋恩荣主编:《晏阳初全集(第二卷)》,第 296 页。

② 堵述初:《平民教育运动在定县》,李济东主编:《晏阳初与定县平民教育》,第 435 页。

泉"等纷纷演讲予以助兴。[1] 不仅如此,卫生工作的开展也时常看到县府的行迹,特别是病疫来临的时候,县府多积极配合,甚至派大量警察出动搜寻病人。1933年后,定县被选为河北省县政建设实验区,并设置县政建设研究院,任晏阳初为院长,该院实验部主任兼任县长,这样,平教会形式上仍保持其私人团体的独立性,而实验上"却可藉政治力量以推行平教工作,平教工作与县政建设,并得相辅而行"。[2] 这种"政教合一"的形式,[3]使平教会成为定县最大的权力机构,更使卫生工作的性质带有某些政治色彩,平教会的工作可以借助县政府发号施令得以贯彻实行。但正因为如此,定县的权力分配发生了变化,原来与县政府关系密切的当地士绅阶层,如今被排除在权力主体以外,于是平教会和乡绅之间势必会发生矛盾,最终也影响到平教会与县政府之间的关系,使形势更为复杂。

1930年,定县官绅联合成立了戒毒所,"举吴县长为该所所长,卢陆民、孙泉三二氏为副所长,并请平民教育会卫生教育部主任姚寻源筹画(划)医治事项。"[4]卢陆民本为定县清风店士绅,早年离开定县在北平生活,据其自述,因定县"吸食白面者毒气甚炽",而"县长吴公子昂在平相晤,坚约回县帮忙",故"情不得已,始允旋里办理戒毒事宜"。[5] 1933年,县政建设研究院建立后,霍六丁继任县长之职,为"消灭毒品计,特成立拒毒委员会,霍任委员

① 芝:《定县卫生运动大会志盛》,《农民》(定县)第5卷第19期,1929年12月1日。

② 阎振熙等:《定县实验区考察记》,第3页。

③ 参见拙文:《定县实验与农村复兴运动》,《史学月刊》2006年第7期。

④ 《定县新闻:定县县立戒毒所》,《农民》(定县)第6卷第34期,1930年。

⑤ 卢陆民:《与卢陆民先生论同学会书·卢先生来书》(1933年9月10日),载霍六丁编:《河北省县政建设研究院实验部政府成立五个月工作报告》,1933年,中华平民教育促进会档案二三六(169),第109—119页,中国第二历史档案馆藏。

长，各公安局长、区公所长、保卫团正及各村士绅为委员”。[1] 卢留继续留任，但他所做之事大多与戒毒事宜无关。一到定县，便邀另一乡绅王铁老去维持因“石奉两军”战乱而发生的治安问题，又应邀出面招待各方人员和来宾参观村平民学校。此外，又因该村同学会会员王洛裴及王看和等“合谋”在村中“争继争产”，而因卢出面使其“事遂未协”，事态于是恶化，王等人“领会员数十人，揭旗鸣号，”“持众挟制”，以“公益”为名，“掘土侵入”卢家，“凶暴非常”。此事虽因县长霍六丁亲莅调停而平息，但事过之后，卢写信给霍，要求停办平民学校，其理由是“平校尚不为害，所为害者，厥在平校同学会也”。[2] 这一资料摘自卢信，当然不免或有偏颇之嫌，但它足以说明：“拒毒”似乎并非是卢回乡的唯一目的，他俨然是以地方治安管理者和权力操纵者自居的。同时，卢与王等产生的矛盾也可表明新旧势力之间的不可调和的矛盾，[3]在卢看来，新的势力为其自身的立场，必然要“暗中操纵”和“结新排旧”，所谓“新旧固不能同舟，亦难共济”。[4] 由此可见，士绅自感权力受到极大的挑战。平教会本想借助士绅的权威为己所用，不料却因各种矛盾的纠缠而身陷其中，这势必增加卫生工作的难度和复杂性。

乡绅们对于权力旁落的不满，自然会表露出来。燕树棠系北大政治学教授，定县士绅出身，虽离家多年，但时常关注定县事宜，因而也就成为了他们的代言人。他撰文说：“说到平民教育会教老

① 《定县拒毒委员会：霍六丁任委员长》，《大公报》（天津）1933 年 6 月 6 日，第 6 版。

② 卢陆民：《卢先生来书》，第 109—119 页。

③ 同学会是平教会推行四大教育的基层组织，成员多来自平民学校的毕业生，作为新的权力代表，他们与乡绅发生了激烈的冲突，这个问题颇为复杂，容后专文阐述。

④ 卢陆民：《卢先生来书》，第 118 页。

百姓们讲卫生，老百姓们这样说明卫生问题：'讲卫生——每天把院子扫得干干净净，把桌子凳子拭的光亮，我们知道，但必须在耕田做饭余暇；剩下的饭菜不好吃不可吃，我们懂的，但我们必须留起来再吃；把衣服常常洗濯，穿着舒服，我们也知道，但是我们计算——一件衣服若半月洗一次，可以用两年，若五天洗一次只能用一年，我们没有钱作新衣服，只有少洗几次，多用几月。那么，我们老百姓虽没有知识，还劳动医学博士来教训我们吗'？"并总结到："平民教育会在定县的成绩，全系有名无实，全是冒功买名的宣传。"[①]这种指责，就本质而言，流露出乡绅们被边缘化后的某种情绪，当然不可能完全公允。所以，对于燕文，各界都给予了激烈的反应，与晏阳初有着相同留学经历和基督教青年会背景的蒋廷黻，以及平教会一手选拔的实验县县长霍六丁等纷纷撰文声讨批驳。[②] 因二文并未明显针对卫生工作，本书暂不讨论。可是自认为最有发言权的平民学校毕业生、同学会指导员（大都由当地乡绅担任）李明镜的评论令人玩味。他一方面认为燕的评论有过分之处甚至也有失公允，同时也批评平教会"务虚名不讲实际"、"新设施之不适应用"。他列举的具体事例是某卫生部长上的一堂"除虫课"："当时听讲人的踊跃，教室内竟无隙地，老师庄严的先述各虫之害，次治除方法，应将房屋用石灰周抹一次，打上灰顶棚，窗糊纱门悬帘丝毫不留孔隙，并备蚊帐，粘蝇纸，蚊虫香等物。如无力购置即勤拿勤打亦可驱除云。"并进而得出结论，定县人民因此对平

① 燕树棠：《平教会与定县》，《独立评论》（北平）第74号，1933年10月29日。

② 详见蒋廷黻：《跋燕先生的论文》，《独立评论》（北平）第74号，1933年10月29日；霍六丁：《答燕树棠先生》，《独立评论》（北平）第76号，1933年11月12日。

教会的态度从“神仙般崇拜信仰”变为“失望,疑惑,不信任的观念”。[①] 李氏的评论无论出于何种动机,都足以表明,平教会的工作确有不实之处,从而为乡绅留下攻击的口实。

乡绅的激烈反应最终导致激进的霍县长上任不到1年便辞职,而继任的县长吕复(吕健秋)在平教会看来,是“定县那批旧势力所选中的人”,[②]他表面上“奉着研究院的意旨,和平教会合作实行乡村建设,而实际上却大谬不然”,甚至“改变了过去的施政方针,倒行逆施起来”,在政府方面“唯劣绅之命是从”,“实在是背弃了平教运动的目的,反乎救济乡村的宗旨,并玷污了县政建设研究院的名誉”,“在表面上,县府就是研究院的一部分——实验[区],从理论上讲——[无]疑研究院和劣绅阶级妥协了”,[③]用词可为激烈和尖刻。而平教会温和派也批评道,吕氏这一阶段的“失处是顾忌太多,结果保守而不前进”。[④] 无论是“妥协”抑或“顾忌”,却可真实地反映出,因着乡绅的参与,定县的局势显得更为复杂。平教会意欲通过“政教合一”的形式,借助政治的力量来实现其改造社会的理想,可是这一举动势必会触及定县实力派、原本与县政府过从甚密的乡绅的利益,从而导致平教会、县政府、乡绅三者之间各种关系此消彼长的复杂态势:县府与平教会的合作,在乡绅看来,是其权力旁落的开始,他们的不满与反弹导致了霍的辞职;另一方

① 李明镜:《平教会与定县》。

② 堵述初:《平民教育运动在定县》,载李济东主编:《晏阳初与定县平民教育》,第437页。

③ 作者不详:《年来工作的感想与对于本会的建议》,1934年(推为),社会部所属系统档案二八四(2)3,中国第二历史档案馆藏。

④ 陈筑山:《从县政建设的使命说到定县的县政》,《民间》(北平)第2卷第11期,1935年10月。

面,县政府也会因为乡绅势力的不可忽略而无奈作出一定的妥协,使"政"与"教"之间又由"合"而"分",吕氏终因各种矛盾的纠缠,在一年之后的1935年8月离职,[①]这足以说明局面的复杂性。如何将作为乡村政治首领的士绅阶层整合进来,对乡土社会的人际关系进行优化组合,也是平教会必须慎重对待的问题。

除了乡绅以外,旧医从业人员作为直接的利益损害者对平教会也多不予支持甚至反对。这也与平教会对旧医的忽略不无关系。其实,同时期的整个医学界和政府对中医都存在着某些偏见,他们甚至把中国传统医学等同于"农村的迷信活动"而加以排斥。[②] 1928年12月国民政府颁布的《医疗从业人员注册条例》中规定,所有医疗从业人员必须要到卫生部注册,[③]这使得中医从业者们担忧中医最终被废除。[④] 更有甚者,3年后卫生署进一步限制了注册人员的数量,规定只有在政府注册的医学校的毕业生和具有留学经历的医学生才可以注册。[⑤] 整个30年代,中西医之间的争论也时有发生。[⑥] 这种状况也影响到平教会的卫生计划,他们甚至害怕"中医"被选为"国医",并对"以中医为职业者""在口头或

---

① 《定县通讯:定县县长易人》,《民间》(北平)第2卷第8期,1935年8月25日。

② Ka-Che Yip, "Health and Nationalist Reconstruction: Rural Health in Nationalist China, 1928—1937", pp. 395—415.

③ "Chinese Medical Register", *The Chinese Medical Journal*, 46(Sep. 1932), p. 928.

④ Ka-Che Yip, "Health and Nationalist Reconstruction: Rural Health in Nationalist China, 1928—1937", p. 414.

⑤ "Law and Legislation: Registration of Medical Practitioners Central Government", *The Chinese Medical Journal*, Vol. 46, No. 9(1932), p. 935.

⑥ 关于争论的讨论,参见 Ralph Crozier, *Traditional Medicine in Modern China*, Cambridge: Harvard University Press, 1968.

用文字,有意无意的常用'国医'二字代表中医"表现了极大的担忧。[①] 因此,平教会和大多旧医从业者矛盾重重。而"玄学的旧医"因为"饭碗的关系,要作最后之挣扎,自然尽挑拨之能事"。[②]

本来,人力资源的稀缺是定县卫生实验的"瓶颈",就连最基本人员公共卫生护士都会因为"普遍比临床护士昂贵"而无法雇佣,致使护理工作仅"限于临床治疗"。[③] 而且,农民对中医的信任程度远远超过现代医学,1932年,定县病人中仍有81.4%的人采用旧式治疗方式,只有4.5%的人接受了现代医疗。[④] 平教会完全可以利用中医在预防和治疗特种疾病的"极大作用"和中医药材廉价方便的特点,为其卫生工作所用,只需对旧医职业者进行正规的训练而已。[⑤] 可是,平教会不仅没有看到中医在卫生实验中缓解人力、技术和经济紧张状况的重大意义,甚至在字里行间把中医归结到中国卫生状况落后的原因中而加以排斥,这不能不说是卫生工作中的一种失误和遗憾。

查看整个资料,平教会的实施方案中唯一针对传统医学的内容是培训旧式产婆。这些产婆基本为文盲,故习难改,给工作带来很大困难。此外,由于她们居住的分散性、交通的不便性和分娩的突发性,都使得导师现场监督难以进行,训练效果不好。[⑥] 可是平

① 《简评:国历与国医》,《民间》(北平)第1卷第9期,1934年10月。

② 侯子明:《最经济的乡村卫生医药组织》,1934年8月28日《大公报》(天津),第11版。

③ C. C. Ch'en, "Ting Hsien and the Public Health Movement in China", p. 388.

④ C. C. Ch'en, "The Second Year of the Rural Health Experiment in Ting Hsien, China", p. 75.

⑤ Ka-Che Yip, "Health and Nationalist Reconstruction: Rural Health in Nationalist China, 1928—1937", p. 397.

⑥ C. C. Ch'en, "The Rural Public Health Experiment in Ting Hsien, China", p. 76.

教会意欲选择受过良好教育的年轻未婚妇女作为培训对象,却遭到接生婆的一致抵制和嫉妒。无奈平教会只好在接生婆的青年女性亲属中寻找培养对象,可是她们多初为人母人妻,无暇履行平教会交给的接生工作。[①] 1936 年保健院训练的老年产婆 45 人,只有 3 人真正认真负责无需监督,其中 1 人"超常认真",她一年内接生了 45 个孩子。[②] 青年女子也只有 4 人接受完全训练,然除 1 人有过 13 次接生经历外,其他人只接生过 1、2 次而已。[③] 总体来看,新法助产计划没有得到顺利的实行。

农民是平教会工作的对象,农民的反应无疑至关重要。从资料上分析,妇女问题相对来讲比较容易被农民接受,如妇女的缠足和童养媳问题。妇女问题不仅涉及卫生问题,同时也是社会问题,平教会相当重视。定县妇女协会是平教会的宣传机构,1929 年初,"妇女入会者,三百余人,继续剪发者,已达二百人,"同时组织了放足委员会"办理放足运动,并特请劝导人员六人,拟于本月十七日,分派各区,从事劝导,限一月内宣传完毕,过期即实行严格检查"。[④] 这一举措相当见效,有一资料可为佐证。这是一段访问者(问)和定县一个中年妇女(答)的对话:问:"你们村都放脚了吗?"答:"全都放了。"问:"你什么时候放了的?"答:"好几年了。"问:"你愿不愿意呢?" 答:"不受罪还不愿意吗?"问:"是平教会叫你们放

---

① C. C. Ch'en, "The Development of Systematic Training in Rural Public Health Work in China", p. 383.

② C. C. Ch'en, "The Rural Public Health Experiment in Ting Hsien, China", p. 76.

③ 志惠整理:《乡村保健卫生制度在定县的实验》,李济东编:《晏阳初与定县平民教育》,第 299 页。

④ 佚名:《定县:妇协举行放足运动》,《大公报》(天津)1929 年 1 月 22 日,第 8 版。

的吗?”答:“是。”[1]可见平教会发起的放足运动得到了妇女们的积极反应。不仅如此,她们对童养媳或早婚制度也表现出了反感情绪。平教会在西平朱谷村成立一个家事研究会,旨在解决“乡村妇女的痛苦”。参观者到研究会的缝纫组参观并采访,发现该组“除未婚者外,多数是寡妇”,且多为“极年青(轻)的时候就丧失了丈夫”,她们多半都是“在十八九岁结婚”,而丈夫“仅有十二三岁”,参观者注意到一个33岁妇女,上有太婆和婆婆,下有儿媳,四代婆媳全是寡妇,家中唯一男人是她的一个小孙子。平教会对她们解释早婚给她们身心带来的弊病,她们听后“十二分的感动”,哭着说:“俺们哪知道有这些讲究?早几年你来开化开化俺们,俺们还守不了寡呢?!”[2]

当然,平教会遇到的阻力更多的是来自于农民的固执、保守甚至漠然和怀疑。因受“男女授受不亲”等传统观念的影响,女性特别是青春期的女孩子“羞于把胳膊暴露给接种员”,导致“接种困难很大”,所以女性的接种率一直不十分令人满意,从1930年的20.1%增至1936年的37.1%,[3]女性接种率一直不到一半。另据记载,有的妇女听说要接种,立即抱着孩子躲到房梁上面;至于老年妇女,则宁愿迷信:“村里有花神(保佑),我们从不需要种痘”。[4] 接种工作还是成功的案例,其他工作的难度可想而知。所以,定县卫生工作开展三年后的1932年,当霍乱再度光临时,不仅

---

① 阎振熙等:《定县实验区考察记》,第97页。

② 明己:《介绍定县西平朱谷村家事研究会的工作》,《大公报》(天津)1934年6月10日,第11版。

③ C. C. Ch'en, "Ting Hsien and the Public Health Movement in China", p. 386.

④ C. C. Ch'en, F. J. Li, "Controlling Smallpox Under Chinese Rural Conditions", *The Chinese Medical Journal*, Vol. 48, No. 2(1934), pp. 153—157.

当地政府"没有做好准备"，公众也根本"不知道霍乱传播的方式和途径"，而是把精力"投入到鬼神"的迷信活动之中。[①]

公共卫生本来是平教会卫生工作的核心内容，可是许多农民似乎对平教会的预防宣传根本听不进去。《独立评论》记载一事：一位妇女抱着得了猩红热的孩子到处乱走，根本不理会是否会传染其他人，而卫生部对此无计可施，无奈地告诉参观者说："除非他们病的要死，来求我们，然后我们提出条件来要他们听，不然，同他们说什么公共卫生的话，都是不行的。"[②]该材料表明，农民根本无法理解传染病所可能带来的后果，公共卫生这一新名词即让他们感到麻烦，效果又不能"立竿见影"，所以母亲宁可带着孩子到处走，也不愿让医生把病儿"关起来"以防传染，他们只有在面对死亡的时候才会把现代医生作为最后的选择。另一方面，它也表明，农民对平教会缺乏应有的信任，在他们看来，把自己的孩子与家人隔离而交给平教会的医生来处理，这是不能接受的事情。又如助产问题，农民无论如何不能接受新式助产制度，而宁愿相信毫无技术和卫生观念可言的旧式产婆。当时定县聘请一位 25 岁的年轻专业助产士，这遭到了农民的强烈拒绝，其理由是太年轻而没有经验。[③] 即便有些年轻孕妇希望在助产士手下分娩，也会受到保守的婆婆的强烈阻挠。[④] 所以，直到 1935 年至少有 40％的产妇仍在

---

① "Hygiene and Public Health: Cholera Epidemic in Ting Hsien", *The Chinese Medical Journal*, Vol. 46, No. 12(1932), pp. 1214—1215.

② 涛鸣：《定县见闻杂录》，《独立评论》(北平)第 4 号，1932 年 6 月 12 日。

③ Charles W. Hayford, *To the People: James Yen and Village China*, p. 139.

④ 陈志潜：《中国农村的医学：我的回忆》，第 100 页。

家中分娩，这种在家“而不是在专业医院分娩的习惯”严重影响了“农村社区医疗服务的快速发展”。[①] 这一切的矛盾足以说明卫生观念植入乡村的极端困难。陈志潜也承认“在此地区改变人们的态度或许要花上一代人以上的时间”。[②]

如果说普通农户难以接受现代卫生观念或可理解的话，那么受了现代理念教育的在校学生的不以为然则不免令人感到不可思议。有参观者记载了与平教会的记录正好相反的状况：“我们到时，学生正作卫生检查活动，学生精神很好，不过在卫生检查时，似乎有点像例行公事了，一个学生持点名簿点名，问其他学生洗头了没有，剪指甲了没有？然后记在簿子上，不过点名的那个学生，只是听而不看，就失掉原来的意义了，当然并不是说这种活动在原则上不应该要，而是要注意学生检查时认真与否的问题。”[③]这种漠然的态度或许是因为每天重复的卫生检查导致学生的厌倦心理，抑或与平教会卫生工作过于注重形式化有关，但无论哪种情况，都不能说是平教会学校卫生教育工作的成功。

由上述材料可以看出，农民对卫生观念的接受采取实用主义态度，凡能带来直接且显著利益的，就比较易于接受；如看不到眼前的实际利益，则不以为然。这有悖于作为社会精英的平教会所进行的卫生实验的初衷。平教会欲通过向农民传播现代卫生观念，以治愈国人的“弱”，可观念的改变是一个长期的过程，而农民

① C. C. Ch'en, "The Development of Systematic Training in Rural Public Health Work in China", p. 384.

② 陈志潜：《中国农村的医学：我的回忆》，第 102 页。

③ 阎振熙等：《定县实验区考察记》，第 105 页。

期待的是短期见效,显然他们对平教会的这一宏伟目标没有认知。另一方面,平教会在这一过程中与各种新旧势力纠缠在一起,他们的认同、批评、抵制与反扑,常常使得平教会的理念与现实之间存在某种疏离,这就使得现代卫生观念在乡村的移植过程呈现出极为纷繁复杂的面相,并直接影响了卫生观念植入的广度与深度。更根本的问题在于,现代卫生观念的植入并不单纯只是一个医疗问题,这个过程也涉及更为广泛的社会经济层面。在这方面,无论晏阳初还是陈志潜,都没有足够的认识,晏氏曾说,“小兵能做的事,就不必再麻烦长官”,[①]陈氏也乐观地认为定县的模式“至少在华北农村的状况下证实具有绝对的可操作性”,[②]而作为一个民间团体要去承担如此复杂的系统工程,其实是没有多少“可操作性”的。有位学者深邃地看到了这一点,他说:“一个定县能做多少呢?这个问题的纬度太广泛了,它需要资金、专家、学生、乡村实验室、和政府的同情,而这些是类似的学术机构和数百乡村建设的代理者没有一家能够有希望提供的。”[③]其实,随着卫生工作的展开,陈志潜本人也意识到了问题的复杂性,转而将希望寄托于公医制度的建立上,提出国家既然“对于人民有保护生命财产的责任”,对于“保护健康”同样应该负有责任。[④] 也就是说,卫生问题必须由国

① 晏阳初:《平民教育运动的回顾与前瞻(1946 年)》,宋恩荣主编:《晏阳初全集(第二卷)》,第 293 页。

② C. C. Chen,“The Development of Systematic Training in Rural Public Health Work in China”, p. 26.

③ James C. Thomson Jr, *While China faced West: American Reformers in Nationalist China* 1928—1937, p. 124.

④ 陈志潜:《公医与医学教育》,《独立评论》(北平)第 138 号,1935 年 12 月 17 日,第 7—8 页。

家出面，将其纳入公共管理体系，才能得以解决。凡此种种，致使平教会的定县卫生实验依然只是一场实验，它留下的，更多的可能只是一种知识分子力图改造乡村与乡民的精神，当然，这也是一份极为丰厚的遗产。

第六章　政府、启蒙者与乡土社会

平教会的乡建理念及其定县试验能否成功落实，取决于它能够在多大层面上动员乡土社会。显然，仅仅依靠平教精英的满腔热血是不够的，在很大程度上，这既取决于政府的支持，也有赖于乡土社会的参与。晏阳初对此有清醒的认识，所以他尽力争取政府及地方势力的支持，提出了“鼎足而三的平教推行政策”，即“（一）地方上各界领袖，自动结合各法团各机关和一般热心人士共同提倡平教，并分任各委员会的委员，协助专家实施平教；（二）培养或聘请平教专门人才，专任实施平教事宜，并请托平教总会选派专家指导一切；（三）呈请地方政府补助经费，维持秩序，并规定褒奖和惩戒办法，使平民教育在地方上易于普及。”[①] 在这方面，当时南京政府发动的“农村复兴运动”与“县政改革运动”为他提供了极为有利的政治背景，而较为丰厚的海外捐款在一定程度上也为它提供了经济保障；然而，平教会毕竟是一种携“权”“钱”之势而来的外来势力，尽管满怀良好的愿望，但在寻求与乡土社会尤其是士绅的合作方面却不尽如人意。

① 晏阳初：《平民教育概论》，载宋恩荣编：《晏阳初全集》第1卷，第133页。

第一节 重合的目标:定县实验与农村复兴运动

20世纪二三十年代,正当平教会的定县试验如火如荼地进行之际,南京政府相继发起了"农村复兴运动"与"县政改革运动"。两者的目标在改造乡村这一点上不谋而合,找到了合作的切入点。因而,在政府的支持下,平教会的乡村建设运动尽管由民间发起,最终还是走上了"政教合一"的道路。所谓的"政教合一",并非中古西欧式的政治与宗教的结合,也不是政治与普通意义上的教育的结合,而是特指平民教育或民众教育与政府力量的合一。平教会由此而得到了政府力量的庇护和支持。[①]

一、合作的缘起

应该说,两者的合作具有一定的必然性。它既是平教会谋求政治支持的结果,更是国民政府试图将权力渗入乡村的产物。

国民党自成立以来,所走的一直是上层路线,忽略了对基层的控制。第一次国共合作时期,国民党省以下地方党务多由共产党人"包办",两党的势力事实上形成了"上层国民党,下层共产党"的局面。[②] 1927—1928年清党一起,国民党的地方组织首当其冲,

① 学界关于当时知识分子所倡导的乡村建设运动及政府行为的农村复兴问题,分别有许多论述,且成果颇多,但就二者相结合的问题,以及这一结合所产生的作用,则少有提及。目下所见,只有张海英副教授注意到了这一问题,见其论文《"县政改革"与乡村建设运动的演进》,《河北师范大学学报》(教育科学版)2004年第3期。

② 王奇生:《党员、党权与党争:1924—1949年中国国民党的组织形态》,上海书店出版社2003年,第77页。

很快陷入瘫痪状态，据当时《中央日报》报道："几个月来，党务受了不少的摧折……各地的党务近日改弦，明日更张，停顿的停顿，攘夺的攘夺，完全沉入阴晦悲观的景象中"。[①] 由于各省党部纠纷不止，直到南京政权建立后的第6个年头，全国正式建立省党部的省份还不到40%，多数省区长期处于混乱失序之中。[②] 对此局势，蒋介石曾哀叹：清党以后，地方"党权付托不到相当的人"，因为国民党内部"明了党义而能专心于党务者极少"，"各级党部的职员大都未曾受过训练，不明白党，不明白社会、国家、世界大事"，党员"犹如乌合之众"。[③] 国民党组织既然尚未扎根于基层，也就意味着南京政权对基层，特别是乡村基层的控制仍然很薄弱。如何将政权扎根于基层社会，改变乡村基层权力的失控局面，就成为国民政府必须考虑的头等大事。

当然，这一目标是在"农村复兴"的口号下实施的。30年代初，国民政府发动了一场声势浩大的"农村复兴运动"。其内容包括经济与政治两方面。经济上包括生产改良、救济农村金融、整顿水利、修建铁路、调查全国农村经济五方面；政治上主要是县政建设。[④] 1933年5月，国民政府专门设了一个复兴农村委员会，以加强领导。这场运动的目的表面上"是从一方面下手去培植和增加农村的生产能力；从另外一方面去维持农村环境的平静，使农民能

① 《一周间的大事》，《中央日报》，1928年4月1日。

② 《民国二十三年中国国民党年鉴》，中国国民党中央执行委员会党史史料编纂委员会编印，第(丙)233—241页。

③ 蒋介石：《整理党务计划案》，《中央日报》，1928年2月12日。

④ 《复兴农村的开场计划——彭学沛在金大之讲演词》，天津《大公报》1933年9月5日第4版。

够生产，更从另外一方面去减轻农民的负担”。但其真正的意图是地方政权的构建，因为“中国除掉少数的近代化都市之外，几乎都还是农业社会，大部分都是农村，那么所谓维持农村环境的平静，无异就是说维持中国整个社会的平静，若然，就不能涉及政治的问题”。①

但是，一场规模如此宏大的全国运动，不仅要有强有力的倡导者，而且需要大批精明的参与者。以国民党当时的人力和财力，显然难以胜任。就党员数量而言，国民党虽然吸收了大批官僚政客，但这一时期党员总体上增长缓慢且分布不均。到1932年10月，省市党部的正式党员为296470人，而到1934年为327818人，两年仅增加了31348人。有些地方甚至出现负增长。② 当时国民党党员主要集中在军队、大城市和国民党所谓的“剿匪区”，这些地区的党员加上广东的党员占总数的80%以上。③ 即以定县而论，1929年时党部人员17人，党员一共才208人，其中农民20，商人13，教员82，学生53，政界5人，军界2人，警界2人，其他14人；党员中学生与教员居多。县党部以下，尽管设有农民协会、商民协会、工会、学生会及妇女协会等组织，但这个权力网远未能扎根于乡村。④ 党员数目既不多，分布于基层，特别是乡村的党员更是微乎其微。故仅就人力而言，复兴农村的计划也难以实行。所以，蒋

---

① 冯华德：《“复兴农村”的先决问题——平均农民的负担》，天津《大公报》，1933年5月24日第11版。

② 《第二回广西年鉴》，广西省统计局，1935年编印，第1085页。

③ Hong-Mao Tien. *Government and Politics in Kuomintang China* 1927—1937. Stanford University Press, 1972, p. 29.

④ 李景汉：《定县社会概况调查》，第107—109页。

介石一度不得不考虑借助党外人士，尤其是教育界人士来推行他的计划，提出政治要与教育打成一片。他说："我们现在无论举办何事，每感人力不敷。补救之道：第一，要留意人才；第二，要转移风气。所以无论省县及各区行政长官，必须使所在地之大中小学校教职员与行政机关人员打成一片。不仅可就地取材，协助政治之推动，即于改革社会，振作人心，确立风气，亦必以政教合作为枢纽。且现代政治，日趋于专门化与技术化，仅平常识绝不够应付，必须利用专家，资以为助。"①

正当国民政府为其开展复兴运动寻找合作的伙伴时，晏阳初领导的定县实验已走过其初期的试验与示范阶段，正步入全面推广与实施阶段。这一阶段，仅靠自下而上的学术性工作与教育培训工作，已难以实施，必须得到政治的推动力。定县实验运动由此陷入了困境，这使晏阳初认识到："……如欲将研究所得的推广出去，则非借政府的力量、政治的机构不可。因为不利用政治，则一方面地方政府在那里剥削农民，另一方面我们帮助农民增加生产，改良品种或组织合作增加他们的收益。可是这种收益有限，而地方政府的剥削则无穷。所以从消极方面说，如单以县为单位而帮助农民，救济农村，则非改革政治不可，从积极方面，要把我们研究实验的结果——教育的内容及农村建设的方案——推到民间去，亦非利用政治机构不可。"②

在农村复兴运动中，晏阳初看到了平教运动与政府合作的可

① 谭春霖：《论政教合作》，天津《大公报》，1936年7月6日第11版。

② 晏阳初：《平民教育促进会工作演进的几个阶段》，载宋恩荣编：《晏阳初全集》第1卷，第391页。

能性。认为建设只有和政治相结合，才有出路，他指出："'建设'是个政治问题。如果政治责任者不愿建设或者不许建设时，怕是谁也不好建设。如果政治责任者懂建设而又愿建设时，以政治的力量去推动农村建设，那是件比较快当的事情。土地、人民都是政治的材料，政治有权力可以让它变个样儿。教育是变化，教育是一种变化的手段，政治则是一种比较有权力的变化手段。平教运动既着眼于改造生活的四大教育及以教育为手段的农村建设，便不能不研究实验出一种实施的方法和程序。"① 所以，"要农民教育不落空，须与农村建设相适应；农村建设之有机的推行，须是县单位的；而县单位之实施的研究，则需要政治，至少政治上要予以方便。"②

这样，朝野双方在合作这一点上达成了共识，即农村建设的推行必须有足够的政治力量来支持，政府也需借助社会力量完成复兴农村的使命。

二、内政会议与《县政改革案》

1930年，国民政府首次将民众教育问题列入国家法规，表现出为"训政建国"而推进民众教育的愿望。晏阳初随即表示愿意在乡村教育方面与政府合作，并不断游说政府对民众教育加大投入。与此同时，定县的四大教育也引起了南京政府的极大兴趣。1931年春，晏阳初应蒋介石之邀，到浙江奉化县溪口镇指导那里的乡村建设，后返南京，与蒋氏夫妇畅谈平民教育的意义。蒋深为赞许，不仅誉定县实验为实现三民主义的基本工作，还派人赴定县接受

① 《定县的实验》，载《晏阳初与定县平民教育》，第189页。
② 《定县的实验》，载《晏阳初与定县平民教育》，第190—191页。

训练，并选派中央军校教官毛应章等到定县细细考察。毛"居定经月，农村中之实际成绩，周览无遗"①。回去后将近10万言的报告书呈蒋介石，并提出建议：在南京近郊择县设立实验区，将所得成绩交由各省县推广，在推广之前先责成河南、湖北、安徽、江西四省提前试办。② 接着蒋介石邀晏阳初与平教会同仁到武昌商谈设立"农村合作指导员训练所"事宜。

1932年6月，蒋介石任命黄绍竑为内政部部长，甘乃光为次长，负责筹备以推进地方自治和县政改革为主题的第二次全国内政会议。是年10月，黄、甘二人先后到定县、邹平考察。在定县，黄对平教会同仁说：站在教育的立场上，定县确有很多地方是相当成功的，但在现代社会里，如果离开国家行政系统，想从旁得到政治上的成功，是不可能或极不容易的。用单独的教育方法达到政治的改革，就更困难了。因此他希望平教会通过利用政府的关系达到更伟大的效果。③ 而甘乃光"通过调查，他深切感到，为了促进并加速像定县所制定的乡村建设计划的执行，有必要重建县政府的机构"。④ 因此，在与晏阳初的交谈中，他进一步指出，定县实验的社会改革工作，就像一个四条腿的桌子，现在只有教育、生计、卫生三条腿，还缺一条腿，就是政治，有了政治这条腿，桌子才会安稳。晏阳初欣然接受了他们的建议。因为正如梁漱溟对晏阳初说的："此时正是我们在地方上没有作法，想推行地方自治也很困难。

① 毛应章：《定县平民教育考察记·自序》，南京拔提书店，1933年。

② 郑大华：《民国乡村建设运动》，第109页。

③ 黄绍竑：《五十回忆》，岳麓书社，1999年，第236—237页。

④ 《民国二十三年中国国民党年鉴》，中国国民党中央执行委员会党史史料编纂委员会编印，第(丙)277页。

现在既是中央愿意同我们接近，乃是我们工作的机会到了”。[1]

1932 年 12 月，第二次全国内政会议在南京召开，晏阳初、梁漱溟、李景汉、高践四应邀参加。基于对定县和邹平的实地考察，这次会议提出了以县为自治单位，在各省设立“县政建设研究机构”和实验县的建议。会议的使命是“外侮日甚，如何作内政以寄军令，一以立国防之本，一以奠政治之基，并由此而发展地方自治的事业，使全国人士同懔修政即以救亡的大义。故这次会议最重要的方针，为以不统一的方法，求统一的完成。以建设的事业，求全国之趋向之一致”。[2] 会议的主题是“完成地方自治，整理‘匪区’善后，奠定国防基础，促进行政效率，统一内务行政”。[3] 会议设民政、警政、礼俗统计、土地水利和卫生 5 组提案审查委员会。在 6 天的时间里，会议讨论通过了 400 多件议案，审议了 200 多件建议案，其中有很多方面采用的都是定县实验的方法，如必须采用科学试验的方法，在各省设立县政建设实验区及县政建设研究院；确立地方卫生制度；推行调查统计工作，使一切工作有所依据等事项。

此次会议通过的各种议案中，《县政改革案》最为重要。它直陈现行县制的六大弊端：“（一）县政府至监督机关太多；（二）县政府之组织太简；（三）县之经费未能确定；（四）县之职权未能划清；（五）县之行政区域过于辽阔；（六）办理县政之人才未能充分准

① 梁漱溟：《我们在山东的工作》，《梁漱溟全集》（五），山东人民出版社 1995 年版，第 1013 页。

② 吴相湘：《晏阳初传》，第 239 页。

③ 《县政建设实验区资料汇要》（上册）前言，国民政府内政部 1936 年编印。

备。”[1]并有针对性地制定了10点改革方针：“(1)厘定地方行政系统确立县之地位；(2)充实县政府组织提高县长职权；(3)划分省县权限增进行政效率；(4)确立县财政系统实行预算决算制度；(5)设立县政建设实验区及县政建设研究院；(6)举行县长总登记；(7)增加县政府经费提高县行政人员待遇；(8)整理县行政区域增设新县治；(9)积极筹设县参议会；(10)提高县政视察地位明定考绩标准。”[2]此外，内政部还拟定了《各省设立县政建设实验区办法》，规定设立实验县，并且“县政府应事实上之需要，得增加技术人员及设置各种专门委员会”。实验区县政府应注意八项原则：(一)一切设施须根据现实环境之需要与当地人民之程度拟定，勿重形式，勿求速效；(二)随时随地与其他各种专门团体及机关，分工合作，联络进行；(三)从各种实验事业中，训练人民，培养专才；(四)办理地方行政及自治人员，务须深入农村，设法解除农民痛苦；(五)注意人民团体组织，辅导人民自动进行；(六)采取“政”、“教”、“富”、“卫”合一精神，以整个计划，谋农村之复兴与发展；(七)一切事业，须以改善人民经济生活为起点；(八)办法力求简易与普及。[3] 此后，县政建设运动在全国范围内迅速展开。

县政建设运动自1932年冬的第二次全国内政会议闭幕后启动，到1937年抗日战争全面爆发前结束。在这一过程中，全国形成了11个省20个实验县，其中以江苏的江宁县，浙江的兰溪县，山东的邹平和菏泽，河北的定县为典型。《县政改革案》规定的各

① 史文忠：《中国县政改造》，南京县市行政讲习所1937年版，第92页。

② 朱汉国、周鸿：《中国二十世纪纪事本末》，山东人民出版社2000年版，第150—151页。

③ 吴相湘：《晏阳初传》，第239页。

项原则，对于晏阳初和他的定县实验来说并不陌生。晏阳初在定县实施以四大教育为内容的平民教育，最终的目标就是把他的这套改造社会的乡村建设理论与实践应用于全国，实为“在定县实验作全国实行的预备”，而第二次全国内政会议则恰好是采用定县实验的四大教育连环试验的方法，在其他各省实施。双方的目标和所实施的内容正好相符。

三、“学术与政治合流”

第二次全国内政会议对于平教会的定县实验是一个分水岭，平教会在定县的平教事业因此有了一个新的转机。在会议召开之前，平教会只是作为民间教育机构和私人学术团体进行乡村建设研究实验，没有得到政治力量和政府的支持，会议召开之后，情况有了变化，平教会工作不但有了政府的支持，而且有了政府的参与。

借助政府的力量来推进乡村建设工作，是平教会期盼已久的事情。所以，内政会议一结束，晏阳初等人便带着《县政改革案》回到定县，开始筹划成立“河北省县政建设研究院”。他们虽然有法律的依据，但是，当时国民政府的权力重心在长江以南，北方的政局不大受中央的节制，而地方实力派对此运动也颇存戒心。所以，研究院的筹划并不是一帆风顺的。当时的河北省主席于学忠就不买账，即使在张学良的斡旋下，于仍以“省府为委员制，应得到省府委员会同意才可通过”为借口推托。当时省府委员 9 人，有 3 人反对。几经周折，经过 4 个月的工夫，直到 1933 年 5 月，河北省政府才根据中央的法令和选定实验区的条件，创立了“河北省县政建设研究院”，以定县为县政建设实验区，县政建设事宜也交由平教会凑办。

研究院分四部:(1)调查部,调查河北一般县地方的各种实际情形。(2)研究部,参照实验县区的实地经验,研究实际上县政建设各种方案。(3)训练部,训练县政建设实际所需要的行政人才和技术人才。(4)实验部,在一定的实验县区内作实际建设工作的实验。实验部即为实验区的县政府,故实验区、县政府之组织和活动,即为实验部的组织和活动。实验区县政府自县长以下一切公务人员,皆为实验部的职员。① 四部中,最直接与人民发生关系的是实验部,即县政府。②

至于平教会与研究院的关系,在性质上并不相同。前者为一民间学术团体,不受官方领导;后者则虽属县政建设的研究机关,具有学术性质,但它却是由河北省政府设立,直接受省政府领导,属于政府机关。其次,平教会的经费是由私人募捐而来;研究院的经费,则由省库项下支出。虽然平教会与研究院在法律上和经济上并没有关系,但是,研究院是由平教会促成的,其机构内部的人事任免由平教会决定并由其内部成员担任重要职务,如晏阳初兼任研究院院长,陈筑山任副院长。实验县的县长由平教会任命,实验部主任为霍六丁,同时兼任第一任实验县县长。院中部分人才也由平教会的专门干事兼任。因此,研究院的灵魂仍然是平教会的思想与理念。

两者在实际的工作中,既有明确的分工,又有着密切的合作关

---

① 陈筑山:《河北省县政建设研究院的工作》,天津《大公报》,1935 年 2 月 24 日第 9 版。

② 堵述初:《平民教育运动在定县》,载《晏阳初与定县平民教育》,第 436 页。

系。“平教会的研究实验比较注重教育的材料工具方法等本身的效果。而研究院的研究实验，是注重已经平教会实验有效果的教育材料工具方法，如何普遍地推广到民间去，关于行政上所需要的组织计划，法令执行等的效果。换言之，便是平教会将研究所得，供研究院的实施，而研究院则与研究实验之外可以用政治力量去推动实施。”[①]故此，两者合作，从研究院方面看是“政治与学术合作”，而从平教会方面看是“学术与政治合作”，[②]双方的目标是达到“学术政治化，政治学术化，实开政治与学术合作之新纪元”。[③]

河北省县政建设研究院的成立，标志着20世纪30年代，由民间发起的乡村建设运动和由政府倡导的县政建设运动“频频的合为一流，二者不仅是相鞠并进，而且二者的工作已渐趋于同化，目的渐趋于一致，力量也渐渐地集中合并”[④]。这种合作对于双方当然都是有利的。对国民政府而言，它通过平教会而暂时间接地控制了乡村基层，稍稍弥补了国与民之间存在的巨大真空；对平教会而言，政教合流的确减少了乡村工作者们实验工作的阻力，有力地推动了乡村工作的顺利进行。从前很难解决的工作，如禁毒、戒毒等，也因此大收成效。平教会在定县的实验由此从乡村建设进入了县政建设阶段。“前者负担创始和实验的责任，后者负的是实施与推广的责任。易言之，创始与实验是乡村建设运动的使命，实施

---

① 陈筑山：《河北省县政建设研究院的工作》，天津《大公报》，1935年2月24日第9版。

② 晏阳初：《中华平民教育促进会定县实验工作提要》，载李济东编：《晏阳初与定县平民教育》，第181页。

③ 《定县的实验》，载《晏阳初与定县平民教育》，第191页。

④ 徐雍舜：《县政建设的使命——代发刊词》，天津《大公报》，1937年7月13日第11版。

与推广是县政建设运动的使命。”这是分工而非分家，因为“县政建设即是乡村建设，县政建设的使命即在于完成乡村建设的使命”。①

无论是发动乡村建设运动的晏阳初，还是倡导县政建设运动的国民政府，他们所采取的途径和方法虽有所不同，但是其最终的目标则是唤醒民众，达到改造社会的目的。双方可谓“异曲同工”！晏阳初对此曾有高度评价：“乡村建设运动起于前，县政建设运动发于后，前者启发后者，后者响应前者，彼此携手，共同迈进，造成了大时代的转变。”从这个意义上讲，“这个转变代表了乡建运动的成功，同时也代表了国家政治的进步。从此，乡村建设工作系统化，政治化，县政建设工作乡村化，社会化；二者合流，促使县政工作渐渐的负起了乡村建设的使命”。②

第二节　平教会与定县政府

由于得到了南京政府的支持，并在“县政改革”浪潮的推动下，平教会一度接管了定县县政，并掌握了定县县长的任免权。为了配合乡村建设运动，平教会对定县县政提出了一系列改革的构想。

南京政府改革县政的目的当然是要革除旧县功能单一的弊端，促使各机构设置的合理化，提高其掌控乡村的能力，同时吸纳地方士绅，以扩大其统治基础。但晏阳初等人的目的，并不仅仅是

① 陈筑山：《河北省县政建设研究院的工作》，天津《大公报》，1935年2月24日第9版。

② 徐雍舜：《县政建设的使命——代发刊词》，天津《大公报》，1937年7月13日第11版。

要达到此“官治”的目的，更为关注的是让其担当起乡村建设的使命。旧的县政机构有两种作用：一是“催科”，管人民的纳粮上税，县政府成了收税机关；一是“听讼”，为人民判案折狱，县政府成了司法机关。县政府除了催科、听讼以外，再没有别的事情了。晏阳初感到，这样的政府，是不能担当民族复兴的使命的。因为中国的政治基础既不在中央也不在省政府，县才是中国真正的政治基础。中国有 4 亿人生息在这 2000 个县里。所以欲谋乡村建设，必谋县政改革。[①] 而且县政改革反过来又促进乡村建设，因为从权力和行政机构方面来看，县政府是法律上唯一有效的能在全县实施具体改造计划的机关，县政府实际上直接严重影响着乡村生活的所有方面。一个社会改造计划如果不重视地方政府，那么它可能会受到阻碍；如果没有县政府的支持，对社会改造方面所作的某些研究项目就不能彻底完成，因为一切调查研究均是在县政府管辖的范围内进行的。[②]

但如何改革县政呢？由于定县县政改革是要为河北全省全国的改革提供样板，所以平教会并没有立刻着手改革，而是发挥其运用西方“科学实验”方法的优势，首先对河北全省各县进行了大规模的调查研究，以便为定县县政建设机构及其实验程序提供依据。这项工作持续了一年多，直到 1934 年 10 月，研究院在调查研究基础上，并借鉴邹平等实验县的改革经验，才设计出了一套改革方案。

---

① 晏阳初：《三桩基本建设》，载宋恩荣编：《晏阳初全集》第 1 卷，第 493—494 页。

② 晏阳初：《在全体职员会议上的讲话》，载宋恩荣编：《晏阳初全集》第 1 卷，第 218 页。

方案的主要精神是本着“以县民总动员为基础，而以效率最高之县政府为中枢”，从而建立一个“由分而合，由散而整，由下而上，务使其节节灵通，处处呼应，不能拆开，不能截断”的高效廉洁的行政组织。这样就“不可不注意县政府对于新政治要求之适应，而尤不可不注意全县人民之政治组织与政治动员，盖必须有此一幅机构，然后县政建设之内容方有实现之可能也”[①]。

根据这个精神，定县新政府的机构拟分三级：第一级，也是最基层的组织是公民服务团，这是全县人民政治活动的基础。全县人民皆为公民服务团团员，但依其年龄而分现役、预备、后备之三种。其中以现役为基干，因为他们“皆系少壮分子，既无稚气又敢于有所作为也”。[②] 又按照他们在学校（含公民服务训练班在内）的组织与学习之所专而分政务、教育、经济、保健四组，又依其组织之便利而分为若干分团。公民服务团的效用在于“培养民力，组织民力，运用民力”，又因其是一个以少壮分子为中坚，以教育为基础，以各种建设为工作内容，以军队纪律为精神的团体，所以，其团员有随时辅助各种建设工作，随时接受继续教育及特种训练，严守纪律，在设计上技术上接受乡镇学校教师指导，受该乡镇建设委员会的指挥监督等义务。[③]

县政机构拟定的第二级是乡镇建设委员会。鉴于原来的地方

① 晏阳初：《定县实验区工作概略》，载宋恩荣编：《晏阳初全集》第 1 卷，第 395 页。

② 晏阳初：《定县实验区工作概略》，载宋恩荣编：《晏阳初全集》第 1 卷，第 395 页。

③ 晏阳初：《定县实验区工作概略》，载宋恩荣编：《晏阳初全集》第 1 卷，第 395 页。

自治组织——乡镇公所不能实践其责任，而由乡镇建设委员会代替之。这一层机关“在以公民服务团为基础之县行政机构中”，因其“上之接受县政府之政令，下之主持服务之工作”，所以职责尤为重要。乡镇建委会设委员 6 人至 12 人，“以容纳当地之有资望阅历者，而以本乡镇之小学教师为当然委员及秘书，以增其效率”，委员会的正副主席由县政府加委为乡镇长副，以重其权。委员会之下分政务、教育、经济、保健四股，以与公民服务团之四组相应。[①] 由于乡镇建委会多容纳“年长之有力分子”，这就容易造成滥用职权的流弊，为此，设立乡镇公民大会来限制这一流弊的发生。乡镇公民大会行使五种职权：选举乡镇建委会委员；罢免乡镇建委会委员；复决乡镇建委会之议案；提出创制案于乡镇建委会；议决乡镇建委会提出之预算及决算。至于与公民服务团的关系，则公民服务团团员既要“在公民大会之立场上节制建委会”，“然对于建委会之指挥监督仍不得不服从”。两相调节，“当可解决乡镇地方习见之纠纷”。[②]

第三级也是最高一级为县政府本身组织。主要是设立县政委员会，委员 7—11 人，由县长商承研究院院长聘任之。其中，1 人兼任秘书长，5 人分任各科科长，其余 5 人为不管科委员。管科之委员，重在行政经验，不管科委员（为名誉职）重在专门学术，“遇有要政兴革特请参予”。这样就“能集合实际行政人才与学者专家于一堂以共策进行”。同时，为县政府组织之合理化，实行裁局并科[③]（平教会设计的定县县政建设机构如表 6－1 所示）。

---

① 晏阳初：《定县实验区工作概略》，载宋恩荣编：《晏阳初全集》第 1 卷，第 396 页。
② 晏阳初：《定县实验区工作概略》，载宋恩荣编：《晏阳初全集》第 1 卷，第 396 页。
③ 晏阳初：《定县实验区工作概略》，载宋恩荣编：《晏阳初全集》第 1 卷，第 396 页。

表 6－1　定县县政建设机构图

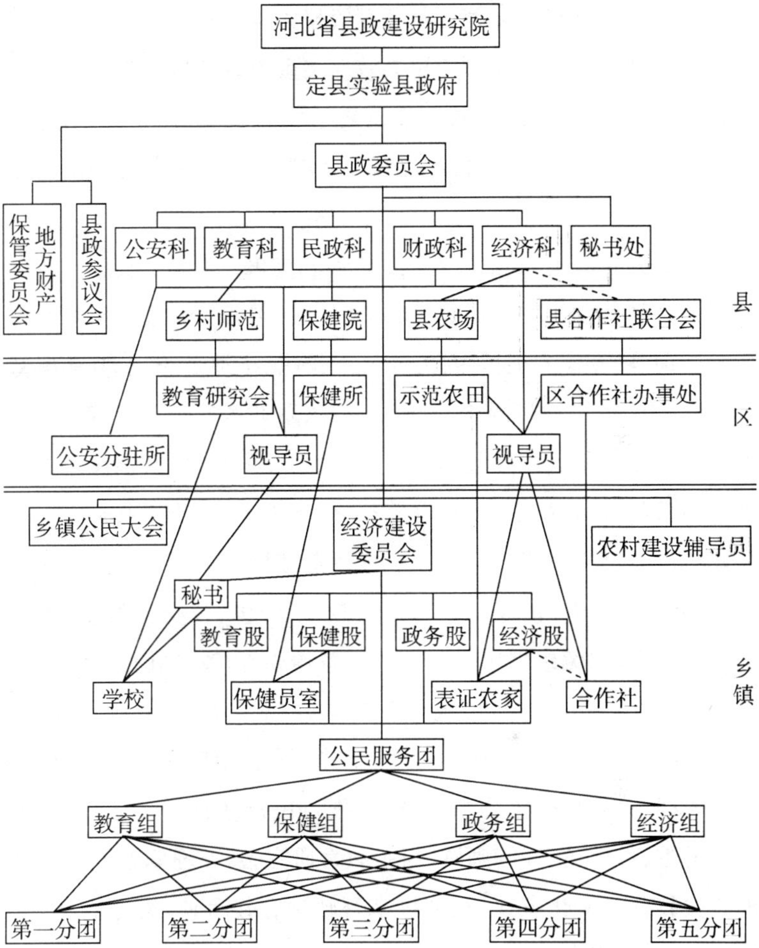

图表来源：晏阳初：《定县实验区工作概略》，载《晏阳初全集》第 1 卷，第 398 页。

由于乡镇建委会“实际所能究不过传达命令而已，以其知识能力，断难奉县政府之成案而指导服务团以实行”，而县政府的实际所能“亦不过制成方案而颁布之而已”，以定县 310 乡之多，“亦断难一一亲督之奉行如法也”，所以在所设计的县政机构中，在县乡之间拟增设一农村建设辅导员，“其资格大抵为青年中学毕业生曾受辅导员训练者。除随时传达县政府之政策政令以督促训练农村办公人员外，并随时接受县政委员之学术训练，循环递转，训练农建技术人员”，这样“师生传习之间”，才有“上下一心首尾相应之妙用”。[①]

该方案经呈请河北省政府批准后，于1935年2月实施。首先进行的是聘任县政委员会委员，共聘何廉（南开大学政治经济学教授）、李询瀛（专家）、殷子古（专家）、尹维祺（士绅）、燕冠卿（燕树堂之叔父，士绅）、刘鉴（秘书长）、濮青荪（财政科长）、姚石庵（定县人，专家、经济科长）、谷宝华（教育科长）、许国光（公安科长）、李佳楼（民政科长）11人，这些人均无薪。[②] 县参议会当时未成立。裁局并科以原定方案进行，将原有的公安、财政、教育、建设四局裁撤，原有两科合并，改设民政、财政、教育、经济、公安五科：民政科掌管调查户口，编组保甲，辅导自治，整顿积谷，改良礼俗，拒毒，息讼，兴办保健，及其他与民政有关事项；财政科掌管土地陈报、丈量、整理税则税法，改善征收方法，及其他有关财政事项；教育科掌管教育调查，视导全县公私立学校，推行民众教育与义务教育，设立图书馆、科学馆，训练师资，组织教育研究会，办理职业教育及其他有关教育与文化事项；经济科掌管辅导合作事业，筹办仓库，推广农业改良，兴办水利，改进农村工艺，提倡种树造林，改良交通工具，经营县有营业，检定度量衡，主办经济调查及其他有关经济事

① 晏阳初：《定县实验区工作概略》，载宋恩荣编：《晏阳初全集》第1卷，第397页。
② 《定县通讯·县政委员会成立》，《民间》半月刊第1卷第21期，第26页。

项；公安科掌管户籍、警卫、消防、救灾、保护森林、渔猎及有关公安事项。为了增进裁局并科工作的效率，实行合署办公。

县政改革的第二步是招收并训练农村建设辅导员。农村建设辅导员在县政建设机构中，居于承上启下的极重要之位置，所以这项工作不可忽略，规定：凡河北省人，年在25岁以上，中等以上学校毕业，有2年以上农村服务经验者，或曾任区长1年以上，办事具有成绩者，品性端正，身体健全能耐劳苦者均可报考。共有81人报考，合格者18人，受训6星期。训练课程包括：精神训练、知能训练和服务实习三种。训练期满后，择其成绩最优者10人，由县政府委充辅导员，分赴各乡村实际工作。

改革的第三步是成立表证示范村。先选定总司屯、高头、尧方头、马家寨、牛村、西平朱谷、东合朱谷、西坟村、程家庄、大羊平、寺羊平、南角羊、小陈村、东建阳、西建阳、南齐、北齐、小滨河、大涨村、寨里、杨家庄等21村为表证示范村，其目的在于"以客观事实为根据，实验县政建设中地方自治组织之效能，表证主观之理想，作全县一般村庄之示范"。[①] 各示范村成立的步骤有三：首先设立乡镇建设委员会筹备处，实验地方自治组织，筹备处设委员6至12人，主任委员1人，秘书1人，由学校教师兼任，主任副主任及委员，由县政府在各村德高望重、热心公益的人中聘任。筹备处的主要工作是举办公民训练、协助选民登记、改进学校、训练合作、保健等。第二，举办公民训练。设公民训练班，招收16岁以上的男女青年，给予公民应有知能之训练。训练班采用大队制，设大队长

① 晏阳初：《定县实验区工作概略》，载宋恩荣编：《晏阳初全集》第1卷，第402页。

1人，中队长2人，队长8人至10人，政务、经济、教育、保健工作队员8至10人。每队置队长1人，政务、经济、教育、保健工作队员各1人，每四队至五队为一中队，设中队长1人，合两中队为一大队。训练项目有自卫训练、农村建设概说、政治、经济、教育、保健等常识研究、工作讨论、唱歌及活动。训练期限为一个月，公民训练届满，即着手组织公民服务团。第三，成立公民服务团。团员按照县政改革设计所定分为现役、预备、后备三种，其组织办法是以保甲为单位，每甲设一甲团，每甲团设团长1人，又设政务、经济、教育、保健工作团员各1人，其余称为普通团员。每保设一保团，设保团长1人，秘书1人。保团甲团之间可以设中团长。各甲之政务工作团员，须组成一政务组，公推正副组长各1人，兼任建委会政务股干事。各甲团经济、教育、保健工作团员同此办理。保团长、秘书、各组正副组长，均用选举方法产生之。

县政改革第四步是召集公民大会，选举乡镇建设委员会委员。公民大会是全村公民行使政权之组织，选举乡镇建设委员，就公民大会本身而言，是行使政权的第一声——选举权；从建设委员会方面来看，是成立建委会必经之阶段。建设委员会的成立可分两个阶段：筹备和选举。选举过程分三个阶段：首先，组织公民大会临时办事处，筹备一切选举事宜，如调查公民人数，补行公民宣誓登记，编写投票人名簿，分配选举会场上职务人员，作宣传，贴标语，布置会场，拟具标识章则，拟定选举时期，呈报县府，函告各机关团体，预备选举票及应用表册等；其次，实行选举，届期鸣锣敲钟，通知公民到会选举，办事处职员，分别担任招待，开票，勘票，唱票，计票，收票，计算等；最后，当选人开会议，选举主席，副主席，建设委员会乃宣告正式成立。

改革的第五步是全县推广。由县政府通令全县设立乡镇建设委员会筹备处，筹备期5个月，其进行至可以正式成立乡镇建设委员会时，经农村建设辅导员之视察认可，即依照乡镇建设委员会组织大纲之规定，召开公民大会选举乡镇建设委员会委员呈报县政府。各乡镇建设委员会正式成立时，筹备处同时撤销。

这里要注意的是，平教会主导的县政改革的目的，主要是在上层建立起一个能够担当起乡村建设使命的县政府，而在下层通过广泛地建立"农村建设辅导员"、"建设委员会"、"公民服务团"这类基层组织来实施其乡建计划。对于平教会的事业而言，这本来是一场具有重大意义的改革。然而，它来得太晚了。这场始自1933年的县政改革，其主要活动是制定了各种计划，直至1935年2月，许多措施尤其是下层的改革仍停留于纸面或"示范"阶段，并未推广实施。而且，在县政改革初期，由于首任县长霍六丁的一些措施触及了乡绅耆老的利益，故引起了他们强烈的反弹。

霍六丁担当县长近一年的时间里，由于平教会正在制定县政改革方案，所以他主要进行了兴利、除弊两方面的工作。所谓兴利，就是建设，如兴修水利、改善交通、增加生产、改善人民生活等等。这方面，由于"县财政的极端拮据"及所需时间较长，"我没有做到，而且不可能做到"。在这种情况下，他将重点放在了"除弊"方面，"所谓除弊，就是取缔那些黑暗、危害人民的东西，如差役之敲诈、司法之贪污、监狱中的罪恶和鸦片烟、白面毒品等"。[1] 其中发动同学会厉行"禁赌"、"缓债"等举措，尤其遭到乡绅的反对，派

① 霍六丁：《我任定县实验县县长的回忆》，载《晏阳初与定县平民教育》，第483—484页。

人到省城游说，致使河北省政府认为平教会导致了“乡村的动荡”而颇为不满，故思欲改之。而霍六丁也因为觉得“能做的事一年都做到了，做不到的事，再干也做不到，每天来定县参观的人不绝于途，反使我有‘盛名之下，其实难副’之感”，因而于 1934 年 4 月坚决辞职，并离开了平教会。这是在定县实验县刚刚成立一年多一点的时候。而定县实验县从此便名存实亡了。“继任的实验县县长是吕复，他是定县那批旧势力所选中的人”，[①]“吕复原系燕大教授，固一好好先生”；[②]而第三任县长霍俪白上任时，河北省政府已在策划改组县政研究院之事，故宣称其施政方针为“尊重舆论，与民休息”。[③] 这两人除了按照平教会制定的县政改革方案，推行了一些县政体制上的零星改革外，没有作为。

1936 年 6 月，研究院改组，晏阳初、陈筑山辞去研究院正、副院长之职，改由原河北省政府委员、小军阀张荫梧和卫士长接任，平教会也因华北局势日益紧张而思虑南迁，县政改革实验也就被迫流产，能够持续推动乡村建设的内在机制最终未能建立起来。

第三节 拥护抑或抵制：平教会与乡绅

作为一个由知识精英构成的外来的民间组织，晏阳初及其平教会除了谋求与政府合作以外，它也极力动员乡土社会的参与，这首先涉及了平教会与乡绅的关系。

---

① 堵述初：《平民教育运动在定县》，载《晏阳初与定县平民教育》，第 437 页。

② 庞永福：《定县归来》，《独立评论》第 155 号，1935 年 6 月 16 日。

③ 陈筑山：《从县政建设的使命说到定县的县政》，载《晏阳初与定县平民教育》，第 294 页。

一、定县实验与地方乡绅

当时的定县乡村，与其他地方的乡村社会一样，在长期的历史积淀中，已形成传统的以地主、士绅为核心的权力结构。从清末到五四这一时期，地主、乡绅利用“乡村自治”运动，使其权力合法化。“乡村自治”是晚清和民初政府在乡村社会进行基层政权建设时采取的主要方式，说是“自治”，其实质仍是“官治”和“绅治”。当时有人就曾指出：“今日称地方自治者，不曰自治，曰官治也，吾则曰非惟官治，亦绅治也，绅治、官治，一而二，二而一者也。”[①]早在清末“新政”时期清政府就提倡过“乡镇自治”，希望以此维持其日益飘摇的统治，但是苟延残喘的晚清政府自身的“官制”系统已处在崩溃边缘，自然没有精力和能力推行所谓的“乡镇自治”，正如有学者所指出的，“清末的地方自治是保守的清政府与同样保守的地方绅士为互利而互相合作以期在一个正在变化的世界中保持他们的政治权力的企图”[②]。民国初年虽推行了一段“地方自治”，基本上也是流于形式，所谓“民选”的乡村领袖依然是乡绅阶层和流氓地痞，同传统的乡里领袖并无两样。30 年代以后国民政府再次恢复保甲制，保甲人员大都仍由乡村豪绅、地主、地痞、流氓充任，这些人成了地方的实际统治者。

平教会知道，他们的事业要想取得定县人民的支持，他们的计划要想得到农民的认可，必须首先取得当地士绅的支持与合作，这

---

① 《地方自治博议》，转引自吴永明：《清末民初的地方自治论》，《江西社会科学》2001 年第 3 期。

② 吴理财：《20 世纪村政的兴衰及村民自治与国家重建》，载《当代中国研究》2002 年夏季号。

些士绅在省政府里也有影响力。[1] 平教会在国民政府倡导和组织的县政建设运动的影响下，在定县进行了县政府组织的改组，也尽力将乡绅纳入其中。其主要措施就是在县政府设一县政委员会，"委员会中可以相当容纳本县士绅足资消除隔阂是也。"[2]因此，定县实验在一定程度上也得到了部分开明乡绅的支持。晏阳初并不否认这一点，他在1931年的一次讲话中就明确指出："敝会同人，到定县已有四年多的工夫。最初在翟城村，后来县政府及地方领袖，对我们的工作，比较欣赏的，希望本会到城里来，以城里为中心，好把教育农业，普及到全县。"并对地方领袖的支持表示了感谢。[3]

其实，平教会之所以选择定县为实验县，也是基于当地著名乡绅的邀请。米迪刚是定县有名的地方绅士，住在翟城村，曾留学日本。他是一个改良主义者，多年来一直希望实施一项乡村教育研究计划。平教会未到定县之前，米迪刚就曾经在其他社区里看到过平教会的工作，很受感动。见面时，晏阳初告诉他：平教会的工作并不满足于仅仅教人们阅读，还要帮助农民实现农业现代化，引进先进的农业方法和提高中国农民的生产效率。所以平教会是要在中国建立一个模范县，并将全力以赴地在这个县干上十年、二十年或有可能三十年。使这个县区变成中国在二十世纪应该具有的样板。此一计划鼓舞了米迪刚。

---

① 晏阳初：《定县实验区工作概略》，载宋恩荣编：《晏阳初全集》第3卷，第421页。

② 晏阳初：《定县实验区工作概略》，载宋恩荣编：《晏阳初全集》第1卷，第397页。

③ 记者：《高头村教育谈话会》，载《晏阳初与定县平民教育》，第255页。

米迪刚虽不富有，但博闻多学，在县里很有影响。他希望平教会到定县来实施这个计划，他对晏阳初等人说："你为什么不到我们县来呢？如果你到我们县，我将尽一切努力帮助你实施这个计划。因为我感到这是改造中国的一条道路。让我们去实践吧，不要光写关于改造的漂亮文章和纸上谈兵。将这个县作为一个基地，将它发展为一个模范县，你将会做出一些我梦寐以求的事业来"[①]。

平教会到达定县后，第一次在定县地区开展农业实验时，村中老者极不情愿地只拿出 15 亩地供实验用。[②] 后来他们看到平教会利用这些有限的资源竟然取得的成绩，平教会的工作便得到该区绅士和村长佐的支持。为了便于平教会工作的顺利进行，1926 年，在当地绅士的支持下，该区拨出 100 亩公地给平教会作为农事试验场。1927 年春天，因共见农场的成绩，当地村长佐又自动加拨 1200 亩地，以拓充农业之试验。平教会在此所办的 200 余处乡村平校，其经费也是由当地士绅和村长佐在本地自筹而得。晏阳初为此感叹："当地人士于敝会平教事业及农事，深能热心以实力赞助，此诚为难能而可贵矣。敝会在定所得成效，虽仅微弱，因其受地方信仰有如是诚恳。"[③]

大西涨有位王老先生，也是当地的头面人物。他在 20 世纪初就提倡织布，到 30 年代全村二三百家，家家织布。可是利润比较少，每集可售四千匹，每匹则只赚得一角钱，尽管这样，他们并不觉

---

① 晏阳初：《有文化的中国新农民》，载宋恩荣编：《晏阳初全集》第 1 卷，第 143—144 页。

② 晏阳初：《平民教育运动》，载宋恩荣编：《晏阳初全集》第 3 卷，第 58 页。

③ 晏阳初：《平民教育运动》，载宋恩荣编：《晏阳初全集》第 3 卷，第 61 页。

得菲薄。这种脚踏实地的工作,感动了晏阳初等人。晏阳初对王老先生说:等什么时候我们配送你一块匾,一定要送的。王老先生在这个村德高望重,他三十年前提倡实业,鼓励织布,三十年后又提倡教育。在他的提倡和带动下,全村成立了高初平校两处,妇女平校两班。尽管校舍简陋,"所谓平民学校校舍,只是灶房侧边一个室,学生济济一堂,坐的是东倒西歪的长木凳,伏的是土坯上架着的木板,光线的不足,空气的不流通,那何待说。"可是,当晏阳初和平教会同仁看到"先生与学生一面认真教,一面认真读,教得起劲,读得也起劲"的时候,他们越发感到这个事业的意义和价值:高楼大厦的大学,并不值得去参观,"这样的学校,值得我常去参观,值得我五体投地的佩服"。[①]

平教会在定县开展各项工作,可以说都离不开定县社会各界的支持。公共卫生在中国是个全新的课题,在此之前,甚至在知识界也很少听到有人谈论它。为了使社会普遍关注并意识到定县的卫生计划的重要性,平教会展开了一场卫生运动。这一运动得到了当地政府的各个部门、平民学校、毕业生联谊会、区长、农村中的长者甚至还有驻扎在附近的军队各方面的通力合作,这场运动进展十分顺利。晏阳初曾描述说:"赶集的日子——这一天把十里、二十里外乡村里的人们都吸引来了——为运动提供了有利的机会。有一般的运动标语、十分醒目的关于一般传染源的示意图,有由军乐队作前导的游行队伍,有演说、小型戏剧、提灯式的幻灯、健康电影,甚至还有收音机!人们的兴趣与热情甚至超过了倡导者

① 晏阳初:《在周会上的讲话》,载宋恩荣编:《晏阳初全集》第1卷,第189—190页。

们最大胆的想象！但是，最令人激动的是，在一次会议上，定县的主要乡绅带头组织了定县健康协会，协会设有由区长、地方教育、建筑、警察等部门的领导，商会主席和我们公共卫生系的领导姚先生组成的执行委员会。”[①]可见，当地士绅对于平教会的工作起到了推波助澜的作用。

然而，像米迪刚这样的开明乡绅毕竟是少数，而多数乡绅，出于维持传统乡村秩序的本能，对平教运动颇为反感。究其原因，或出于对平教运动的不理解，或出于对外来势力的本能猜忌，而平教会发动民众，在乡村培育平教精英的做法，也对士绅的权威提出了挑战。

平教会尽管以整个乡村民众为教育对象，但在实践中，其实际对象主要是乡村青年男女，也只有他们才具有较强的接受新事物的能力。他们从平民学校毕业后，组成同学会，负责“推动或介绍四大教育到乡村民众”，成为“农村建设的中坚分子”，事实上成为乡村建设的“领袖人才”。[②] 知名人士朱若溪在 1935 年参观时对其印象颇为深刻，称它是“改进地方之中心组织，促进地方进步之中心力量也”。[③] 到县政建设阶段，他们的人数已达到五六千人，成为“公民服务团”的骨干，是四大教育三大方式的实际组织者与推行者。平教会因为他们“皆系少壮分子，既无稚气又敢于有所作为也”，[④]而将乡村建设的使命放在他们肩上，这无形中在

① 晏阳初：《中国的新民》，载宋恩荣编：《晏阳初全集》第 3 卷，第 161 页。

② 晏阳初：《中华平民教育促进会定县实验工作提要》，载李济东编：《晏阳初与定县平民教育》，第 176、179 页。

③ 朱若溪：《定县平民学校观感》，载李济东编：《晏阳初与定县平民教育》，第 374 页。

④ 晏阳初：《定县实验区工作概略》，载宋恩荣编：《晏阳初全集》第 1 卷，第 395 页。

乡村里培养了一股“青年势力”，对乡村既有的“耆老政治”构成了压力。

对于这种潜在的冲突，一些敏锐的参观者当时就已经察觉到了，朱若溪就此提出了几点忧虑：

“一、定县已毕业同学会来推动地方事业，以受过相当教育的青年来领导民众，理论上是很对的。不过，平民学校里学生的年龄，均在十四岁至二十五岁之间，而且按照一般的情形来推想，年龄小的人越喜欢来读书，则平校毕业生，均系一般年青的青年，他们热心虽足，而社会经验则不免欠缺，如我们把推动社会的责任放在他们身上，则他们能否负起这个重大的责任，以担当此社会改造的工作？是为一个重大问题。且乡村农民，平时对于耆老或士绅，信仰甚深，对于年轻的青年，不免漠视，则平校学生，能否领导全体民众，以共赴自治之途？却又为一重要问题。更者，乡村中的士绅，平时在社会上素有相当的地位与力量，现在以毕业同学会成立之故，各种事业均由毕业同学会提倡和举行，则在士绅心目中，对于同学会有无歧视的态度？如果有责对于事业的进程上，要否受妨碍？听说他们以觉得这问题重要，而现在请地方领袖为同学会的顾问了，然双方在年龄、地位上的关系，能否获得真正之合作？这又是值得顾虑的一个问题。”

“二、毕业同学会之组织既以平校学生为主体，而平校学生又系青年，则一般年事较高之民众及耆老，不能参加此项组织。即或容许参加，以年龄上不同之故，心理上终不免有所隔膜，愿否参加？亦系问题……。”[①]

朱若溪的看法，尽管只是一种感性认识，并无实际例证为据。然而，这种担忧是有道理的。比如，同学会在协助平教会进行移风易俗的活动中，就采取了一些激进手段。当时，农村中聚赌之风颇为严重。同学会自动订立“禁赌公约”，作为表率。但对于一些惯赌之人，并无约束力，故常常引起同学会的愤怒。“一次，某村的毕业同学在一个惯赌的人家门上泼上牛粪，以示警告。”又如，“对于村政，毕业同学也敢于提出改进意见。如某村的村长，年纪太大而办事精力又差，毕业同学就提议改选村长，让年青而又具有办事才干的人担任村长。”[②]有时甚至与乡绅发生直接冲突，“某村某绅士家里向街上泼污水，于是同学会委员干涉，与泼水者谩骂，而与某绅士冲突”。[③] 诸如此类的行为，在当地士绅与乡村耆老看来，当然是一种僭越之举，致使“社会起许多不安的现象”，对于乡村既有的“耆老政治”无疑构成了挑战。所以他们颇为不满，将那些与平教会合作的定县人骂为“把定县出卖给平教会的罪人”。[④] 晏阳初等人显然认识到这种分离的不利，因而也试图发挥士绅的作用，然而，此种举措毕竟难以平复乡绅们的“失落感”。如定县清风店南

① 朱若溪：《定县平民学校观感》，载李济东编：《晏阳初与定县平民教育》，第377—378页。

② 堵述初：《平民教育运动在定县》，载李济东编：《晏阳初与定县平民教育》，第427—428页。

③ 阎振熙：《定县实验区考察记——中华平民教育促进会河北省县政建设研究院介绍与批评》，北平众志学社发行，1934年10月出版，第58页。

④ 堵述初：《平民教育运动在定县》，载李济东编：《晏阳初与定县平民教育》，第439页。

关太平庄士绅燕冠卿即是如此，他虽被聘为该地区债务调解委员会的顾问，却不断向其侄北京大学法律系教授燕树棠诉苦，提供“重磅炸弹”，唆使他发表文章攻击平教会。

不过，在定县实验初期，平教会的举措并未真正触及士绅的利益，因而这种反感被隐藏起来；但到了定县县政改革实验阶段，由于平教会掌握了政治权力，且一些举措直接触及了他们的利益，原有的不满终于爆发出来。

事情的起因源于霍六丁的“三把火”。1933 年 5 月，平教会与河北省政府合作，成立定县实验县，霍六丁为第一任实验县县长。如前文所述，他在任县长 1 年的时间里，由于县政改革方案尚未成形，所以，主要进行了“除弊”方面的工作。措施主要有：

首先，调整组织与人事。为提高效率，设立了秘书处，革除舞弊人员，重新委任县府所属各部门主管。同时，根除“差役之弊”，将县府差役从原来的无薪职变为有薪职，月薪 7 元，使其不再依靠敲诈勒索为生。

其次，改良监狱管理，完善司法制度。以前，监狱中对犯人的虐待和勒索，令人谈虎色变。“对待这个问题，我的办法更简单，每十天半月，我不事先通知，随便进去看一通，同在押的人随便谈谈话。”这样，或由于害怕“犯人检举”，或看到“以后油水不打了”，“不到一个月，一个在那里干了多年的老狱卒不干了”。此后对监狱也进行了改良，“每月犯人可洗一次澡，蒸一次衣服”，不久又“办了一个木器手工厂，犯人可以从事生产了”。在司法方面，他以身作则，严禁贪污受贿，亲自会同承审官及时审理新案，清理积案。为了解决农民因不识字，不懂司法程序，而经常受到不法之徒敲诈勒索的问题，霍六丁在县政府内设农民招待所，招待所内设有书记办事处，由书记员替农民写状纸、呈文，并答复农民要询问的事情。贴批示的地方，安装铁丝防护网，以防批示贴出后被人撕去，再向当事人讹诈。

此外，霍六丁到任时还处理了大量的积压案件。为此，他多派一两位承审或者是设简易法庭、巡回法庭，把一些简单的案件由简易法庭或巡回法庭来处理，这样农民在当地就可解决诉讼问题而不必到县城打官司。霍六丁根据定县民众好打官司这一特点，特设债务调解委员会，并亲自变了息讼歌，劝民息讼。其原文如次："定县人性子急，一天官事十六起，卖了庄户去了地，又费工夫又受气。我劝大家和解好，自己事情自己了；真有冤案来告状，我劝大家把心放。官事输赢全凭理，花钱托人净上当。"[①]

第三，厉行禁烟禁赌。当时定县除了以"善讼"闻名外，吸毒和赌博之风也很盛行。霍六丁到任后，着手解决这两个严重影响定县经济和社会安定的问题。在禁毒方面，他在各区设立戒毒所，实行区长负责制，并亲自到各区召集乡长们开会，说明肃清毒品的意义和决心，要求他们把本村吸食白面的人开个名单，并动员他们到本区断戒所报到。假若名单有遗漏的，由乡长负责。不自动到断戒所报到者，派警察拘捕。断戒所主任由该区区长兼任。戒毒的人吃饭由各自家属亲自送来。戒毒工作收效很大，仅以清风店一个镇为例，该镇戒了几百人。地方上还给这个区区长李志远送一个"德在荫民"的匾。[②] 禁毒工作开始的头两个半月，全县就查处

① 霍六丁：《定县息讼歌》，天津《大公报》，1933年7月28日第6版。

② 霍六丁：《我任定县实验县县长的回忆》，载李济东编：《晏阳初与定县平民教育》，第488页。

吸毒者千余人，同时用连坐的办法使乡长副与民众相互揭发，这样，“一般富室瘾民甚至有遁往平津以延续其堕落生活者，成效概可想见”。[①]

禁赌是霍六丁上任后实验县政府认真实行的一项重要的法令。历来定县赌博之风严重，各界县政府也都为此采取措施，可是成效一直不佳。平民学校毕业同学会在县政府的支持下，颁布了《禁赌公约》，用以限制城内的赌博现象。但是定县城内的赌博，与乡间不同，参加者多为地主豪商，赌资多以千百元计。这些地主豪商都很有政治背景，所以历届县政府对他们毫无办法，在实验县的霍县长及县政府的努力下，赌博之风气渐有好转。只有城内的一家盐商——官商南盐号是个有名的赌窝，照赌如故，不把县政府放在眼里。一次，这个盐商与本县的大地主勾结在一起进行赌博活动，霍六丁知道后，立即派出警察到盐店抓了赌，“使这些‘士大夫’和‘座上客’威风扫地”，最后这些人被羁押 10 天并每人罚款 500 元，共计 6000 元，用以修路和改建定县监狱。[②] 至此赌风因之收敛，社会风气大为好转，此后不久，定县即流传着一首歌谣：“老天爷，刮大风，刮来县长霍六丁。霍六丁，真是棒，他就敢斗土皇上。”[③]

另一项遭人怨恨的是颁布《债务调解法》。由于当时国民党政

① 王维显：《“模范县”期与“实验区”期的定县县政》，《政治经济学报》第 4 卷，第 640 页。

② 汪德馨：《记三十年代初霍六丁上任三把火》，《定州文史资料》第一辑，第 62—63 页。

③ 该歌谣是定州市晏阳初研究会李志惠提供的定州口述史料，转引自李伟中：《二十世纪三十年代县政建设实验研究》(博士论文)，南开大学，2003 年，第 80 页。

府为推行"剿共"政策,向美国大量贷款,导致粮价大跌,借债农户纷纷破产。该法令是实验县政府从借债者的利益出发,以缓和当事者之间的矛盾颁布的,但是,这样一来,就得罪了地主、高利贷者。[①] 同时,霍六丁在民政方面进行了一些改革,规定了村民摊款的办法,该保卫团费为随粮代征,成立农产仓库贷款处等,在一定程度上减轻了高利贷对民众的盘剥。

实验县政府雷厉风行,进行了多方面的县政建设工作,对"地主乡绅和既得利益者的权益"提出了强烈的挑战,[②]因而遭到他们的反对。在这场斗争中,出现了两派势力:一派以平教会、平民同学会为主,他们受到下层群众的支持和拥护;另一派以盐商、高利贷商人、鸦片贩子和旧式士绅等名门为主,他们得到一些富裕农民和家族长的支持。这两派势力在经济利益乃至思想意识上尖锐对立:"禁毒直接打击了毒品贩子,司法改革使流氓的讼师、贪婪的狱卒无处遁形,抓赌则打击了大盐商王家、旧式士绅张家和定县的一些名门如白家、谷家和赵家等地方势力,而设立农民抵押仓库更是引起了定县高利贷商人的恐慌。"[③]双方在争斗过程中,平教会暂时取得优势,但是自从霍六丁抓赌事件以后,事态开始转变。这些地方势力不仅在定县,有些在南京国民党中央也有相当影响,抓赌事件虽使定县赌风收敛,但是却激怒了这些旧势力,不久便向以晏阳初、霍六丁为代表的平教会进行反扑。平教会虽有国际上的知

① 以上文字参见霍六丁:《我任定县实验县县长的回忆》和堵述初:《平民教育运动在定县》,载《晏阳初与定县平民教育》,第482—488页和第434—437页。

② 吴相湘:《晏阳初传》,第236页。

③ 李伟中:《二十世纪三十年代县政建设实验研究》(博士论文),南开大学,2003年,第81页。

名影响和国内舆论宣传，但是他们在政治上并没有强硬的后台。他们宣传“打倒土豪劣绅”，并组织抗日，这些都“与国民党政权在整体上控制民众思想、压制民众运动的主流是背道而驰的”[①]，再加上平教会与一些革命分子关系密切，如瞿菊农是瞿秋白的叔父、霍六丁也曾多次帮助和解救许多革命青年，因此，定县曾被视为“赤区”。这些都成为旧势力的口实，他们反扑的直接结果导致霍六丁的离职。后来霍六丁曾总结说：“旧中国的旧势力是极为顽固的，对于改革事业，总要加以破坏；定县的旧势力，早把平教会视为眼中钉，对参加平教会工作的本县人士，更是讽刺打击，尖刻异常。自从盐店聚赌被抓以后，便开始了公开反对平教会的活动。他们立即在城内某处开会，密商反平教会和实验县的行动方案，并派人到省政府进行反实验县的紧张活动。”[②]定县民众对此次斗争还编了一个民谣：

> 霍六丁，真难过，吃的“强”，穿得破，抓了赌，惹了祸。绅士们，敲破锣。西关王家南张家，南北二号盐商家……谷钟秀，田老慰，白敬宇家开的会；保定天津提不着，南京政府走一遭……人托人，够着天，白花花的银子往外搬。有钱能买鬼推磨，老霍的乌纱被打翻。[③]

① 李伟中：《二十世纪三十年代县政建设实验研究》（博士论文），南开大学，2003年，第81页。

② 堵述初：《平民教育运动在定县》，载《晏阳初与定县平民教育》，第436—437页。

③ 该歌谣是定州市晏阳初研究会李志惠提供的定州口述史料，转引自李伟中：《二十世纪三十年代县政建设 实验研究》（博士论文），南开大学，2003年，第81页。

另外，他们还挑动一些在北京的定县人士写文章，制造反对平教会的舆论，出现了定县实验中的所谓“民怨”问题。

二、所谓的定县“民怨”问题

1933年，在北京大学任教的定县人燕树棠，在《独立评论》上发表了《平教会与定县》一文，[①] 对平教会做了六点批评。燕树棠的这篇文章发表后，引起了社会各界（其中包括平教会的人）的争论，很多人对燕文提出了质疑和反驳。

文章开篇即对1933年晏阳初当上河北省县政建设研究院院长作了一番讥讽：“晏先生在定县十年前以千字文识字课的小教师，现在做了河北省县政建设研究院的院长，就晏先生个人说，的确很大的成功。平民教育会十年前在北平不过一部分号称教育家聚会之所，现在在定县竟有会员一万余人的民众，只就平民教育会的本身说，的确也是很大的成功”。接着，他自诩代表民意，对晏阳初及定县实验作了全面的攻击和否定：

第一，“定县民众怀疑平民教育会利用模范县招牌之动机，向来对平教运动之领袖不表信任”。如果平教运动是天大的好事，“晏先生是四川人为什么不在他的家乡去做好事？若要在人口众多的区域，为什么不在北京、天津？若是在文化低下的区域，为什么不在绥远或甘肃？恐怕是第二孙县长来了罢？定县民众，自始就怀疑平民教育会的诚意！”这里说的孙县长，是指孙发绪，他在民国二年，“为他自己出风头，把定县改为‘中华民国全国模范县’”，

① 燕树棠：《平教会与定县》，《独立评论》第74号，1933年10月29日。也可参见吴相湘：《晏阳初传》，第257—259页。

因而“引动了外界人士之注意。模范县之名因此远播全国”，但“老百姓没有得到模范县的好处，只感觉了增加负担之苦痛”。“不但人民的负担随着增加，借官厅的威势而欺压老百姓的劣绅也随着增加了”。文中将晏阳初称为“第二孙县长”，意思不言而喻。

第二，“平民教育会把定县固有之建设冒充自己之成绩”。“定县的民众在河北省向来是认为最努力的老百姓，农业，水利，教育，都有很好的成绩”。“遍地都是人工所凿掘的水井”，“各村庄都有小学，无论贫富，都有上学读书的机会。……大学毕业生有八百余人，东洋留学的有一百余人”；至于“讲卫生”，完全不用“劳动医学博士来教训我们”。这些都是“定县老百姓自动的成就”，而平教会却宣传说这是他们的功劳，“岂不是大笑话吗？”“说到他们的改良牲畜，更加不通！晏阳初先生从美国带到了几个大猪，其大如牛，每头体重有八百多斤……，又肥又大真是好看。据说每有人参观，一定要领到猪圈之旁去看大猪，以博得参观人士之赞赏”。但这种猪“每日须吃大豆高粱四五斤”，而“大豆高粱是老百姓们吃的”，土猪“虽不景气，但它们吃的东西也不讲究”。所以“洋猪”老百姓是养不起的。“总而言之，平民教育会在定县的成绩，全系有名无实，全是冒功买名的宣传”。

第三，“平民教育会在定县制造教党与非教党之冲突。从前晏阳初先生在定县只有一部分的教权，而政权不在他的手中。今年定县县长霍六丁先生是平民教育会社会组的主任，全县政教两权因此就完全统于一尊了！自然可以为所欲为，言所欲言”。“自霍县长就职以后，他所组织一切民众团体，都是以平教会员为基础。从前凭借官势以欺压老百姓的人不过是数十名劣绅。现在呢？这一万名平教会员变成了县长的爪牙。结果，从前一般老百姓数十人之欺压;现在反受一万人之欺压了! 平教会员可以直接面见县长;非平教会员就没有这个机会。乡下人能见县官就可以欺诈乡愚。现在平教会员实在是定县的统治阶级,晏阳初先生实在是定县的'斯台林'了。所以大家呼平教会员为'教党'数月以来,教党与非教党之冲突,时有所闻,彼此间的恶战,日甚一日,一般人大感不安"。

第四,"平民教育会在定县潜伏反动势力。近两年河北省军警当局把定县划为赤区。定县城南常发现所谓抗债团、抗租团、军粮团,以及各种反动的标语。平教县长在审理讼案的时候,亦常……训诫'地主'不得压迫'租户','债主'不得压迫'借债人'。……因此抗债抗租之事日多,平教县长只本主义而行,并不依法办理"。结果,"平教运动与反动势力互相呼应而故意制造阶级恶感,阶级斗争,社会恐慌。现在定县有识之份子都认为平教会的活动若不停止,全县民众势必至于沸腾崩溃,不可收拾!"

第五,平教会会员生活腐化,败坏当地淳朴民风,遗祸无穷。他们的"本部及附属的机关都设立在定县城内,他们每年二十多万的经费大部分用作他们的薪金。城内头等房子都被他们租用作了公馆,他们虽以平民自居,但占用城中贵族式的房子,他们还以为不美观,都已另加修饰。那些公馆内的小姐太太们都是摩登装饰,摩登衣服"。每日里出入"几家大饭馆",山珍海味,"吃燕翅席"。结果,定县"生产力没有比从前增加,侈奢之风却日甚一日"。

第六,平民教育会侮辱定县民众的人格。"他们对待一般老百姓们,……好像西洋在中国传教的牧师"。"平民教育会本是私人团体,但晏阳初先生从前即能利用县长的威权吓令老百姓进城听训",现在操控政教两大权后,更是"随时命令县长随时传唤无闲的老百姓们进城来接受院长的训话”。并举例说:1931 年时,晏先生在定县“接连不断的接到蒋主席和张副司令的召他进京来平的电报。他于是乎请县长召集全县各村长村副进城谈话,当场晏先生把蒋张两位大人的电报从兜儿里掏出来,向那些乡村村长村副高声朗读一遍,会场肃静,屏息敬听,乡村老百姓传颂一时,说晏先生比蒋主席张司令的本领还大;不然,他们为什么请他呢”?“乡愚们”认为此等行为是“欺诈乡愚,依势凌人”,“是莫大之侮辱”。所以“定县一般的民众对于平教运动,一天一天增加厌恶的心理,全县三十余万民众,除被诱入而为会员的一万人而外,都希望‘时日曷丧,予及汝皆亡’”。

综合以上六点,燕树棠认为,平教会在定县非但没有成绩,反而使百姓“更穷了,更弱了”,更严重的是,“定县一般人认为”平教会是为“少数人的私利”,这“将引起民间阶级的纷纠”,而“一般人对平民教育会人员所发生的厌恶,积恨日深,恐将发反抗的运动”。

燕树棠在文中一再申称,“以上所说的情形不是我个人的私见,是我们所得来的定县的公意”,是“代替我们那被试验的‘文盲’的老百姓们,说几句话”。但是,这篇文章内容多得于其叔父,即定县清风店南关太平庄乡绅燕冠卿。所以,他的批评与其说是代表“公意”,不如说是反映了定县士绅的“恶意”。这一点,当时主持负责《独立评论》的蒋廷黻先生在为燕文写的跋中已指出了。①

在跋中,蒋廷黻首先从理论上肯定了晏阳初的做法,强调“中国的根本问题是乡村问题。换句话说,中国的问题就是乡村的问题的放大几百倍,几千倍,而乡村的问题就是中国的问题的缩影”。

① 蒋廷黻:《跋燕先生的论文》,《独立评论》第 74 号,1933 年 10 月 29 日。

至于燕文攻击晏阳初的动机，蒋廷黻做了两点反驳：其一，“晏先生是四川人，为什么不在他的家乡去做好事？”“其实无论什么贤人善士到任何县里面去，这个问题都会发生”。在“乡村人民对外来的一切的运动都是怀疑的”状况下，“一个人能在异乡办点事已足证明那个人多少有点可取”。其二，至于晏阳初“当官”，“我确知道他若不到定县去，他所能得的收获，在升官发财方面只有比现在还好。他会在耶鲁大学毕业，后入了普林斯顿大学的研究院，像他这样的资格和训练而在国内各界居高位者比比皆是，这个院长的地位算不得‘很大成功’”。

蒋先生也承认，“平教会的宣传，有时我也觉得过火”。但仍给以善意的解释，“处平教会的地位，晏先生既非大富翁，政府又不出经费，不能不靠中外人士的捐款”。即宣传乃为筹集捐款所必需。当然，“宣传不应该冒功，但燕先生所指责的各点不能使我们全无疑问”。如说“中国的农业已是至善尽美，无须改良的”，恐怕是令人难以置信的。又如言：“学校在乡村已经普遍的设立，小学不收学费，无论贫富，都有上学读书的机会。”但事实是定县“儿童失学者及成年不识字者仍占多数”。“至于燕先生所指责的养洋猪及洗衣服的笑话，证明平教会仍需努力研究，使农民能得着能力所及的卫生方法及改良畜种方法，不是证明平教会不应该提倡卫生及改良畜种”。

“在燕先生的眼光里，平教会不但无功可言，且在定县有种种的恶影响。第一，他说平教会使定县人民的生活奢侈化了，因为会中的职员作了奢侈的标样。这种影响，我想是可能的，但也是不可免的”。但“此中的困难不是我们的生活程度过高，是平民的过低”。要过惯了城市生活的平教会成员“少吃少做”，一味俭朴，也是强人所难，不利于工作效率。

第二，燕先生说平教会引起了“教党与非教党的冲突”。所谓“教党”就是平教会的一万名会员，“非教党”就是未入会的三十万人民。“结果，从前一般老百姓是数十人的欺压，现在反受一万人的欺压了！”“燕先生这段话，我想也是有根据的。总而言之，就是定县现在统治阶级换人了。换句话说，平教会无形中在定县执行了一个大革命。那些原来得势而现在失势的人自然不满意平教会”。但这里应该考虑的是：“(1)我们不换乡村的统治阶级能执行乡村改革么？(2)中国现在能免除统治阶级而完全实行民治么？(3)定县的新统治阶级是否比旧统治阶级更加黑暗，还是稍微开明？换句话说，定县老百姓的负担是加重呢，还是减轻呢？我以为燕先生这段批评由于偏信定县的失意的小政客和旧绅士，以他们的言论作为老百姓的言论。如我们以这般人的言论为社会公论，那乡村的改革是永无希望的，因为他们利在维持原状”。

第三，燕先生说：“在平教县长审理讼案的时候，亦常以农村经济破产为理由，训诫‘地主’不得压迫‘租户’，‘债主’不得压迫‘借债人’”。他又说：“因此抗债抗租之事日多，平教县长只本主义而行，并不依法办理。”这段批评，我相信也有根据，不过我以为平教会的这种办法是对的。我们若不减杀地主和债主的压迫力，乡村经济的复兴是永无希望的。“耕者有其地”根本是正当的，势所必行的。唯一的问题是这种改革将由共产党的方法来实行，还是由政府用调剂的方法逐渐执行？可惜平教会还只“训诫”地主和债主。燕先生说：“河北省军警当局把定县划作赤区。”果然，则足见当局不能分赤白。燕先生又说：“平民教育会在定县潜伏反动势力。”“反动”二字岂不是有点不当：有点故意中伤。

蒋先生写这个跋，当然是表现了其对燕文的不满，他反对燕文中提到的有关平教会造成阶级争斗、遇事并不依法办理甚至成为“统治阶级”的观点。所以，在做了上述反驳后，他一针见血地指出了燕文所代表的阶级立场：“我们看了燕先生这段批，更能了解他的立场，他对于定县的原状，无论是农业或教育，是完全满意的，谈到定县现在的政治，他是与失意的政客和乡绅表同情的。谈到定县的经济政策，他是偏袒地主和债主的。所以他的批评与其说代表定县三十万老百姓，不如说是失意绅士和地主的恶感的反映”。

蒋廷黻在文章结语中强调：“改革的方案总要使一部分人士不满意，因为利害的关系和人们守旧的根性。我们不到民间去的人，对这种试验，只应有善意的贡献意见，不应有恶意的破坏！”

燕树棠的文章发表后，不只蒋廷黻表示了异议，时任定县县长的霍六丁也写了《答燕树棠先生》一文，寄给《独立评论》发表。[①]在这篇文章中，霍先生并未全面回答燕树棠的指责，而是仅就“涉及了我的职责”的相关问题作了简短的答复：

一、说平校毕业同学会会员“凭借官势以欺压老百姓”，“若有此事，顶好转告当事人依法起诉，我决不袒护作奸犯科的人”。“再不然，只要燕先生个人通知我，我也要侦查一下，明白回答”。

二、至于说“面见县长，非平教会员没有机会”。这你有点误会或误信了。举例说吧：我到贵村清风店去过三次，在那里亲自接见过无数次的乡长副与人民，而贵村并没有平教会员（燕先生住清风店南关太平庄）。我又到过贵区寺邑、砖路、台头、岸下、西板……等数十个村庄，这几十个村庄，说也凑巧，只有一两个是有

① 霍六丁：《答燕树棠先生》，《独立评论》第76号，1933年11月12日。

平教会员的。

三、说我“审理债务讼案，不依法办理。”我想和您打个赌：由五月截至九月底，受理了一百二十五债务案件内，您若能指出一案是不依法办理，我便算输。我前天到监狱视察，民事押犯尽是债务案，当时很使参观人感慨。至于发起的债务调解委员会，这是合法的，也是对贷权债务双方有利的。打官司双方都花钱，而且往往是债权人不顾打官司。至于委员会的人选；令叔父燕冠卿先生便是贵区三个顾问之一，当不致疑他曾引起阶级斗争吧。

四、“至于增加人民负担的话；去年地方支出（保卫团在内）是十八万多；今年是十五万多：共减少三万四千余元”。

霍六丁最后说，“定县以前数十名劣绅凭借官府欺压百姓”，现在他们不敢了。“因为我们在国家人民的立场上，政治法律的责任上，都不许他们‘凭借官府欺压人民的’，无论因此他们会如何的‘发生厌恶，积恨日深，将发反抗的运动’！”这个态度，事实上也从一个角度揭示了平教运动对当地乡绅造成的压力。

由于平教运动早期对“青年政治”依赖，以及县政建设初期霍六丁“激进式的改革”，触犯了耆老乡绅的利益，因而与地方士绅“几乎水火不能相容”，产生了“尖锐化的冲突”，他们不仅派人到省府游说，还发动舆论大肆围攻，给平教会制造了不少麻烦。而“定县士绅的不与合作”，“形成严重的阻碍，遂致影响到整个县政工作不能进行”，[①]“没有好的成绩表现，结果颇为河北省政府所不

① 阎振熙：《定县实验区考察记——中华平民教育促进会河北省县政建设研究院介绍与批评》，第 13 页。

满”。[1] 此后不久，河北省政府也不再支持定县实验县。而霍六丁也因为觉得“能做的是一年都做到了，做不到的事，再干也做不到，每天来定县参观的人不绝于途，反使我有‘盛名之下，其实难副’之感”，[2]因而于 1934 年 4 月坚决辞职，并离开了平教会，这是在定县实验县刚刚成立一年多一点的时候。后任的两任县长基本上无所作为，而定县实验县事实上便名存实亡了。

第四节　从拥护到失望：定县实验与乡村民众

乡绅对定县实验的“恶意”不足为奇，定县一般民众的反应又如何呢？应该说，也经历了一个从热情到淡漠，从期盼到失望的转变过程。

平教会迁到定县后，定县百姓尽管经历了短暂的怀疑、观望阶段，但很快便表示了欢迎与支持，并对平教会充满了期盼。平教工作快速展开，一批示范村建立起来，平民学校更是随处可见。1931年，高头村全体村民到县城的平教会大礼堂开会，以“就近请平民教育会诸位先生的指教”，村长段馨山开篇即言：“贵会来到定县，到各村去提倡平民学校，本村觉得这种教育很有必要，并且比较容易办，所以成立了平民学校和妇女平民学校各一所，都是本村自办，还有贵会办的实验学校又加上本村办的青年补习学校，一时颇

---

① 庞永福：《定县归来》，《独立评论》第 155 号，1935 年 6 月 16 日。

② 霍六丁：《我任定县实验县县长的回忆》，载李济东编：《晏阳初与定县平民教育》，第 488 页。

觉热闹。青年补习学校的宗旨，是在教育改良社会的中心人才。妇女学校，是为改良家庭而设的。将来本村打算还办高级平民学校，和妇女青年补习学校。有了好家庭，才有好乡村。”从这里看，村民们不仅了解平民教育的意义，而且已积极参与其中。村长随后表达了对平教会的期望：“以后我们村里教育的发达，家庭的改良和乡村的进步，都要盼望本村父老和青年学生大家努力合作，更盼望贵会指导我们前进”。学董段雪齐在致词中更是表达了村民们的热情，表示“我们本村人，应该踏实去努力”，以“不负贵会的盛意”。[①]

其他村庄也纷起效尤，并以能当选实验村为荣。“如唐城，牛村，高头，马家寨，大深河，南支合等村尤为热烈，幸均蒙划为首先中心试验村，于是各该村的平民班，表演班，农民巡回训练班，均相继成立”。从这些实例来看，定县老百姓并不像燕树棠文中所说的那样，从一开始就反对平教会或对之不信任，而是非常欢迎。“平教会于民国十二年在翟城村设立分会，当时规模狭小，即晏先生亦不常来，然该村供给地址帮助建设，不信任何能如此；至民国十七年将总会全体挪到定县，供给会址自不必言，其他种种便利，难以历述，从此大事宣传，广为鼓吹”，定县“一般患着愚穷弱私的老百姓，见有对症下药的神仙驾临，莫不争先恐后竭诚欢迎，……如谓不信任者，何能如此”。[②]

老百姓之所以“争先恐后竭诚欢迎”，一方面是因为平教会为

---

① 记者：《高头村教育谈话会》，载李济东：《晏阳初与定县平民教育》，第254—255页。

② 李明镜：《平教会与定县》，《独立评论》第79号，1933年12月3日。

他们规划的蓝图的确诱人，如陈筑山描绘的“理想的模范村”里“有图书馆，有美术馆，有公园，有种种学术上教育上的设备”。[①] 这对于饱受生活窘迫之苦的乡民来说，无疑是一个美妙的天堂。另一方面，平民教育并不只是教人识字，它也饱含内容广泛的四大教育，其中，生计教育是能够直接为乡民带来利益的。平教会在定县实验区办了一个农场，农场的工作分为三类：一为改良品种。在小麦、玉米、棉花这些定县作物方面，引进国内良种。一面在农场里试种良种作物，作为示范，一面向农民推广。当时陕西的小麦良种及南京金陵大学农场的小麦良种，都曾被平教会的农场引进，据时人回忆，“收到了良好的效果”。二为引进良种猪与良种鸡。引进的良种猪叫波支猪，这种猪比定县原有的猪体大、肉多、生长也较快。这种猪颇受农民们喜爱，称之为“定县猪”。引进的良种鸡，叫“来亨鸡”（来杭鸡）。这种鸡比定县原有的鸡体小些，但产蛋多，一只鸡每年可产 260 到 270 个蛋，实属高产。此外，在改良农具、建立合作经济等方面也颇有成效，尤其是消费合作社，“由于免除了商人的中间剥削，农民在消费合作社买油买盐，的确比商店里便宜，自然是高兴的”。[②] 诸如此类的工作，的确使老百姓得到了一定的实惠，他们表示欢迎也就不难理解了。

从平教会方面而言，他们注意发挥农民的积极性与参与精神，这在一定程度上取得了农民的信任，具有亲和力。前文已述，平教会的四大教育及三大方式具体落实到乡村层面上，主要是通过平

① 记者：《高头村教育谈话会》，载李济东编：《晏阳初与定县平民教育》，第 264 页。

② 堵述初：《平民教育运动在定县》，载李济东编：《晏阳初与定县平民教育》，第 428—429 页。

校毕业同学会(下设乡联合会及村同学会)来实施与推行的,比如生计教育方面的生计巡回学校,推广良种、良畜、良禽,展览农产品,组建自助社、合作社等;卫生教育方面的防疫注射、种痘运动、保健拒毒、武术健身等;文艺教育方面的协助平民学校、开展读书研究会、习字比赛、演说比赛、灯笼识字、家庭教学等;以及以植树禁赌、自卫互助、息讼扫雪、修桥补路等为主要内容的公民教育,都是以社会式教育为主要方式、由村同学会来具体实施的。而所谓的“表证示范”、“导生传习制”都是一种培养农民自觉实验的方法。所以,从某种意义上说,乡村层面的平教运动,事实上就是由本村人在平教会的指导下操办本村的事务。即如华洋义赈会负责人章元善观察到的,平教会是“用本地的力量办本地的事”。[①]

同时,平教会也注重与农民交往的方式方法,除了利用新剧演说、幻灯、无线电广播、电影、图书读物等新奇式方法加以宣传推广外,也尽可能地发掘民间资源,寻求和谐,提倡与农民“打成一片”,减少障碍。

平教会充分地利用庙会这一农村常见的资源。如 1927 年秋,他们在定县庙会上示范农场的研究结果,如甜瓜、小麦、小米、鸡、蛋、猪和其他农产品。还展出了新型水轮、耙、播种机和犁。有四万人前往参观,五千多农民操起水轮的把手,看看水轮的工作情况。[②]

除了利用庙会,每年的秋天,平教会还开一次所有的表证农家

① 章元善:《从定县归来》,载李济东编:《晏阳初与定县平民教育》,第 363 页。

② 晏阳初:《有文化的中国新农民》,载宋恩荣编:《晏阳初全集》第 1 卷,第 157—158 页。

的农产展览会、表证农家引用的品种、工具等一切有关生计的事宜。如1930年11月21日开始的第四届农产展览会,引来数以万计的农民参观。[①]

戏剧也是平教会推行其教育的重要方式之一。为了激发乡民的参与热情,平教会在农村中训练演员共计180余人,成立11个农民剧团。熊佛西还把戏剧改革成为人民大众的戏剧,成为“大众支配的,大众演出的,大众享受的,其内容是大众的生活”的戏剧。[②] 1932年至1934年,共计游行公演话剧于24个乡村。在平教会大礼堂共举行过13届戏剧公演,观众约3万余人。其中,《屠户》一剧暗含的反土豪意识,引发台下一青年农民破口大骂“揍死孔屠户他妈的老混蛋”。[③] 平教会还力主“农民自己演剧给农民看”,形成了良好的互动。

而广播无线电、电影等不仅向农民输入各种切用的知识,也为乡民们带来了外界的消息。如1932年日本侵犯上海的消息,使村民们“有的慷慨激昂;有的摩拳擦掌”。又如1933年3月日本侵占热河的消息,“农民都兴奋异常,年壮者有自愿抛离父母妻子,加入敢死队为国杀敌者,其他老弱不能去的,亦多愿出其血汗之金钱,以犒劳拒敌的军士”。[④]

---

① 《改进农业——定县中华平民教育促进会农业教育部举行第四届盛大农产展览会参观记》,天津《大公报》,1930年12月17日第4版。

② 熊佛西《定县农村戏剧的现在与将来——写在“龙王渠”演出之后》,载李济东编:《晏阳初与定县平民教育》,第269页。

③ 志惠整理:《熊佛西的戏剧在定县》,载李济东编:《晏阳初与定县平民教育》,第267页。

④ 郑炯裳:《广播无线电在农民教育中的实验》,载《民间》半月刊,第1卷第6期,1934年7月。

所有这些方式，由于考虑到了乡民的接受度，在内容上也确实贴近老百姓的生活，所以能引发他们的热情。但不久之后，定县乡民即对平教会的活动表现出淡漠与失望。个中原因，由于乡民们没有留下资料，我们只能从时人的一些见闻中有所了解。这些资料包括平教会平民学校毕业生李明镜针对燕树堂的文章而给《独立评论》写的信（题为《“平教会与定县”通信》，第 79 期，1933 年 12 月 3 日）；左派知识分子阎振熙等人 1934 年发表的《定县实验区考察记——中华平民教育促进会河北省县政建设研究院介绍与批评》（北平众志学社发行，1934 年 10 月版）；以及北大学生、定县人庞永福居家一月考察而写的《定县归来》（发表于《独立评论》1935 年 6 月 16 日）。他们的言论未必全然客观真实可靠，不过，通过对这些文本的分析，我们仍可找到平教会自身存在的一些弱点。

李明镜撰文，显然受到燕蒋之争的影响。故他在文章的开头，就谦虚地表明他“绝不敢以论辩的口词自比，但蒋先生既非定县籍未莅定县境，而燕先生虽系定县人，确已多年抛离故乡久客在外。我自己不但是生于斯住于斯，而且……与我们的会长晏阳初先生，主任霍六丁先生，会谈过许多次的话，对平教会与定县的情形，……比两先生的道听途说总觉确实真切”。因此，他愿提供一些所见所闻的事情。他先申明，定县百姓最初对平教会是极为拥护的，连他本人也“被求知心的驱使，亦同加入就课”，“不过后来因种种情事，感触我的精神，趋于不满意的途径，就渐渐懈怠了”。懈怠的原因，他提了两点：

“一，务虚名不讲实际。”比如平教会的“职员工作，及一切设施，十之七八系为应付参观者之鉴赏，对于社会改良，并不注意”。而对于定县老百姓来说，“凡遇参观人来，总要作满意的表示，可是要无人参观的时候，那平教会的职员，可就杳如黄鹤了。”

“二，新设施之不适应用。”李文举了一些例子，来说明这个问题，比如农业改良，平教会所宣传的那一套做法，对于老百姓来说，成本实在太高，没有试验或者实行的条件。至于农村卫生改良，“有一次会中卫生部长，(老师姓名恕不发表)讲授臭虫，跳蚤及蚊蝇治除法，当时听讲人的踊跃，教室内竟无隙地，老师庄严的先述各虫之害，次治除之法，应将房屋用石灰周抹一次，打上灰顶棚，窗户纱门悬簾丝毫不留空隙，并准备蚊帐，粘蝇纸，蚊虫香等物，如无力购置即勤拿勤打亦可驱除云。”可以想象，这种宣讲多了之后，“现在各村除吾侪一部同学会员仍希望更好的方法领受外，其余大多数的老百姓，可以说毫无信任之可言了。”

对于老百姓为什么从热情支持“继变为失望，疑惑，不信任的观念”，甚至变为“反对态度”，李明镜还谈了几点自己的所见所闻，当作原因之阐释：

“甲，因为好的成绩不及坏的影响大。”关于这一点，李明镜首先肯定了平教会这两年在教育、卫生上的工作，尽管没有平教会本身宣传的那么有成效，但还是为当地百姓做了不少的好事，另外，“就职员工作言之，十年以来会中盈筐的计划书，满橱的调查表，这些东西，都是苦心劳力的结晶，虽大都免不了闭门造车，虚添冒写的弊病……而不合于实际，但是多少总该有点有用的。”

“乙，平教会员欺骗乡愚，出口便述那冠冕堂皇仁义为怀的口头禅，然考诸实际，是在有对不起老百姓的地方。”对于这点，李文说到有一次平教会自己的养鸡场出现瘟鸡，为了避免名誉受损，便把所有的鸡都分给老百姓，想不到当地的鸡也染上瘟疫，结果是全村的鸡都死得干干净净，甚至还波及邻村。

“丙，同学会之跋扈骄横。”“同学会良莠不齐，大部分无业流氓（因为有职业者无余暇与平教会去周旋），而所受的教育，又系浮的，夸张的，其习性遂变作骄傲放纵的气象，更加以霍主任系接充县长，急于图功，利用此背为行政作治之膀臂，于是同学会干涉村政，争夺权利，恶劣分子则乘机肆虐，鱼肉乡里，一般愚民……岂有不痛恨的道理呢？”[①]

当然，对于李明镜的话，我们要做分析。李明镜虽“系平教会平民学校的高才毕业生”，但他担任的是同学会指导员，而“指导员或顾问当然是村中豪绅”，[②]所以他代表的仍然是乡绅的利益，如他在文中对于平教会选择在定县实验就暗含讥讽：“在这种地方来试验，不但政策易于推行，成绩易于显著，即或试验失败，亦不至毫无成绩可言，总能凭借原有成绩，足吹一气，使世人信仰之深，使美国大财阀竭力捐助，并使其主义立于安全不败的地位，依此看来，这试验区域，是至美至善毫无可疑。”所以，他的话未必可观，胡适就怀疑关于瘟鸡一事的真实性。但是，信中所暴露的问题或者对于平教会的批评甚至是攻击，恐怕不是一口否认就能一笔勾销了。

除了上述原因，平教会没有从根本上改变农民的生活，可能是更为关键的。平教会在定县十年，其活动大多仍处于研究、表证、示范阶段，其研究成果没有得到很好的推广，定县百姓受益有限。直到 1935 年，即如庞永福观察到的：“他们旧日所谓的四大教育，目前有活动的只文艺教育，生计教育与卫生教育。至公民教育原由陈筑山主持，整天钻到故纸堆里，弄些个纸上的仁义道德，大家

① 李明镜：《“平教会与定县”通信》，《独立评论》第 79 号，1933 年 12 月 3 日。

② 阎振熙：《定县实验区考察记》，第 54 页。

都认为无不与救亡图存复兴民族的急需，故宣告停顿，现只名存而已。此四大教育中，以生计教育为最迫切需要，这是不待费言的，惜此项成绩，在定县人实际受到的或看到的，实在太少了。”①这可能也是真实的状况，“真的，平教会在定县十年之久，对于定县人民心理，人民经济，人民组织，还没有显著的贡献，使已经号称模范的定县变成真正模范的定县”。②

生计问题不解决，自然影响到识字的积极性。于是便出现了下面的景象：社会式教育与农民最为相关，其推出的“平民角”“图书担”等措施对农民的知识应该颇有辅助，“但据各村实在情形看，所谓平民角，也不过是一种样子，有几本小读物，亦是村中几个特殊的人，借去看看，也许随便扔到家里，放半年不理它；至于图书担巡回书库，平教会决没有多少设置，半年之内每村尚不准能流到一次，即到各村，亦无非如买糖人下乡，使大家围绕着玩玩热闹而已”。③ 阎振熙等人在定县考察中，常常问起农民对平民学校的看法，他们一般的回答是：“认识字读书当然好，不过近来只闹饥荒，吃饭比什么都重要！”还说，“俺村里今年向外谋身去的人有三四十人”，“我们受苦人，都是吃菜饭，还顾不住呢！”④这种现象是很普遍的。西平朱谷的村庄据说已无文盲，“不过我们询问了几个农人，问他们‘是否上了平民学校’，他们的答复，不是说‘我们哪有工夫上学呢？’就是说‘上学校还得花钱呢’……所谓‘已无文盲’者不

① 庞永福：《定县归来》，《独立评论》第155号，1935年6月16日。
② 忧患生：《定县之谜》，《独立评论》第97号，1934年4月22日。
③ 阎振熙：《定县实验区考察记》，第58页。
④ 阎振熙：《定县实验区考察记》，第116页。

过是比较富一点农民比前多识几个字而已”。[①] 农民是讲求实效的，他们最为关注的是生计问题，任何一种方案，如果不能使他们得到实惠，他们的热情自然就会消退。

另一方面，平教会接管县政不仅引起乡绅的强烈反弹，对平教运动本身也具有一些负面影响。当然，政教合一的目的是借助政府力量来减少实施平教计划的阻力，用晏阳初的话来说，就是“尽本会的力量帮政府的忙”，因此，为了保持自身独立的学术地位而不被政府所操纵，不管平教会在经济上如何困难，晏阳初始终坚持经费的独立预算。他虽担任研究院的主席，但并不从政府出领取薪水；其他平教会同仁在研究院兼职者也都是义务性质的，不领任何报酬。然而，合作终究改变了平教会在人们心目中的印象，使它事实上成为政府的依附者，“走上了一个站在政府一边来改造农民，而不是站在农民一边来改造政府的道路”。[②]“听讼催科”之类的事情原本县政府的工作，政教合一之后，“听讼催科”纳入乡建工作的内容，致使广大农民认为平教会人员是官方的爪牙，对平教会失去了原有的信任。章元善将此举称为“白白添上一个重负”，“是一个很不智的举动”，[③]的确有一定道理。诸种原因，使得一度热闹非凡的乡村渐渐归于平静。

第五节　定县实验与海外捐助

平教会之所以取得了其他乡村建设团体所无法比拟的成绩，

① 阎振熙：《定县实验区考察记》，第 58 页。
② 《梁漱溟全集》第 2 卷，第 581 页。
③ 章元善：《从定县归来》，载《晏阳初与定县平民教育》，第 363 页。

一个主要的原因就是它拥有比较丰裕的经费。这些经费包括平教会每年出版《平民千字课》、《平民读物》等大量的书刊的版税及海内外各界人士的无私捐助。其中，最为重要的是美国各界的经济资助。

一、平教会与檀香山华侨

平教会成立之初，经费相当紧张，全年只有熊朱其慧夫人捐助的 3600 元。这笔钱仅够支付寄发各省市分会的大批邮件和文具纸张的费用，晏阳初的年薪，以及一名兼任书记和一名兼任工友薪饷等；次年经费增加到 6000 元，也悉来自熊夫人的捐助。[①] 定县实验展开后，其成百上千的实验项目，需要大量的经费，以前那种完全依靠少数头面人物的慈善之举的做法显然也难以支撑，而必须扩大经费来源，通过广泛的社会募捐来解决经费困难。正值平教会为经费问题一筹莫展之际，1925 年 6 月，太平洋国际学术会议在美国檀香山召开，会议的主题是讨论太平洋各国人民的问题，晏阳初应邀参加。这次会议使平教会看到了一线曙光。

会上，晏阳初作了题为《中国一建设力量——平民教育》的演讲，详细介绍了中国的平民教育运动的情况，指出平民教育是中国一极伟大的建设力量。演讲引起与会各国的极大兴趣。会议主席莱曼·韦尔伯博士(Dr. Ray Lyman Wilbur)说："我们开了两周会议，讨论了 60 问题，还听了许多讲话，但对于未来太平洋沿岸各国的和平来说，关系最密切的莫过于在中国开展的平民教育运动。

① 汤茂如：《组织中华平民教育促进会总会的经过》，见舒新城《中国新教育概况》，1928 年 4 月上海刊，第 182—183 页。

中国亿万文盲选择什么方向，如何发展，用什么样的人生观培养他们，这对太平洋区域的未来所产生的影响将比什么都重要。”[①]闭幕词中，韦尔伯博士又说：“第一件最使人感动的事，是中国的平民教育运动，以及其在太平洋问题上的重要关系。其次，我想是中国的爱国新精神和她的新起且壮大的对外国侵犯的态度。”[②]这是美国著名大学校长面对太平洋各国高级知识分子，对中国平民教育运动的首次公开赞扬。《檀香山星报》在晏阳初演讲后的第二天就刊载到：“平民教育运动正在这一东方大国推行。听众们因此不仅获得中国困难和抱怨的真相，更明了中国正准备建立大众的政府。”[③]

对晏阳初的演讲，当地华侨的反应更为热烈，应他们的邀请，在随后两周，晏阳初演讲 30 余场，每次听讲者少则 30 人，多则 3000 多人。很多华侨深受感动，他们中的很多人受过中等教育，甚至有些人还上过大学，但是他们的中文都不好，也没有机会学，于是在他们中间掀起了一股学习中文的热潮。同时，当他们了解到中国的平民教育事业的现状后，都深表理解和赞许，认为平民教育才是挽救危亡的正确道路，于是发起组织了各种募捐队，为晏阳初的平民教育运动募捐。有的说：“既然我们能为祖国办些事，那就应该去办。”有人说：“我们不能回国去参加晏先生的工作，但我们可以捐一些钱来帮助教育祖国的同胞。”“对了，让我们组织起来

① 宋恩荣编．晏阳初、[美]赛珍珠著：《告语人民》，桂林：广西师范大学出版社，2003 年，第 303 页。

② Wilbur, R. L.: *Closing Address of Chairman*. Documents and Papers of IPR Honolulu, 1925. No. 71. Hoover Library, Stanford University.

③ 吴相湘：《晏阳初传》，第 94 页。

去筹款吧！”[①]

于是，檀香山华侨自发组织起来进行捐赠。组成了妇女队、牙医队、医生队、女孩队、男孩队和银行家队等300多人参加的12个筹款队，他们挨家挨户地对岛上的中国人说：“捐点吧，这是有意义的事！”[②]一位杂货店的老板对晏阳初说：“我也是文盲之一，深受痛苦。我愿帮助你这个运动，要你能够教育我们的同胞读书，使他们都睁开了眼睛。我也曾是穷人，我愿把自己省吃俭用积攒下来的1000美金交给你。”[③]此次华侨的募捐共约23005.85美元，其中有当地美国友人的捐款1340.5美元，其余20000余美元都是华侨捐助。募捐运动开始，“银行经理暂停工作，医生暂停诊务，管理家事的妇女也将家务搁置而参加‘夫人队’募捐”，其中捐款数额最高的是1000美金，其次是500元、400元以至10元不等，尤以1元的最多，其次是2元或5元，也有捐5角或2角的。这些表明，捐款者除少数比较富裕，绝大多数都是低收入的劳工，而且他们大都是文盲。这些钱合成银元3.5万元，此款到1928年初用完。中华平民教育运动被这次会议的代表看作是“树立中国形象的一股巨大的建设性力量，它注定要在未来的世界和平中发挥非常重要的作用”。[④]这些钱，虽然数目不多，但它却解决了平教会成立初期，特别是定县实验初期的经费无着的问题，为日后定县实验工作的进一步展开，奠定了基础。

中华教育文化基金董事会也是为中华平民教育促进会的主要

① 《告语人民》，第304页。

② 《告语人民》，第304页。

③ 吴相湘：《晏阳初传》，第97—98页。

④ 晏阳初：《致芳馨女士》，载宋恩荣编：《晏阳初全集》第3卷，第49—50页。

捐款单位之一，该基金会是20世纪20年代美国利用退还的庚子赔款第二期款项，在中国成立的一个民间文教机构，基金会董事会的中方成员大都是中国科教界的杰出人物，他们利用稳定的基金来源，投资发展中国的科教事业，加快了中国科教现代化的进程。该基金会执行委员会于1925年6月举行会议，决定在今后3年内每年拨给15000美元的巨款。对于平教会来说，尽管这只是他们所申请数额的1/10，但这笔款子仍可以解决数千所平民学校和为上万名新读者编写和提供文学作品的紧迫问题。晏阳初指出："说实在的，这笔巨款对于我来说最重要的倒不在于钱，它表明我们的事业得到了公认。"① 到1929年6月为止的前3年，该基金会每年捐资平民文学部的15000美元全部到位，而且该会董事们受到美国团体和个人慷慨捐助的促进和平民文学部过去3年的取得的成就的鼓舞，决定继续捐资给平教会的平民文学工作，共计6万元。这笔款项对一个中国的教育机构来说，无疑是数目很大的捐款。这次捐资不仅使平教会得到了经济援助，还表明他们得到了国民政府任命的新董事会的公开承认。"尽管他们的捐款不如美国基金会捐助国内机构那样慷慨，但对中国基金会捐资全国教育团体而言，这是一笔不小数目的捐款。"②

二、第二次美国募捐

到1928年，檀香山华侨的捐款全部用完，定县实验又陷入经济困难的尴尬局面。此时，正值晏阳初再次被其母校美国耶鲁大

① 晏阳初：《致F. S. 薄克曼》，载宋恩荣编：《晏阳初全集》第3卷，第35—37页。
② 晏阳初：《致S. D. 甘博》，载宋恩荣编：《晏阳初全集》第3卷，第113—114页。

学邀请授予荣誉硕士学位，他认为这是他向美国人民募捐的绝好机会。6月，晏到达美国。在好友、时任美国加利福尼亚州斯坦福大学校长的韦尔伯博士的帮助和策划下，晏阳初在授予学位之后，开始了大规模的募捐活动。和上次檀香山募捐不同的是，晏阳初很明确地把这次美国之行的目的定位在募捐活动，他计划募捐的数额是50万美元。此次募捐活动晏阳初采用的方式仍是各处演讲，但演讲的地点和对象具有很强的针对性，主要是在一些诸如美国全国教育会、旧金山工会或美国人区域等影响力较大的地方，听众多为美国各界政要、名流或美国人民。1928年10月在纽约市举行的欢宴上，晏阳初开始了他募捐活动的第一幕。应邀参加这一宴会的人士大都是纽约的大企业家或学界新闻领导人，他们都被晏阳初讲述的中国平民教育的真义所感动，并表示愿意解囊相助。其中，与施瓦普（Gerard Swope, President of General Electric Company，又译斯沃普）的相识具有重要意义，他是通用电气公司总裁，曾被汽车大王福特（Henry Ford）誉为“世界上最优秀的推销人”，此后，为在美国“推销”中国的平民教育运动而义务奔走20余年。[①] 同月，芝加哥第一国民银行总裁史曲纹夫妇（Mr. and Mrs. Silas H. Strawn）设宴并介绍晏阳初与芝加哥各界名流相识，史氏夫妇说：“假使中国有更多像晏阳初一样的人才，她的许多问题几乎都可解决了”。[②] 此后近一年时间，晏阳初在旧金山、底特律等美国东西各大城市奔走演讲，同时拜访了亨利·福特（Henry Ford）、美国米尔板（又译密尔班）纪念基金会（Milbank

① 吴相湘：《晏阳初传》，第108—109页。

② 吴相湘：《晏阳初传》，第109页。

Mimorial Fund)执行长约翰·金斯百利(Dr. John Kingsbery)和研究部主任艾德加·Edgar Sydenstricker(赛珍珠的胞兄)等美国名流20余人,希望他们捐助和支持中国的平民教育运动。

不仅如此,为了使募捐工作顺利进行,晏阳初在韦尔伯(Dr. Wilbur)博士的帮助下,还与太平洋国际关系学会的负责人卡特(E. C. Carter)商量成立了"中国平民教育美国合作委员会"(American Cooperation Committee, Chinese MEM),利用此组织向美国人介绍平教会的活动,需求合作者,进行募捐,凑集经费。[①]许多私人和基金会因而参与进来,提供了数目不菲的捐款。如米尔板基金会捐款50000美元。福特在9月23日捐助10000美元。洛克菲勒先生捐款50000美元,他同时答应,如果晏阳初能募集到全部50万美元基金,他将再捐助50000美元,1931年1月,洛克菲勒基金会将余款付清,至此,该基金会共捐款10万美元。V.埃弗里特·梅西先生也答应当晏阳初完成全部基金的募捐任务时,捐助平教会25000美元。

通用电气公司总裁施瓦普先生(Gerard Swope, President of General Electric Company)曾在1929年3月在银行家俱乐部设午餐招待会宴请晏阳初。招待会有20多位工商界巨子参加,施瓦普先生要求在座的每位客人至少捐款5000美元,共计10万美元。而此时此刻已有好几家公司开始捐款,如美国无线电公司,纽约美孚煤油公司,美国奇异电器公司,狄龙、理德公司等,每家公司捐款5000美元。[②] 这五家公司共计捐款25000美元。在洛杉矶访问

---

① 吴相湘:《晏阳初传》,第111页。

② 晏阳初:《致P.T.戴维森》,载宋恩荣编:《晏阳初全集》第3卷,第98页。

时，晏阳初得到了《罗安琪时报》负责人哈里·钱德勒先生（Harry Chandler）5000 美元的捐款。另外他还为此举办了两次聚餐会，使晏阳初又得到 20000 美元的捐款。此外，由曼斯·菲尔德（M. Field）主持的洛杉矶耶鲁俱乐部也考虑以后五年每年捐款 1500 美元帮助平教会的平民文学部聘用一位中文编辑，最好是耶鲁毕业生。美国合作委员会的克拉伦斯·凯尔西先生，率先献出 5000 美元的捐款。[①] 此次美国之行，晏阳初共募到 50 万美元的各界捐款和有条件捐款 7500 美元，可以说晏阳初满载而归。

当然，美国各界的捐资工作并没有因晏阳初的回国而终止，很多团体或个人继续为平教会及其定县实验做着财力、人力或技术等方面的支持。洛克菲勒基金会总裁、兼驻欧洲国际健康委员会及社会科学研究计划负责人之一的岗恩（Selskar M. Gunn）先生两度来中国考察，都参观了定县实验。第一次参观之后，他为晏阳初谈的定县实验深深感动。他说："这个运动值得予以最大的注视。他可能获得对未来若干年中国问题的答案。"他在致基金会主席麦克斯·麦森（Max Mason）的报告中指出：我确认基金会不能忽略世界上这一重要地区，必须把握正在变动的中国若干存在的情况。[②] 1932 年 10 月，岗恩以洛克菲勒基金会特别代表的身份再次来到中国，此次来华他居留 15 个月，作了详细的考察和计划，1934 年 1 月，他完成了一项长达 97 页的报告，回美后，将这一报告呈基金会董事会，报告中指出，基金会今后对华任何计划应根据中国人民的急切需要。岗恩先生同时对于基金会给协和医院一千

① 晏阳初：《致 P. T. 戴维森》，载宋恩荣编：《晏阳初全集》第 3 卷，第 98 页。

② 吴相湘：《晏阳初传》，第 251 页。

数百万美元的投资予以批评："在它自己的范围显得重要。就全国说来却只有极有限的效用"，因为中国人对于自然科学研究固然微弱，但必须了解他们在社会科学方面的研究更加贫乏。至于海外进修奖学金应取消，转而协助中国建立若干高深研究的中心，并给予本地奖学金。① 应该说，岗恩的观点不无感性和片面之处，但是他的这篇报告却反映了在当时定县实验的影响和社会效应。1934年12月，洛克菲勒基金会正式认可岗恩提出的援助华北农村建设计划，提供100万美元的资助，供1935年1月起3年的费用。根据第一年工作计划费用的分配数额，平教总会得到的费用最多。由于金斯伯利博士(Dr. John A. Kingsbury)的努力，米尔板基金会同意就定县卫生实验与平教会合作，在财政上给与合作。② 1933年1月31日，米尔板基金会董事会决定继续捐款5000美元帮助实施定县卫生计划。③ 阿奇博尔德夫人(Mr. Archbold)继1929年慷慨捐款之后于1930年给平教运动又捐赠1000美元。④ 巴尔奇先生(Mr. A. C. Balch)也再次赠款29000元。卡内基公司在"美国成人教育协会"的建议下，向中华平民教育促进会拨款5000元，用以开展一项叫做"成人教育的长期性"的教育心理学研究项目。⑤ 诸如此类的捐款还有很多，这里就不一一列举。

① 吴相湘：《晏阳初传》，第251—252页。

② 晏阳初：《致V.菲尔德》，载宋恩荣编：《晏阳初全集》第3卷，第110页。

③ 晏阳初：《致J.A.金斯伯利》，载宋恩荣编：《晏阳初全集》第3卷，第349页。

④ 晏阳初：《致阿奇博尔德夫人》，载宋恩荣编：《晏阳初全集》第3卷，第171页。

⑤ 晏阳初：《致M.A.卡特赖特》，载宋恩荣编：《晏阳初全集》第3卷，第429—430页。

三、外来经费的效用

由上可知，平教会的经费在1928年以前，95%捐自本国人，1928年秋以后，主要依赖于美国的捐款。据国联教育考察团调查，当时平教会的经费来源，每年20余万元中，有34%是美国的捐款，10%是美国煤油大王的捐款，在中国的捐款只有5%，其余一部分是由庚款中拨付。[①] 至于出版税等，所得微不足道。至1935年为止，出版税每年收8000元，售出版品约5000元，农产约1000元，医院约1000元，其他约1000元，75%的收入来自捐款及补助。[②] 晏阳初本人也承认："1929—1934年5年期间，我们之所以能够取得很大成绩，是因为美国合作委员会（American cooperating Committee）帮助我们筹集了资金，并且为了平教运动的发展，我们拥有绝对的自主使用权。因此我们不必经常为来年的财政而担忧，我们不必为筹措经费而分散精力，所以我们能把精力集中在研究项目的发展上"。[③] 由于主要经费来自美国捐款，所以平教会在财务管理上也体现捐款人的影响，成立了平教中美合作委员会，委员34人，其中除2人为华人外，其余都是美国资本家、宗教家、教育家、政治家领袖。此委员会除主持本会与美国一切联络进行外，并管理平教会在美洲一切的基金款项，在国内则有经济委员会，委员共7人，华委员4人，美委员3人。管理平教中美合作委员会根据每年预算按期兑来的款项，其中华文化教育基金董事

① 阎振熙等：《定县实验区考察记》，第21页。

② 《平教会定县实验区的事务行政》，载李济东编：《晏阳初与定县平民教育》，第92页。

③ 晏阳初：《致S. M. 岗恩》，载宋恩荣编：《晏阳初全集》第3卷，第403—405页。

会每年补助2万元。私人捐款及他项收入，皆经由经济委员会的审核。[①] 此种体制，可以使捐款人知悉经费的使用，从而有利于保持捐款人的积极性与稳定性。这也是平教会能够不断得到国外捐赠的重要原因。

正是有了国外的捐款，定县试验才得以进行，平教会的活动也才能逐渐展开。以经费开支为例，1925—1929年四年间，经费支出由4700余元增至16200余元，增长了近4倍，1926—1928这三年的工作，组织较为简单，到1929年，逐渐增入教育、农业、卫生、艺术四科，事务渐繁，用费渐多。此后，平教会每年的经费最高达30余万元，1934年也超过20万元，[②]到1935年全年预算为29万余元。[③] 这是其他乡建团体难以企及的。

但是，有了丰厚的经费并不一定能够取得上佳的成绩。在这方面，时人诟病的焦点有三：(一)平教会花掉的这些经费与他们所取得的成绩相比较，"似乎是得不偿失"[④]；(二)由于专恃外来的捐款，纵然成功，也难以推广，"平教运动永远走不出定县，它的持久性是受捐款限制的"。[⑤] 《大公报》也评论说：定县"一年十六万经常费，几十个专门家，不是每一省每一村所能企及"。[⑥] (三)平教会在经费的使用上安排不合理、浪费严重。据晏阳初说，每年经费20余万元，职员薪金与事业费各占半数。但据阎振熙考察，实际

① 《平教会定县实验区的事务行政》，载《晏阳初与定县平民教育》，第91—92页。

② 阎振熙等：《定县实验区考察记》，第15页。

③ 《平教会定县实验区的事务行政》，载《晏阳初与定县平民教育》，第91页。

④ 阎振熙等：《定县实验区考察记》，第15页。

⑤ 章元善：《从定县归来》，载《晏阳初与定县平民教育》，第363页。

⑥ 《定县平教村治参观记(四)——生产增加与全民识字》，天津《大公报》，1930年1月12日第4版。

上，职员薪金比事业费多，[①]亦即说，大部分的捐款不适用于建设，而是花在了薪水上。以致有人攻击平教会“把美国的捐款拿来做‘奢侈的游戏’”。[②] 南斯拉夫斯丹巴在1932年访问定县时就曾指出，平教会“用钱靡费”[③]阎还提出了增加经费的办法：即通过减少职员薪金费，和使研究院与平教会的工作尽量合并来增加事业费。当然，平教会的人员众多，研究项目庞杂，指责它搞“奢侈游戏”，实在多少有些冤枉。

凡此种种，均有一定道理。但是，对于定县试验而言，其最重大的影响在于，这些钱是外来的！“定县的工作是美国的金元铸成的”。[④] 在一般人心目中，平教会是“直接依赖‘国际’之物质和人力的帮助”，[⑤]尤其是美国的帮助而在定县搞的一场“外来的实验”。它不是依赖“本地的人才本地的经济”[⑥]，而是凭靠国外的“金元”和南京的“权势”而强加于定县的。这在一定程度上也潜在地引发了当地士绅的不满，导致了平教会与乡土社会的疏离。

---

① 阎振熙等：《定县实验区考察记》，第22页。

② 吴半农：《论“定县主义”》，载千家驹、李紫翔编《中国乡村建设批判》，第112页。

③ 晏阳初：《在全体职工会议上的讲话》，载宋恩荣编：《晏阳初全集》第1卷，第209页。

④ 吴半农：《论“定县主义”》，载千家驹、李紫翔编《中国乡村建设批判》，第112页。

⑤ 李紫翔：《中国农村运动的理论与实际》，载千家驹、李紫翔编《中国乡村建设批判》，新知书店1936年版影印，第21页；收入上海书店出版之《民国丛书》第四编第16卷。

⑥ 《定县平教村治参观记(四)——生产增加与全民识字》，载天津《大公报》，1930年1月12日第4版。

第七章　理想与现实：乡村运动乡村不动

1934年4月，一位署名"忧患生"的人在《独立评论》上发表了一篇文章，从文字来看，他仅初通文理，表达也欠清晰，算不上知识分子，但他的观察与评论颇为客观："定县的工作，定县的情形，言人人殊，誉者以为中国唯一的希望，民族复兴的基础，毁者便以为平教诸君不是在那里骗人玩，便是在那里骗饭吃"，并颇有见的地把定县的评价问题称为"定县之谜"[①]。的确，自平教会进入定县从事试验以来，对定县实验的评价便不绝如丝，既有真心的赞誉，也有善意的批评，更有恶意的攻击。真可谓"赞誉如潮，谤亦伴之"。当然，对这些评议，我们要作客观分析：赞誉者多为胡适、蒋廷黻、章元善、周作人、陈哲衡等一帮知识分子，他们对定县实验的认同，可能更多的是出于那种"吾道不孤"之感叹；至于攻击，多来自"一班土豪劣绅，因为他们的卑劣行为被裁制，他们的非法利益被损害，因而发生反应，那是不值我们一笑的"；[②]值得重视的也许是善意的批评意见，但这种意见多来自左派人士，他们在肯定平教会之热情的同时，更多的是用阶级分析法指责他们"治标不治本"。

---

① 忧患生：《定县之谜》，《独立评论》第97号，1934年4月22日。

② 忧患生：《定县之谜》，《独立评论》第97号，1934年4月22日。

如此种种评判，既多出于私意，致使后人常有置身云雾之感，而对于事实真相，反倒不甚明了。因之，要对平教会形成一个基本的判断，还是要确切地考察定县实验的实绩。

第一节　定县实验的实绩

章元善指出："平教运动在这一年（1933—1934年）以内，得到了它的生命基础，新近平教计划已渐渐地深入于经济。他们的生计教育部，研究农事之外，兼办合作事业。现时规模虽还不大，基础虽还不固，而且他们指导的合作社，似乎偏重于'购买'——其实是消费的一种，农村合作运动从消费入手是否最为相宜，乃另一问题，姑且按下不谈。但这一步演化是很值得注意的。单纯的识字运动，不把它放大来则已。劝人识几个字，本是一个极有价值的运动。如果要拿它来解决整个的农村问题，那非走入经济途径不可。合作运动今日在平教会整个计划之中，虽然还占一个不甚重要的地位，可是平教运动的生命线似乎就在这一点。他们从前要以各村里平校同学会为推动村子里种种新事业的原动力，因此发生了合作社。但是以我看来，等到合作社办有成效，'村政'的重心是从同学会移转到合作社的。从办平教而办合作，将来以经济的组织——合作社为中心发展村治。这种力量，是不可忽视的。"[①]那么，平教会在定县到底取得了哪些实绩呢？

① 章元善：《从定县归来》，载《晏阳初与定县平民教育》，第362—363页。

一、救治愚穷弱私的实绩

应该说，1926 年至 1937 年间，定县实验所进行的各项实验和研究取得了一些的成绩，农民的生活、环境等诸方面也有一定程度的改观，有些成绩甚至一直影响到建国以后。以农作物为例，据民国 22 年的调查，定县农产物以谷子为最多，耕种面积计 354000 余市亩，全年产量达 611 万余公斗；小麦次之，占地 34 万余市亩，产量 434 万余公斗；黑豆又次之，占 16 万余市亩；再次为甘薯，占 14 万余市亩；高粱，88000 余市亩，大麦 85000 余市亩，荞麦 76000 余市亩，棉花 74000 余市亩。此外有玉米、白豆、花生、露仁、稷子、黍子等物。菜蔬类则以萝卜为最多，北瓜次之，白菜又次之，瓜果类以梨为大宗，枣次之，西瓜、甜瓜、葡萄等又次之。[①] 在改良品种方面进行农作物和家禽家畜品种的改良实验，培育出一批有很高经济价值和推广前途的优良品种。据平教会的调查，定县约有耕地 1561000 亩，1936—1937 年共推广优良棉种 125473 亩，占耕地总面积的 8%，主要的品种有农场的“114 号种棉”、“平教棉”，此外平教会还推广了“72 号白麦”、“38 号红麦”、“22 号大谷”以及农产的杂交猪、杂交鸡等。“22 号大谷”经过多年试验，其抗旱能力强，从未抗旱，却比定县标准大谷增加产量 18%以上，而且抗病害能力也比标准大谷强 35%。棉花经改良，竟比本地棉增收 56%，每头改良猪比普通猪多产 18.6%的猪肉，“72 号白麦”增收 14%的产量，高粱增收 30%以上，梨产量增加 72%，白菜增产 15.47%，每

① 《定县社会的各方面》，载《晏阳初与定县平民教育》，第 105 页。

只鸡每年多产蛋60—190个。[①] 以定县猪为例,平教会1929年引进波支猪和定县当地猪交配。到1937年,由于中日战争而中断。建国后,1955年夏,经华北农研所、北京农科委、山西农大等单位研究,肯定定县猪是优良品种。1956年成立定县种猪场。1957年成立定县猪育种辅导站。1979年推广定县猪,每年可为国家创造700万—800万元财富。定县的苹果是平教会1933年引进的。当时引进的品种有卫津、国光、白龙、美夏(祝),种13亩,共242棵。从1956年起,1958年,1964年,1968年,1975年,都是苹果发展最快之年。到1982年,有183个村栽苹果树,占地19954亩,年产量500万到1000万斤。亩产值500元到600元。定县是保定地区引进苹果最早的县,[②]这当然要归功于早期的定县实验。

合作社是乡村建设的重要内容,自民国八年以来,中国的合作事业,突飞猛进,至1935年底,全国已登记的合作社,达到26224社,社员1004402人。[③] 到1935年4月底,定县全县合作社的储蓄总数达5398.76元,社员平均每人存款5.66元,共有合作社约120个,社员2814人。资金总额为7293.3元,借入款数为44745.05元,信用社放款总数为50143.81元。[④] 定县提倡和组织农民成立合作社对于解决农民生产生活上的问题和促进农业生产,增加收入起到了一定的作用。郑大华认为,这个作用有三个:其一,合作社给农民提供了一定数量的贷款,缓解了因金融枯竭而造成的农

① 《定县的实验》,载《晏阳初与定县平民教育》,第217—222页;又见晏阳初:《定县实验区工作概况》,载宋恩荣编:《晏阳初全集》第1集,第411—412页。

② 《寄给晏阳初先生的信》,载《晏阳初与定县平民教育》,第501—502页。

③ 晏阳初:《十年来的中国乡村建设》,载宋恩荣编:《晏阳初全集》第1卷,第567页。

④ 《乡村建设实验》第3集,第252—253页。

村资金短缺；其二，20世纪末30年代初，大量外国农产品进口，极大地冲击了国内农产品市场，造成农产品价格的大幅度跌落，同时一些不法奸商压级压价，坑害农民，使农民无利可图甚至亏本，合作社的成立，部分解决了农产品的运销困难；其三，通过把农民组织起来，由一家一户变成几户或几十户的联户，有利于农业改良。①

定县实验的教育工作也取得了很大的进展，尤其在“除文盲”方面，成绩更为突出。识字是农民所受平民教育的初级阶段，其教材的使用是经过晏阳初等平教会同仁多次修订的《农民千字课》(共4册)，每日授课1小时每月结1册，4个月即可全部读完并结业。自1927年开始，平教会对学员进行测试：有分册测试和4册混合测试。测试分两类：智慧测验和成绩测验。1927—1933年，共有1526个班的34186人参加成绩测验。农民学员的识字量统计结果如下：“一个普通的平校毕业生，按照听读认字(在给出的4个字中选出主试者读到的那个字，并在旁边画圈)的成绩说，大概能认1000个字；按照看图认字(图形下面列出4个字，在正确的旁边画圈)的成绩说，大概能认900多个字；按照辨别字形(每一题中有一个错字，指出并写出正确字)的成绩说，大概能认700多个字；按照填字造句(在给出的几个字中选择1个填在空白处，构成句子)的成绩说，大概能用600多个字；按照听读默写(把主试者所读并加以解释的字写下来)的成绩说，大概能写500多个字。若把5种识字量平均计算，一个寻常的平校毕业生能够认识700多个字，约占教授总字数的70%。”②这说明：经过4个月，每天1小时的识

① 郑大华：《民国乡村建设运动》，第506—507页。

② 周先庚主编：《定县平民教育测验统计报告》，中华平民教育促进会教育心理研究委员会1935年版，第7、181—182页。

字扫盲，普通学生能有70%、700多个字的认字量，这个成绩是相当理想的，因为，这700多个汉字就可以解决普通的阅读所需的单字用量。根据当时的研究，阅读通俗书报所需的汉字量是1000多个。为了使平民学校的扫盲运动得到巩固，平教会还成立同学会，向各处散布平民图书馆、文字处、图书担，编写继续教育读物491种（到1936年），当然初级平校的优秀毕业生还可以到高级平民学校进修，甚至还可获平教会的资助上正规学校。从以上事实可以看出，扫盲运动在定县取得了很大的成功。

据平教会在1927年进行的全县文盲调查，全县人口约40万，7岁以上人口约33万。男约17万，女约16万。男女合计33万人口中，文盲约27万，识字者约6万，文盲约占83%，识字者约占17%。男子17万人口中，文盲约12万，识字者约5万。男子中文盲约占69%，识字者约占31%。女子16万人口中，文盲约156000人，识字者约4000人。文盲占98%，识字者约占2%。全县12至25岁的9万青年男女中，共有文盲7万人，占75%左右，识字者2万，占25%左右。若男女分计，男青年中文盲占56%，识字者占44%。女青年中文盲约占94%，识字者约占6%。1929年春举行第二次调查，文盲人数下降为占被调查人数的67%，2年之内文盲书减少了13%（又据徐秀丽说16%）。但是这里须注意到，第二次调查的对象局限于翟城周围推行扫盲运动最早最力的第一乡区的68村，所以统计的口径不统一。而就翟城村而言，1929年2月，文盲人口占总人口的63.97%，到1930年同一比例为56.74%。其中7至20岁人口中，文盲比例两年分别为54.96%和38.16%，这一年龄段的男子文盲比例从49.68%降至32.32%，女子从 60.85%降至 45.53%。[①] 全县 14—25 岁的男女青年约 82000 人，1930 年，这个年龄段的文盲约 60680 人，占 74%，识字者约 21320 人，占 26%。在民国二十二年（1933 年）时，14 至 25 岁之文盲数百分比为，文盲数降到 50840 人，占 62%，识字者数约 31160 人，占 38%。1934 年，识字者计 49450 人，约占 60%；文盲 32550 人，约占 40%，见下表：

表 7-1　1930—1934 年定县 14—25 岁 82000 人中文盲和识字人数对比情况

年份	文盲人数	所占比例(%)	识字人数	所占比例(%)	总人数
1930	60680	74	21320	26	82000
1933	50840	62	31160	38	
1934	32550	39.7	49450	60.3	

资料来源：1.《晏阳初全集》（三），第 397—398 页；
2.《定县社会的各方面》，《晏阳初与定县平民教育》，第 107 页。

单以男青年而论，认字者计 39054 人，约占 90%。文盲计 4406 人，约占 10%。单以女青年而论，认字者计 10396 人，约占 27%；文盲 28144 人，约占 73%。到 1935 年时，全县小学已经普及，成人教育也有很大进展，文盲人数大幅度减少，男青年文盲几已除尽。[②]

以上这些数据不仅表明定县人口中文盲比例的逐年急速下降，更有意义的是女性识字率的迅速上升，这一点的重要成绩是要归功于平教会所推行的扫盲运动的。陈衡哲女士曾于 1933 年访

① 汤茂如主编：《定县农民教育》（第一册），中华平民教育促进会学校式教育部 1932 年版，第 27、447 页。

② 《定县社会的各方面》，载《晏阳初与定县平民教育》，第 107 页。

问定县，在高头村的时候，她亲眼看到主妇闺女联合会的活动情况，并决定与她们通信，当时即有两位青年女子主动写了两封信，其中一封信说：

> 陈先生：今天陈先生来本村参观，我们都欢迎之至，并且给我们演讲，我们非常荣幸，叫我们常和陈先生通信，也非常的愿意。段桂珍①

此信尽管简短，文理也欠通顺，但它足以表明该妇女不仅识字，还能书面表达其基本意思。虽然，定县早在清末民初时已有了自治和推行普及教育的基础，而平教会是在此基础上进行的扫盲运动，但并不能因此而否定其在这方面的成就。

另据小陈村（小）、西平朱谷（中）和东建阳村（大）三个不同规模的自然村的抽样调查，学龄儿童入学率已达 85.1%、85%和 89.9%。② 据 1931 年调查，“全县共有学校约 480 处。全县六区内共有初高小学学生 20000 余人，教员约 600 余人。平均每村约有学生 40 余，有一个多教员。”③到 1934 年，县内仅公立学校就有 454 处，其中男校 345 处，女校 109 处。初级小学共计 423 处，其中男校 319 处，女校 104 处。初高两级小学 24 处，其中男校 22 处，女校 2 处。高级小学（不附初小）3 处，其中男校 2 处，女校 1

① 陈衡哲：《定县农村中见到的平教会事业》，载李济东编：《晏阳初与定县平民教育》，第 358 页。

② 郑大华：《民国乡村建设运动》，第 486 页。

③ 汤茂如主编：《定县农民教育》（第一册），中华平民教育促进会学校式教育部 1932 年版，第 26 页。

处。男初级中学1处,男女师范各1处。全县40余万人口中,在高级小学毕业者约计7000余人,初级中学毕业者约计2000人,其中在县外做事者约占1/3,大学毕业者约计600人,多在县外做事。初级小学学生约计17000余人,其中男生13000余人,女生4000人。高级小学学生3800余人,其中男生3500余人,女生约300人。初级中学学生约计300余人,师范学生几达200人,女生占2/3。全县学校资产约计80余万元。其中小学资产约计60余万元,全年支出总数约计16万余元,男校占3/4。全年小学支出总数约计12万余元,初级中学约2万元,师范学校约计2万余元。[①] 定县定期出版物有《醒民日报》与《农民周刊》两种。

"除文盲"的工作效果很明显,它产生的社会效应也不止于平教会时期,建国之后,定县一直是无文盲县。一般来讲,12岁至45岁无文盲的县就叫做"无文盲县"。定县的文化教育不仅限于无文盲,特别是"生产责任制"实行以后,全县把科学、技术和文化知识的学习联系在一起。寓文化学习于科学技术之中,如养鸡的,就结合养鸡技术学文化。围绕生产学技术,结合技术学文化,和农业技术推广站的工作联系起来。[②] 1982年已经72岁的老人王和老师在他16、17岁时在村里教过平民学校,念平民千字课,认识不少字。他说:目前有些老头、老太太会写账、会写信、能看书,沾光不少。1958年,定县村村有初中、社社办高中、学校教育比较稳定,虽然文革时期,教育体系遭到破坏,但1982年县里又办多种形式

① 《定县社会的各方面》,载李济东编:《晏阳初与定县平民教育》,第107页。

② 《寄给晏阳初先生的信》,载李济东编:《晏阳初与定县平民教育》,第501—502页。

的业余学校和农业学校。[①] 可见定县实验在教育方面的影响是比较深远的。蒋廷黻对平教会的千字课评价很高,他认为:同学会的会员是实际上在各村办教育、合作、卫生等事业的主力,“平教会不过站在旁边作指导”,然而,“这些同学会的知识资本就是千字课”,他进一步说:“士大夫阶级不要看轻了这新千字文。因为它就是现代知识流到民间的沟渠。我们稍微看看千字文的出版品及平教会用这些出版品所组织的平民图书馆,我们就会知道现在因为平教会的努力,中国的平民有一万个万有文库了!并且平民的教育不是纸上知识、口上道德。我看见同学会会员在合作社工作,我看见他们替同村的人治病,我看见他们在街头的小黑板上读当日的新闻及这新闻所引起的关心和愤慨,我看见乡村实验学校的高级学生到亲戚朋友家里去教那班因故不能入学的人这一千字课。读者不要误会:这些职务大部分是全无报酬的。”[②]

以前定县的卫生条件极差,缺医少药现象很严重,许多生病的农民因得不到及时和良好的治疗而丧生或失去劳动能力。经过平教会多年从事的公共卫生方面的实验和对当地农民进行的卫生教育,定县卫生状况有所好转。到 1934 年,定县已有 50 个保健员。定县的保健制度每年所需费用不到 36000 元,而在建立保健制度之前,定县人民全年的医药费则高达 12 万元,费用节省了 7/10。[③]

① 《寄给晏阳初先生的信》,载李济东编:《晏阳初与定县平民教育》,第 503 页。
② 蒋廷黻:《平教会的实在贡献》,载天津《大公报》“星期论文”专栏,1934 年 5 月 13 日。
③ 吴半农:《河北乡村视察印象记》,载《中国农村经济论文集》,第 405、406 页。

平教会认为:“推行卫生教育比较生计教育困难得多。农民迷信旧俗,不易打破,预防医学常识很难吸收。”[①]种痘的普及耗费了7年的时间,自1930年至1936年,种牛痘的人达141397人,定县天花基本绝迹。1930—1932年,研究区内共种10760人。1931年到1933年种痘集中于研究区。1934年至1936年为推广期。据统计,定县研究区人民至少5%患过天花,即每年患天花者约50人。1933年,研究区人民有15.2%未种痘,患天花者有5.5%,8岁至15岁的在校小学生,已全种痘,1935年学龄前儿童完全种痘。1934年全县种痘人数为9148人,1936年增加至14684人。[②]1934—1936年三年中,全区人口中种痘者约占95%,到1936年如遇到农村中6个月以上的婴儿,问其父母,90%的人都会回答“已经种痘”。[③] 自1930年以来,定县种痘人数一天比一天多,种痘的区域从120村扩大到430多村,从下表中可以看到种痘的成绩:

表7-2 定县逐年种痘情况

年份	1930	1931	1932	1933	1934	1935	1936
区域	研究区	研究区	研究区	研究区	全县	全县	全县
种痘人数	2630	3216	4914	13939	31785	37746	47168
妇女被种人数	531	971	1863	5575	10377	12564	17365
初种人数			1018	3124	9148	11378	14684

表格来源:《定县种痘七年经过》,载《晏阳初与定县平民教育》,第311页。

① 《乡村保健卫生制度在定县的实验》,载李济东编:《晏阳初与定县平民教育》,第297页。

② 《乡村保健卫生制度在定县的实验》,载李济东编:《晏阳初与定县平民教育》,第298页。

③ 见志惠整理:《乡村保健卫生制度在定县的实验》;《定县种痘七年经过》,载李济东编:《晏阳初与定县平民教育》,第298页,第308—310页。

定县的种痘工作不仅在“量”上，取得了很大成绩，在“质”上也有长足进展。有的时候种痘不一定成功。在该项工作的初期，100个种痘者中，痘成发者只有50%—60%，此后成功率逐年增加，到1936年前后，成发者已达95%—97%，染毒化脓现象已杜绝。[①]80年代，有位杨林老先生老家原来就在平教会附近，他回忆说：“当时平教会给老百姓看病，在62个村搞卫生，进行预防接种，宣传卫生教育，打下了基础。”[②]由于当年平教会搞过这项工作，农民比较容易接受。80年代时，定县每年预防接种达四五十万人次。白喉、百日咳、破伤风、乙脑、流脑的预防接种都达到省里要求。定县的52个公社，每社都有卫生院，每院有医务人员10人左右。52个卫生院中有37个院有X光、显微镜、心电图等设备。全县医务人员1142人，1980年开始，有技术职称。全县五个区都有卫生防疫科，附设于分院，有自上而下的防疫网。[③]

妇婴卫生是民族健康的基本。而在定县1000名产妇中有12名死于产褥热。10万人中，有300以上的初生婴儿死于破伤风，产妇和新生儿感染和死亡非常严重。在这种情况下，平教会在定县推行科学助产方法，特聘助产士一人和有经验的妇产科医师一人，但这种办法很快失败，因为年轻的助产士不被农民信任。而且他们从未交过接生费。这样，平教会只好另想办法，决定为旧产婆

---

① 《定县种痘七年经过》，载李济东编：《晏阳初与定县平民教育》，河北教育出版社，1990年，第311—312页。

② 《寄给晏阳初先生的信》，载李济东编：《晏阳初与定县平民教育》，第502—503页。

③ 《寄给晏阳初先生的信》，载李济东编：《晏阳初与定县平民教育》，第502—503页。

和与产婆有亲谊关系的年轻女子训练。到1936年,定县保健院训练的老年产婆45人次,青年女子接受完全训练及实习的4人中,一人接生13次,其余各接生1、2次,可见农民对年轻助产士缺乏信任的成见根深蒂固,尽管如此,这些数字也足以说明平教会在这方面所取得的进展。① 1933年,平教会开始提倡节育,县保健院通过设立生育节制特别展览室,和陈列各种节育器材药品及应用方法,进行图说和讨论。这一年,10个村子的青年愿意接受劝告,使用这种节育方法,50个村农民愿意晚婚和节育。1934年,卫生部在15村835家种走访,劝说节育,其中105家需要节育,34家接受劝告。②

为了更好地保障定县的卫生教育事业的顺利进行,平教会推行了乡、区、县三级的保健制度(如前所述),设立村保健员、区保健所和县保健院。1934年,定县全县种痘人数80%,受霍乱注射人数70%,完全是保健所的成绩。1935年保健所诊治病人15483位,治疗67989次,保健院治疗病人626人,住院天数10537天,一年内举行手术259次,无死亡,出诊188次,这一年保健院共做各种检查7000余次。③ 定期为农民布种牛痘和注射预防针,有效地控制了天花、霍乱、脑膜炎、白喉、猩红热等传染病的流行。

从以上论述可以看出,平教会在定县的实验确实成绩斐然,

---

① 《乡村保健卫生制度在定县的实验》,载李济东编:《晏阳初与定县平民教育》,第298—299页。

② 《乡村保健卫生制度在定县的实验》,载李济东编:《晏阳初与定县平民教育》,第303页。

③ 志惠整理:《乡村保健卫生制度在定县的实验》,载李济东编:《晏阳初与定县平民教育》,第302—303页。

“单就文化教育和业余生活而言，定县农民不仅有很大比例扫了盲，有极其廉价的通俗书报可读，而且有参与式戏剧，有篮球，有足球，有游艺会等等，与传统生活已经有很大的区别。”[①]定县农民生活水平也有所提高，卫生环境也得到了良好的改善。

二、定县实验的效应

晏阳初等一批知识分子到定县工作10余年，他们的实绩得到了国内社会各界的认可，具有良好的社会反响。晏阳初指出：“通过近十年的认真研究和实验，敝会探索出一套教育体制，它可以使男女公民，不论年龄大小，经过4个月96小时的课堂学习，掌握汉语基本知识。迄今，平教会拥有学生近600万，他们大多为青年男女，遍布全国城乡各地。敝会成功地激起了一万多有文化的男女在我们称之为平民学校的地方担任教员。他们每个人都是自愿教课，不计报酬。国内外许多了解敝会工作的教育家和工商界领袖坚信，平民教育运动是一场真正的文艺复兴。它并非仅由一些文人志士参与，而是广大民众参加的文化复兴运动。”[②]晏阳初把平民教育运动看作是一场发生在中国的文化复兴运动很有道理，自从平民教育运动产生后，全国各省都设立平民学校。不仅如此，就连工作的内容也纷纷效仿：“自从平民千字课出版之后，全国各教育机关和各书局，也出版了许多‘千字课’。自从平民教育促进会由北平搬到定县，实行‘下野’，深入民间，创设实验区，创办县政建设研究院，于是

① 徐秀丽：《中华平民教育促进会扫盲运动的历史考察》，《近代史研究》2002年第6期，第104页。

② 晏阳初：《致W.H.克罗克》，载宋恩荣编：《晏阳初全集》第3卷，第104—105页。

全国各处的农村实验事业，农村建设事业，也都勃然而兴。据中山文化教育馆孔雪雄君的调查，全国农村实验机关已有六十余处。这些，与许多其它的，都可以说是平民教育爆出来的火花。”①

傅葆琛认为，平民教育感动了很多人。第一种人，就是平民。即“受经济压迫的平民，与贵族阶级相对的平民、缺乏教育的平民、劳动工作的平民、平等自由的平民。总而言之，就是社会上一般民众”。他们是因为平民教育运动才慢慢地惊醒，慢慢地觉悟，并认识了自己的地位，明确了自己的需要，看清了自己的机会。“几百万不识字的平民识了字，读了书，会写信，会看报，会记账，懂得做人的道理，明白社会的情形。”受平民教育魔力感动的第二种人，就是一般知识阶层的人，包括小学以上教员，中学以上学生以及各文化机关、社会团体工作服务的人们。这些人在“五四”运动发生之后，自告奋勇，出来尽义务帮助平民教育，就是深受平教运动精神的感动。他们教一般不识字的人读四个月的书，无职无薪，纯属义务劳动，“这般知识阶层的人，若是没有先知觉后知，先觉觉后觉的认识和决心，恐怕也不能有这种‘一呼而起’的响应，更不能有以后负责教书，有始有终的毅力吧！”第三种人，是有产阶级的人。这些人里面有商人、有绅士、有地主、有富翁、有银行家、有好施的老爷太太、有阔绰的少爷小姐。他们多半是中国的富人，平时难得与“平民”往来。甚至有时还想尽剥削的方法。自从平教运动发起之后，这些有知识有资财的人们，也产生了“民胞物与”的念头。他们有的牺牲自己的时间，去教别人读书，有的量力捐助经费。烟台、长

① 傅葆琛：《平民教育之魔力》，载李济东编：《晏阳初与定县平民教育》，第342页。

沙等处的平民学校,成立的那样快、设立的那样多,毕业的成绩那样好,以及平教会初成立时一点经费也没有却顺利进行,都是由于有钱的人出钱,无钱的人出力。由于有像熊希龄夫人和檀香山华侨那样的社会各界人士捐助,他们的行为都是深受平民教育的影响。第四种人,是政治界、教育界和学术界的人。他们或是行政领袖,或是思想领袖,都是有地位、有力量的人。以前,他们不与平民往来。所谓"谈笑有鸿儒,往来无白丁",晏阳初等人办了"平民化"的华工教育之后,他们受了很深的刺激。"政界闻人如江苏督军齐燮元、浙江督军卢永祥、湖南督军赵恒惕诸先生,都会尽力扶持平民教育的工作。其后张作霖、张学良、冯玉祥、蒋介石、李宗仁等诸先生,莫不表示平民教育是救国的基本工作,应当积极地推广,所以他们都愿意帮助平教会,予以种种便利";"同时一般学界有名的人,如范源濂、张伯龄、蒋梦麟、熊希龄、朱其慧、陶行知、黄炎培、王伯秋、庄泽宣、胡适之诸先生,也把素日注意高等教育、义务教育、科学教育、人才教育的眼光,移到平民教育身上。""平教会成立之后,许多留学回国的硕士博士们,自动地加入平教会,居然也穿上蓝布褂,跑到工厂里或乡下,去与工人农夫为友,教育他们、指导他们。又有一些哲学家、文学家、心理学家、社会学家,也不知费了多少心血,绞了多少脑汁,去研究平民文学,编著平民读物、测验平民智力、调查平民生活。到现在平民教育分为民众教育、成人教育、劳动教育、社会教育、通俗教育。许多专家殚精竭虑地在那里计划推广的方法,探讨实施的原则。"[①]这都是平民教育发扬光大后的结果。

---

① 傅葆琛:《平民教育之魔力》,载李济东编:《晏阳初与定县平民教育》,第 344—347 页。

不仅如此，定县实验在国际上也有较好的反应。许多国际友人也对晏阳初、冯锐等人的农业改良计划留下了极深的印象。美国纽约国际教育委员会代表、威斯康星农学院院长 H. L. 拉塞尔博士在 1926 年来中国时看到了中国的农村改良的事业，在与晏阳初和平教会的乡村教育权威傅葆琛博士、农业专家冯锐博士进行会谈后，感慨地说："这是我来这里后看到的中国农业改良的第一缕曙光，"他同时对平教会的本国化和非官方性留下了极深的印象。并表示他要尽最大的努力去争取国际委员会来支持晏阳初他们的计划。[①]

1929 年美国哥伦比亚大学教授詹姆斯·T. 沙特威尔(Dr. James T. Shotwell)太平洋会议后访问中国并参观了定县，获得深刻印象，他指出：定县的实验工作和中国许多革新运动有一极大不同，那就是，定县工作不仅注意农产的增加，尤其重视使经过教育的农民养成自己担负责任的能力，这是保证真正民主政治的一项努力。这一注重培养人民自己负责的基本观念，自将形成全国人民生活的永久基础，不再依靠少数教育改革家的热心。[②] 1932 年美国驻华使馆商务参赞安诺德(Julean Arnold)参观定县后指出："对于一有机会在定县实地视察的人，很容易获得结论：这是文明古国四万万人民正在发展的一项最重要而且非常具有助力大的运动"——但是"晏阳初却面对许多极大困难，即国内各方面都要求将这一工作扩展到他们的地区或为他们训练人员，晏实在应接

① 晏阳初：《致 F. S. 薄克曼》，载宋恩荣编：《晏阳初全集》第 3 卷，第 35—37 页。
② 吴相湘：《晏阳初传》，第 247—248 页。

不暇。只有坚持一切等待四年以后即定县试验完成以后再谈起他”。①

美国著名新闻记者埃德加·斯诺(Edgar Snow)对于定县实验寄予了很大的希望,他把定县实验称为“定县主义”,他说:“定县主义意在建立一种能使中国作为一个民族生存下去所必须具备的社会体制,在我看来,迄今为止,这是中国人在这方面所做过的唯一的科学尝试。”②在1933年在《纽约先驱论坛报》上发表了题为《唤醒中国》(Awakening of the Masses in China)专文,表达了他在参观定县后的感想:“我在定县发现很具戏剧性并且证明是最重要的生活改造工作。这是除苏俄外,其他任何地方所未见过的——定县人民,从外表上看没有什么和中国其他各地村民不相同。但形成他们许多不同的地方在他们的心理以及其整个生活的前途。这些都不是从外国工厂输入的。……晏阳初使我大感惊讶的:是富于机智与多才多艺,因为定型是一人群的伟大领袖。他在祈祷以后表现的热诚与坚定信仰,以致有些时候,他很像一个十字军人,胜过是一进化的教育家,不必夸大说:晏领导的运动一旦成为革命的强大命运,势必超过中国军人多年来打来打去的放荡行动。”③1935年12月,美国和英国都在报刊杂志上发表有关中国平民教育运动方面的文章,除了详细介绍定县实验的情况外,还指出这是改造中国人生活全部结构的一项最值得注意的社会实验。除

① 吴相湘:《晏阳初传》,第248页。

② Edgar Snow: “How Rural China Is Being Remade”, *The China Weekly Review*(Shanghai), Dec. 1933.

③ 吴相湘:《晏阳初传》,第248—249页。

苏俄外，其他各地都从来未有的。[①] 美国的著名教育学家孟禄博士(Dr. Paul Monroe)在1937年来华讲学时，也讨论了定县的教育问题，他认为，定县的四大教育连环发展的价值重大。他看到了定县的各项成就，如通过合作社来推广资本借贷、消费品购买、产品运销等，各村的保健员进行的卫生教育与实施工作，以及使农民能够读书看报的识字教育，这些都表明，虽然定县工作的成效还有待提高，但从中可以看到这一事业的价值所在，定县的工作一定会成功。[②]

晏阳初等人的平民教育运动还感动了第三世界国家的人民，《太平洋协会通讯》上曾发表了菲律宾机智、勇敢的代表、菲律宾著名教育学家和经济学家贝尼特斯先生(Conrado Benitez)的信。信中讲述了中国平教运动对他的鼓舞促使他和其兄弟、同乡致力于旨在"五年中扫除菲律宾文盲"的菲律宾平教运动。晏阳初感到这件事既让人感到自豪，又使人觉得惭愧。"自豪者，因为别的国家学习我们的教育体系这在历史上还是第一次；惭愧者，因为我们仅仅是这项巨大工程的开创者，还不值得别人学习。无论如何，我坚信，只要忠实地、勇敢地奋斗，我们不仅会解决自己国家面临的紧迫问题，而且可以解决其它国家，尤其是亚洲国家面临的问题。"[③]

第二节 "乡村运动乡村不动"

平教会定县工作10年来，取得了不小的成绩，但是这些成绩

① 吴相湘：《晏阳初传》，第249页。

② 吴相湘：《晏阳初传》，第250页。

③ 晏阳初：《致F.S.薄克曼》，载宋恩荣编：《晏阳初全集》第3卷，第35—37页。

能否改变中国乡村的面貌？在多大程度上改变了乡村民众的命运？在这方面，似乎并不乐观。因为一个铁定的事实是："乡村运动乡村不动"。晏阳初等人的定县平教事业最终没有逃脱失败的命运。梁漱溟曾在《我们的两大难处》的讲演词中写道：

"号称乡村运动而乡村不动"这个话，差不多是一个事实。在无锡我们开的乡村工作讨论会（指 1935 年 10 月 10 日至 12 日在无锡召开的全国乡村工作讨论会第三次年会，引者），乃至去年在定县的一届年会（指 1934 年 10 月 10 日至 12 日在定县召开的全国乡村工作讨论会第二次年会，引者），都可以看出其间乡村农民的代表差不多没有。放宽点说：即令有，为数也太少；最多的，还是教育界的人。其他如农业家、公共卫生家，这样的技术人才倒有；政府的人也很不少，地方政府、中央政府，都有人出席；可是从乡村来的，代表农民的，真是凤毛麟角。即此可见乡村之不动。仿佛乡村工作讨论会和乡村没大关系，乡村人漠不关心，只是乡村以外的人瞎嚷嚷。不但如此，我们试以乡村工作的几个重要的地方说：头一个定县平教会，在定县人并不欢迎。本来最理想的乡村运动，是乡下人动，我们帮他呐喊。退一步说，也应当是他想动，而我们领着他动。现在完全不是这样。现在是我们动，他们不动；他们不惟不动，甚至因为我们动，反来和他们闹得很不合适，几乎让我们作不下去。此足见我们未能代表乡村的要求！我们自以为我们的工作和乡村有好处，然而乡村并不欢迎；至少是彼此两回事,没有打成一片。[①]

所以我们在充分肯定平教会在乡村运动中所取得的成绩时,必须同时看到它的缺陷和不足,对这些成绩还不能估计过高。

晏阳初终其一生的平民教育事业和社会改良事业所取得的成就当然是多方面的,不只限于识字运动,但运动确实是从扫盲开始的。前文已提到定县的扫盲工作取得了很大成绩,但是这种成绩也只是相对而言,经过几年的实验,虽然实验区的文盲人数有所下降,但是定县的文盲人口所占的比例仍然很大,1934年时,定县的青年妇女仍然有73%的文盲,到1935年时,男青年文盲虽已除尽,但女文盲仍过半数。[②] 而且许多贫家子弟仍没有进入学堂。据统计,到1935年,全县6—12岁学龄儿童52000人中,失学者占60%,其中男童入学者占65%,失学者占35%,女童入学者16%,失学者84%。[③]

应该说,晏阳初等人进行的扫盲运动是20、30年代扫盲运动中算最有成绩的一个,因此,全国范围内的扫盲运动成绩很有限。包括定县实验在内的扫盲运动机构和团体留下很多民众识字运动的计划和实施纲要之类的文件,"而对扫盲效果的记述则很少见,所见者评论比较低调,与初期的宣传和期望形成明显的对照。"[④] 就连晏阳初在平教运动刚展开时,就曾设想在5年之内除尽全国

① 《梁漱溟全集》第2卷,第574—575页。

② 《定县社会的各方面》,载李济东编:《晏阳初与定县平民教育》,第107页。

③ 《定县社会的各方面》,载李济东编:《晏阳初与定县平民教育》,第107页。

④ 徐秀丽:《中华平民教育促进会扫盲运动的历史考察》,《近代史研究》,2002年第6期,第105页。

文盲。他估计中国4亿人口中有3.2亿是文盲，另8000万人识字，“8千万当中，除了老的4千万，小儿2千万，不愿作教育事业的2千万外，仅有200万人可作此事。此中一人担任160人，一人教20学生，四年其责可尽。四年内教育可望普及……抱了拼命进取的精神，则敢说五年以内必能普及。”[①] 傅葆琛虽然认为“普及乡村平民教育，绝不是一件很容易的事”，但是他仍然希望“要在10年以内，把我国的文盲祛除干净”，[②] 可是随着工作的展开，晏阳初却发现事实并非他想的那么简单，他甚至认为平民教育运动是“失败”的，没有什么成绩。[③] 阎振熙等在参观定县时，和一位挑担卖油的农民的对话可以使我们更加深刻地理解晏阳初的话。问：“你进过平民学校没有？”他有些不懂，又换了一句话问：“你认识字不认识？”答：“不认字。”问：“为什么不上平民学校念书呢？”答：“是教会学堂吗？那倒是很好。我兄弟念过平民学校。”这时又一个青年农人过来，于是又问他：“你念过书吗？”答：“没念过，平教会的学堂我没进去过。”[④] 从这段对话中，可以看出，平教会在定县所进行的最基本的平民教育——识字教育也不能说已经完全普及，很多人甚至连平教会是怎么回事都还不清楚，这些都说明平教会的扫盲工作任重道远。

定县人民的负担仍然很重，到民国二十一年（1932年），国税

① 晏阳初：《平民教育》，载宋恩荣编：《晏阳初全集》第1卷，第51页。

② 傅葆琛：《定县乡村平民教育普及计划和进行的情形》，载李济东编：《晏阳初与定县平民教育》，第99页。

③ 晏阳初：《在周会上的讲话》，载宋恩荣编：《晏阳初全集》第1卷，第213—214页。

④ 阎振熙等：《定县实验区考察记》，第97页。

实征数约217000元，省税约162000元，地方捐约122000元，共计约50万元，平均每人负担约1元3角，每家负担约7元。国税内以盐税为最多，约15万元。[①] 可是定县人民自己却仍然吃不起盐，而在土地上扫一些硝盐。事实上，到1933年定县人民吃不起盐的人口占总数的20%以上。[②]

平教会也注意到“平均地权”的重要性，但对此却无能为力。直到1934年，定县土地仍然很集中，少数人占有绝大部分土地。耕地不满25亩的农家约占一切农家总数67%，25—49亩者约占23%，50—99亩者约占6%，100亩以上者不到1%，300亩以上者仅占1‰。田块的大小以不满5亩者为最多，约占一切田块总数的70%。[③] 定县实验并没有解决农民的土地问题。

随着定县农村经济破产压力的日趋沉重，农民不得不大量出卖田产，造成土地价格的低落，1929年平教会刚到定县之际，普通有井的田地每亩为120元，到1934年时已降到50元：而普通旱田也由1929年每亩55元降至1934年的25元。1929年时雇农的全年工资为40元，而到1934年时降至30元。[④] 农产品价格也呈逐年下降的趋势。在定县，1933年的各种主要农作物的平均价格要比1930年下跌了40%—60%，相反，优良麦种与稻种每亩只比

① 李景汉：《定县农村经济现状》，载李济东编：《晏阳初与定县平民教育》，第108页。

② 李景汉：《定县农村经济现状》，载李济东编：《晏阳初与定县平民教育》，第110页。

③ 李景汉：《定县农村经济现状》，载李济东编：《晏阳初与定县平民教育》，第108—109页。

④ 李景汉：《定县农村经济现状》，载李济东编：《晏阳初与定县平民教育》，第110页。

土种增产18%—20%和18%以上，可见农产品增产的幅度远远低于价格下跌的幅度。[①] 农民增收很少或干脆没有增收，大大影响了农民的生产积极性。

为了改善农民生计，提倡农村工业，平教会于1934年前后，在高头村设立了一个小规模的毛棉纺织厂，但是近年来棉织品根本卖不出价，所以都不愿来学，该厂不得不停顿，最后移至农场前的瘟神庙中，里边只有新式手摇80余定的纺纱车两架，织机10余架，工人数人而已。[②] 平教会领导定县农民进行了鸡种、猪种、棉花等牲畜、何农作物的改良，虽然小范围内取得了一定的成效，但是，对于农民的生计并没有多大的改观，农产品在市场上仍然卖不出价，根本无力同世界帝国主义在华的利益相抗衡。正如吴半农所指陈："目前的中国已经不是一个自给自足的地方性的社会（几年以前，曾经著过一本《中国工业化之程度及其影响》的小册子，以统计数字证明中国的工业化也已获得长足的发展的何廉先生，最近又在《独立评论》第93号上发表了一篇《中古式之中国经济》，说明中国目前的经济还停留于地方性之一形态上）。说中国的工业化已经有了长足的发展，当然是言过其实；说中国目前的经济还是地方性的，则又未免矫枉过正。中国的丝茶不是在七八十年以前便在世界市场上占了一个极重要的地位吗？再说国内的市场，中国无论哪个偏僻的地方不是都可以找出外洋的商品吗？其实中国便是这样一个奇怪的社会：在一方面，生产虽停滞于中古的形态，但在另一方面，广大的农村却早已掩入世界市场之林，每一农产品

① 郑大华：《民国乡村建设运动》，第495页。

② 吴半农：《河北乡村视察印象记》，载《中国农村经济论文集》，第410页。

的产销差不多都要受着世界市场的操纵和影响。我们闭着眼睛，在一个外货可以任意倾销的毫无保障的国际市场上，空叫农民养‘来航鸡’，改良麦种，改种美棉，乃至复兴家庭纺织副业，是决不能济事的了。”①

平教会执掌县政期间，曾颁布《债务调解法》，但是并没有收到任何效果。定县有许多农民无力偿还所欠下的债而破产，1931 年时债主没收一切家产的家数不过 50 家左右，1932 年内增至 300 家左右，1933 年内竟达 2000 家之多。“破产的主要原因为重利盘剥者超过破产家数总数之半。此外的破产原因为人口众多而收入不足，经商赔累，养蜂赔钱，兵匪抢劫，婚丧耗资，不良嗜好，疾病等项。”② 据李景汉调查，到 1934 年破产家庭所欠债额不满 500 元者占破产家庭总数 1/4，500 至 1000 元的家庭占 1/4，1000 至 2000 元的家庭亦占 1/4，其余 1/4 皆超过 2000 元者，没收产业的估价不满 500 元的家数占总家数之半，500 至 1000 元者占 1/4，1000 至 2000 元者占 1/6，2000 元以上者占 7%。此时，定县欠债的家庭数占全县总家庭数的 67%，约 46000 家，不欠债的家数占 33%。平教会的努力无力解决农民经济破产的严峻现状。破产的农民一年比一年多，欠下的债务也越来越多，借债的农家数目中，绝大多数是无地少地的农民，不满 20 亩的小农占 63%，20 至 40 亩的家数占 24%，40 亩以上者占 13%。借贷的期限以十个月及一年者为最多，月利普通为 2.5%，最高可达 5%。全年借入款额不满 50

① 吴半农：《论定县主义》，载《中国农村经济论文集》，第 20 页。

② 李景汉：《定县农村经济现状》，载李济东编：《晏阳初与定县平民教育》，第 110 页。

元的家数占总家数30%,50至99元者占27%,100至149元者占14%,150至200元者占6%,其余为超过200元者。[①] 可见,平教会在定县农村的高利贷盘剥面前也显得无能为力。

下表是平教会对定县某5个村庄所有526个家庭的借贷情况在1929—1931年进行的抽样调查结果。从此表可以看出,这5个村庄借贷的家庭数、款额度、借贷的次数等方面都逐年增加。1930年比1929年借款农家增加35%,而1931年比1930年增加33%,比1929年增加78%。从借贷的款额来看,1930年比1929年多64%,共13375元,而到1931年则比上一年增加42%,共14543元,比1929年则增加133%,共27918元。从农民每年借入的次数来看,1930年比1929年多131次,增加了39%,而1931年则比1930年多260次,增加56%,比1929年多391次,增加117%。[②] 章元善在1934年曾到定县参观,虽然认为平教会"办得有声有色",但同时也指出:"它的整个计划,到底是什么,实在看不清楚。"并且他认为不止他一人这么想,"一般观察平教运动的人,评论平教运动的人,都有这样的心理。"[③]

表7-3　定县某5个村庄526家庭借贷情况

年　份	1929	1930	1931
借贷家庭(户)	171	230	305
占总家庭比例(%)	33	44	58

① 李景汉:《定县农村经济现状》,载李济东编:《晏阳初与定县平民教育》,第110—111页。

② 李景汉:《农村高利贷的调查》,载李济东编:《晏阳初与定县平民教育》,第121—124页。

③ 章元善:《从定县归来》,载李济东编:《晏阳初与定县平民教育》,第362页。

（续表）

借入款额(元)	21026	34401	48944
平均每家借入款额(元)	123	150	160
总平均借入款额(元)	40	65	93
借入次数	335	446	726
按月利借款次数	323	451	706
按农产品借款次数	12	15	20
借款不超过百元家庭比例	80	58	54

资料来源：李景汉：《农村高利贷的调查》，载《晏阳初与定县平民教育》，第121—124页。

在这种经济情况之下，农民生活仍然很贫困。定县农民用油非常节省，其办法是，用铁丝穿过一个制钱的方孔，把它钓住，然后把钱放在油里。用油时把钱拿出来，放在菜里。他们绝不肯把油直接从瓶里倒出来，因为这样就怕用得过多了。[①] 当时盐价很贵，1元钱只买8斤。贫困的老百姓根本买不起盐吃，于是，他们拿地上的硝盐来替代。他们把地上的硝盐，扫集起来，用水化炼，就有盐味。于是大大小小，男男女女，成群结队地大刮起地皮来，形成了一方的风气。缉私官兵，认为有损职守，不得不加以制止，于是因“盐”而起的事件时有发生。不过“缉私事小，人民没有盐吃，民间的苦楚又增重一层了！”[②]

1933年，在西建阳村，有一个小孩子去看眼疾，保健所主任王大夫叫他天天去，但他却是每三天去两次。后来经过了一个月的医治，仍是一点效果也没有。王大夫看他营养不够，便问他吃的是

① 涛鸣：《定县见闻杂录》，载李济东编：《晏阳初与定县平民教育》，第366页。
② 章元善：《从定县归来》，载李济东编：《晏阳初与定县平民教育》，第364页。

什么。他说，冬天吃糠皮，现在树上发叶了，吃的是树叶子。王大夫又问他，那挂号的两大枚是哪里来的，他说他家里有三只鸡，每三天一共下两个蛋。他把那鸡蛋卖了，方能去挂号看病，所以他三天只能去两次。王大夫听了这话，便告诉他，以后来看病不必挂号了，但他必须把省下来的鸡蛋自己吃了，那孩子照办。这样看了半个月，孩子的眼病已差不多全好了。[①] 这一个故事说明，民间疾苦要比想象的更糟，平教会在定县已工作数年，但是普通农民却仍然吃糠皮和树叶，而且，他们对医学的常识知识仍然很贫乏，可见，常识与同情比专门技术更重要。

人吃的是糠皮和树叶，牲畜就更没的吃。定县养猪很多，但猪的食料，一部分是人粪。往往猪栏和厕所是在一块的，在厕所里，给人蹲的地方比猪站的地方高二三尺，所以人在大便时，猪就在旁边等着吃。定县人以粪养猪说明定县人的贫困。穷到这个地步，他们还需要国税、省税、地方税以及种种不知名的临时税。这种税的用途，是很少人知道的。但是用麻醉剂的人却很多。据说定县每年吸"白面"的生意，可到一百万。[②]

农民无法生活，有的便沦为乞丐。1929 年时定县的乞丐是凤毛麟角，1933 年冬已增至 3000 人左右。[③] 另一部分人则到外地另觅出路，因此，许多青年壮丁，不得不出外谋生。1931 年以来已渐有往关外谋生者，每年约在 700 人左右，1933 年内农民生计困难程度远超过从前，因此离家谋生者数目亦呈空前的陡增，竟超过 1

① 陈衡哲：《定县农村中见到的平教会事业》，载李济东编：《晏阳初与定县平民教育》，第 356 页。

② 涛鸣：《定县见闻杂录》，载李济东编：《晏阳初与定县平民教育》，第 369 页。

③ 李景汉：《定县农村经济现状》，载李济东编：《晏阳初与定县平民教育》，第 110 页。

万人，1934 年春季出外谋生者亦已达七八千人，多系壮丁。[①] 从下表中可以明显地看出定县外出谋生人数的逐年增加。

表 7－4 1924—1933 年定县外出谋生人数表

地点＼年	1924	1925	1926	1927	1928	1929	1930	1931	1932	1933	总计
东北	1085	394	372	398	274	325	228	322	1778	5012	10188
他省	451	338	409	369	258	449	215	1046	1589	2837	7961
共计	1536	732	781	767	532	774	443	1368	3367	7849	18149

资料来源：李景汉：《定县人民出外谋生的调查》，载《晏阳初与定县平民教育》，第 126 页。

从上表中可以看出定县在 10 年内外出谋生的人数计 18000 余人，1931 年之前，出外谋生人数虽然时增时减，但基本还算平稳。九·一八事变爆发后，外出人口急剧增多，到 1932 年增至 3300 余人，更值得关注的是，去东北谋生的人数不但没有因为国难而减少，反而空前的增加。事实上在此之后外出人口有增无减，1934 年的头三个月，外出人口竟增加到 15084 人，占全县人口总数的 4%。外出谋生的人中，多数是男性壮丁，亦有女性外出，1933 年的 7849 人中，有 535 人是女性，1934 年 1—3 月的 15084 个外出谋生人口中也有 585 人为女性。男性外出人口多系单身汉，也有父子或弟兄同行的。他们绝大多数为壮丁，在被调查的 1338 个人中，20—54 岁的有劳动能力的男子占 91.42%，他们在定县多以种地为业，其次为木匠、小商人、瓦匠等。[②] 关于定县壮

① 李景汉：《定县农村经济现状》，载李济东编：《晏阳初与定县平民教育》，第 111 页。

② 李景汉：《定县人民出外谋生的调查》，载李济东编：《晏阳初与定县平民教育》，第 126—129 页。

丁外出谋生的现象，章元善这样描述："据说有人新从东三省发了财回来，到家就买田置房，引得一般正在经济压迫下呻吟的农人们，都想出关去。同时他们听说，东三省铁路上招工，去的人可到天津去应募。我们在路上的确看见年富力壮者，一群一群的背着铺盖卷往东走去。村人告诉我们，已有五分之一的壮年离乡东去了！"[①]大量壮丁的外出谋生一方面反映了定县农村经济的不景气，同时影响了定县经济的发展。平教会非常清楚："农民是最恋故土的，也是最能忍受痛苦的，可是他们现在非离开故乡不行了，并且去的地方是东北。这个够得使我们清醒了。若是现在唱入云霄的'农村救济'、'农村建设'、'农村复兴'仍然是口号，仍然是标语，那中华民族可真完了。"[②]

经过识字和技术培训的农民，在棉花生产中提高了产量和质量，但是他们的经济收入并没有按比例增长。"丰收季节，一般是他们缺钱花的时候"，于是，他们不得不把自己种的棉花廉价销售给棉花商。"换句话说，农民们作为一个生产好手增加的收入，又由他们自己作为一个蹩脚的商人将丰收的成果付之东流。"[③]于是，平教会组织信用合作社和销售合作社。组织农民成立合作社是乡村建设运动的一项重要内容，当这个县的其他农民获悉信用合作社有低息借贷时，他们便都想加入进来。平教会于 1932 年在定县开始组织各种合作社。到 1935 年，定县的合作社约 90 个，其

① 章元善：《从定县归来》，载李济东编：《晏阳初与定县平民教育》，第 364 页。

② 李景汉：《定县人民出外谋生的调查》，载李济东编：《晏阳初与定县平民教育》，第 129 页。

③ 晏阳初：《平民教育与中国的抗战及民族建设》，载宋恩荣编：《晏阳初全集》第 2 卷，第 187 页。

中信用合作社就有 78 个。应该说，各种合作社的成立确实对定县的生产生活起到了一定的作用，首先它为农民提供了一定数量的贷款，一定程度上解决了农民生产的资金问题；其次，通过农民的合作对于农业的改良、解放生产力也起到了一定的作用，同时，合作社的成立也部分地解决了农产品的购销问题。但是，对定县合作社作用的估计不能过高，其中也存在着严重的问题。首先只有会读会写的同学会会员，才能够加入信用合作社。这个做法虽然可以刺激那些文盲和重实际的农民到平民学校学习。但是，通常一个合作组织，约有 60 或者 70 名社员，其中只有 1 至 2 人能够读和写。所以合作社只有对较有文化知识的人才有较大的诱惑力，在定县合作活动中，不仅每一个人是识字的成员，而且他们绝大多数都是同学会会员。[①] 由此可见，绝大多数的农民被拒于合作社的门外。本来借贷处和信用合作社是用来解决农民生产生活困难的，其活动的特点都与资金有关。当时，由于农村经济的衰败，农民手头根本没有余钱缴纳股金或存入信用社，所以，信用合作社的资金非常有限。1935 年 4 月底定县信用合作社的储蓄总数为 5398.76 元，而借入贷款数则高达 44745.05 元，是储蓄总数的 8 倍多，[②]这样向农民发放贷款只能依靠社外资金。为了使投向农村的资金及时回笼，信用社在贷款给农民时则附加种种条件，如要求短期归还、需有连带保证等。因此只有少数的地主、富农，或自耕农入社，而绝大部分的农民则被拒之合作社门外。1935 年 4

① 晏阳初：《平民教育与中国的抗战及民族建设》，载宋恩荣编：《晏阳初全集》第 2 卷，第 187 页。

② 郑大华：《民国乡村建设运动》，第 500 页。

月,定县 40 万人口中只有 2814 位合作社社员,占总人口的 0.7%。

广大农民为何不加入合作社?原因在于:首先社员入社必须按规定认购 1—2 股,每股股金为 1—2 元。当时的广大农民,特别是贫雇农早已负债累累,这些钱虽不多,但对他们来说也很难以支付,所以他们"虽明知合作社之利益,但为股金所限制,不能不趑趄与合作社之门外"。因此只有地主、富农和比较富裕的自耕农才缴得起股金。其次,当时各种合作社都实行所谓的连带保证责任制,即某一社员通过合作社向银行或其他城市金融机构借款,其他社员都要出具保证书,如果借款社员届时无力归还所借款项,同社社员则要承担连带责任,负责归还,如果合作社遭到意外损失,全体社员也都有责任赔偿。因此,有钱的地主、富农等担心贫雇农连累自己,都反对他们入社。这样,广大的农民被关在合作社门外。①

公民教育是用以培养农民的团结力和公共心,使人民成为"新民"。平教会通过组织各种活动来达到这个目的,但是对平教会这方面的工作效果也不可高估。1934 年,平教会企图利用新年的机会,在高头村设计了一场"化公为私"的家庭设计会,其目的在是全村都有互相帮助的家庭的气氛,缓和因贫富不均而造成的穷人与富人之间的矛盾。陈筑山认为此次活动效果很好,但据参观定县的吴半农等人在高头村与两位农妇谈话的结果,却和平教会所评价的有些出入。这两位农妇听了吴半农等人问她们的意见时,回

① 郑大华:《民国乡村建设运动》,第 509—510 页。

答说："有什么意思！'财主佬'才有意思呢！我们穷人还不是凑凑数。"[①]这句话说明，一个社会事实上既然存在着贫富划分，这个矛盾不是靠一些聚会能够解决的。吴半农对这一事实有这样的评价："一个社会事实上即划分着贫富，我们要想用一种'设计'消灭穷人对富人的反感，鲜有不失败的。在另一方面，我们如果能代穷人说出一点痛苦，我们马上便会得到他们的反应的。熊佛西先生描写高利贷资本剥削农民的剧本——《屠户》——不是已经博得台下的青年农夫之狂呼么——虽然这个剧本的结尾还是一个河清无日的'好人政府'！"[②]

就连晏阳初自己也无法确定平教运动的结果，他说："定县的全部实验工作，起始于民国十八年〔十五年至十八年在翟城村只有部分的实验〕，五年经过，其成功究竟到了什么程度，实难断言。"他并且指出了"实难断言"的原因有四：第一是人才的问题，"这种改造全生活的实验，关系的方面太多，无处供给所需要的各种人才"；第二是经费的问题，"在这民穷财尽的时候，很难筹措这百年大计的实验费"；第三是社会环境的问题，"现在全国方在一个天灾人祸，内忧外患的环境中，国难如此严重，大家容易误认这种基本工作为不急之务"；第四是时间的问题，"这种改造民族生活的大计划，决不会一刹那间就能成功。"有此四种困难，平教运动的前途，"殊可栗栗危惧"。[③]

---

① 吴半农：《论定县主义》，载《中国农村经济论文集》，第 21 页。

② 吴半农：《论定县主义》，载《中国农村经济论文集》，第 21 页。

③ 晏阳初：《中华平民教育促进会定县实验工作报告》，在宋恩荣编：《晏阳初全集》第 1 卷，第 309 页。

第三节　乡村为何不动

对于定县试验，平教会成员不可谓不尽心，人力物力之投入也不能说不大，既有政府的支持，又得美国的援助，平教运动开始的几年，也颇得民众支持，致使定县试验“风起云涌，有如长江大河，有声有势”。那么，又为何在运动延续五年后，晏阳初对于其成效感到“实难断言”？而另一乡建派的首脑梁漱溟则以一句“乡村运动乡村不动”而概括之？原因何在？

一、乡村建设派的自我反省

梁漱溟认为，造成“乡村不动”的原因“是农民偏乎静，我们偏乎动；农民偏乎旧，我们偏乎新。我们虽然不赞成现在政府那样东建设西建设得多事，但无论如何总是进取的态度，到底不能如农民所要求‘多一事不如少一事，少一事不如无事’。这多一事不如少一事，简直是他们最亲切的要求，这是最没办法的。又我们虽然不同于染西洋风习的青年，处处违反乡村人的心理，但无论如何我们思想行动还是新的。总之，从心理上根本合不来，所谓‘号称乡村运动而乡村不动’，就因为我们在性质上有和乡下人不能一致之处”。[①] 应该说梁漱溟把乡村运动失败的原因归结为农民与乡村运动“从心理上根本合不来”，有一定的道理，但他只是道出了问题的表面现象，而没有把问题的症结所在说出来。如果说农民的“心理”是“偏乎静”，或是宁愿“多一事不如少一事，少一事不如无

① 《梁漱溟全集》第 2 卷，第 581 页。

事”，那么当共产党领导土地革命，提出“打土豪、分田地”时，农民的积极表现却无论从哪个方面都看不出这种“多一事不如少一事”的心理，可见农民不是没有积极性和创造性，而是这种积极性和创造性没有被调动起来，或者说乡村建设运动所带给农民的利益还没有达到能够使农民愿意为此而冒险打破其长期以来所形成的生活模式和行为惯性。看来梁老先生在当年对“乡村不动”原因的分析确实是值得商榷的。

那么，晏阳初提出的“三难”，即“穷难”、“忙难”、“文难”，是否是平民教育对农民没有吸引力的原因呢？本来，农民都知道“学而优则仕”的传统，从心理上讲，每个人都希望自己成为读书人，但是平教会的扫盲识字运动却并没有对广大的文盲农民产生吸引力。当然，应该说从平教会的主观因素看，确实存在师资的问题、经费问题和工作方法等问题。但这一所探讨的不是这些枝节末叶的因素，而是要分析一下“三难”是否是农民漠视教育的主要原因。

首先看农民的贫穷。定县人民并不富裕，根据 1931 年的估计，定县一个普通农家全年一切收入为 250 元。[①] 而现在有学者估计，1928 年定县每一农户的年平均收入是 284.14 元，支出是 242.64 元，到 1931 年，这组数字上升到收入为 440.79 元，支出为 424.55 元，[②]当时的估计与当代学者的调查虽然有一定的出入，但是看来 20 世纪 20、30 年代定县农户的年平均收入在 200 元以上是不成问题的，而且还可能略有一点盈余。千字课本最初版本

① 张世文：《定县农村家庭手工业》，载李济东编：《晏阳初与定县平民教育》，第 142 页。

② 参见夏明方《发展的幻象——近代华北农村农户收入状况与农民生活水平辨析》，《近代史研究》2002 年第 2 期。

每册售价 3 分，共 4 册，需 1 角 2 分钱，经过版本的几次修改，每册也只是 5—7 分钱，4 册也不超过三角钱。“在所有七处平校中，一个学生的费用，从二毛八分起到一元九毛五分止。随着各个人的经济能力，置备他的文具。所以一般人都有机会——经济的——如平民学校。”[①] 对于绝大多数定县家庭而言，平校的最低消费 0.28 元还是能担负得起的。

那么农民整日生计的忙碌是他们接受平民教育的障碍吗？在当时的确存在许多农民学员退学现象，平教会也因此进行了调查，很多人认为，学员退学的原因是生计太忙，“退学原因很多，但因农事太忙，他们都要下地去干活，以致精神疲惫，实为一个很大的原因。第二实校位于定城中心，学生业农的较少，所以退学的人数也较少，可为反证……就各校论，第二实校，退校人数最少，因其位于定城中心，学生多业工商，不大受农事的影响；第四五两校最多，因两校学生，率多为贫苦的劳农，整天在田里工作，夜晚没有精神读书。”[②] 如此看来，生计忙碌确实是一个原因，但是这个困难不是不可以克服的。平民学校的课程设计是每天 1 个小时，用 4 个月的 96 个小时就可以完成 4 册的全部课程。虽然农忙时期精力有限，但如果兴趣浓厚或平校的吸引力足够大，每天抽出 1 小时的时间并不十分困难，况且定县作物的生长期是 6 个月，也就是说，定县农民每年要有 4—5 个月的农闲时期，平教会利用农闲的优势，特别是冬季，有时上课可长达 2 个小时。可见如果农民兴致所至，“忙难”是完全可以克服的。

---

① 汤茂如主编：《定县农民教育》，第 386—387 页。

② 汤茂如主编：《定县农民教育》，第 374—375 页。

平校授课的内容也并没有超出农民学员的接受能力。平教会为了使平民教育得到顺利的普及,曾多次修改千字课本,而且教材完全是白话文,内容多是与实际生活比较贴近的道德、卫生、自然、常识等或者是大众耳熟能详的历史故事,不仅如此,千字课本的内容很多为口语化的语言,且朗朗上口。当然课文编写也照顾到个别智力水平相对较高的学生,课文也有少量的日常生活稍远的地理方面的知识和文学性较强的课文。通过平教会专家对教材的不断完善的修改过程,他们积累了丰富的经验。应该说平教会在平民教材这方面的研究与实践是相当成功的,对于传统的教育(如文言文)来说,确实存在"文难"的问题,但是说千字课的难度超出农民的接受能力是很牵强的。

如此看来,晏阳初提出的"三难"问题也不是"乡村运动而乡村不动"的根本原因。关于失败原因和历史功绩的分析,应该说在20世纪80年代以前学界的评价有失偏颇,对晏阳初先生一生事业的评价也缺乏公正的态度,这一状况直到80年代以后得以扭转。但是大多数学者多是从阶级分析的角度来解释乡村建设运动失败的原因。他们认为失败根本原因在于乡村建设者们没有触及到半殖民地半封建社会的根本矛盾,而只是企图通过"治标不治本"的改良主义方式来达到挽救危亡的目的。宋恩荣认为:"由于晏阳初对中国社会的矛盾只看到一些表面症候,未能做出科学的分析,未能诊断出社会病症的根本原因,所以他开列的医治社会疾病的处方,也只是治标不治本的一时补救之术。他们的种种努力,恰恰说明了改良主义对中国复杂社会问题的无能为力。乡村建设运动作为一种社会改革运动,实际上是一个不彻底的资本主义运动。其结果以失败而告终的,这也说明,在社会的根本的经济制度、政治制度没有改变之前,一切改良都是没有出路的。"此后,还有学者认为:造成"乡村不动"的根本原因是,"乡村建设运动在经济上没能减轻农民的沉重负担,满足他们对土地的要求;在政治上没能推翻地主阶级的统治,使农民获得翻身解放。"①笔者也同意这些说法,认为晏阳初等乡村建设者们确实采用了改良主义的方法,而改良主义也的确不是改造中国的正确道路,因此,晏阳初的事业最终失败。但是这一结论的正确性并不妨碍治史者可以从其他角度、通过新的方法、多维度地观察和分析同一史实所折射出来的道理。

二、时人的评论

除了乡建派,当时的社会各界人士或团体也从自己的立场、不同的角度对晏阳初等人的平教事业进行了一番或褒或贬的评论,其中不少涉及平教会的失误。归纳起来,主要有几点:

首先,很多人都认为平教会使用经费较为浪费,这是它失败的原因。当时有人在天津《大公报》上发表文章,阐述自己的观点,认为平教会试验的方法,"似乎太浪费些"。虽然改良一个乡村,需要很多消费,但是像定县这样一年消费16万元进行乡村试验,"亦绝不为多",所以,应当竭力的吸引乡村原有的力量时,否则将成为"乌托邦"新村运动!该作者还指出:生活的设备,亦不可太超出乡村的需要,并希望"平教会能永久保持晏阳初冯锐诸君当初住在翟城村破庙里的精神"。所以,改进农村生活,"不是把整个的城市搬到乡村去,应刻刻注意到农村经济的状况,像平教会试验区的设

① 郑大华:《民国乡村建设运动》,第533页。

备，和他们计划的，大部分固能和乡村适合，但有许多，绝不是中国的乡村所能企及，这种城市，甚至大都市生活，整个向乡村搬运，实是极危险的一件事。”不少文学家，不少社会学家，忽然一时高兴，大喊“到民间去”、“到乡间去”，果然除了多数唱高调的外，真有几个到民间去的，可是最终的结果，“只是把都市的生活，描摹给农民”。这种办法，只是把乡民带到城市里来，而不是到乡村去。[①]应该说这个意见还是比较中肯。

1932年12月，南京刊行的国际联盟所发表的《中国教育之改造》一文，对定县实验非常不满："经费即如此浩大，遂不免使人有所顾虑，纵其实验有成，而普及全国之计划，则必因人民无力付此巨款之故，而归于失败。”[②]国民党中央委员张继也对此不满，他认为平教会耗款有数百万之巨，也是错误。[③] 对此，也有人持有不同的看法。任鸿隽（叔永）教授在《独立评论》上发表《定县平教事业平论》一文对张继予以反驳时指出：说定县耗资浪费也不能一概而论，“我们以为中国的许多教育事业都可以说是虚糜国币，唯独平教事业不能说这么一句话。因为平教事业经费的大部分，都是由私人募捐来的；而且大部分是由华侨及外国募集来的；这个经费来源的错误，正与国联教育团报告书所说的平教经费百分之六十由中华教育文化基金董事会担任一样。”任叔永并强调：“如果有人批评他们（平教会）花的钱太多，他们就会立刻告诉你：他们的事业是要研究出一个中国各省各县可以普遍利用的方法或方式来。如果就一县看

① 《定县平教村治参观记》（四），载天津《大公报》，1930年1月12日第4版。

② 国联教育考察团著、国立编译馆译：《中国教育之改造》，1932年南京刊，第214—217页，转引自吴相湘：《晏阳初传》，第255页。

③ 吴相湘：《晏阳初传》，第256页。

来，这个方法或方式的代价是太昂贵些；就中国一千九百余县分摊起来便不算昂贵了。同样，如其有人指摘他们工作的计划需时太久，他们也可以拿同样的理由来作辩。因为一个推行全国的计划，用了六年或十年来研究试验，本来不算过于迟缓的事体。”①

对于定县经费的使用吴半农则有另外的说法：“我没有到定县以前，常常听到人家说，定县的工作是美国的金元铸成的，纵然试验成功了，其他的县份和其他的省份也决没有能力来仿效它。这次到了定县，我觉得这个批评有些冤枉了平教会的工作——至少目前的平教会绝没有把美国的捐款拿来作‘奢侈的游戏’。他们确实是在那里研究和寻找各种简单易行的制度，以供全国各地之采用。而且有些试验，如保健制度，如实验小学，却已有了很好的成绩。”②

其次，还有观点从根本上否定了定县实验的作用。持此种观点的人主要是受到国联对定县平教工作的否认态度的影响。其中最严厉且最重要的是国民党中央委员张继的谈话。张继说：“定县事业，直不啻一骗人东西。谁从当地经过就请去参观”。他认为，社会各界到定县参观的行为是平教会特意为壮大自己的声势而做的事，并不是因为其成绩与此。谈话的结论中，张继说：“乡村事业，欧美已行之有素，可资借鉴镜，不必闭门造车，独出心裁。大可取人之长，补己之短，放大眼光作去。”张继在评价平教总会定县实验的成绩时指出：“考其成绩，实不过一隅之发展，何补于整个之农村？”③

① 吴相湘：《晏阳初传》，第256页。

② 吴半农：《论定县主义》，载千家驹编《中国农村经济论文集》，中华书局1936年版，第15页。

③ 吴相湘：《晏阳初传》，第256—257页。

任鸿隽(叔永)教授在《定县平教事业平论》一文,对张继予以反驳。首先他指出,正是因为参观定县的人很多,使平教会应接不暇,所以,平教会不得不在每年春天登广告,以限定招待参观的时间,可见定县参观热并不是平教会故意所为,实是其成绩之表现。任教授认为,对于乡村事业"借镜欧美"说法,任教授更不以为然,他说:"因为既名为乡村事业,这些事业必定是十分的乡村化、地方化。即使在中国,恐怕此地方的成法也不能应用于旁的地方,何况要以欧美的成法行之于中国乡村呢?关于这一点,我们以为平教会的主张最为正确。它的贡献也值得称赞。因为它的主张是要深入乡间去发现他们的问题。而它的贡献,是在这些问题中间找出解决的方法来。不管它的成绩怎样、它的效果怎样,我们以为它的方向是不错的。"①

关于张继对定县实验"何补于整个之农村"的论断,任教授认为:"平民教育应当以普及全民为最后的成绩。这件事应由政府以权力推行,而不可责之于私人团体的义务上的热心。"②

1932年12月,南京刊行的国际联盟所发表的《中国教育之改造》一文,再曰:"在一区域上加紧工作,其重要固然不容否认,然在举办此等地方教育之前,必先彻底改良中心组织。中心组织未加改良,地方工作即无从举办。中国全部经济制度,须先切实改良,而后如定县之教育实验,方可举办也。"③

陈衡哲等学者则对平教会工作的最终结果特别是镜平民学校毕

① 吴相湘:《晏阳初传》,第256—257页。

② 吴相湘:《晏阳初传》,第257页。

③ 国联教育考察团著:《中国教育之改造》,第214—217页,转引自吴相湘:《晏阳初传》,第255页。

业的天才青年的出路表示担忧。她认为，此类青年男女，为数并不少，他们受到了有限的平民教育，可是，对于他们的教育的宗旨是什么？"读书呢，还是办事？在本村学习呢，还是到都市去？经济上的问题应当怎样替他们解决？"陈以为："这并不单单是一个升学的问题，乃是一个消患于未来，化有害为有用的大问题。"因为这类青年天赋较高，他们绝不会平庸一世的，他们"不为省士国士，即为土豪劣绅"。"平教会所给人民的一点智识，在庸凡少年的身上大概是有益而无害的，但在这一类少年的身上，却不能说是没有危险性了。"

陈衡哲还建议晏阳初，"平教的事业应该向推广的路上走去。试验是永无完结的时候的，定县的试验若没有一个大规模的推广计划来继其后，则真不免有以手段为目的之谈了。区区一小县，即使建设成为一个乌托邦，又何补于中国全部的贫弱与疾苦？此其一。其二，定县有相当的人才与财力，故不妨精益求精，而中国的其他各县，却连这一点人才与财力都没有。饥者易为食，只求养生已足，何敢更求精美？我以为，平教会应该立即把它的一大部分精神、才力与金钱移用到训练青年人才上边去，中国各省的农村，原来是有集团及自治精神的，何况去帮助他们去改良生计，农民更没有不欢迎的道理。他们所苦的，是在消极方面，不曾做到减税减租的地步，在积极方面，又缺少了同情的指导。减轻负担的事，不在平教会范围之内。我们现在不说，但训练与供给青年人才，以为他日帮助及指导各省农民之用，却是平教会义不容辞的一件大责任。"①

① 陈哲衡：《定县农村中见到的平教会事业》，载李济东编：《晏阳初与定县平民教育》，第359—361页。

巫宝三、吴半农、千家驹三位先生也曾撰文对平教会加以评价。他们都异口同声地指出："他们（平教会）确确实实是在那儿干，有几位先生且以宗教的精神在那儿干。医药制度很成功，实验学校很富创造性，文艺创作与编辑，在将来亦必发生重大影响，不过干的方面太多，重心不足，农民是不是会觉得无兴趣，太麻烦？将来其他县份事不是很圆滑地推行？"[①]"他们那种实验的刻苦精神，与他们之肯把工作目标从大都市移转到乡村，实深值得我们的同情。他们整个的哲学虽不免于错误，但其实验工作之某部分，例如保健制度，平民读物等等却无疑地已得到相当的成功，值得我们介绍到别的乡村去推行。"[②]

当然，他们在文中对平教会也提出了中肯的批评。吴宝三在《定县主义论》中主要是对定县的合作组织提出了异议，他以为"有了识字运动，固然可以从事合作组织。河北省各县农村合作社的发达，可以做我这一个说话的证明"。"定县的一些成功的实验，多立基于平校同学会的组织；其实这个组织，合作社即能代替之"，而且定县以县为单位自给自足的经济计划也不正确，因为"县是中国的一个省以下的政治单位，在各种条件上，都不能构成一个自给自足的经济单位，并且在以国为经济单位的情形下，这种计划，于该县及其他地方生产者都是有害的"。[③]

吴半农的《论定县主义》与千家驹的《定县的实验运动能解决中国农村问题吗？》都认为，"愚穷弱私"四大病症不过是中国社会

① 巫宝三：《定县主义论》，转引自吴相湘：《晏阳初传》，第 263 页。

② 千家驹：《定县的实验运动能解决中国农村问题吗？》，《中国农村经济论文集》，第 35 页。

③ 巫宝三：《定县主义论》，转引自《晏阳初传》，第 261 页。

之病态而已，并不是中国社会的根本病根。其实中国社会的病根，也是“愚穷弱私”四大病症的根源，是“帝国主义的商品长期的侵入、军阀的混战、水旱天灾、匪患、苛捐杂税五大因素才使得农村经济破产：穷而导引起愚弱私三种现象”，归纳起来，“破坏中国社会的主力，一是帝国主义，一是封建势力”。平教会却错误地认为这四个字是中国社会的病根，认为救中国必须从这四个字着手，其错误在于“只是把四个轻重各异的病态现象，相提并论地拿了出来，作为他们实验工作的理论之基础和出发点”。而“平教会本身的性质和社会背景，便会使他们不敢正视这些根本问题。他们虽然不理会这些根本问题，但他们所要解决的却正是这些根本问题。他们要建设农村，他们要‘复兴农村’，他们还要‘使中华民族能于建设工作中创造一个新的生命’。一言以蔽之，他们要从撇开中国根本问题，以某解决中国根本问题之一夹道中去找出路。这当然会使他们常常碰壁的”。[①] 平教会是不敢正视这四大病症的根源的，因为“谁要真正探究起‘愚穷弱私’的社会经济基础来，他就不能不承认资本帝国主义之长期的经济侵略与国内封建势力之残酷的剥削是造成中国今日农村破产之主要的原因”。[②]

毛应章则批评了平教会接手县政的做法。他说：“至于平教会在这平教运动刚刚找着出路的时候，白白添上一个重负，把县政也接过来办，以致有陷平教会失于独立性的危险，是一个很不智的举动。平教运动，照目下的计划去做，自有得到政治力量的一日，有

① 参见吴半农：《论定县主义》和千家驹：《定县的实验运动能解决中国农村问题吗？》，载千家驹编《中国农村经济论文集》，第25、26、19页。

② 千家驹：《定县的实验运动能解决中国农村问题吗？》，载《中国农村经济论文集》，第26页。

如当年修筑金字塔的工人，一层一层的把石头垒上去自有造成之一日。现在塔基尚未垒齐，就要安装一个塔顶，那实在是一件太勉强的事。行政技术的试验，既不在平教运动原定计划之列，何必要拿来分散它的力量，阻碍本身工作的进展呢？中国政治的不良，决不能用不自然的方法局部去改善的。我们办社会事业的人们，只要专心注力于‘下层工作’，假之以时日，政治的昌明是不必发愁的。”①

三、笔者的分析

造成“乡村运动而乡村不动”的原因究竟是什么？首先，从农民自身的特点来看，中国小农既是一个追求利润者，又是维持生计的生产者，更是受剥削的耕作者，这三个方面密不可分，共同构成了一个统一体——小农。② 这个分析表明，农民一定是个最实际的群体。他们追求利润也好，辛勤耕作也罢，无非是为了维持生计和糊口。中国的农民是最苦、最穷、深受剥削最重的阶级，他们历来对生活没有什么过高的奢望，只要能够拥有一亩三分地，吃饱肚子，这就是他们最大的理想。他们根本不会理解“挽救危亡”、“民族再造”等词语的含义，更不会理解这些词语与他们“填饱肚子”会有什么关系。当然，他们也不会理解晏阳初等乡村建设派的“作新国民”理念的含义。中国农民的讲求实际的特点导致他们最拥护的是能够给他们带来实际利益和眼前利益的人。那么，这种实际

① 章元善：《从定县归来》，载李济东编：《晏阳初与定县平民教育》，第363—364页。

② [美]黄宗智：《华北的小农经济与社会变迁》，中华书局2000年版，第5页。

利益的大小又成为他们用来衡量对平民教育需要的程度的砝码。晏阳初进行平民教育和乡村建设，其目的是为了“作育新民”，改造中国社会，实现民族再造。在晏阳初看来，“新民”当然包括农民，甚至主要是农民，从这个意义上讲，平教会等的事业一定会给农民带来莫大的利益的，换句话说，在晏阳初他们看来平民教育和乡村建设的结果是全民、全社会皆大欢喜的事情，而且农民由于受苦受难最深，所以他们似乎应该是最大的受益人。只是这种利益的获得将是10年、20年，甚至上百年的事情，这一代农民能否赶得上还不好说。可是，问题在于，农民的眼光是看不到这种影响深刻、发人深省的大道理的。他们只能看到眼前的、最肤浅的实际利益。所以笔者认为，农民需要的是最实际的眼前利益——填饱肚子——这是眼前最紧迫需要解决的问题，而经济拮据的乡村建设者们达不到农民的这个眼前的需求，自然，晏阳初他们的事业就不能够吸引农民的兴趣，同时最终轰轰烈烈的乡村建设运动不得不无果而终。

本来，识字运动应该使农民看到眼前利益，因为他们只需要几个月的时间就可以学会读书看报，但是扫盲运动始终达不到平教会预期的目标。晏阳初曾指出：在世界上，农民是最讲实际的人民，他们的想法是：“现在我已经能够读书了，但是读书对我自己的生活来说带来些什么？王大哥目不识丁，而我识字，我仍然和他一样贫困。”[①]很多从平民学校学习完千字课的农民因为平时生活上用不上，而不久就把在平校所学的课程全部忘光。为什么会出现

① 晏阳初：《平民教育与中国的抗战及民族建设》，载宋恩荣编：《晏阳初全集》第2卷，第186页。

这种现象呢？有学者认为，“决定扫盲运动成功与否的决定性的因素，从受众方面来说，是其对文字教育的需要程度。”[①]许公鉴在《民众学校实施问题谈片》曾指出，民众感觉他们不需要教育，到民众学校上课没有兴趣，是导致招生留生困难的重大原因。[②] 费孝通先生在发表于20世纪40年代两篇文章《文字下乡》和《再论文字下乡》中指出，不能因为乡下人不识字而认为他们愚，由此，他得出结论，乡下人多文盲是因为乡下人不需要文字眼睛。他认为，乡土社会是一个熟人社会，在这里，“足声、声气、甚至气味，都可以是足够的‘报名’”。[③]“如果是面对面可以直接说话时，这种被预先约好的意义所拘束的记号，不但多余，而且有时会词不达意引起误会的。”“在乡土社会中，不但文字是多余的，连语言都并不是传达情谊的唯一象征体系。”因为“在亲密社群中可用来作象征体系的原料比较多。表情、动作，在面对面的情境中，有时比声音更容易传情达意”。[④]所以，“不论在空间和时间的格局上，这种乡土社会，在面对面的亲密接触中，在反覆地在同一生活定型中生活的人们，并不是愚到字都认不得，而是没有用字来帮助他们在社会中生活的需要。”但是并不是说乡土社会不需要文字，而只有当中国社会乡土性的基层发生了变化，文字才能下乡。[⑤]

农民看不到利益，再加上千百年来农民深受的压迫和榨取所

---

① 徐秀丽：《中华平民教育促进会扫盲运动的历史考察》，《近代史研究》2002年第6期，第112页。

② 许公鉴：《民众学校实施问题谈片》，《民众教育存论》第1卷，第148页。

③ 费孝通：《文字下乡》，载费孝通《乡土中国 生育制度》，北京大学出版社1998年版，第12—14页。

④ 费孝通：《文字下乡》，载费孝通《乡土中国 生育制度》，第15、17、16页。

⑤ 费孝通：《再论文字下乡》，载费孝通《乡土中国 生育制度》，第23页。

造成的他们对外来新事物很强的防范心理，自然就不能信任平教会的工作，他们担心平教会又是对他们进行敲诈和勒索的人。这种心理的存在使晏阳初及平教会自始至终都面临着许多困难。

《平民千字课》是平教会专门为中国的平民撰写的识字课本，可是在当时要把《平民千字课》送到平民手中，还是有不少困难的。他们虽然知道读书识字是好事，并且也因为"睁眼瞎"吃过不少苦头，但他们又想到：是不是叫我读书识字之后，拉我去当兵送命呢？再如，他们认为"照相"是外国玩意儿，一照相，就把自己的灵魂摄走了，所以最怕照相。因此，他们怀疑平教会动员他们上平民学校会有照相的危险。另外他们也没有听说过"平教会"是干什么的，总以为是"吃洋教的"、"洋鬼子"的东西，以不接近为妙。所以，他们一看到平教会工作人员来，总是"敬而远之"，其他关于卫生、生计等方面的教育，也多类此。①

从定县实验的各个方面的工作所取得的成果看，关系到农民切身利益的工作，往往进展比较顺利；而在农民看来，对他们的生活、生计似乎看不到眼前利益的，往往进展缓慢。前文已谈过，定县的卫生教育在种痘方面取得了很大进展，到 1935 年，天花在定县已基本绝迹，只短短几年时间，就有如此大的成绩，这与农民心里所衡量的利益的尺度有很大关系。天花一直是影响中国人的主要疾病，曾经婴幼儿的过高死亡率与天花有很大关系，所以定县农民深知天花之害，可是，经过平教会的卫生部为农民接种的预苗，大幅度减低了天花的发病率，凡是经过接种的人，都没有发病，这一事实，使农民亲身感受了"种痘"的好处，于是定县接种预苗的普及率大大提

① 《平民教育运动在定县》，载李济东编：《晏阳初与定县平民教育》，第 421 页。

高，定县实验中的卫生教育也是四大教育中成效最显著的内容。

其次，平教会自身在指导思想和政策上的失误以及对时势变换的错误判断，是导致其平教运动失败的主观原因。晏阳初经过对中国社会的观察，他把中国社会的根本问题之所在归结为“愚”、“穷”、“弱”、“私”四大病症。其实，这四种病症只是中国社会问题的表面现象，换句话说，中国社会确实存在这四个严重问题，但是它们并不是造成中国社会问题的根源，晏阳初就是错把现象当作了问题的本质，他们没有看到造成这四大病症的根源是帝国主义掠夺和封建主义的腐朽。晏阳初对“四大病症”的发现，实质上，“完全是与美国资本主义社会表层的现象比较，所得到的结论”。[①]另一方面，即便从这四种社会现象上看，晏阳初也没有恰当地摆正它们的位置，在这“四大病症”中，“穷”是“愚弱私”之首，是造成“愚弱私”的根本原因。“仓廪实而知礼节”，农民因为“穷”，没有衣穿，没有饭吃，没有学可上，所以才愚昧，才自私。要想让农民和衣食无忧的学者一样去学习文化，去“公而忘私”，必须也要让农民根本解决衣食问题。这种错把现象当本质的理论所造成的结果，只能使定县实验工作的内容治标而治不了本。定县实验之初由李景汉指导进行的社会调查工作以西方社会学为指导，其注意的就是社会现象，而不是社会的本质。晏阳初等人就通过这样的调查，并根据西方社会现代化的经验制定出了以四大教育为主要内容的实验计划，用以救治“愚穷弱私”，由此看来，晏阳初等人把四大教育视为“解决中国社会之一切经济的与政治的问题之万能药方”[②]。其

① 阎振熙：《定县实验区考察记》，第 15 页。

② 千家驹：《中国农村建设之路何在》，载《中国乡村建设批判》，第 108 页。

实乡村问题远没有这么简单,其背后还有经济、历史、文化、社会等多方面深层次的原因,晏阳初与平教会并没有注意到这一点。

在这种思想指导下所制定的一套实验方法势必与农民的要求要有一定差距。平教会成员大多受过国外的高等教育,又有充裕的外来资金作后盾,这两个背景导致的结果是他们的理念完全是西方的,实验的方法也带有强烈的"唯科学主义"色彩。"农业科学化"是平教会喊得最响的口号之一,定县的实验号称科学的实验,结果"实验的指导精神过于理想化,与现实社会的需要相脱节"[①]。他们对国内科研机构的一些研究成果比较怀疑,不愿及时拿来推广,往往在重复性的研究实验中浪费了大量人力物力,虽然产生了若干精密的"原则方法、技术与制度","而这'一点一滴'的收获,即或能推行到各县,而各县绝没有这样丰富的人力与财力,能不能有'一点一滴'的收获,自然没有把握"。[②]

平教会在定县的实验完全是借用了西方研究自然科学的方法,通过自然科学的实验解决现实的社会问题。平教会成员谢扶雅曾颇有自得地说"定县素以研究实验著称于世,每对于一件事,第一步必定先要调查;调查清楚,材料毕具,第二步然后从事设计;设计定当,按照试行;一边做,一边又临时修改;第三步,然后表证,然后推广。这种步骤,自问确无愧于科学的精神"。[③] 强调科学精神,反对蛮干,本无可厚非,但如事事讲求调查,讲求表证,亦步亦

① 李伟中:《二十世纪三十年代县政建设实验研究》(博士论文),南开大学,2003年,第98页。

② 阎振熙:《定县实验区考察记》,第20页。

③ 谢扶雅:《平教会与县政建设:研究、训练、推广三种活动底内在关系》,《民间》第四卷第一期(1937)。

趋，势必大大延长成果推广的时间。结果证明也是如此。“十年以来会中盈筐的计划书，满橱的调查表，这些东西，都是苦心努力的结晶”[①]。然而，90％以上的研究成果都因过于追求科学的严谨性而总是停留在了“表证实验”的阶段，而不能及时惠及农民。平教会很早就开始研究实验对猪种和棉种的改良，但将研究成果进行推广使之变成具体的利益却不如起步比较晚的邹平成绩好。而定县的棉花推广直到1935年以后才有了一些成绩，猪种改良的推广直至抗战爆发也没有完成。结果费时费力，却事倍功半，反倒被张继之流骂为“骗人的东西”，而一般人也觉得“定县工作太新，太琐碎，没有一个整个的政策，通盘的筹划”，“以致五花八门，甚么玩意都有，甚至乱七八糟，互相冲突，互相重复的地方，也是在所不免。……即使有了成绩，也不过是一个垃圾堆，香的臭的，好的坏的什么都有”。[②]

平教会一味地追求“科学”的理念和方法所造成的另一个结果就是与中国农村社会的主流思想产生了强烈的碰撞，产生了许多不可调和的矛盾。在平教会进行的四大教育中就充满了代表新文化、新理念的内容，同学会会员就是这种思想文化教育下的产物。而在当时中国乡村社会习惯于由乡村的士绅或长老来处理本村的事务，士绅和长老理所当然地成为乡村的最高实际握有实权的人。然而，“受过平民教育乡村青年男女从平教会那里接受了这种具有反传统性质的思想文化以后，青年们不安于现状和对社会不公的不满被激活，在扩展平教事业的社会活动中通过有组织的平校同

① 李明镜：《平教会与定县》，《独立评论》第79号，1933年12月3日。
② 忧患生：《定县之谜》，《独立评论》第97号，1934年4月22日。

学会得到了张扬,对乡村社会的习惯法秩序形成了一种挑战,从而引起了士绅与基层民众的阶级对立和家族长与乡村青年的代际鸿沟。"[①]实验县成立以后,"当时各村平民学校毕业同学会,炫炫赫赫,几将乡村的旧势力整个推翻。"[②]这种对立越积越深,最终以霍六丁的"三把火"为导火索,爆发出来,进而一发不可收拾。至此,社会秩序出现了动荡,也为平教会的实验带来了危机。另一方面,平教会的实验和方法抄袭的是西方的理论,"定县上层领袖差不多都是留学生,他们的学问,他们的态度,他们的生活,自然和定县农民有点悬殊",所以,他们制定的定县方案"太新,太外国化,太不适合中国国情"[③],在社会条件不具备的情况下,片面地追求一种量的变化,只能更加偏离实验的初衷。比如,在猪种改良的推广过程中,平教会采用了收费的制度,将纯种波支公猪以每头40元的价格卖与合作社和改良农家,由他们去推广。对于普通农民来讲,40元钱绝对不是小数目,花费这么多钱来改良猪种,贫困农民根本无力负担的。一些乡民便趁机以杂种公猪冒充纯种牟利,从而使定县改良小猪的品质下降,结果造成了定县改良小猪市场信誉丧失,几乎无人问津。实验县政府不得不颁布了《禁止用杂种公猪作交配传种办法》及《定县猪种注册条例》,以维持本县改良猪种质量,其中规定"本县人民,如用杂种公猪传种者,一经查出,即将杂种公猪当场阉割,并将其猪没收归公"。[④] "自条例公布之后,杂种公猪

① 李伟中:《二十世纪三十年代县政建设实验研究》(博士论文),南开大学,2003年,第97页。

② 庞永福:《定县归来》,《独立评论》第155号,第19页。

③ 忧患生:《定县之谜》,《独立评论》第97号,1934年4月22日。

④ 《定县禁止用杂种公猪作交配传种办法》,《民间》第二卷第四期。

受阉割及充公者，不知凡几”[①]。这个实例生动地说明了由于平教会的失误，致使原本打算使农民受益的推广改良，反而损害了一些同样是受害者的贫困乡民的利益，受害者因此对平教会产生了不满。平民教育的最终目标是造就新的国民，可是定县经过实验之后，“识字的人是多起来了，但说空话、在地方上争权夺利的人也多起来了，而无补于定县的‘穷’”。[②] 同学会会员因争任委员或委员长竟也自起冲突，这都说明平教会教育的失误。

另一个导致平教会失败的重要原因是平教会对时局的判断，特别是对现实政治的把握有很大的偏差。平教会最初是个社会性学术团体，其以晏阳初为首的人员组成多是留学欧美的高级知识分子，因此他们多专注于学术性研究，而对于现实政治问题则避而远之，这就导致了平教会对政治的观察不敏锐，这使它的很多决策出现了失误，实验最终出现了危机。比如，平教会在定县实验之初工作进展很顺利一个重要原因是他们到了当地士绅的支持，但是平教会忘了一点，当地士绅有很多人与河北省政府有着千丝万缕的联系的。所以，定县实验县成立之后，出现的平教会与定县地方势力关系交恶，导致了平教会失去了河北省政府的支持。事实上，河北省政府对平教会的支持一直都是有底线的。当时的河北省主席于学忠，原属东北军系统，中原大战以后，开始执掌河北政权。以于学忠为首的地方实力派“对于乡村建设、实验县等等新事物，都无深切认识”，他们“抱着政治投机的心理，以为平教会在定县搞了许多年，现在定县办实验县，容易办出成绩，可以为

① 唐翘桑:《定县县政府对于传种公猪之注意》,《民间》,第二卷第四期。

② 阎振熙:《定县实验区考察记》,第 20 页。

他们捞一笔政治资本”。[①] 所以，于学忠及地方政府对晏阳初的支持并不是发自内心的、从国家民族大义的角度出发的。然而这种微妙的关系并没有被晏阳初看出来，反而在第二次内政会议召开之后，天真地将蒋介石和张学良邀他进京的电报向全县的村长副们宣读，想以之增加这些定县地方势力对平教会定县实验的希望和支持，不想适得其反，这种行为反遭到他们愤恨，被骂为“欺诈乡愚，仗势凌人”，被认为是“莫大之侮辱”[②]。得罪了这些人，就等于得罪了河北省政府，而霍六丁上台之后的一系列作为又是主要针对这些士绅，从此平教会与当地实力派的矛盾一发不可收拾，出现了“定县士绅的不与合作，而形成了内部的不睦，没有好的成绩表现，结果颇为河北省政府所不满”[③]的局面。

平教会与地方政府的关系没有搞好，与中央政府的关系也不尽如人意。由于政治嗅觉不灵敏，所以平教会在许多行为上，犯了蒋介石的忌讳。平教会的部分成员在政治立场上具有“左”倾思想，其中，还有两个是“革命组织中的革命青年”，他们公开主张通过暴力发动农民革命，并把自己的观点发表在《同学会周刊》里。[④] 不仅如此，平教会与许多革命青年还有联系，霍六丁就有好几个这样的朋友，他还多次营救被国民党抓捕的革命青年。同时，为保持一定的对立性，定县“不推行国民党的党化教育，而采取了教育中立主义”。这些都是国民政府所不能容忍的。定县地区是国民党

---

① 堵初述：《平民教育在定县》，载《晏阳初与定县平民教育》，第435页。

② 燕树棠：《平教会与定县》，《独立评论》第74号，第8页。

③ 庞水福：《定县归来》，《独立评论》第155号，第21页。

④ 霍六丁：《我任定县实验县县长的回忆》，载《晏阳初与定县平民教育》第482页。

控制较严的地区，城内有国民党党部，定县火车站驻有宪兵队平，京汉线对面常有一个师的国民党军队驻扎。所以平教会的政治倾向很快就为国民党所注意，平教会的反对势力就借口“平民教育会在定县潜伏反动势力”攻击平教会，结果，“近两年河北省军警当局把定县划为赤区”①。至此，平教会失去了国民党的支持，从而注定了其实验失败的结局。另一方面，国民政府与平教会合作，本意是通过合作来控制基层社会，当然意欲将平教会纳入其政府体制，这一目标既然难以达到，所以对合作也就逐渐失去了兴趣。最初，政府每月对研究院预拨经费5000元，然随着时局的变化，研究院的经费越来越少，几乎到了“山穷水尽”的地步。同时，1937年2月，随着保甲制度推行全国，政府找到了更好的控制基层的办法，②与平教会的合作也就走到了尽头。

另外，20世纪20、30年代的时局混乱以及由此而产生的经济萧条也是影响平教会定县实验成绩客观的因素。定县实验从开始到结束的10余年间，中国经历了北伐战争、九·一八事变、奉晋、奉石两次战乱、中原大战长城抗战，进而七七事变等一系列的动荡，几乎每次战乱都会涉及华北平原，自然定县也受牵连，本来定县在华北是个生产条件中上等的农业县份，“在以前居民都是丰衣

---

① 燕树棠：《平教会与定县》，《独立评论》第74号，第6页。

② 保甲编组以户为单位，设户长；10户为甲，设甲长；10甲为保，设保长。户长须一律签名加盟于保甲规约，并联合甲内户长共具联保连坐切结，声明如有“为匪通匪纵匪”情事，联保各户，实行连坐。保甲长受区保长指挥监督，负责维持保甲内安宁秩序。联保主任受区长指挥监督，负维持各保安宁秩序总责，但各保应办事务仍由各该保长负责。保甲组织的基本工作是实施管、教、养、卫。“管”包括清查户口，查验枪支，实行连坐切结等；“教”包括办理保学，训练壮丁等；“养”包括创立所谓合作社，测量土地等；“卫”包括设立地方团练，实行巡查、警戒等。

足食,视为乐土,自从经了奉晋、奉石两次战乱,又加以世界不景气的波及,这才骤然显露了破产的状态。农产品价格暴跌,而唯一副业所产的土布,更复销路滞塞,不得已而借债度日,而破产,而出外谋生。这种现象,以民国二十二年及二十三年春季为最厉害"。[①] 平教会就是在这个背景下进行的定县实验,其困难可想而知。据霍六丁回忆,当时"地方政府的贫困达到惊人的程度。例如各机关单位的经费,欠发了两三个月,新任警察局长到差的当天午饭便成问题","把附加税提高一点吧,省财政厅怕影响它的正税,坚决不准"。[②] 这种经济上的困窘对县政建设的实验影响相当大。而且,作为学者群体的平教会缺乏商品经济的市场意识,其对农业的改良并不能将乡村引入商品经济的时代潮流中去,导致很多研究成果无法被推广出去。

经济上的不景气直接影响社会治安,定县的匪患和兵祸也制约着定县实验的成效。《定县志》记载,"时局纷扰兵劫屡经,自治事业遂际于若断若续,无成绩之可言。"[③] 在定县时有绑架案件发生,严重影响了人民的正常生活,《大公报》有记载,"本县第四区赵家庄于无极深泽两县接境,该村住户赵里进自幼失明,以占卜谋生。近几年来,积蓄稍丰,忽于本月十日晚,有土匪约二三十名,鸣枪示威,闯入伊宅,将其子绑去,现尚不知下落。该区自秋至冬,颇称安宁,自此案发生后,人民又现惊慌之状。值兹严冬,匪气又形

① 庞永福:《定县归来》,《独立评论》第155号,第19页。

② 霍六丁:《我任定县实验县县长的回忆》,载李济东编:《晏阳初与定县平民教育》,第484页。

③ 《定县志》第2卷,第423页。

猖獗，小民逃避无路，甘为匪人之囚，望当局者注意云。”[①]霍六丁任实验县县长时，深感“白面”为害于农民太巨，于是多方努力，限期禁绝。禁毒成效显著，但是等到快要达到目的的时候，某方军队进驻定县；该军队的头目一到该地便把禁“白面”的负责人找了去，拿出大批“白面”请他代为销售，否则，即请负担该军队的一切饷用。这样一来，数月努力的成绩即化为乌有。[②] 为此，章元善不无感触地说：“像东建阳这个村子，经济虽不景气，人民还能安居，充满新气象。这一点小小成绩——代表平教会多年的经营，哪能经得起大兵们一天的光临！”[③]

总之，中国农民群体在中国这个特殊环境下所产生的“现实性”特征，是平教会定县事业未能取得成功的最主要的客观原因，同时平教会自身对中国社会观察的偏差，导致其在定县实验的指导思想和实践以及为此而制定的一系列的措施发生了严重错位，在其进行如此大规模的实验过程中，由于没能准确地利用好定县本土资源，也未能把握住现实政治的变化，使其最终不仅失去了政府和地方实力派的支持，也失去了当地士绅的支持，就连广大的农民对平教会的态度也由开始的拥护而变成失望。当然特殊时代下产生的社会动荡和经济萧条，尤其是农村经济破产也阻碍了定县事业的发展。这些因素相互关联，互为因果，在这种状态下，平教会在定县的失败是一种必然的结果。

① 天津《大公报》1930年1月16日第8版。

② 吴半农：《论定县主义》，载《中国农村经济论文集》，第20—21页。

③ 章元善：《从定县归来》，载李济东编：《晏阳初与定县平民教育》，第364页。

结语　国家与社会视野中的乡村启蒙

传统中国是一个编户齐民社会，它主张的是皇权主义，对基层社会的控制极严，汉唐以降，国家政权在县以下的活动与控制十分突出，不仅有发达的乡、里、丘组织，且设有一干管理行政、民政、狱讼、社祭、教化等各方面事务的各级乡吏，对上负责。所以，传统中国只有国家，而无社会。[①] 国家与社会的分离，以及由此而导致的近代意义上的"社会"的出现，乃是晚清以来中央权势下降的产物。

这种分离表现在两方面。首先，19 世纪中期的太平天国革命以来，中央政府的权威逐渐式微，地方及社会力量渐渐积蓄。清末新政昙花一现，未留下较深的痕迹；1911 年帝制被推翻，非但未能重整中央权威，反而使得整个政府大厦坍塌瓦解，名存实亡，军阀割据越演越烈。国民政府的北伐，也仅带来名义上的统一，民国政府事实上也没有在广泛的农村社会建立起权威。国民党执掌全国政权之初(1929 年)，普通党员仅 27 万人，到 1937 年，也不过 52 万。1929 年，南京政府仅控制了 8%的国土和 20%的人口；抗战前夕，掌控的地区和人口分别增至 25%和 66%。而且，这种控制极为脆弱，仅及于政治表面，而未能深入社会内部；其组织仅限于

① 秦晖：《传统十论》，复旦大学出版社 2003 年版，第 23—28 页。

上层和城市，县以下农村基层责任由土豪劣绅和地痞流氓胡作非为。①

另一方面，在鸦片战争的冲击下，上层政权经历了一系列具有“西化”色彩的变革，从戊戌变法到晚清修律，国家层面上的合法性重建基本上已完成了。三民主义等多元的意识形态取代了儒教一统天下的局面；移植而来的西方法取代了中华法系而实现了法律的“形式合理性”（韦伯语）；宪政基础上的政党政治取代了封建科举而使公共领域内部的交涉者多元化。总之，合法性重建实现了由封建帝国向现代民族国家的转变。② 但是这种改变仅仅停留在国家层面上，或者说停留在“大传统”的层面上，而广大的民间社会，尤其乡村社会，仍然是由传统的中国文化和制度作为一种“小传统”而统治着。因此，国家政权如何伸入乡村，或者说现代国家制度如何在传统的乡村社会中建立起合法性，就成为当时中国的主要问题。

所以，从长时段来看，从 1850 年代开始，直到 1949 年将近一百年间，中国一直面临着一个“国家再造”或“近代国家政权建设”的课题，换一个角度讲，也就是面临着一个社会整合的问题。如何动员民众参加现代国家的重建，重新整合“国”与“民”的关系，实际上是近代中国社会的一个大命题。

而所谓“国家再造”或“近代国家政权建设”（State-making），实际上就是现代国家在乡村社会的层面上建立合法性的过程，即

① 王奇生：《党员、党权与党争：1924—1949 年中国国民党的组织形态》，第 357—358 页。

② 强世功：《民族国家、宪政和法律移植——晚清国家转型中的合法性重建》，《战略与管理》，1997 年第 6 期。

国家"试图支配、控制或破坏相对自治的地方社会结构，试图扩大它对地方资源的支配，并且在国家的支持下发展新的建制"。[1] 在这一大背景下，从表面来看，晏阳初等人的乡村启蒙和建设尝试，其意图只是解决中国乡村的教育、生计等等实际问题，但在事实上，他们的活动却与近代中国这一历史命题有直接的关系。这些来自民间社会的"启蒙者"，其"走向民间"的过程与近代以来国家和社会的整合过程纠缠在一起。从这个意义上讲，晏阳初等知识分子的乡建活动也背负着弥合国家与社会的分野、整合国与民之关系这一时代使命。对于平教会的评判，我们也必须将其置于这一背景中来加以分析。

平教会对于"国"与"民"的关系，显然有清晰的认识。晏阳初曾多次撰文阐述其对这一问题的看法，他指出，"今日中国的问题……所谓根本的解决法……先从发生问题的'人'上去求，因为社会的各种问题，不自发生，自'人'而生，发生问题的是'人'，解决问题的也是'人'，故遇着有问题不能解决的时候，其障碍不在问题的自身，而在惹出此问题的人，所以我中华四万万民众共有的各种问题，欲根本上求解决的方法，还非从四万万民众身上去求不可。"[2]不过，"今日农村运动的主要目标"，不是全部的农村人口，而生要"特别注重在农村的青年男女"，[3]"只有把全国8千万的农村青年改造过来"，那么"无论什么困难，都当得起，什么国耻都雪

① 杜赞奇：《中国近代史上的国家与公民社会》，见汪熙、魏斐德编：《中国现代化问题——一个多方位的历史探索》，复旦大学出版社1994年版，第368页。

② 晏阳初：《平民教育的宗旨目的和最后的使命》，载宋恩荣编：《晏阳初全集》第1卷，第115页。

③ 晏阳初：《农村运动的使命》，载宋恩荣编：《晏阳初全集》第1卷，第294页。

得掉，一切建设，也有了安定的地盘，巩固的根基”。[①] 另一方面，他们以为我国近八十年来发生过五次自救运动——太平天国运动，戊戌变法，辛亥革命，五四运动，国民革命军北伐，“论范围，是一次比一次的扩大，论意义是一次比一次的深沉，论对挽救危亡的目的，是一次比一次接近，虽然危亡的征象也一天比一天的增加和暴露”，于是“第六次”的农村运动或实验运动不仅要继承前五次的自救运动，并且还要补足前五次运动的“缺陷”，这缺陷就是“大多数人们的教育问题”。因此，他们在推行平民教育的工作中，就发现了中国的“基本缺点”，确切点说，发现了脱离具体的社会关系的“人”的基本缺点，是“愚”、“穷”、“弱”、“私”四种。这四种缺点据平教会的研究，是有因果关系的。即愈愚愈穷，愈弱愈私的。为救济此四大缺点，相应的发明四大教育，以“文艺教育”救农民之“愚”，以“生计教育”救农民之“穷”，以“卫生教育”救农民之“弱”，以“公民教育”救农民之“私”。实施四种教育的方式又有社会式，学校式，家庭式之相互为用，平教会在定县的十年间，成绩最好的自然要算“文艺教育”，如平民学校，实验小学，导生传习处，以及文艺读物，戏剧等都办得“有声有色”。1933 年“民校”的高初两级毕业生有 7644 人，自 1927 年以来，毕业人数，不下十数万人，这种减少文盲的工作，在全国 1900 余县中，是没有人能赶上的。其次，“生计教育”的改良猪种、鸡种、棉花及“表证农家”，亦是为人所称道的。再次，“卫生教育”的保健工作，由保健员的分布，造成全县的保健员网。无线电发音机、收音机的输入农村，在集市之前一日，报告

① 晏阳初：《乡村运动成功的基本条件》，载宋恩荣编：《晏阳初全集》第 1 卷，第 305 页。

物价，也可谓得风气之先。[①]

然而，在这些成绩中，恰恰没有了他们最初要达到的目的——“作新民”。晏阳初一直强调，平教运动的目的是“除文盲，作新民”，而所谓“新民”，系指兼具知识力、生产力、健康力、团结力的人，“此四者不可缺一，缺一则非健全的国民；缺四则失其国民的意义。国家不建设在国民的基础上，固然是很危险。建设在缺乏智识力、生产力、团结力、强健力的国民基础上，更是危乎其危。”[②]但是，从定县实验来看，“新民”并没有培养出来。而且，四大教育中专门培养“新民”意识的公民教育事实上并未展开，“仅存名而已”。

为何出现这种目的与结果的背离？其根本原因在于，晏阳初的“新民”事实上是以西方的“公民”为标准的，其涵盖的意义不仅为乡绅所不容，也为南京政府所“不欲”。乡村启蒙，实质上是启蒙青年，平教运动将其目光焦距在乡村青年身上，无疑是正确的。因为他们就是未来的“新民”或“公民”，更重要的是，在他们身上可以培育出乡村启蒙与乡村建设的内在机制。事实上，平教会也是这样做的，在乡村层面上，平教会的具体工作就是由同学会来推行的。应该说，在平教运动的前期，同学会由于受到重视，热情颇高。年轻人具有天生的叛逆性，即如时人观察到的“定县识字的人是多了起来”，但“在地方争权夺利的人也多起来了”。[③] 最终导致同学会和乡绅之间水火不容，以至于平教会被迫陷于尴尬境地。

---

① 李紫翔：《中国农村运动的理论与实际》，载《中国乡村建设批判》，第 23—24 页。

② 晏阳初：《平民教育的宗旨目的和最后使命》，载宋恩荣编：《晏阳初全集》第 1 卷，第 115 页。

③ 阎振熙：《定县实验区考察记》，第 20 页。

在以“长老统治”[①]为核心的中国传统乡村权力结构中，乡绅是社会普遍认同的权势阶层，他们不一定担任公职，但其影响“比官方领导大得多”，是“受人尊敬的非官方领导”。[②] 正因为如此，“离家逾三十年”的卢陆民被定县县府“坚约回县帮忙”[③]办理戒毒事宜后不久，[④]即与另一位乡绅王铁老一起出面维持因石奉战争而导致的定县“人心惶骇”的局面。[⑤] 可见，维持乡里秩序是乡绅们当然的权力和义务。这一点，平教会当然很清楚，所以定县实验之初他们尽力争取乡绅的支持，与翟城村士绅米迪刚父子进行合作，开办翟城村试验点。[⑥] 此后的文化、农业、风俗等方面的改良，都有乡绅的协助，他们甚至将清代考棚借给平教会办公。当然，平教会也需要借助乡绅的权威，特别是适逢“中央派员”或“外国来宾”的来访，乡绅都会被“坚请出为招待”，这即是卢陆民与平教会“欢畅接洽之始”，而“自此以后，认识愈久，而信仰愈深，倾佩之余，几欲同化”。[⑦] 可是，好景不长，同学会成立后，会员们激进的行为使士绅对于同学会“表示不满”，而逐渐“形成新旧两种势力相互仇视”。[⑧]

---

① 费孝通：《乡土中国》，三联书店 1985 年版，第 65—70 页。

② 杨懋春著，张雄等译：《一个中国村庄——山东台头》，南京：江苏人民出版社 2001 年版，第 176 页。

③ 卢陆民：《与卢陆民先生论同学会书·卢先生来书》(1933 年 9 月 10 日)，霍六丁编：《河北省县政建设研究院实验部政府成立五个月工作报告》1933 年，第 113 页，中国第二历史档案馆藏，中华平民教育促进会档案 236—169。

④ 《定县新闻：定县县立戒毒所》，北平《农民周刊》第 6 卷第 34 期，1931 年(日期不详)。

⑤ 卢陆民：《卢先生来书》，第 113 页。

⑥ 傅葆琛：《我与平教会》，《河北文史资料选辑》1983 年第 11 期，第 65—66 页。

⑦ 卢陆民：《卢先生来书》，第 114 页。

⑧ 《社会式教育工作报告》，无页码。

乡绅和同学会的矛盾争端表现在多个方面，其中夹杂着财产利益等诸多私人恩怨。清风店村同学会成员王洛斐与王看和等人"合谋"与族人"争继争产"，卢陆民被邀仲裁此事。卢"以事理不合"，且"彼族人持词反对"，使王"事遂未协"，王认为这是卢"不予为力"而怀恨在心。于是趁着村长等人"因事赴保"、"村事无人监管"之时，遂"假公益修道之名"，带领会员数十人，"凶暴非常"地"掘土侵入"卢陆民家。事发后，卢陆民并非如其所说"幸此事系对我家发生"而"不予计较"，而是理智地将此事交给村公所处理，其借口是"维持一村秩序"以"藉保村规"。不想王等人"犹复倔强无理，不受评议"。又有平民学校校长卢立功的偏护，事态变得更加复杂，以致"其他公直人等，窥破此层，计不能售"。卢陆民更认为这是卢立功借着村中乡绅与同学会的矛盾之际趁机"攫夺村权"，实现"其结新排旧之计"。[①] 僵持之下只好请出实验县县长霍六丁[②]偕同另外几位平教会人员亲莅现场，说动王洛斐等人到卢府"请求训话"，并当众向卢鞠躬，"口呼'四伯父原谅'"，并"恭聆"卢训话"两小时余"，霍还"一再"给卢斟茶以缓和矛盾，才使事件得以暂时平息。[③]

此案虽为卢一面之言，然其可信度或可从霍六丁的回函中找到旁证："修路事件之是非曲直，六丁不愿论其详。然即令同学会

① 卢陆民：《卢先生来书》(1933 年 9 月 10 日)，第 115 页。

② 1933 年全国内政会议召开后，定县被选为河北省县政建设实验区，并成立了县政建设研究院，晏阳初任院长，而实验县县长按规定由研究院实验部主任兼任，霍六丁因此成为实验县县长。至此，定县的县政实际上转移到平教会手里。

③ 霍六丁：《与卢陆民先生论同学会书·霍县长复函》，霍六丁编：《河北省县政建设研究院实验部政府成立五个月工作报告》，1933 年，第 126 页，中国第二历史档案馆藏，中华平民教育促进会档案 236—169。

完全错误,即令完全为一二人之假公济私,则其余尚多忠实农民,可造青年;且卢王二姓之子侄,与先生非戚即亲,似应持之宽大。”①显然,霍暗示卢要以德高望重之怀“海涵”年轻鲁莽的学生对他的“忤犯与不快”。② 可是面对眼中只有平教会而没有村公所和公直人等的同学会,卢无法“持之宽大”,因为这会使他联想到乡绅权威要被平教会取代。

然而,让乡绅最无可容忍的还是同学会对乡绅把持的村权的挑战。“唱卜村权”事件将这种地方权力争夺公开化。1933 年正月初,王洛斐等人在村中提议演唱秧歌,被看做“以卜村权之是否可以移转”,在新旧村长等都未表态的情况下,同学会即自动主张开台演唱,遭到了乡绅的反对,于是同学会有人竟然在夜里“与旧村长放火污门,贴标语于村公所”。这种极端行为使卢陆民推想到“若辈纵火恐吓之用心,亦不过欲先发制人,令公所各办事人等,从此畏惧而不敢发言,若辈即可达其为所欲为之目的”。③ 可是这一事件最终结果仍如前案,还是以卢陆民为代表的乡绅取得胜利。乡绅们可以不动声色地使同学会在情、理和势上都落下风。此事虽然被淡化处理,结果只是肇事者惊动了公安局后,以“赔偿被烧谷草少许,刷洗污门”了结此事。但双方明争暗斗态势却越来越严重,“以故事虽暂息,而村中簧鼓之暗潮,挑拨之事端,从此生矣。”④

对同学会的不满使乡绅开罪于平民学校,他们认为虽然“平校

① 霍六丁:《霍县长复函》,第 125 页。
② 霍六丁:《霍县长复函》,第 122 页。
③ 卢陆民:《卢先生来书》,第 117 页。
④ 卢陆民:《卢先生来书》,第 118 页。

尚不为害”,[1]但是它是孕育“荒谬”而“实现暴民行为”的同学会的源头,所以多次具函平教会停办平民学校。[2] 而且他们对平教会利用只“受数月或数十月”教育的“无识分子”建造一个“有造于社会”的“有秩序之团体”的理想表示极大怀疑,认为即使平民教育“或新有研究”,“然以蓬蒿用作木材;弱木而架厦屋,其结果不摧折倾倒者未之有也。”[3]正因于此,卢自称“思有以祈祷”立即停办平民学校。[4]

取缔平民学校无异于动摇平教会在定县的根基和否定平教事业。霍六丁遂自称以县长身份而非平教会身份来寻求解决。他除了“站在国家社会立场”,重申平民教育真义,以期获得乡绅的理解之外,[5]还亲自主持了由“邻闾长”参与的、关于平民学校留去问题的投票表决,并以 35 比 1 的赞成保留绝对胜出为理由强调平民学校的创办是“合理之事业”,是民心所向。[6] 对此卢颇不以为然,认为这是霍“为人所惑”,继续坚持“不敢再办”。[7] 卢的强硬使霍最终妥协,表示“遂不易着手整饬”,而“同学会日形散漫矣”。[8]

清风店风波仅为乡绅和同学会冲突的典型案例,据说“定县他村平校同学会情形”“亦不乏此例”,而“乡之人甚忧之”。[9] 某村的

① 卢陆民:《卢先生来书》,第 111—112 页。
② 卢陆民:《卢先生来书》,第 110 页。
③ 卢陆民:《卢先生来书》,第 112—113 页。
④ 卢陆民:《卢先生来书》,第 110 页。
⑤ 霍六丁:《霍县长复函》,第 123 页。
⑥ 霍六丁:《霍县长复函》,第 121 页。
⑦ 卢陆民:《卢先生来书》,第 110 页。
⑧ 霍六丁:《霍县长复函》,第 126 页。
⑨ 卢陆民:《卢先生来书》,第 119 页。

同学会在一个惯赌的人家门上泼牛粪，以示警告等类似案例时有发生。[①] 这些都势必引起乡绅们的反感，他们以其特有的学识和社会资源优势纷纷以《独立评论》等刊物为阵地撰文表达对同学会的不满：李明镜称之为“跋扈骄横”、“干涉村政”，[②]燕树棠则指责他们“欺诈乡愚”，[③]庞永福更是言其“炫炫赫赫，几将乡村的旧势力整个推翻”。[④] 此种批评，使平教会陷入一个不小的尴尬境地。

在同学会引发“乡村冲突”而遭到了乡绅群起攻击的情况下，为了“不忍抛掷平教会几年努力的成绩”，[⑤]平教会只得对同学会的“过激”行为进行了弹压，如高头村段姓青年有一次试图换掉老而昏庸的村长，平教会“便对青年们进行了说服工作，使老村长继续工作”，[⑥]甚至对不法行为的会员予以“特别严惩”。[⑦] 其实，同学会本身也的确存在一些问题。他们除了“与士绅冲突”外，还“与村人冲突”，“内部自己冲突”，如“会员为争任委员或委员长而自起冲突，以及同学会向村内要办公费与村人冲突等等”，致使“社会上起许多不安的现象”。[⑧] 正是基于这些理由，平教会在乡绅的压力下对同学会进行了一些改组。其中，最重要的措施是“邀得村中握有

---

① 堵述初：《平民教育运动在定县》，《河北文史资料选辑》1983 年 11 期，第 27 页。

② 李明镜：《平教会与定县》，北平《独立评论》第 79 期，1933 年 12 月 3 日。

③ 燕树棠：《平教会与定县》，北平《独立评论》第 74 号，1933 年 10 月 19 日。

④ 庞永福：《定县归来》，北平《独立评论》第 155 期，1935 年 6 月 16 日。

⑤ 孙晓村：《中国乡村建设运动的估价》，千家驹、李紫翔编《中国乡村建设批判》，新知书店 1936 年版，第 36 页。

⑥ 堵述初：《平民教育运动在定县》，《河北文史资料选辑》1983 年 11 期，第 31 页。

⑦ 霍六丁：《霍县长复函》，第 127 页。

⑧ 阎振熙：《定县实验区考察记》，第 58 页。

实力者的同情及援助”，规定“各村同学，得推举各该村之公正而又热心公益的士绅一人至五人为指导员或顾问”，尽管指导员“对于会的活动，只有指示的责任，但无强制的权力”。但是，由于指导员或顾问是村中豪绅，因为非豪绅不能在村中握有实力；这样，乡绅事实上对同学会形成了一定程度的制约，“而豪绅指导下之同学会，他们的工作必与豪绅阶级是有利的，至低限度是不能妨碍豪绅阶级的利益的”，所以从此以后，“社会式的中心同学会，只好作一些无关农民痛痒的事情，也可以说作些不能解除农民本身痛苦的工作”。[①] 这无疑打击了同学会的积极性，致使该组织事实上“停止了活动”，特别是“自霍去后，随而亦形消沉”。[②]

1934 年秋平教会设立的“公民服务团”，尽管是以同学会成员为基础，但其“各组工作活动，分别受乡镇建设委员会之指导监督”，并规定“团员有严守纪律服从指导及上级命令之义务”。[③] 平教会之所以设立“乡镇建设委员会”，主要是为了缓和与乡绅的矛盾，“解决乡镇地方习见之纠纷”。委员设 6 人至 12 人，“以容纳当地之有资望阅历者，而以本乡镇之小学教师为当然委员及秘书，以增其效率”，委员会的正副主席由县政府加委为乡镇长副，以重其权。委员会之下分政务、教育、经济、保健四股，以与公民服务团之四组相应。[④] 委员会“上之接受县政府之政令，下之主持服务之工

① 阎振熙：《定县实验区考察记》，第 53—54 页。
② 庞永福：《定县归来》，北平《独立评论》第 155 期，1935 年 6 月 16 日。
③ 《定县的实验》，李济东编：《晏阳初与定县平民教育》，第 191—192 页。
④ 晏阳初：《定县实验区工作概略》，宋恩荣编：《晏阳初全集》第 1 卷，第 396 页。

作”，事实上就成了以青年为主的公民服务团的直接领导机构。由于乡镇建委会多容纳“年长之有力分子”以及“当地之有资望阅历者”，[①]所以他们代表的当然是乡绅的利益，在这种情况下，公民服务团也很难有所作为。根据陈玉生的回忆，清风店公民服务团的活动大抵限于一些公益活动，如交易会期间保卫会场，秋收时节护秋看青，以及晚间习武、演戏等，[②]与同学会的虎虎生气已不可同日而语。

乡村运动的成败，最终取决于乡村内在机制的建立。晏阳初等人也认识到“让乡村自动”的重要性。他们将农村建设工作“分三个不同的阶段：一、服务阶段。农村工作根本是要由人民自动去办，要达到人民自动去办，是要知识比较前进的人，从旁去辅导的。所以现在我们的工作仅是服务。二、自动阶段。如何从服务阶段达到自动阶段，是要用教育的方法，是要由服务者教被服务者，以其达到他们自己能教自己的目的。假使不能从服务阶段到自动阶段，农村工作是没有办法的。这是我们服务人员的责任。三、全国建设阶段。整个的人民有了自动的力量，自动建设起来，使整个国家成为一个有机体的组织，那么全国就可以做通盘的建设工作”。这其中，最重要的是第二阶段，“假使不能从服务阶段达到自动阶段，农村建设工作的希望就很少了”。但时至定县实验行将结束之时，平教会仍在“研究如何从服务阶段来引发到自动阶段”，[③]乡村

① 晏阳初：《定县实验区工作概略》，宋恩荣编：《晏阳初全集》第1卷，第396页。

② 陈玉生：《公民团在清风店纪实一二》，李济东编：《晏阳初与定县平民教育》，第465—466页。

③ 瞿菊农：《农村建设与教育》，天津《大公报》1935年5月26日第9版。

尚不能真正地“自动”起来。

同学会，本来是平教会组织全国八千万农村青年的基本方式，也是乡村运动能够“动”起来的内在动力。然而，按照西方的公民模式来培养青年，在当时社会条件下，显然是行不通的。近代以来中国社会结构虽然发生很大变化，但是传统的士绅政治和宗族统治在乡村却依然根深蒂固，士绅阶层一般都受过良好的教育，掌握着乡村权力，维护乡村社会秩序。在能力、权势、财力和声望等诸多方面，都具有绝对优势，新兴的同学会成员根本无法与他们比肩和抗衡，何况同学会多是二十岁左右的不成熟青年学生，有的甚至仅读了几个月的书，对于新的乡村建设思想略知一些皮毛。同学会虽然不乏勇气和理想，但在具体实践过程中却常有轻率幼稚甚至无赖之举，由于他们是本村之人，理想与个人利益难免纠结在一起，甚至将社会建设理想变成为己谋私的工具。而平教会对同学会的压制，抹煞了青年身上刚刚培育出的公民意识，事实上也就是放弃了对“公民”或“新民”的诉求，使其成为“仅仅是多识了几个字的农民”而已，这也是“乡村运动乡村不动”[①]的根本原因。

从这个意义上讲，定县实验并无多大成就，也可以说是失败的。晏阳初等人的行为尽管自觉不自觉地充当了连接政府和大众的润滑剂，力图在国家与社会的互动中发挥“纽带”的作用，然而，由于他们对中国社会现实的复杂性没有深刻的领悟，只流于表面现象，而其解决问题的办法也过于简单，充满理想化的色彩，完全依赖欧美科学实验的精确方法来解决复杂的社会问题，所以就难

① 梁漱溟:《我们的两大难处》,《梁漱溟全集》第 2 卷，济南：山东人民出版社 1995 年版，第 574 页。

以找到与中国乡村的契合点。其结果既不为政府所欲，也为乡绅所不容，更令乡民失望。诸种矛盾纠葛，使它无法在乡村内部建立起本土化的动力机制，也就难以避免“人亡政息”的命运。

总之，以晏阳初为代表的乡村建设派所发动的乡村建设运动就未能动员起民众参加国家建设，也不能解决“国”与“民”的关系这一根本课题。如何构建国家权威，如何整合社会，还有赖于全新的乡村建设理念与实践。

参考文献

一、文献与时论

1.《蔡元培选集》,中华书局 1959 年版。

2.《第二回广西年鉴》,广西省统计局,1935 年编印。

3.《定县志》(1. 2. 3),成文出版社,1934 年。

4.《定州文史资料》第一辑。

5.《李大钊选集》,人民出版社 1959 年版。

6.《民国二十三年中国国民党年鉴》,中国国民党中央执行委员会党史史料编委会编印。

7.《孙中山全集》,北京:中华书局 1985 年版。

8.《县政建设实验区资料汇要》(上册),国民政府内政部 1936 年编印。

9. 陈独秀:《独秀文存》,贵阳:贵州教育出版社 2005 年版。

10. 陈学恂主编:《中国近代教育史教学参考资料》,北京:人民教育出版社 1993 年版。

11. 陈祖濂:《山西调查记》上册,南京:共和书局 1923 年版。

12. 国联教育考察团著:《中国教育之改造》,国立编译馆译,1932 年南京刊。

13. 河北省县政建设研究院调查部:《定县赋税调查报告书》,河北省县政建设研究院 1934 年 10 月。

14. 黄绍竑:《五十回忆》,长沙:岳麓书社 1999 年版。

15. 孔雪雄:《中国今日之农村运动》,上海:中山文化教育馆 1934 年版。

16. 蓝名诂:《中国农村建设之途径》,农村经济周刊社 1935 年版。

17. 冷隽:《地方自治述要》,南京:正中书局 1935 年版。

18. 李济东编:《晏阳初与定县平民教育》,石家庄:河北教育出版社 1990 年版。

19. 李景汉、余其心、陈菊人等:《定县经济调查一部分报告书》,河北省县政建设研究院 1934 年 10 月。

20. 李景汉:《定县社会概况调查》,上海人民出版社 2005 年版。

21. 李树基:《中国之合作运动》,安徽省农村合作社委员会 1937 年版。

22. 梁漱溟:《梁漱溟全集》(一、二、五),济南:山东人民出版社 1995 年版。

23. 卢绍稷:《中国现代教育》,北京:商务印书馆 1934 年版。

24. 马秋帆:《梁漱溟教育论著选》,北京:人民出版社 1994 年版。

25. 毛应章:《定县平民教育考察记》,南京:拔提书店 1933 年版。

26. 茅仲英、唐孝纯编:《俞庆棠教育论著选》,北京:人民教育出版社 1992 年版。

27. 米迪刚、尹仲材:《翟城村》,载《中国地方志集成》乡镇志专辑之 28,南京:江苏古籍出版社 1992 年版。

28. 千家驹、李紫翔编:《中国乡村建设批判》,新知书店 1936 年版影印。

29. 千家驹编:《中国农村经济论文集》,中华书局出版,1936 年。

30. 史文忠:《中国县政改造》,南京县实行政讲习所 1937 年版。

31. 舒新城:《中国新教育概况》,1928 年 4 月上海刊。

32. 宋恩荣主编:《晏阳初全集》第 1、2、3 卷,长沙:湖南教育出版社 1992 年版。

33. 宋恩荣编:《晏阳初文集》,北京:教育科学出版社 1989 年版。

34. 太平洋书店编:《中国农村问题——农村合作·村治运动》,上海太平洋书店 1933 年版。

35. 汤茂如主编:《定县农民教育》,中华平民教育促进会学校式教育部 1932 年版。

36. 陶行知主编:《乡村教育丛辑》,上海:儿童书局 1933 年版。

37. 田正平、李笑贤编:《黄炎培教育论著选》,北京:人民教育出版社 1993 年版。

38. 韦善美、马清和主编:《雷佩鸿文集》(上册),南宁:广西教育出版社 1990 年版。

39. 乡村工作讨论会编:《乡村建设实验》第 1、2、3 集,上海:中华书局 1934、1935、1936 年版。

40. 阎振熙:《定县实验区考察记——中华平民教育促进会河北省县政

建设研究院介绍与批评》,北平众志学社发行 1934 年版。

41. 晏阳初、〔美〕赛珍珠著:《告语人民》,桂林:广西师范大学出版社 2003 年版。

42. 杨天竞:《乡村自治》,北平:曼陀罗馆 1931 年版。

43. 袁刚、孙家祥、任丙强编:《民治主义与现代社会:杜威在华讲演集》,北京:北京大学出版社 2004 年版。

44. 詹一之编:《晏阳初文集》,成都:四川教育出版社 1990 年版。

45. 张达扬、李红梅编:《陶行知论普及教育》,合肥:安徽教育出版社 1984 年版。

46. 张枬、王忍之编:《辛亥革命前十年间时论选集》第 1 册,北京:三联书店 1978 年版。

47. 中华职业教育社编:《黄炎培教育文选》,上海教育出版社 1985 年版。

48. 中华职业教育社编:《农村教育丛辑》第 1 辑,上海儿童出版社 1926 年版。

49. 周先庚主编:《定县平民教育测验统计报告》,中华平民教育促进会教育心理研究委员会 1935 年版。

50.《导生传习办法在定县的实验》,中华平民教育促进会,1936 年 4 月。

51.《定县农民教育建设》,河北省县政建设研究院、中华平民教育促进会编印,1935 年 12 月。

52. 姜书阁编:《定县平民教育视察记》,察哈尔教育厅编译处,1932 年 5 月。

53.《平民教育:定县的实验》,中华平民教育促进会秘书处,1931 年 6 月。

54. 袁植群:《青岛邹平定县乡村建设考察记》,成都球新印刷厂、成都开明书店 1936 年版。

55. 马广博:《邹平定县等地考察印象记》,行政研究创刊号。

56. 陈序经:《乡村建设运动》,大东书局 1946 年版。

57.《调查乡村建设纪要》,民国政府军事委员会委员长行营,湖北地方政务研究会调查团,1935 年。

58. 徐宝谦:《农村工作经验谈》,青年协会书局 1935 年版。

59. 卢陆民:《与卢陆民先生论同学会书·卢先生来书》(1933 年 9 月 10

日)，载霍六丁编:《河北省县政建设研究院实验部政府成立五个月工作报告》,1933年，中华平民教育促进会档案二三六(169)，第109—119页，中国第二历史档案馆藏。

60. 作者不详:《年来工作的感想与对于本会的建议》,1934年，社会部所属系统档案二八四(2)3，中国第二历史档案馆藏。

61. 陈志潜:《中国农村的医学:我的回忆》,成都:四川人民出版社1998年版。

62. Hsun-yuanYao, "The First Year of the Rural Health Experiment in Ting Hsien, China", *The Milbank Memorial Fund Quarterly Bulletin*, Vol. 9, No. 3(Jul., 1931), pp. 61—77.

63. J. Heng Liu,"Some Phases of Public Health Work In China", *The Chinese Medical Journal*, Vol. 49, No. 1(1934).

64. Harold Balme, *China and Modern Medicine: A Study in Medical Missionary Development*, London: United Council for Missionary Education, 1921.

65. Michael M. Davis,"Review on 'Health Care for the Community: Selected Papers of Dr. John B. Grant'", in Conrad Seipp, ed., *Social Service Review*, Vol. 38, No. 1(Mar. 1964), pp. 103—104.

66. John B. Grant,"Effective Utilization of Health Care Resources", in Conrad Seipp, ed., *Health Care for the Community: Selected Papers of Dr. John B. Grant*, Baltimore: Johns Hopkins Press, 1963.

67. John Grant, "Department of Public Health and Preventive Medicine, Peking Union Medical College", in *Methods and Problems of Medical Education*, New York: The Rockefeller Foundation, 1929.

68. "A Rural Health Experiment in China: Milbank Memorial Fund Aids the Development of the Public Health Program in Ting Hsien", *The Milbank Memorial Fund Quarterly Bulletin*, Vol. 8, No. 4 (Oct., 1930), pp. 97—108.

69. Ch'en Chih-ch'ien, "Scientific Medicine as Applied to Ting Hsien: Third Annual Report of the Rural Public Health Experiment in Ting Hsien, China", *The Milbank Memorial Fund Quarterly Bulletin*, Vol. 11, No. 2 (Apr., 1933), pp. 97—129.

70. C. C. Ch'en, "The Development of Systematic Training in Rural Public Health Work in China", *The Milbank Memorial Fund Quarterly*, Vol. 14, No. 4 (Oct., 1936), pp. 370—387.

71. C. C. Ch'en, "Public health in Rural Reconstruction at Ting Hsien: Fourth Annual Report of the Rural Public Health Experiment in China", *The Milbank Memorial Fund Quarterly*, Vol. 12, No. 4(Oct., 1934), pp. 370—378.

72. C. C. Ch'en, "A Practical Survey of Rural Health", *The Chinese Medical Journal*, 47(1933).

73. C. C. Ch'en, "Ting Hsien and the Public Health Movement in China", *The Milbank Memorial Fund Quarterly*, Vol. 15, No. 4(Oct. 1937), pp. 380—390.

74. C. C. Ch'en, "The Second Year of the Rural Health Experiment in Ting Hsien, China", *The Milbank Memorial Fund Quarterly Bulletin*, Vol. 10, No. 1(Jan., 1932), pp. 53—66.

75. C. C. Ch'en, "Sickness, An Important Cause of Absenteeism in Rural Schools", *Chinese Medical Journal*, Vol. 47(1933).

76. C. C. Ch'en, "An Experiment in Health Education in Chinese Country Schools", *the Milbank Memorial Fund Quarterly*, Vol. 12, No. 3 (Jul., 1934), pp. 233—234.

77. "Chinese Medical register", *The Chinese Medical Journal*, 46(Sep. 1932).

78. "Law and Legislation: Registration of Medical Practitioners Central Government", *the Chinese Medical Journal*, Vol. 46, No. 9(1932).

79. C. C. Ch'en, F. J. Li, "Controlling Smallpox under Chinese Rural Conditions", *the Chinese Medical Journal*, Vol. 48, No. 2(1934), pp. 153—157.

80. "Hygiene and Public Health: Cholera Epidemic in Ting Hsien", *The Chinese Medical Journal*, Vol. 46, No. 12(1932), pp. 1214—1215.

81. C. C. Ch'en, The Rural Public Health Experiment In Ting Hsien, China, *The Milbank Memorial Fund Quarterly*, Vol. 14, No. 1 (Jan., 1936), pp. 66—80.

82. Leonard S. Hsu, Rural Reconstruction in China, *Pacific Affairs*, Vol. 10, No. 3 (Sep., 1937), pp. 249—265.

83. L. Kao, Social Changes in China, Pacific Affairs, Vol. 4, No. 8 (Aug., 1931), pp. 659—671.

二、报刊

1.《晨光》1924 年。

2.《独立评论》1932—1937 年。

3.《河北教育》半月刊 1935 年。

4.《河北通俗农刊》1935 年。

5.《河北月刊》1933—1937 年。

6.《民间》半月刊 1934—1937 年。

7.《山西日报》1919—1920 年。

8.《乡建院刊》第 1 卷第 1 期。

9.《新青年》1919 年。

10.《中华教育界》第 10 卷第 10 期。

11.《中央日报》1927—1929 年。

12.《重庆新华日报》1950 年。

13. 定县《农民》1927—1932 年。

14. 定县《农友》1934—1935 年。

15. 山东《乡村建设》1931—1937 年。

16. 天津《大公报》1926—1937 年。

17. 天津《国闻周报》1935 年。

三、论著

1. 〔澳大利亚〕费约翰著:《唤醒中国——国民革命中的政治、文化与阶级》,李恭忠、李里峰译,北京:三联书店 2004 年版。

2. 〔德〕哈贝马斯:《公共领域的结构转型》,曹卫东等译,上海:学林出版社 1999 年版。

3. 〔美〕吴相湘:《晏阳初传——为全球乡村改造奋斗六十年》,长沙:岳麓书社 2001 年版。

4. 〔美〕张信著:《二十世纪初期中国社会之演变——国家与河南地方精英 1900—1937》,岳谦厚、张玮译,北京:中华书局 2004 年版。

5. 〔美〕周策纵:《五四运动史》,长沙:岳麓书社 1999 年版。

6. 〔美〕费正清:《观察中国》,袁晓梅译,成都:四川人民出版社 1992 年版。

7. 〔美〕黄宗智:《华北的小农经济与社会变迁》,北京:中华书局 2000 年版。

8. 〔美〕黄宗智编:《中国研究的范式问题讨论》,北京:社会科学文献出版社 2003 年版。

9. 〔美〕杜赞奇:《文化、权利与国家——1900—1942 年的华北农村》,南京:江苏人民出版社 2003 年版。

10. 〔美〕詹姆斯·M. 伯恩斯,杰克·E. 佩尔塔森,托马斯·E. 克罗宁著:《美国式民主》,谭君久等译,北京:中国社会科学出版社 1993 年版。

11. 《辛亥革命时期期刊介绍》(四),北京:人民出版社 1986 年版。

12. 阿英:《小说三谈》,上海古籍出版社 1979 年版。

13. 曹天忠:《教育与社会改造——雷沛鸿与近代广西教育及社会》,天津古籍出版社 2004 年版。

14. 陈景磐:《中国近代教育史》,北京:人民教育出版社 2001 年版。

15. 陈平原:《二十世纪中国小说史》第 1 卷,北京:北京大学出版社 1989 年版。

16. 陈旭麓:《近代中国社会的新陈代谢》,上海:上海人民出版社 1998 年版。

17. 陈元晖:《中国现代教育史》,北京:人民教育出版社 1979 年版。

18. 程啸:《晚清乡土意识》,北京:中国人民大学出版社 1998 年版。

19. 邓正来与亚历山大编:《国家与市民社会——一个社会理论的研究路径》,北京:中央编译出版社 1999 年版。

20. 丁守和主编:《中国近代启蒙思潮》(上、中、下),北京:社会科学出版社 1999 年版。

21. 费孝通:《乡土中国 生育制度》,北京:北京大学出版社 1998 年版。

22. 费孝通:《江村经济——中国农民的生活》,北京:商务印书馆 2004 年版。

23. 胡星亮:《二十世纪中国戏剧思潮》,南京:江苏文艺出版社 1995

年版。

24. 江明渊:《民初陶行知、晏阳初教育理论与民间文学之关系研究》[硕士论文],台湾:花莲师范学院民间文学研究所 2004 年版。

25. 姜华宣主编:《新编中国革命史》,北京:人民出版社 1990 年版。

26. 瞿同祖:《中国封建社会》,上海:上海人民出版社 2003 年版。

27. 李德芳:《民国乡村自治研究》,北京:人民出版社 2001 年版。

28. 李培林等:《20 世纪的中国学术与社会》(社会学卷),济南:山东人民出版社 2001 年版。

29. 李喜所:《中国近代社会与文化研究》,北京:人民出版社 2003 年版。

30. 李孝悌:《清末的下层社会启蒙运动:1901—1911》,石家庄:河北教育出版社 2001 年版。

31. 栗洪武:《西学东渐与中国近代教育思潮》,北京:高等教育出版社 2002 年版。

32. 毛礼锐编:《中国教育史简编》,北京:教育科学出版社 1984 年版。

33. 孟雷:《从晏阳初到温铁军》,北京:华夏出版社 2005 年版。

34. 苗春德主编:《中国近代乡村教育史》,北京:人民教育出版社 2004 年版。

35. 秦晖:《传统十论》,上海:复旦大学出版社 2003 年版。

36. 任时先:《中国教育思想史》,台北:商务印书馆 1981 年版。

37. 桑兵:《晚清学堂学生与社会变迁》,上海:学林出版社 1995 年版。

38. 上海戏剧学院熊佛西研究小组编:《现代戏剧家熊佛西》,北京:中国戏剧出版社 1985 年版。

39. 宋恩荣:《晏阳初教育思想研究》,沈阳:辽宁教育出版社 1994 年版。

40. 宋恩荣主编:《教育与社会发展——晏阳初思想国际学术研讨会论文集》,长沙:湖南教育出版社 1991 年版。

41. 孙培青主编:《中国教育史》,上海:华东师范大学出版社 1992 年版。

42. 汪熙、魏斐德编:《中国现代化问题——一个多方位的历史探索》,上海:复旦大学出版社 1994 年版。

43. 王雷:《中国近代社会教育史》,北京:人民教育出版社 2003 年版。

44. 王奇生:《党员、党权与党争:1924—1949 年中国国民党的组织形态》,上海:上海书店出版社 2003 年版。

45. 王先明:《近代绅士——一个封建阶层的历史命运》,天津:天津人民出版社 1997 年版。

46. 王兆刚:《国民党训政体制研究》,北京:中国社会科学出版社 2004 年版。

47. 魏宏运:《二十世纪的中国农村社会》,北京:中国档案出版社 1996 年版。

48. 魏宏运主编:《二十世纪三四十年代冀东农村社会调查与研究》,天津:天津人民出版社 1996 年版。

49. 熊明安:《中华民国教育史》,重庆:重庆出版社 1990 年版。

50. 徐秀丽主编:《中国农村治理的历史与现状:以定县、邹平和江宁为例》,北京:社会科学文献出版社 2004 年版。

51. 薛君度、刘志琴主编:《近代中国社会生活与观念变迁》,北京:中国社会科学出版社 2001 年版。

52. 晏阳初纪念文集编辑委员会编:《晏阳初纪念文集》,重庆:重庆出版社 1996 年版。

53. 杨东平:《艰难的日出——中国现代教育的 20 世纪》,上海:文汇出版社 2003 年版。

54. 杨光辉等编:《中国近代报刊发展概况》,北京:新华出版社 1986 年版。

55. 杨念群:《中层理论——东西方思想会同下的中国史研究》,南昌:江西教育出版社 2001 年版。

56. 杨念群:《再造"病人"——中西医冲突下的空间政治(1832—1985)》,北京:中国人民大学出版社 2006 年版。

57. 张鸣:《乡土心路八十年——中国现代化过程中农民意识的变迁》,上海:上海三联书店 1997 年版。

58. 赵家骥、杨东:《农村教育的困境与出路》,成都:四川教育出版社 1994 年版。

59. 赵秀玲:《中国乡里制度》,北京:社会科学文献出版社 1998 年版。

60. 郑大华:《民国乡村建设运动》,北京:社会科学文献出版社 2000 年版。

61. 郑起东:《转型期的华北农村社会》,上海:上海书店出版社 2004 年版。

62. 中国陶行知研究会"九五"教育规划课题组编:《陶行知教育思想的

现代价值》,北京:华文出版社 2001 年版。

63. 周原主编:《从著名专家到普通农民的专访:农民!农民!》,广州:花城出版社 2004 年版。

64. 朱汉国、周鸿:《中国二十世纪纪事本末》,济南:山东人民出版社 2000 年版。

65. 朱小蔓主编:《教育研究者的足迹——中央教育科学研究所研究论文集萃》(一),北京:教育科学出版社 2003 年版。

66. 朱玉湘:《中国近代农民问题与农村社会》,济南:山东大学出版社 1997 年版。

64. John C. K. Kiang, *Dr. Y. C. James Yen: His Movement for Mass Education and Rural Reconstruction*, South Bend, Indiana, 1976.

65. *Rural Reconstruction: A Manual on Programming and Procedures*, International Committee of the Mass Education Movement, Inc., New York, 1955.

66. Charles W. Hayford, *To the People: James Yen and Village China*, New York, Columbia University Press, 1990.

67. Edgar Snow, *How Rural China Is Being Remade*, The China Weekly Review(Shanghai), Dec. 1933.

68. Wilbur, R. L., *Closing Address of Chairman*. Documents and Papers of IPR Honolulu, 1925. No. 71. Hoover Library, Stanford University.

69. Hong-Mao Tien, *Government and Politics in Kuomintang China 1927—1937*. Stanford University Press, 1972.

70. Vivienne Shue, *The Reach of the State: Sketches of the Chinese Body Politics*, Stanford University Press, 1998.

71. Frauz Schurmann, *Ideology and Organization in Communist China*, Berkeley, University of California Press, 1968.

72. William T. Rowe, *Hankou: Conflict and Community in a Chinese City, 1796—1895*, Standford University Press, 1989.

73. Martha McKee Keehn, *Y. C. James Yen's Thought on Mass Education and Rural Reconstruction: China and Beyond*, New York, IIRR, 1993.

74. James C. Thomson Jr, *While China faced West: American Reformers in Nationalist China 1928—1937*, Cambridge: Harvard University Press, 1969.

75. Ralph Crozier, *Traditional Medicine in Modern China*, Cambridge: Harvard University Press, 1968.

四、论文

1. 〔日〕大久保庄太郎:《近代支那の平民教育运动——以定县华北实验区为中心》,《东亚人文学报》2 卷 3 号,1942(12)。

2. 〔日〕家家美光行:《中国乡村建设运动の本质——30 年代国民党官僚资本下におけろ》,《亚细亚经济》11 卷 1 号,1970(1)。

3. 〔日〕镰田文彦:《中国的农村教育者・晏阳初——との的事迹と资料》,《参考书志研究》第 42 号,1992(11)。

4. 〔日〕新保敦子:《中华平民教育促进会と乡村教育运动——定县实验にみろ抗战力量の形成》,现代中国学会:《现代中国》第 59 号,1985 (7)。

5. 陈发云、余龙生:《晏阳初教育思想及其对当前农村扶贫工作的启示》,《江西社会科学・教育研究》2003 年第 12 期。

6. 侯建新:《二十世纪二三十年代中国农村经济调查与研究评述》,《史学月刊》2000 年第 4 期。

7. 姜荣耀:《试论晏阳初平民教育思想的特点》,《四川师大学报・社会科学版》1995 年第 1 期。

8. 姜义华:《我国近代新型知识分子群体》,《近代史研究》1987 年第 1 期。

9. 蒋伟国:《抗战时期平教会的农民抗战教育》,《民国档案》1996 年第 1 期。

10. 金保华:《论晏阳初科学普及思想》,《贵州文史丛刊》2001 年第 3 期。

11. 李伟中:《二十世纪三十年代县政建设实验研究》(博士论文),南开大学,2003 年。

12. 李文珊:《试析晏阳初乡村改造运动的理论特色》,《学术论坛》2001 年第 4 期。

13. 李文珊:《晏阳初民本政治观探析》,四川教育学报 1998 年第 4 期。

14. 李孝悌:《河北定县的乡村建设运动——四大教育》,载《中央研究院近代史研究所集刊》第11期。

15. 刘海燕:《30年代国民政府推行县政建设原因探析》,《民国档案》2001年第1期。

16. 苗春德:《论20世纪上半叶"乡村教育"运动的基本特点》,《河南大学学报·社科版》2003年第1期。

17. 孙惠柱:《熊佛西的定县农民戏剧实验及其现实意义》,《上海戏剧学院学报》2001年第1期。

18. 孙林:《晏阳初与民国时期的平民教育》,《民国档案》1998年第3期。

19. 谭重威:《中华平民教育促进会华西实验区的乡村建设实验》,《四川师范大学学报·社会科学版》1994年第1期。

20. 田涛、樊仰泉:《清末市民文化的兴起》,《山西煤炭管理干部学院学报》2002年第4期。

21. 王先明、李伟中:《20世纪30年代的县政建设运动与乡村社会变迁——以五个县政建设实验县为基本分析样本》,《史学月刊》2003年第4期。

22. 王宇雄、张益民:《阎锡山早期编村制度评析》,《晋阳学刊》1999年第6期。

23. 吴永明:《清末民初的地方自治论》,《江西社会科学》2001年第3期。

24. 夏明方《发展的幻象——近代华北农村农户收入状况与农民生活水平辨析》,《近代史研究》2002年第2期。

25. 徐秀丽:《中华平民教育促进会扫盲运动的历史考察》,《近代史研究》2002年第6期。

26. 曾绍敏:《平民教育的起点——晏阳初在法国华工中的教育活动》,《社会科学研究》1994年第4期。

27. 张彬、李更生:《中国农村教育改革的先声——对20世纪20年代至30年代乡村教育运动的再认识》,《浙江大学学报》2002年第5期。

28. 张国强、钟悄辰:《试论二三十年代的平民教育运动》,《内蒙古师大学报·教育科学版》2001年第6期。

29. 张海英《"县政改革"与乡村建设运动的演进》,《河北师范大学学报》(教育科学版)2004年第3期。

30. 张建琼:《晏阳初抗战时期在四川的教育实践及其教育思想》,《教育史研究》2004 年第 1 期。

31. 张良才、刘义江:《晏阳初平民教育思想述评》,《齐鲁学刊》1994 年第 3 期。

32. 张玉山:《评晏阳初"平教派"的理论与实践》,《河南师范大学学报·哲社版》1997 年第 1 期。

33. 郑杭生、李迎声:《中国早期社会学中的乡村建设学派》,《社会科学战线》2000 年第 3 期。

34. 周春燕:《民国时期平民教育派对中国出路的探索》,《四川大学学报·哲学社会科学版》1995 年第 4 期。

35. 周孟璞:《晏阳初的科普思想和"定县实验"》,《四川师范大学学报·社会科学版》1995 年第 1 期。

36. 周逸先:《晏阳初平民教育与乡村改造方法论初探》,《高等师范教育研究》2002 年第 3 期。

37. 朱启臻:《晏阳初平民教育实践对现代农民教育的启示》,《中国农业大学学报·社会科学版》2001 年第 3 期。

38. 潘忠伟:《关于定县试验中的"民怨"一说——一则读书笔记》,http://www.ccrs.org.cn,2003.8.3。

39. 吴理财:《20 世纪村政的兴衰及村民自治与国家重建》,载《当代中国研究》2002 年夏季号。

40. 沈延生:《村政的兴衰与重建》,《战略与管理》1998 年第 6 期。

41. 〔美〕Ka-Che Yip, "Health and Nationalist Reconstruction: Rural Health in Nationalist China, 1928—1937", *Modern Asian Studies*, Vol. 26, No. 2 (May, 1992), pp. 395—415.

后　　记

本书是在我的博士论文的基础上，经过部分添加修改而成的，也是2008年教育部社科基金规划项目的最终成果。

书稿既成，本应有轻松与释怀之感，但当我想到即将要把这部处女作交付出版社之时，心里总有一种莫名的颤抖和犹豫：每次审读书稿，我都会发现诸多不尽如人意之处，甚至有推翻重写的冲动。但在工作与家庭的双重压力下，要把一本书推翻重写谈何容易？几度思量，还是放弃了这种想法。毕竟，我为之付出了六年的心血；毕竟，它的分析框架和研究理念尚有可取之处。此外，较之原稿，它也呈现出一些新的面貌，增添了两章全新的内容，结语部分有相当的填充，文字表达上也更为准确。所以，尽管仍有修改的余地，还是将它付诸出版了，权当我学术生涯初级阶段的见证吧。

人生的变数让人始料不及。上个世纪八九十年代，当英语、财经、外贸等成为大学校园的热门专业时，我为自己选择的英语专业而自豪，也满足于我地道的英语发音和天生的语言模仿能力。26岁以前，英语出身的我从来没有想过自己会与“枯燥”的史学扯上关系，可是造化弄人，我“阴差阳错”地考取了东北师大历史系的硕士研究生，从此与“历史”结下了不解之缘。当然，选择历史，不得不承认我当时的“功利”心态，以为它“好考易学”。但初入学门即发现，历史学是一门入门容易而出师很难的学问，它的复杂性、深度与广博度是外行人很难想象的。直到今日，我还常常自谓，历史都能学好的话，所有的人文社会科学都能学得好。自然，当时基础薄弱的我，于学问之途，几近聊胜于无。即使硕士三年下来，似乎对史料的解读还是“囫囵吞枣”，对历史的认知仍然是盲人摸象。

南开大学是一所学术功底深厚的学府，南开史学更是源远流长。2003 年 9 月，蒙李喜所教授不弃，得以忝列门下，我有幸踏入了南开学府的校门，开始了三年攻读博士学位的历程。原本愚顽的我，在先生的循循诱导下，多少得窥学问的门径，知悉学问的艰难。

先生富有人格魅力，也是学识渊博的长者。他谦逊随和，治学严谨，且思维敏捷。他对学生的教导可以说是独具匠心、不拘一格。他所带的每一届博士生在论文选题定下来后，都必须首先经历一次苛刻的“学术洗礼”。他要我们根据自己查找资料的进展，在规定的时间内“正儿八经”地完成一篇学术论文，打印出若干份，发给所有在校的同门师兄师姐审读，然后在先生的主持下，大家坐在一起一一点评每篇文章，主要是“批判”。记得我提交的那篇是关于晏阳初研究的学术概况，遭到先生和同学们的“轮番轰炸”，几乎“体无完肤”，自觉“颜面扫尽”，大有“无地自容”之感。后来和其他同门谈起，都觉得这种“洗礼”很不好受。

但正是通过这次“学术洗礼”，我感受到了什么是治学，什么是学术规范，甚至历史学的研究理念与方法，特别是史料的运用和把握，都有了初步的认识和理解。我们在接受“批判”的时候，了解了自己文章的不足和问题所在，而在“批判”他人，或者聆听他人“批判”的时候，自己也在慢慢地长进。如果说，我在学术之途的不同阶段有些许进步的话，那么起点应该是这次“批判”吧。

接下来就进入南开三年的主题——收集资料和撰写博士论文了。我的选题是先生帮我定的。本来，我自以为有外语的优势，加上在网上下载了大量美国外交档案，想做辛亥革命时期中美关系方面的问题。但先生考虑到它牵扯的“面”太大，而我非科班出身，史学功底薄弱，难以驾驭中美两国的近代史知识，故建议我做晏阳初。以晏阳初的定县实验为主题，一是题目较小，容易把握得多；二是晏阳初早年接受了西方文化，所以也有很多英文资料供我去发挥“优势”。很庆幸，我没有一意孤行，最终采纳了先生的建议。写作过程中，始终得到先生的悉心指导与耐心开导，从选题之确立、立意之创制、结构之安排乃至文字之表达，无一不渗透着先生的心血。初稿草就后，先生又耐心点评，提出诸多修改意见，终于如期完成博士论文，并通过答辩。在此要对他表示特别的感谢。

时至今日，我已毕业多年了，先生仍然十分关心我的学习和生活。每当我有什么进步或什么好运来临之时，先生都会为我由衷的高兴。现在的学界，发表文章的周期很长，我写出的文章无着落之时，先生总会为我出主意，并安慰我，只要文章写出来了，并且质量不错，终究会发表出来的。这给苦闷的我很大的鼓励，也使我更加勇于面对困难。从这些点点滴滴中，我感受到了一位长者对晚学的殷切期待。先生之为学、为人给了我很大的影响，使我受益终身。

南开三年的另外一份收获，是遇到了我人生的另一半——夫君龙秀清。相信这是我最大的收获！秀清夫君儒雅、仁厚、博学，不善言谈。在我脑海中，他具有中国传统典型的学者风范。夫君主修教会史，他治学严谨勤勉，常常通宵苦作。他的名言是“读书也是一种生活方式”。因此我家最大的财富应该算是堆得满满的书籍了。他对学术的执着深深地影响着我。我在写作之际，每遇“短路”，他总能成为我的“第一智囊”，文章初成，他又是我的“第一位读者”。论文初成后，他几番通读文稿，梳理思路，润色文字，贡献尤多。我常戏称，他是我的文字魔术师。因其文字功底颇深，这就养成了我的全部文章在投稿之前都会拿给他把关的习惯。的确，经他魔术般的稍加修正，文章顿时添色不少。

天津是北方文化的一个重镇。我自幼酷爱京剧，曾几度因未能踏上艺途而遗憾，后来走上了求学之路。到了南开之后，我加入了南开大学京剧团，圆了我的京剧梦。在这里，我不唯结识一批京剧名家暨爱好者，尚能几度“登台献艺”，且随团至台湾“献丑”一番。此亦可谓负笈南开的意外收获吧。

书稿之草成，也与如下几位师长、好友的鼓励和帮助分不开。

南开大学魏宏运先生儒雅和蔼，令人敬仰。三年期间，幸得领略其多彩之学术思想，且其为学为人之风采，亦令我终身受益。于可先生慈父般之关爱，更是令我铭刻于心。其余诸师，如南开的王先明教授、江沛教授、侯杰教授、元青教授等，东北师范大学的程舒伟教授，天津师范大学的侯建新教授、李学智教授，他们或参加我的论文答辩，或对本书多有点拨，在此一并谢过。

天津师范大学的田涛教授，予以多方面的指点与帮助，写作中我曾多次向他讨教，他总是耐心地娓娓道来，提出切实有效的建议，使我长进不少。李友东友长于电脑，于文字校对、图表创制及电脑技术，帮助颇多。

宋恩荣先生，供职于中央教育科学院，是晏学研究的一流学者，亦为一宽厚长者。虽素未谋面，然冒昧拜访之际，其提携后学之精神令人赞叹：不仅慷慨赠予资料，还热心引见晏氏后人振东先生，更力荐我加盟2004年7月于定县翟城村举办之“2004年乡村建设自愿者交流营”活动，使我获得了不少直观认识。在此谢过。

我供职的华南师范大学政治与行政学院的领导和同事们也给予了大力的支持和理解，如胡泽洪教授、陈金龙教授、陈岸涛教授等，他们在我读书期间，或是为我提供学校的信息，或是协助我排课等，为我安心写作提供了尽可能的条件。学院的理论部还特为我提供出版经费。特此致谢。

2008年，我以本书的内容为课题申请了教育部人文社科基金规划项目，并申报成功。在此要感谢各位评委的提携后学之情。

另外，在香港中国神学研究院中国文化研究中心的资助下，我于2008年7—12月进行了为期6个月的访学研究，得到了杨庆球教授、余达心教授、姚西伊博士等学者的点拨，以及在香港查找资料的机会，使本书添色不少。

感谢国家留学基金委的支持，使我获得2009年8月至2010年7月在英国伯明翰大学访学一年的机会。在这一年中，我为本书稿填充了大量资料，本书新增的两部分内容“现代卫生观念”和“结语”即是在英国完成的。访学期间，伯明翰大学历史系的Robert Swanson教授及其夫人Heather Swanson教授给予了大力支持和生活上的帮助，在此一并谢过。

最后，我还要感谢商务印书馆的大力支持，使本书有幸能够出版。

孙 诗 锦

2011年9月14日于华南师范大学

图书在版编目(CIP)数据

启蒙与重建:晏阳初乡村文化建设事业研究:1926～1937 /孙诗锦著. —北京:商务印书馆,2012
ISBN 978-7-100-09181-7

I. ①启… II. ①孙… III. ①乡镇—文化史—研究—定县—1926～1937 IV. ①K292.24

中国版本图书馆 CIP 数据核字(2012)第 109461 号

启蒙与重建

——晏阳初乡村文化建设事业研究(1926—1937)

孙诗锦 著

商务印书馆出版
(北京王府井大街36号 邮政编码100710)
商务印书馆发行
北京市白帆印务有限公司印刷
ISBN 978-7-100-09181-7

2012年8月第1版 开本880×1230 1/32
2012年8月北京第1次印刷 印张13⅝
定价:31.00元